北京纪胜

PEKING

A HISTORICAL AND INTIMATE DESCRIPTION

OF ITS CHIEF PLACES OF INTEREST

Juliet Bredon

［英］裴丽珠 著

季剑青 译

图书在版编目（CIP）数据

北京纪胜 /（英）裴丽珠著；季剑青译. -- 北京：北京联合出版公司，2025.6. -- ISBN 978-7-5596-8393-9

Ⅰ．K928.701；K291

中国国家版本馆 CIP 数据核字第 2025YL8109 号

北京纪胜

著　　者：[英]裴丽珠
译　　者：季剑青
出 品 人：赵红仕
选题策划：后浪出版公司
出版统筹：吴兴元
编辑统筹：梅天明　宋希於
责任编辑：肖　桓
特约编辑：宋希於　何　唯
营销推广：ONEBOOK
装帧制造：墨白空间·黄　海

北京联合出版公司出版
（北京市西城区德外大街 83 号楼 9 层　100088）
北京盛通印刷股份有限公司印刷　新华书店经销
字数 388 千字　880 毫米 × 1194 毫米　1/32　16 印张
2025 年 6 月第 1 版　2025 年 6 月第 1 次印刷
ISBN 978-7-5596-8393-9
定价：99.80 元

后浪出版咨询(北京)有限责任公司　版权所有，侵权必究
投诉信箱：editor@hinabook.com　fawu@hinabook.com
未经书面许可，不得以任何方式转载、复制、翻印本书部分或全部内容
本书若有印、装质量问题，请与本公司联系调换，电话 010-64072833

明十三陵的牌楼（石牌坊）

内城城楼

內城城門出入口

內城城門箭樓

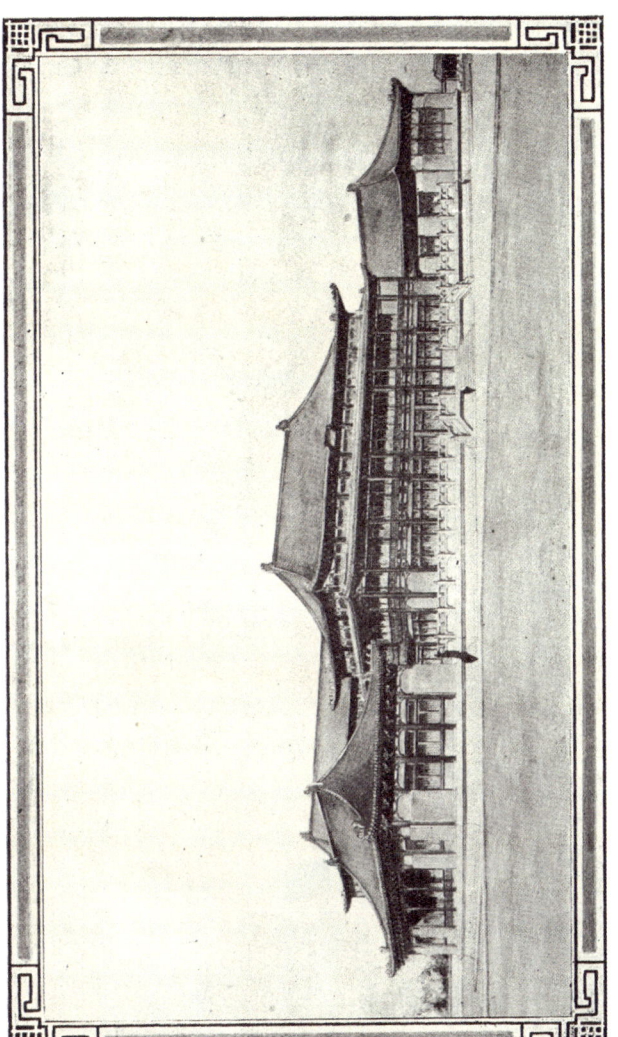

国立北平图书馆

天安门与华表

紫禁城入口的华表

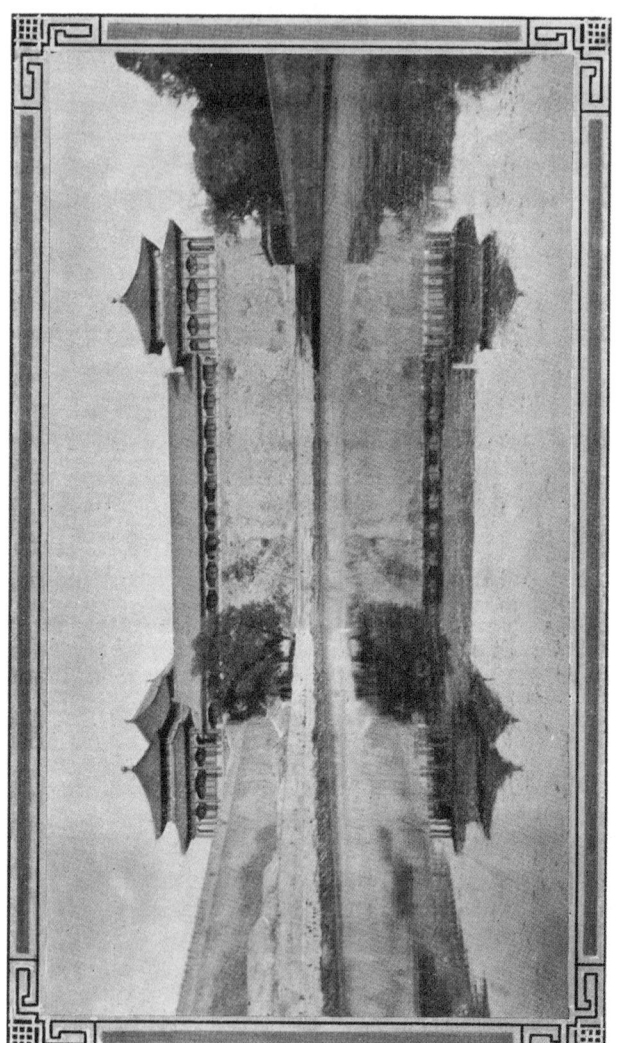

从护城河看午门

北海白塔

天坛祈年殿

先农坛的大殿

雍和宮的香爐

雍和宫的庭院

国子监的牌楼（琉璃牌坊）

黄寺的大理石"窣堵波"(清净化城塔)

五塔寺

頤和園

颐和园大门

颐和园昆明湖的"驼背桥"(玉带桥)

颐和园的"接见厅"(乐寿堂)

颐和园的彩绘长廊

颐和园的石舫

碧云寺的石牌楼

碧云寺的大理石"窣堵波"(金刚宝座塔)

长城的隘口

长城

刻有不同文字铭文的居庸关云台

"灯街"(廊房头条)的店铺

"天主教大学"(辅仁大学)

导　言

季剑青

英国作家裴丽珠（Juliet Bredon, 1881—1937）初版于1920年、后又多次再版的《北京纪胜》（*Peking: A Historical and Intimate Description of Its Chief Places of Interest*）一书，在英语世界有关北京的著述中享有盛誉，林语堂称它"当之无愧地被认为是关于北京的最全面的著作"[①]。然而长期以来，人们对作者的生平经历却不甚了然，对这部名作的独特之处也缺少深入的考察与探讨。作为一位长期在中国生活的西方人，裴丽珠笔下的北京与一般外国游客眼中充满异域情调和东方色彩的北京迥然不同，尤其是她着力表现的北京的"如画"（picturesqueness）之美，在20世纪初大英帝国日薄西山和现代中国艰难转型的历史背景下，透露出丰富的审美政治的意味。

一

裴丽珠是裴式楷（Robert Edward Bredon, 1846—1918）唯

[①] 林语堂：《辉煌的北京》，《林语堂名著全集》第25卷，赵沛林、张钧、陈亚珂、周允成译，东北师范大学出版社1994年版，第320页。

一的女儿。裴式楷是长期担任中国海关总税务司的赫德（Robert Hart，1835—1911）的妻弟，他本人也供职于中国海关，长年在中国工作与生活。我们对裴丽珠的生平了解得如此之少，不得不借助于有关她父亲的资料大致还原她的早年经历。裴式楷与赫德一样，出生于爱尔兰，毕业于都柏林三一学院。1873年裴式楷进入中国海关工作，担任总税务司公署总理文案税务司，后来到各地海关任职，1877年又回到海关总税务司公署继续担任总理文案税务司。1878年春，赫德回国休假期间，他曾代理总税务司职务。1879年裴式楷回国结婚，1880年回到中国后，先后于1883—1887年在江汉关（汉口）、1890—1892年间在江海关（上海）等关任职，1893年返回北京，仍任总理文案税务司，直至1894年。① 裴丽珠应该于1881年出生在中国，具体地点不详，但她幼年曾随父母在汉口生活。在她后来写的一篇回忆赫德的文章中，她记述了小时候第一次在汉口见到赫德的情景。②

1896年前后，或许是感到升迁无望，裴式楷离开中国，回到英国。此时年事渐高的赫德已经开始考虑接班人的问题，他有意让裴式楷继任，并在与英国公使商定后，将这一意见正式报告给英国外交部。在得到外交部的保证后，裴式楷于1897年12月回到北京。③ 裴丽珠也跟随家人再一次搬到北京居住。此时她对北京的印象并不佳，在她看来，位于使馆区的带有花园的赫德寓

---

① 参见孙修福编译：《中国近代海关高级职员年表》，中国海关出版社2004年版，第10—12、193—194、349—350、17页。
② Juliet Bredon, "Sir Robert Hart—The Personal Side, with Some Recollections of the Siege of the Legations", *The Pall Magazine*, Vol. XLII. No. 185. (Sept, 1908), p. 249.
③ 参见张志勇：《压迫与抗争：海关总税务司赫德继任者问题新探》，《安徽史学》2020年第6期，第24页。

所，乃是"灰尘扑面的北京的一块绿洲"①。

裴式楷回京后终于升任副总税务司，但由于赫德并未选择退休，接班的承诺无疾而终。1908年4月赫德休假离职，裴式楷得以代理总税务司一职。尽管赫德仍属意于裴式楷，但时过境迁，此时英国外交部已不再支持裴式楷。英国在华的外交使团和银行家认为裴式楷"亲华"，与清政府高层官员走得太近。②1910年3月，在英国外交部的压力下，清政府正式任命安格联（Francis Arthur Aglen）为赫德的继任者。③裴式楷被迫退休，不过清政府对他优待有加，赏赐他头品顶戴与一品文官之衔，并加恩赏给布政使衔。出于对中国的深厚感情，裴式楷短暂回到英国后，又返回北京闲居，1918年7月在北京逝世。④

成立于1859年的中国海关总税务司公署虽然名义上是清政府督征关税的行政机构，实际上直到抗日战争中期，一直都是由英籍人员担任总税务司这一领导职务，其负责决策的关员亦主要由英国人组成。这显示了当时大英帝国在中英乃至全球贸易中的主导地位以及在中国的巨大影响力。因而，尽管原则上总税务司的任命属于清政府的职权，但在赫德接班人的问题上，必须征得英国外交部的同意。即便是深受清政府信赖的赫德本人，也非常注重大英帝国在华的利益，尽管他来自英国的殖民地爱尔兰。他

---

① Juliet Bredon, "Sir Robert Hart—The Personal Side, with Some Recollections of the Siege of the Legations", p. 249.
② 参见 Hans van de Ven, *Breaking with the Past: The Maritime Customs Service and the Global Origins of Modernity in China* (New York: Columbia University Press, 2014), p. 160。
③ 关于赫德继任者问题，参见张志勇：《压迫与抗争：海关总税务司赫德继任者问题新探》，《安徽史学》2020年第6期。
④ 见孙修福《中国近代海关首脑更迭与国际关系》，中国海关出版社2010年版，第95页。

长期把持总税务司一职,也是为了把海关的领导权长期保留在英国人手里。① 与赫德相比,裴式楷稍稍表现出亲华的姿态,便失去了晋升总税务司一职的机会,足见英国对其通过中国海关维护在华利益这一关切的敏感与重视。

裴丽珠在她留存的著作中几乎没有提及她的父亲,但《北京纪胜》1922年版的扉页上赫然印有"纪念我的父亲"("To the Memory of My Father")的题词②,正是在裴式楷去世不久的时候。裴丽珠显然继承了其父对于中国的热爱,然而由于她身为中国海关英籍高级职员家庭中的一员,很难要求她反思和批评大英帝国维护和扩张其在华利益的行为。事实上,裴丽珠对赫德推崇备至,在赫德卸职离开中国之际,专门为他写了一部带有个人回忆色彩的传记《赫德爵士:伟大生涯的传奇》。她赞扬赫德的文化修养和宗教情怀,充分肯定他为人谦和、行事低调的作风,以及在为清政府解决种种国际争端的努力中所表现出的高明的政治技艺与智慧。尤其是在庚子事变中使馆区遭受围攻期间,赫德那种处变不惊的风度、运筹帷幄的本领,给同为亲历者的裴丽珠留下了深刻印象。裴丽珠对赫德的描述显然有溢美之嫌,正如其书名"传奇"(Romance)一语所示。③ 在今天的研究者看来,赫德的形象似乎并没有那么光彩,他独断专行,培植并倚重家族势力(裴式楷刚入中国海关便入职总税务司公署,担任

---

① John King Fairbank et al, eds., *The I. G. in Peking: Letters of Robert Hart. Chinese Maritime Customs, 1868-1907*, Vol.1, (Cambridge [Massachusetts]: The Belknap Press of Harvard University Press, 1975), p. 619. 转引自梁展《普遍差异、殖民主义与未完成的共同体》,《外国文学评论》2020年第4期,第36页。
② Juliet Bredon, *Peking: A Historical and Intimate Description of Its Chief Places of Interest* (Shanghai: Kelly & Walsh, 1922).
③ Juliet Bredon, *Sir Robert Hart: The Romance of a Great Career* (London: Hutchinson, 1909).

总理文案税务司，便与其赫德姻亲的身份有关），对其他人则充满怀疑。①

赫德在中国海关总税务司任上，利用其大权独揽的地位，把总税务司公署变成了一个等级秩序森严的中央集权式官僚帝国，故有"国中之国"之称。②总税务司公署的外国关员几乎构成了一个相对封闭的社群。《赫德爵士：伟大生涯的传奇》记载了一个生动的细节：庚子事变后天坛和先农坛先后向外国人开放，然而赫德仍习惯于在自己的庭园或者城墙上漫步，从未去过两地。③他似乎对他生活了这么久的这座城市缺乏兴趣，这或许是总税务司公署社群的一个缩影。即便是使馆区里那些喜欢探访北京名胜的外交人员，也基本上生活在自己的小社会中，对北京乃至中国正在发生的剧烈变化视而不见。④

与她的父辈们不同，裴丽珠对北京这座城市充满了好奇心与热情。1911 年，裴丽珠与法国人罗尔瑜（Charles Henry Lauru，1881—1944）结婚。她的丈夫原是一位法国小提琴师，因受到热爱音乐的赫德赏识，1898 年被招入中国海关，后升至副税务司，1914 年调入设在北京的盐务稽核总所任会计科长兼财政秘书。⑤婚后的裴丽珠经常在家中接待客人，成为北京社交生活中

---

① Hans van de Ven, *Breaking with the Past: The Maritime Customs Service and the Global Origins of Modernity in China*, p. 8.
② Ibid., pp. 4, 11.
③ Juliet Bredon, *Sir Robert Hart: The Romance of a Great Career*, p. 237.
④ 见［英］茱莉娅·博伊德：《消逝在东交民巷的那些日子》，向545娟译，商务印书馆 2016 年版，第 95—96 页。
⑤ 关于罗尔瑜的生平，参见吴晓芳《多元宗教的对话——论海伦·M. 海耶斯对〈西游记〉的节译（1930）》，王宏志主编《翻译史研究（2017）》，复旦大学出版社 2018 年版，第 256 页。海耶斯（Helen M. Hayes, 1906—1987），英国人，1920 年末与裴丽珠结识，20 世纪 30 年代曾与裴丽珠合作撰写一部有关故宫的英文读物。1939 年，裴丽珠去世两年后，海耶斯与罗尔瑜结婚。

有名的沙龙女主人。① 裴丽珠交游广泛,长年在北京生活的她能说一口流利的北京话,这使得她能够与北京的普通市民自由交流,熟悉这座城市的风土习俗。② 1920 年,裴丽珠在上海别发洋行出版了《北京纪胜》的初版,该书英文书名直译应为"北京:对其主要名胜的历史记述与亲密描述"。"亲密"(intimate)一词透露出作者与这座城市之间非同寻常的个人化的关系。

初版两年后,《北京纪胜》就于 1922 年推出了增订版,1931 年又出了第三版,对前两版做了进一步的扩充,成为该书的定版。除了这部享有盛誉的著作以及此前撰写的赫德传记外,裴丽珠还著有《中国人的阴影》(Chinese Shadows, 1922)、《农历年:中国风俗和节日记述》(The Moon Year: A Record of Chinese Customs and Festivals, 1927,与伊戈尔·米托法诺〔Igor Mitrophanow〕合著)、《中国新年:对其礼节和仪式的生动著录及相关考察》(Chinese New Year Festivals: A Picturesque Monograph of the Rites, Ceremonies and Observances in Relation Thereto, 1930)、《百坛》(Hundred Altars, 1934)等书。其中,《百坛》是一部引人入胜的小说,它讲述了在辛亥革命前后的时代背景下,北京西北郊一座名为"百坛"的村子中两户农民和商人家庭的故事。裴丽珠在对人物命运的深切讲述中,穿插了大量有关京郊农村民俗的细致描写,表明她极其熟稔北京乡土社会。③《农历年》和《中国新年》两部著作不限于北京,是对中国古老的年节习俗全面而生动的

---

① 参见 "Obituary", *The North China Herald*, Dec 15, 1937; "Obituary: Mme. Lauru", *The Times* (London, England), Jan 18, 1938。这两条材料蒙吴晓芳博士提供,特此致谢。
② 见赵怡凡:《晚清在京西方女性活动研究》,梁景和主编《婚姻·家庭·性别研究》第五辑,社会科学文献出版社 2016 年版,第 129 页。
③ Juliet Bredon, *Hundred Altars* (New York: Dodd, Mead and Company, 1934).

描绘，至今仍为研究中国的民俗学家和人类学家所引用。①

裴丽珠不仅熟谙中国的历史文化与风土人情，对日本和日本文化也有浓厚兴趣和深入研究。她曾以亚当·沃里克（Adam Warwick）的笔名，在美国《国家地理杂志》（*The National Geographic Magazine*）上发表有关中国和日本的文章与摄影作品。②裴丽珠与罗尔瑜夫妇经常夏天去日本度假。1937年夏天，他们照例前往日本，但战争的爆发使得他们无法返回北京，不得不前往美国。1937年12月10日，裴丽珠因突发心脏病病逝于旧金山，享年56岁。③

二

因资源的限制，《北京纪胜》1920年初版笔者尚未及寓目，不过《皇家亚洲学会华北分会会刊》1920年卷上的一则书评，让我们得以了解该书在当时引起的反响。作者一开始就表示之前并没有听说过裴丽珠其人，或者这本书正是她崭露头角之作。接下来这篇书评对裴丽珠其人其书赞不绝口："她对文字驾轻就熟，富于表现力和想象力，具有强烈的同情心，这些品质足以让本书脱颖而出。作者进入她的主题的灵魂之中，带着想象力穿梭于往昔，试着去理解和解释现在。她成为一位出色的向导，带领游客

---

① Juliet Bredon & Igor Mitrophanow, *The Moon Year: A Record of Chinese Customs and Festivals* (Shanghai: Kelly & Walsh, 1927); Juliet Bredon, *Chinese New Festivals: A Picturesque Monograph of the Rites, Ceremonies and Observances in Relation Thereto* (Shanghai: Kelly & Walsh, 1930).
② 吴晓芳：《多元宗教的对话——论海伦·M. 海耶斯对〈西游记〉的节译（1930）》，王宏志主编《翻译史研究（2017）》，第254页。
③ "Obituary: Mme. Lauru", *The Times* (London, England), Tuesday, Jan 18, 1938.

走过许多不熟悉的地方,将他们的思绪引向未受过关注的具有艺术和历史意味的物件。由此,一幅巨大而优美的全景画就展现在读者面前,给他们留下了琳琅满目的壮丽印象。"①《北京纪胜》的后续版本在内容和篇幅上有修订与扩充,而这些特色一直保留了下来。

在1922年版《北京纪胜》的序言中,裴丽珠确实很自觉地充当着读者的向导,她如此界定这本书的宗旨:"它的目的不过是扮演市民和游客都会视之为朋友——一个挽着你的胳膊逛遍这座城市及其郊区的朋友(你对他的品味应该会有信心)——的那种角色。"②1931年版基本上沿用了上一版的序言,只添加了最后一段文字:"这就是我为作为读者的你所做的介绍,好比一个人愿意引导你游览这座我已经在其中生活且研究多年的城市,就像我已经为许多路过的人所做的那样跟你交谈,这些人觉得他们是置身于一个陌生地方的陌生人,他们在这里看到了很多却知道得不多,直到他们跟一个对北京熟悉的伙伴在一起。"③裴丽珠强调她的目标是让英语世界的读者"熟悉"北京,就像她本人那样与这座城市建立起"亲密"的关系,这跟当时许多西方人的北京游记将北京"异域化"(exoticize)为东方奇观的做法很不一样。正如我们后面所要讨论的,这与裴丽珠描绘北京时所采用的"如画"美学观念有着内在的联系。

《北京纪胜》的书名中虽然包含了"历史",但基本结构却是空间化的。1922年版中,在第一章概述北京的历史之后,接下

---

① "Reviews of Recent Books", *Journal of the North-China Branch of the Royal Asiatic Society* (1920), Vol. LI (1920), p. 106.
② Juliet Bredon, *Peking: A Historical and Intimate Description of its Chief Places of Interest* (Shanghai: Kelly & Walsh, 1922), p. viii.
③ Juliet Bredon, *Peking: A Historical and Intimate Description of its Chief Places of Interest* (Shanghai: Kelly & Walsh, 1931), p. xii.

来便依次描述北京城墙、使馆区、三海与景山、紫禁城、天坛与先农坛、皇城、内外城及近郊的寺庙与陵墓、颐和园与玉泉山、西山的寺庙、长城与十三陵、清西陵与清东陵等,最后三章分别介绍北京的古玩市场、集市与西方式的建筑,共二十章。此外还有几十幅地图、插图和平面图,并有《中国的朝代》与《北京主要的节日与庙会》两份附录,让全书几乎成为一部关于北京的集大成之作。作者在介绍每一个地点、每一处景观的时候,都会勾连起相关的历史事件或民间传说,并引述各类相关文献,再加上个人化的细致观察和饱含情感的评述,确实令读者有沉浸其中、流连忘返之感。

1931年版《北京纪胜》基本上沿袭1922年版的章节结构,增加了一章的内容,主要是紫禁城的部分。这是因为作者撰写上一版的时候,紫禁城只有前朝三大殿部分归民国政府管理,辟为古物陈列所对外开放。乾清门以内的"内寝"属于逊清皇室的居所,作者自然无从涉足。1931年版还增加了对北海承光殿的描写,这也是后来开放的一处古迹。从《北京纪胜》前后版本的变化可以看出,裴丽珠以实地探访为基本的写作原则,而不以泛泛而论或抄撮故实为满足。书中最动人的段落,几乎都来自作者的亲身观察与体验,该书读起来至今仍充满感染力,盖源于此。

裴丽珠描绘北京的风景,最喜欢用"如画/画意"(picturesque/picturesqueness)一词。在1931年版《北京纪胜》中,这个词出现了49次之多。除了3处是引自他人著作之外,其余46处均为作者所用。全书第四章整章即以《过去的画意》("The Picturesqueness of the Past")为题。裴丽珠使用该词,既用来概括北京的整体氛围,也用来描述宫苑、园林、寺庙、村落、废旧的古迹、自然风景,乃至日常生活中的场景。在全书的开头,裴丽珠谈起"北京拥有异乎寻常的丰富而充满魅力的个性",便称:

这部分要归因于建造者的宏伟规划,归因于环城而建的城墙与城门的庄严、宫殿广场的壮丽和皇室建筑屋顶的鲜亮色彩,但更依仗那种无处不在的如画般(picturesqueness)的氛围,那种与寻常事物的鲜明对比,以及那种新与旧的奇妙混合。①

在裴丽珠的笔下,午门后面的金水河和中央公园是"如画"的:

午门后面是一块很大的开阔空间,金水河流经此地,这条改造成运河的河流在大理石栏杆间蜿蜒流淌,风景如画(picturesquely)。

这一类现代新设施(按:指餐厅、咖啡馆和保龄球道等)并不会破坏皇家背景的那种无与伦比的画意(picturesqueness)。毗邻故宫建筑的这一块从前属于皇室的区域在世界上的公园里是独一无二的。②

在梁公府基础上建起的英国公使馆和由睿王府改建而成的玛哈噶喇庙也是"如画"的:

公使宅邸的一部分还是原来的梁公府宅,通向宅邸的正式道路两旁有石狮拱卫,花园里红色柱子支撑的轩敞的楼阁和古朴典雅的凉亭都尽可能地得到了修复和保护,从而极大

---

① Juliet Bredon, *Peking: A Historical and Intimate Description of its Chief Places of Interest* (Shanghai: Kelly & Walsh, 1931), pp. 1-2.
② Ibid., pp. 85, 119.

地增强了公使馆如画一般的景致（picturesqueness）。

睿亲王如画般（picturesque）的府邸因为充满了对这位伟大英雄的回忆和它那空空荡荡的墙壁所引发的伤感而长久地萦绕在民众的想象中……①

城外日渐废弃的寺庙也是"如画"的：

只有那些研究中国古物的专家或金石学的学者会对这类寺院感兴趣，它们那日渐崩塌的神祇属于一个若非熟识多年就不可能理解的世界——一个神话、信仰和迷信的世界，西方人通常对它们漠不关心。我们已经不能再在"美丽"这个词的日常意义上说这些地方是美丽的，但它们却有一种有目共睹的属于它们自己的画意（picturesqueness）。

另一处跟黄寺一样显示出印度强烈影响痕迹的古迹是破败的五塔寺。它位于北京城西边2英里处，距离通往颐和园的大路不远。据说它是古代印度的菩提伽耶（Buddhagaya）的复制品，有一段如诗如画（picturesque）的历史。

明朝人和清朝初期的人们也从沙城出发前往汤山（距离北京22英里）的温泉。这些温泉位于一座遍布石头的小山的背风面，山上有风景如画（picturesque）的三座古庙的遗迹，在天际线映衬下显得轮廓分明。②

---

① Juliet Bredon, *Peking: A Historical and Intimate Description of its Chief Places of Interest* (Shanghai: Kelly & Walsh, 1931), pp. 43, 205.
② Ibid., pp. 248, 255, 387.

赶车的车夫、雍和宫的僧侣、德胜门的果市乃至温泉村的乡土戏剧演出，也有一种"如画"的魅力：

> 他与车并肩行走，或者坐在车身的边缘，甚至很少需要用他的长鞭，单靠他的说话声来引导和鞭策这些牲畜。他语言中拉伯雷式的滑稽幽默的隐喻如同他本人一般充满画意（picturesque）。

> 每天下午在这座殿内都会举行向游客开放的宗教仪式。喇嘛和小喇嘛戴着黄色的头盔式的帽子，穿着橙色或砖红色的礼服，从他们的僧房里走到阳光下，形成了一幅富有画意（picturesque）的群像。

> 撑着蓝布伞的如画般（picturesque）的货摊在春天堆成金字塔的杏子和夏天成堆的西瓜的映衬下五彩缤纷，而驮着一筐一筐满满的农产品的驴一年到头都会打那衰颓的城门楼下经过。

> 过去五月份会在这里举行纪念娘娘菩萨的乡村节日，还有集市，小贩们在那里卖手镯、头饰和犁，生意红火。半山腰开阔的楼阁里会上演戏剧，甚至穿着脏兮兮的俗气戏服的村里的哑剧团在这样的背景下也制造出一种生动（picturesque）的效果。①

如此高频率地使用"如画"一词，显然是有意为之。关键在

---

① Juliet Bredon, *Peking: A Historical and Intimate Description of its Chief Places of Interest* (Shanghai: Kelly & Walsh, 1931), pp. 67, 185, 214, 376.

于,"如画"是18世纪英国美学的一个重要观念,具有丰富的文化和道德内涵。随着大英帝国的扩张,它也被普遍用于描绘殖民地和后发国家与地区的自然与人文景观。裴丽珠出身上层社会,对英国的"如画"美学传统自然不陌生。要了解和体会她笔下"如画"的北京的深层意味,有必要简单地追溯一下这一美学观念的谱系。

三

"如画"(picturesque)一词最早是作为法语"pittoresque"或意大利语"pittoresco"在英语中的对应术语,在18世纪初渐成风尚。它本意是指某种景色或人类活动适合入画。英国贵族精英通过在欧洲大陆的修业旅行(Grand Tour)和对古典主义画作的欣赏,完成了自己的审美教育,转而用来鉴赏英国本地的风景,便萌发出"如画"的美学观念。但到了18世纪后期,古典主义渐渐式微,"如画"审美趣味日渐青睐粗糙、崎岖和参差多态的景物。在这个过程中,吉尔平(William Gilpin,1724—1804)和普莱斯(Uvedale Price,1747—1829)两位艺术家和文人扮演了重要角色。吉尔平"确立了画家对于粗糙景物的偏爱",而普莱斯则进一步将"如画"确立为优美与崇高之外的第三种范畴,但同样把粗糙、斑驳和不规则等看作"如画"的基本特征。在这样一种美学视景中,偏僻奇绝的自然风景、素朴的乡村茅舍、破败坍塌的废墟,乃至吉卜赛人和乞丐,都成为观景者的欣赏对象。①

---

① 见[英]马尔科姆·安德鲁斯:《寻找如画美:英国的风景美学与旅游,1760—1800》,张箭飞、韦照周译,译林出版社2014年版,第78—83页;又见 Christopher Hussey, *The Picturesque: Studies in a Point of View* (Hamden: Archon Books, 1967), pp. 13-14。

简而言之，如画美的趣味偏爱的是未经人力干预和规划的大自然世界和"人类社会卑微的、没有开化的部分"，而随着圈地运动的扩展和工业革命的兴起，这样的景物越来越难以在英国本土找到。艺术家们希望看到"文明国家里难以看到的景色，如此遥远、如此殊异、如此荒蛮的景色"①，不得不把视线从英格兰本地转向北威尔士、苏格兰高地等偏远地区，更进而转向落后的大英帝国殖民地。19世纪，伴随着交通工具的改进和旅游业的兴起，英国人开始把"如画"的审美观念带入他们对如缅甸这样的殖民地的观察与视觉再现之中。② 中国虽然不是英国的殖民地，但作为英国意欲通过贸易来征服的对象，也被纳入同样的视觉模式来打量。最好的例证莫过于威廉·亚历山大（William Alexander，1767—1816）1814年出版的画册《中国人的服饰和习俗图鉴》（*Picturesque Representations of the Dress and Manners of the Chinese*），书名直译应为"对中国人的服饰和习俗的如画再现"。亚历山大是1792年马戛尔尼访华使团中的制图员，他在随团旅行中国期间，绘制了大量描绘中国风土人情和各色人物的水彩画及速写。回到英国后，亚历山大对这些画作进行整理和再创作，于1814年出版了这部水彩版画集。该书共收入50幅图画，其中48幅为人物画，形象刻画非常准确，服饰细节极其丰富，还附有简明的说明文字。③ 亚历山大本人并未明言他选择"如

---

① ［英］马尔科姆·安德鲁斯：《寻找如画美：英国的风景美学与旅游，1760—1800》，第89、92页。
② 参见 Stephen L. Keck, "Picturesque Burma: British Travel Writing 1890-1914", *Journal of Southeast Asian Studies*, Vol. 35, No. 3 (Oct., 2004)。
③ 该书已有中译本，见［英］威廉·亚历山大：《1793：英国使团画家笔下的乾隆盛世——中国人的服饰和习俗图鉴》，沈弘译，浙江古籍出版社2005年版。关于亚历山大及其中国题材的画作，可参见沈弘为该书所作导言《他使欧洲更好地了解了中国》。又见陈璐：《威廉·亚历山大笔下的中国图像》，《艺术百家》2014年第2期。

画"一词的用意，但从画作本身来看，不难体会其中"如画"的美学趣味：选择的人物多为普通乃至下层平民，背景也多为乡野风光。

美国学者杰弗里·奥尔巴赫（Jeffrey Auerbach）曾经指出，"如画"观念对于大英帝国的视觉建构至关重要，它有助于将帝国的诸多区域统一起来并加以同质化（homogenize）。英国的作家和艺术家用"如画"的视角观察和呈现南非、印度、澳大利亚等不同地域，不是去凸显它们的异域色彩，而是要去"驯服异域性"（domestication of the exotic），让它们看上去与英格兰没什么两样。异域色彩自然无法回避，但要祛除其让人为难的"他性"（otherness），容许观察者仍旧待在他的视觉舒适区之中。① 亚历山大《中国人的服饰和习俗图鉴》对中国的再现，也包含了这种机制，尤其体现在他的说明文字中。例如他在描绘中国渔夫用来捕鱼的鸬鹚（Leu-tźe）时，便特别指出它很像英格兰的普通鸬鹚（common cormorant）；又如在描绘表演耍坛子的杂耍艺人时，亚历山大认为他们与印度的杂耍艺人殊无二致，但中国艺人技艺更胜一筹。②

奥尔巴赫的论述，运用于裴丽珠的《北京纪胜》时尤其具有启发性。如我们前面所说，裴丽珠写这本书的初衷是让西方读者"熟悉"北京，但她深知这并非易事，对自己作为西方人的身份与中国历史文化之间的天然鸿沟有着充分的自觉：

> 要恰如其分地认识北京，几乎非一个西方人所能胜任，

---

① Jeffrey Auerbach, "The picturesque and the homogenisation of Empire", *The British Art Journal*, Vol. 5, No. 1, Spring/Summer 2004, pp. 47-54.
② William Alexander, *Picturesque Representations of the Dress and Manners of the Chinese* (London: Howlett and Brimmer, 1814), plates iii, vii.

因为做到这一点的前提是对中国的过去有深入的了解,对中国人的性格和宗教有无限的同情,并且极为熟稔穷人的谚语和家常话、街头歌谣和工场作坊的行话,就像熟悉文人心态和统治者的动机一样。①

裴丽珠认识到,西方人了解中国比领会意大利文明的意义要困难得多:"我们更容易想象自己与伟大的洛伦佐(Lorenzo the Magnificent)甚至凯撒·博尔贾(Cæsar Borgia)——而不是永乐或乾隆皇帝——共进下午茶"。②她努力用自己的"熟悉"来弥合"陌生"的西方人与北京之间的距离,这与"如画"观念的运作机制恰好有相通之处。只是裴丽珠的工作更宽泛地位于中西之间,而非着意于大英帝国的文化建构,这突出地表现在第四章《过去的画意》中。在这一章,裴丽珠为我们展现了北京那些正在消逝的多姿多彩的风景与生活。她谈起街头小贩"有特定的悦耳的叫卖声,就像伦敦的鱼贩子或巴黎的四季商人(Marchands des Quatre Saisons)一样",警察制度出现之前的打更人"让人想起莎士比亚笔下的道格勃里(Dogberry)和他的手下",老派的满大臣坐着绿色轿子往来于皇宫的阵仗"类似伦敦的市长巡游(Lord Mayor's Show)",而货车车夫"语言中拉伯雷式的滑稽幽默的隐喻如同他本人一般充满画意"。③裴丽珠运用精彩的比喻和联想,着力在北京的城市风情与西方文化之间建立起桥梁。如此呈现出来的"如画"的北京,也是令西方读者感到亲切和熟悉的北京。

---

① Juliet Bredon, *Peking: A Historical and Intimate Description of its Chief Places of Interest* (Shanghai: Kelly & Walsh, 1931), pp. ix-x.
② Ibid., p. xii.
③ Ibid., pp. 60, 61, 64, 67.

《北京纪胜》用这一章的篇幅集中呈现的"如画"的北京，却属于或即将属于"过去"，这本身亦是一件耐人寻味的事。如我们前文所说，18 世纪后期至 19 世纪，"如画"观念在英国遭遇困境，是因为它感兴趣的是前工业时代的风光。在 18 世纪 90 年代，"普赖斯和他的追随者想把时钟回拨，重新发现风景——在那里，没有工业化、没有圈地、没有庄园改造留下的印记"；游客们追求的是"原始的、渐被废弃的、带有异教色彩的生活方式。文明的心智与开化的乡村一样，都已经过时了"。① 于是英国的文人、艺术家和旅行家不得不把目光投向域外，在落后的殖民地和后发地区发现他们似曾相识的、在本国已经逐渐消失的"如画"之美。裴丽珠大体亦可归为他们中的一员，然而，让她颇感失望的是，这些"如画"的风土人情，在北京这座正在经历现代转型的城市，也正在消逝。例如，裴丽珠欣赏的"过去那种如画般的"葬礼已经被命令禁止，尽管她完全理解民国政府做出这一决定所依据的现代原则，但她还是感到痛惜。在这一章的结尾，她发出了这样痛切的追问：

> 无论我们可能是多么好的民国国民，无论我们多么赞赏"现代北京"，我们都必须承认——伤心地承认——我们在很多方面都对过去的画意（picturesqueness）的消逝感到惋惜。缺少了宫廷的刺激和奢华，生活——死亡也是——正变得越来越单调乏味。唉，进步必定与丑陋携手并进！非得如此吗？北京跟中国一样，站在"新旧交汇"的十字路口。某一天——当过渡时期结束的时候——把最好的中国

---

① ［英］马尔科姆·安德鲁斯：《寻找如画美：英国的风景美学与旅游，1760—1800》，第 92、114 页。

传统与现代文明的必要改进结合起来难道不可能吗?①

那发源于英国并在英国臻于顶峰的现代文明,已经侵入北京,发生在英国的似乎也必然在中国重演,将"如画"之美扫入历史。吊诡的是,这正是殖民主义现代性的必然结果。20世纪30年代的北平乃至整个中国正努力实现自身的现代化,尚无暇顾及那些消逝的传统。颇具反讽意味的是,现代文明比"如画"的事物更加同质化,更加让人感到"熟悉",却无法产生"画意",只让人觉得"单调乏味"。一座现代的北京城是否有可能以及如何具有"如画"之美,这是裴丽珠留给我们的课题。

四

1927年,商务印书馆出版了美国摄影师怀特(Herbert C. White)的影集《燕京胜迹》(*Peking the Beautiful*)。胡适在为此书撰写的序言中,特别提及裴丽珠的《北京纪胜》,称其"极具价值",并引用了序言中"要恰如其分地认识北京,几乎非一个西方人所能胜任"那段话。胡适表示,"我完全赞同这段精到的评语,而且还愿为裴丽珠女士的观察做些补充。相比于本地居民,来北京的西方游客常常能更好地欣赏北京的艺术魅力和建筑之美"。胡适的理由是,中国人自古以来的功利主义态度,以及看待建筑的道德眼光,妨碍了我们欣赏艺术之美,他举的例子是颐和园因为乃挪用海军经费建造而成而备受抨击。与此形

---

① Juliet Bredon, *Peking: A Historical and Intimate Description of its Chief Places of Interest* (Shanghai: Kelly & Walsh, 1931), p. 79.

成对比,"对于西方旅行者而言,因为没有这种艺术和道德的成见,他一踏入北京就会立刻爱上这里。他会为北京城的红墙、斑驳的匾额、秀美的荷池、耸立的松柏,尤其是建筑的雄伟壮丽而欣悦不已"。①胡适此文用英文撰成,似为西方人说法,对中国人审美态度之批评未免苛刻。然而,他提出的审美与道德的关系问题,却是一个具有相关性的有意味的话题。

事实上,"如画"观念中本身就包含了审美与道德之间的紧张。"如画"美学青睐乞丐、吉卜赛人或农夫等下层人物形象,他们可以与前工业时代的大自然和谐共存,成为艺术家取景的对象。吉尔平做过一个相当著名的区分:"以道德的眼光,卖力的机器比起懒散的农民更令人愉快,若从如画美的角度来看,情形则恰好相反……"毫不掩饰"如画"美学非道德的倾向。②然而,到了19世纪,随着资本主义和工业革命带来的弊病——乡村的败落与城市贫民窟的出现——越来越显著,这样一种非道德的美学观念变得越来越让人难以接受,特别是对于那些关心本国人民福祉的进步知识分子而言。罗斯金(John Ruskin,1819—1900)在一篇乡村游记中写道:"我不禁想,为了给我提供如画之美的主题,使我能够快乐地散步,不知道有多少人正在受苦受累。"③这样一种道德压力,某种程度上也是"如画"观念在19世纪的英国逐渐式微的原因之一。与此形成对照的是,当英国的文人和旅行家漫步于如缅甸这样的殖民地的时候,他们源于宗主国的优势地

---

① 这篇序文未收入《胡适全集》。欧阳哲生将其全文译出,收入其《胡适的北京情缘:一个新文化人的日常生活史》(三联书店〔香港〕有限公司2021年版)一书中,本文即引自其译文,见第140、142页。
② 见〔英〕马尔科姆·安德鲁斯:《寻找如画美:英国的风景美学与旅游,1760—1800》,第35页。
③ 见〔英〕马尔科姆·安德鲁斯:《寻找如画美:英国的风景美学与旅游,1760—1800》,第312页。

位以及与当地人的天然隔阂,使得他们欣赏"如画"景物时无须承受太重的道德负担,对当地人对于殖民统治的反应也往往视而不见。①

裴丽珠的情况更复杂一些。如前文所引,她笔下的"如画"景物,有相当一部分也属于车夫、僧侣、村民等底层或边缘阶层。裴丽珠并非完全视其为对象化的景观,而是凭借她出色的语言能力和对北京风土民情的熟稔,与这些人多有互动。《北京纪胜》中记载了她游访柏林寺并与其住持交流的情景②,作者的谦恭与敬重之情跃然纸上。裴丽珠对普通民众不乏同情,书中甚至记述了她与友人游览玉泉山时给一个路上摔倒的小男孩硬币的细节。③不过,我们仍然能看到,"如画"的观念如何自觉或不自觉地抑制了她的道德意识。她写到二闸附近运河两岸"令人着迷的生活"——"那些船上和岸上如画般(picturesque)的种种令人惊喜的事物"——的时候,是如此用笔的:

> 夏天,备有石头长椅和桌子的露天餐馆里坐满了乡民,他们提的鸟笼挂在盖着厚垫子的遮阳棚上。推着手推车的农夫把成车的蔬菜运到水边,蹚到水里好让它们变得新鲜以便出售。农民们在泥泞的村子里养的那些所有美食家都称赞不已的肥美的鸭子,从这些村子成群地一路摇摇摆摆地走过来,游到那些在各水闸间穿梭的行驶缓慢而沉重的客船中间。稍远处,在职业说书人那单调的调子里有某种浪漫的气

---

① 参见 Stephen L. Keck, "Picturesque Burma: British Travel Writing 1890-1914", *Journal of Southeast Asian Studies*, Vol. 35, No. 3 (Oct., 2004), p. 393.
② Juliet Bredon, *Peking: A Historical and Intimate Description of its Chief Places of Interest*, pp. 212-213.
③ Ibid., p. 313.

息,……在整个场景中,有一种令人们轻松地想起沙漠的魅力栖居其间。这是一种不同寻常的富于感染力的明晰,通过这种明晰,最辽远的事物似乎也以令人惊叹的鲜明的效果聚焦在我们眼前。它是把一幅风景画中的所有细节都照到的一束光,制造出壮丽的色块,让泥墙也发出绚烂的光芒。

到了冬天,风景就变换了。棕色的田野显得粗粝,蒙着沙尘,屈服于严寒。运河结了一层冰。船只无所事事地躺在岸边,用泥块锚定,受到荆棘丛树枝的保护。古朴的雪橇登场,一个人推一个人拉,而穿着原始的用铁做的冰鞋的小男孩们则像饥饿的麻雀一般绕着雪橇兜圈子,向乘客乞求铜板。这时候茶舍已无人问津。……①

这段文字观察之细致、文笔之生动令人叹服,然而作者终究只是把这一切——包括住在泥泞的村子里的乡民和向乘客乞求铜板的男孩们——看作一幅"风景画"而已。与之构成对比的是沈从文约略写于同时期的《游二闸》一文,沈从文关心的是"那些赤精了身体,钻到水瀑下而去摸游客掷下铜子的小孩"到了冬天将何以自娱且娱乐他人,他们的未来将从事何种职业,进而生发出对处于巨变中的中国普通人的命运的忧思。② 本国作家终究无法心安理得地从凋敝的乡村中拾取出"如画"的景观来。从这个意义上来说,胡适对中国人看待风景时所怀有的道德感的批评并不算公平。

平心而论,裴丽珠已经尽她所能地努力去了解北京的历史与

---

① Juliet Bredon, *Peking: A Historical and Intimate Description of Its Chief Places of Interest* (Shanghai: Kelly & Walsh, 1931), p. 276.
② 沈从文:《游二闸》,《沈从文全集》第11卷,北岳文艺出版社2002年版,第65—67页。

文化，去同情北京人的性格与气质，去熟悉北京平民的语言与风俗，建立她与这座城市之间的"亲密"关系。正因如此，她才为我们留下了一部今天读来仍引人入胜的《北京纪胜》，留下了那已经消逝的"如画"的北京。然而，两种文化之间几乎存在天然的界限，使得她仍旧未能突破那最后的隔阂，真正对这座城市及其人民感同身受。这可能是过高的要求，但也提示我们，跨文化的交流与对话无论深入到何种程度，或许都不为过。

五

《北京纪胜》自问世以来广受好评，一直为北京历史文化的研究者称赏和引用，但却没有一部完整和准确的中译本。2008年外语教学与研究出版社推出了该书的英文版，收入"京华往事"丛书，根据的是原书1931年版，但删去了最后一章《西方地标》。2018年，中国文史出版社以原书1922年版为底本，出版了王慕飞先生翻译的中译本，但同样删去了最后一章，译笔亦不尽如人意。因而，当2020年夏天宋希於先生约我以1931年定版为底本重译此书时，我稍做思忖便答应了下来。等到动笔开译时，才发现难度之大超出了我的预期。一方面要用妥帖的中文还原裴丽珠维多利亚风格的优雅文笔便是一项巨大的挑战；更重要的是，该书涉及大量的史实和典故，都有解释乃至订正的必要。裴丽珠虽然熟稔北京历史与风俗，但疏漏和错讹之处也不在少数，这些地方我都尽可能依据较为可靠的文献资料加以纠正。对一些读者可能不熟悉的背景知识，也尽力查考和说明。另外，裴丽珠在书中引用了大量英文文献，有些地方她给出了出处，但奇怪的是，很多大段的引文都没有交代来源，也无注释。我借助

"谷歌图书"的搜索功能，查出了大部分引文的出处，但仍有一些引文无从考索，相关文献信息只得付诸阙如。由此我发现，裴丽珠经常引用小泉八云（Lafcadio Hearn，1850—1904）谈论日本历史文化的著述，直接将其搬用到她对北京和中国文化的描述中。她与这位爱尔兰裔日本作家的渊源，值得专文讨论。以上这些有关原书内容和引用文献的解释、说明与考证，都以译者注的形式随文出注。虽然花费了不少心力，这个译本肯定还存在不足乃至讹误，敬祈方家指正。

第三版致谢

作者衷心感激诸多中外友人,他们帮助她为新版《北京纪胜》搜集材料,或惠允使用他们的图片、地图和平面图。我要特别对美国大使馆的查普曼先生(F. J. Chapman)心怀感激地致以谢意,他在制作汉字索引和所有中文专名的罗马拼音方面慨然相助;还要特别感谢钢和泰男爵(Baron de Staël-Holstein)、福开森博士(Dr. J. C. Ferguson)等学者,他们都贡献了源于原始文献的珍贵信息。作者还要感谢她的丈夫罗尔瑜先生(C. H. Lauru),他的鼓励和全方位的帮助使得对该书之前各版本进行修订成为可能。

前　言

外国人已经写了好几本关于北京的书，但是其中只有两本内容全面——樊国梁主教（Monseigneur Favier）的巨著《北京》（*Peking*）和比丘林神父（Father Hyacinth Bitchurin）的《北京描述》（*Description of Peking*）①。遗憾的是，从今天游客的角度来看，这两本书都有点过时了，因为近年来这座城市已经发生了很大变化。

准确记载的缺失主要应归咎于在搜集精确的信息方面所遇到的阻碍。人们越是研究这座令人着迷、古老、骄傲而又神秘的城市，就越发意识到获悉任何相关知识的令人焦急的困难程度，即便是从中国人自己那里，也只能了解到关于其历史和遗迹的最简略的概要。②确实，要恰如其分地认识北京，几乎非一个西方人所能胜任，因为做到这一点的前提是对中国的过去有深入的了

---

① 比丘林神父的小书是多年来外国人写的唯一一部对北京城的可靠记述。它的准确性毋庸置疑。贝勒（E. Bretschneider）和其他汉学家都承认它的原创的权威性，并在他们自己的著作中大量利用这本书。
② 以北京为题材的标准的中文著作是《日下旧闻考》，它是一部于1785—1787年间问世的官方出版物。1886年李鸿章主持出版的《顺天府志》第二版（该书是对京畿地区的描述，初版于1593年）曾大量利用这本书〔此说有误，《光绪顺天府志》由周家楣等担任总裁，李鸿章主持编修的是《畿辅通志》。——译者注〕。第三本书是《宸垣识略》（1788年），它构成了比丘林神父《北京描述》一书的基础。虽然这些著作以及其他中文著述包含了许多重要的信息，在大多数情况下，它们还是没能提供对那些我们感兴趣的、觉得必不可少的细节的紧凑的概述。

解，对中国人的性格和宗教有无限的同情，并且极为熟稔穷人的谚语和家常话、街头歌谣和工场作坊的行话，就像熟悉文人心态和统治者的动机一样。

因此，怀着重重顾虑和渴望读者能沉浸于其中的心情，这本书在一些人的建议下问世了。这些人认为一本涵盖范围比通常的"指南"更广而且并不故作高深的描述北京的书，对一般人来说可能也会引人入胜。它的目的不过是扮演市民和游客都会视之为朋友——一个挽着你的胳膊逛遍这座城市及其郊区的朋友（你对他的品味应该会有信心）——的那种角色。

我无意列出那些应该尽可能抓紧游览的坛庙或宫殿的名单，以免期待中的愉悦变成一系列没完没了的需要去完成的差事，花在北京的工夫成了遭罪而不是享受。下面这种情况太经常出现了：游客迷惑于史实日积月累的模糊光晕，迷惑于有关这位君王或那位皇帝、这位将军或那位和尚的影影绰绰的想法，结果栽进一团迷雾中，而由于缺少足够的兴趣和没有参考书，他没有办法廓清这团迷雾。[①] 最好是留着那一半还没看的古迹，好好看其他的古迹，不是只看一次而是反复地看，从各种各样的角度，以各种各样的心绪去观看它们，直到它们变成其生命及回忆的一部分。只有这样，这座城市真正的气氛，那种如此有力而又捉摸不定的气氛，才会被吸收到心灵和精神之中。依我多年的经验，我可以发自肺腑地说，对北京——眼下全中国最优美的城市——的景色了解得越透彻，这些景色就会越深地铭刻在钟爱的感情里。匆匆忙忙地逛一两个景点，任何人都没法感受到它们的魅力，而一段长期的亲切的友谊则会让我们喜爱上它们，赋予其中

[①] 为了那些愿意进一步探讨某个主题的读者，我会时不时提及一些参考书。大部分我提到的书之所以被选出来是因为它们容易获得；许多旧一点的书已经绝版，因而无法查阅，除非是到专家的书房里。

每一处景色以某种若走马观花便完全认不出来、察觉不到的动机和意义。

谁能忘记佛教寺庙里轻柔的诵经念咒声,为那些无畏的事物——"应声展翅飞来的鸽子,浮出水面等待喂食的鱼"①——所萦绕的陵墓的苍翠宁静,或过去帝制时期的繁华的庄严伟大?一开始西方人要领会中国古代文明的这些荣光的完整意义会很困难,比领会——比如领会意大利文明的意义——困难得多。因为就像豪威尔斯(Howells)在他的《托斯卡纳城市》(*Tuscan Cities*)一书中所言,"我们对任何生命、时代或文明立刻产生同情的一个基本条件是,我们总是能每时每刻都在其中发现我们那乏味的、无聊的、不为人知且难为人知的自我",我们更容易想象自己与伟大的洛伦佐(Lorenzo the Magnificent)②甚至凯撒·博尔贾③——而不是永乐或乾隆皇帝——共进下午茶。

然而,如果我们想最大限度地领会北京的好处,我们必须放弃我们文明的所有偏见,而且必须相信仅仅出于某一类兴趣是享受不了太多的。考古学和历史应该结合起来,以形成我们对北京的最壮丽的印象,但为了获得完整的画面,也需要观察那些工作、祈祷或娱乐中的人们的生活,以及远东生活中所有象征层面上的奇异之处。

这就是我为作为读者的你所做的介绍,好比一个人愿意引导

---

① 此处引文出自小泉八云《神国日本》一书,见 Lafcadio Hearn, *Japan: An Attempt at Interpretation* (New York: Grosset & Dunlap Publishers, 1904), p.504。——译者注
② 即洛伦佐·德·美第奇(Lorenzo de' Medici,1449—1492),意大利政治家,文艺复兴时期佛罗萨共和国的实际统治者,被同时代的佛罗伦萨人称为"伟大的洛伦佐"。——译者注
③ 凯撒·博尔贾(Cæsar Borgia,1475—1507),瓦伦蒂诺公爵,意大利文艺复兴时期的军官、贵族、政治人物和枢机主教。——译者注

你游览这座我已经在其中生活且研究多年的城市,就像我已经为许多路过的人所做的那样跟你交谈,这些人觉得他们是置身于一个陌生地方的陌生人,他们在这里看到了很多却知道得不多,直到他们跟一个对北京熟悉的伙伴在一起。

J. B.

目　录

导　言 i
第三版致谢 xxv
前　言 xxvii

第一章　北京简史 1
第二章　迷人的北京城墙 13
第三章　使馆区与现代北京 27
第四章　过去的画意 43
第五章　紫禁城 62
第六章　紫禁城的两翼与煤山 89
第七章　三海与蒙古宝殿 104
第八章　天坛和先农坛 123
第九章　三教的三座庙 137
第十章　诸神之庙 160
第十一章　内城的寺庙 169
第十二章　外城的寺庙 188
第十三章　城外的寺庙与陵墓 199
第十四章　圆明园、颐和园与玉泉山 227
第十五章　西山的寺庙 256

第十六章　西山的寺庙（续完）……………………… 282
第十七章　长城与明陵 ……………………………… 318
第十八章　西陵与东陵 ……………………………… 340
第十九章　北京——老古玩店 ……………………… 359
第二十章　游乐之趣 ………………………………… 386
第二十一章　西方地标 ……………………………… 409

附录一　中国的朝代 ………………………………… 437
附录二　北京主要的节日与庙会 …………………… 441

第一章　北京简史 ①

　　城市就像民族一样有它们的特性。一些城市平淡无奇，很快被人遗忘；另一些则甚至会给匆匆而过的陌生人留下难以磨灭的印象。不过尽管一个人喜欢的城市常常会让另一个人感觉索然无味，大部分旅行者都同意北京拥有异乎寻常的丰富而充满魅力的个性。

　　这部分要归因于建造者的宏伟规划，归因于环城而建的城墙与城门的庄严、宫殿广场的壮丽和皇室建筑屋顶的鲜亮色彩，但更依仗那种无处不在的如画般（picturesqueness）的氛围，那种与寻常事物的鲜明对比，以及那种新与旧的奇妙混合。

　　北京的历史乃是中国历史的缩影，因为这座城市就像这个国家一样，显示出吸纳新主人并将其同化的力量。二者都经历了混乱与血腥的黑暗岁月。幸运的是，二者都拥有从其中获得新生的生命力。

---

① 关于早期北京史更翔实的记述，参见贝勒（E. Bretschneider）的《北京及周边地区的考古与历史研究》(*Recherches Archéologiques et Historiques sur Pékin et ses Environs*, V. Collin de Plancy 英译）和樊国梁（Alph. Favier）的《北京：历史和描述》(*Peking: Histoire et Description*）。对中国历史感兴趣的读者可以参考卜舫济（Francis Lister Hawks Pott）的《中国简史》(*A Sketch of Chinese History*）或李文彬（Li Ung Bing）的《英文中国历史》(*Outlines of Chinese History* 〔该书中文书名据原书封面译出。——译者注〕)，前者为初步研究提供了最精练的概要，后者则是从中国作者的视角出发而做出的更完整的论述。还可参考冯秉正（Joseph-Anne-Marie de Moyriac de Mailla）、麦嘉温（John MacGowan）和包罗杰（Demetrius Charles Boulger）等人的经典著作。

公元前两千多年以前，当最早在中国定居的人们开始从黄河上游地区向未来天朝的北方省份播迁的时候，燕地——包括今天北京的所在地——显示了它适合垦殖的诱惑力："这是一片非常宜人的土地，池塘溪流中遍布鱼群，鹿、象、虎、豹、熊徜徉其间。"①

历史学家提及一座叫蓟的城，它几乎跟现代北京位于同一位置，时间可远溯至公元前1100年（差不多是特洛伊围城的时代）。在现今外城以北2英里②靠近大钟寺的地方，有一座覆有黄色琉璃瓦的碑亭，石碑上有乾隆皇帝的题字——"蓟门烟树"③。这是这座半具神秘色彩的城在那里确实存在过的有趣而珍贵的见证，因为它所有的痕迹都已经消失了。

根据中国编年史家的看法，按照当年蛮荒粗陋时代的标准，蓟城作为北方燕国的国都，几百年间地位颇为重要。该国远离黄河流域民族发展的主流，这让它获得了与其实际力量不相称的独立地位，它几乎是封建时代中国七大封国中最后一个屈服于秦始皇的。作为帝国的创建者，秦始皇这位雄才是第一位统一中国的统治者。

这位君主于公元前221年攻占并毁灭了蓟城。一旦他的声威随着他的去世而消散，他以残酷和血腥的手段创立的王朝很快就崩溃了。取而代之的是汉朝（公元前206—公元220年），其国号至今仍是中国主体民族的代称。汉朝在巩固中国国家的基础、扩大其疆域和影响力、与外国建立交往关系以及凝聚中华文明成果等方面的功业，也许可以与罗马为西方文明形成所做的贡献相提并论。

---

① 见金斯密（T. W. Kingsmill）《早期北京史》（"The Early History of Peking"）一文，收入斐士（Fei-shi）《北京》（Peking）一书。
② 1英里约合1609米。——译者注
③ 此处作者原文直译为："这里曾经矗立着古蓟城的一座城门。"——译者注

汉人在蓟城南边不远的地方建了一座新城。它包括现今内城的一小部分和外城的一大部分，很长时间内都注定是一座面目不清的地方重镇。汉朝与匈奴（与匈人［Huns］相关的一个民族）之间命运攸关的斗争似乎并没有严重地波及北京地区，但我们可以从有关大汉覆灭后控制华北地区的（源于通古斯人或突厥人的）异族统治者的记载中推断，随着北方蛮族势力的增长，北京的重要性提升得多么迅速。

唐朝（公元618—907年）恢复了中国的政治统一，在其治下，现代北京的雏形仍是一座边镇，名为幽州。不过，它已经发展为节度使的驻地。臭名昭著的安禄山（突厥人后裔）驻扎此地的时候，以一位嫔妃的宠爱为跳板而飞黄腾达，最终发动了一场声势浩大的叛乱，开启了唐王朝的衰败之路。

唐朝之后出现了一系列的短命王朝，没有一个控制中国全境。卜舫济说："我们可以把这一时期与古罗马历史中的特定时代做比较，当时帝国正处于衰败之中，皇帝的权力落到了那些打了胜仗的将军手中。"正是北京让正直的赵匡胤得了天下，他的祖先曾经世代在幽州担任要职。赵匡胤在开封府建立了宋朝，成功地重新统一了中国大部分地区——除了北方之外，当时辽朝——或契丹（公元907—1125年）——的征服者很轻易地就攻陷了这些地方。辽人最早在北京的现址创建都会。他们毁掉了幽州，却在原地建了一座更大的新城，称其为南京，以与他们在东北地区的其他都城相区别；又称为燕京，该名至今仍保留在文献中，燕京大学的校名亦是对它的纪念。[①] 每一次征服之后，这

---

① "燕是燕国选定来建都的地方的早期名称，燕京则是唯一一个基于此事实而确定的包含敬意的地名。"参见福开森（John C. Ferguson）的《燕古都》(*The Ancient Capital of Yen*)，见 *The China Journal*, Vol. XII, No. 3, March 1930, pp. 133-135。

座城镇都从灰烬中复兴,且比以前更加壮丽。此时它已经周长12英里,内中有堪为国都的皇宫,外边环绕着高达30英尺[①]且辟有八座城门的城墙。

然而,这些防御工事并没有阻止辽朝被女真人的金朝(公元1115—1234年)推翻,新主人从此占领了这座城市,并将其改名为中都。金人显示了他们自己是相对人道的征服者,没有毁掉他们所征服的城市,而只是把它扩大,在旧城东面建了一座新城,并在新的城墙里修建了另一座宫殿,在它们外面又造了一座带有御花园的夏宫,差不多就在北海白塔的位置上。旧城与新城并肩而立,尽管各自围以单独的城墙,但放在一起则形成了一片很大的长方形的区域,周长达20英里,拱卫的城墙上间隔分布着十二座城门。直至16世纪中叶今天的外城兴建之前,这些城墙还保存完好,白云观附近(现在的跑马场)和丰台周边仍旧可以看到它们的片段。

金朝随后又被成吉思汗治下的蒙古推翻,他麾下的将军于1215年攻取中都,但此前他们已经分别围困了旧城与新城,最后又围困了那两座设防的宫殿,它们构成了里外两重要塞。旧的史志描述了它们最后是如何在"惨烈的屠戮"中被征服的。体会字里行间的言外之意,我们可以想象出这样一幅画面:"那些杀戮和野蛮的大规模屠杀的可怕光景总是在王朝覆灭的时候一再出现。看不到心慈手软,也没有人这么期待。街上的人们——那些卑微的、容易受到劫掠的市民——的看法,在一个野蛮的征服者孤注一掷地拿一个帝国的命运来冒险的时代是微不足道的。以我们现代人的想法来看,这些征服的可悲之处在于平民完全不加抵抗以及他们逆来顺受地接受军队的残酷统治的态度,这些军

---

① 1英尺约合0.3米。——译者注

队把城市变成一片废墟，而惊恐万状的受害者常常是那些精神和道德上成就高得多的人，他们在绝望的无助中等待死亡和更糟糕的局面，将其当作悲惨局势的命定特征而接受下来。"

在这个特定的例子中，统治者造的罪孽更加直接地落在了民众头上，因为大汗是应金人自己的邀请才大军压境，他们想借助他来灭掉南宋。他们目光短浅的政策让他们不仅丢掉了北方的首都，也丢掉了他们的帝国和王位。蒙古人一旦赶走了宋人，就背叛了他们的东道主，经过五十年的征战，征服了这个国家并建立了他们自己的王朝。① 北京在蒙古人的历史上扮演了决定性的角色。他们继承了这座都城，同时得到了出身契丹族的忠诚的耶律楚材的效忠。他是在掌管金中都时被成吉思汗发现的，后来他成为蒙古王廷的主要辅臣之一（参见本书有关颐和园的章节）。众所周知，成吉思汗去世后，哈拉和林有两种不同的意见争执不下：蒙古的统治者应该决定享受他们在东方的还是在西方的征服成果？在他们看来，西方没有哪个国家能够与中国相比——自托勒密时代以来，旅行者和地理学家都一致把中国描述为世界上最有条理和最富庶的国家，几千年来，在生活在蛮荒之地的人们看来，中国几乎跟伊甸园一样令人向往。但是蒙古人也许本能地感觉到，要在这样一个在和平的技艺方面如此优越于他们的民族面前保持威望是很困难的。然而，耶律楚材领衔的"中国派"在经过诸多努力和讨论之后占了上风。忽必烈从蒙古地区迁移而下，在为其祖父攻占和毁灭的中都（包括古代蓟城的城址）北边不远处兴建了（时在1264—1276年）一座城市，取名为汗八里（Khanbalig），意为大汗之城。于是，它有史以来第一次成了全中国的首都。而且，蒙古的征服已经把此时的中国拖入到与西方

---

① 作者的史实叙述似将宋金两国混淆了。——译者注

比以往更加紧密的联系之中，中国将以史无前例的安定和富庶的方式，享受这种联系和一个出色的行政管理体制所带来的好处。

忽必烈把北京选为最方便的中心点，从这里他不仅可以控制中国内地的省份，还可以控制他在今天蒙古、满洲①，以及朝鲜、西伯利亚和中亚等地方的地盘。作为一位充满活力且非常出色的君王，他以一种符合至高无上的统治者之威望的方式规划他的新都——里面不是那种传统中国式的"狭窄弯曲的街巷，而是又长又宽的大道，九位骑手可并驾齐驱"。幸运的是，我们有马可·波罗——13世纪造访远东的威尼斯旅行家，足以胜任其题材的记录者——来记述蒙古的辉煌，让我们得以了解汗八里的壮丽。②

在马可·波罗的时代，欧洲文明远远落后于中国。不过，刚从欧洲来的他对东方的仰慕有时候让他犯下夸大不实的错误。因此他的记述与当代中国历史学家的描述并不相符，这些历史学家在汗八里的大小和其城墙的地址这些问题上的看法也彼此相左。如果我们筛掉那些互相冲突的论据，情况很可能是这样的：今天我们所知的内城（又称鞑靼城，因为清初满洲鞑靼人把汉人驱逐到了外城，即后来的南城或汉城）东西两面的城墙差不多还在它们原来的地方，但蒙古的都城有十一座城门而非九座。在安定门外和大钟寺附近，还可以看到这些土城的若干遗迹。这些残垣和北海公园里的一段园墙很容易从用砖的不同上辨识出来。遗憾的是，它们实际上就是现代世界仅凭传说而了解的一座宏伟都会的所有遗存了，如果我们把那两处位于内城北边的精美的古迹——钟楼和鼓楼——排除在外的话。钟楼已经从其原址搬迁

---

① 今中国东北的旧称。——译者注
② 见玉尔（Yule）、考狄（Cordier）刊本《马可·波罗游记》(*The Book of Ser Marco Polo*)。

到更往东的地方,且经过修缮,如今被"大不敬"地用作电影院。鼓楼实际上还是原来那座建于1272年的建筑①,现在成了一处教育图书馆和宣传中心。

公元1368年,当过和尚、行政官员和武将的朱元璋,成功地发动叛乱,扫除了大蒙古帝国最后的残存势力。被他打败的忽必烈的堕落子孙回到他们的草原上,重新过上了游牧生活。朱元璋随后建立了明朝。②

或许是出于对蒙古人及其功业的忌恨,新朝代的开国皇帝将首都迁至长江沿岸的南京,并将汗八里改名为北平府,贬为普通的行政区。于是在若干年间,它的声望荡然无存,甚至随着北边的城墙南迁2英里,它的面积也缩小了。这段屈辱的历史一直延续到1420年。在那一年,永乐皇帝让这座城市再次成为其政府的驻地,从那时起直至1928年国民党人再次建都南京,它都以北京(意为"北方的京城")③之名为世人所知。

有一个奇特的传说,说永乐皇帝还只是燕王的时候,按照一位道士提供给他的秘密计划给北京城打下了基础。这位道士对这个年轻人很有感情,后者因为宫廷中的阴谋诡计而被流放到当时还是一片不毛之地的北京。④

---

① 元大都鼓楼亦非今日之鼓楼,今日北京鼓楼始建于明永乐十八年(1420年)。——译者注
② 关于中国历代更迭的历史更详细的记述,参见巴恪思(E. Backhouse)和濮兰德(J. O. P. Bland)合著的《北京宫廷年鉴与回忆录》(*Annals and Memoirs of the Court of Peking*)及密迪乐(T. T. Meadows)《中国人及其叛乱》(*The Chinese and Their Rebellions*)。
③ "北京"的正确音译应为 *Pei Ching*,Pei 意为"北",不过遵从中国南方发音的习惯,通行的音译变成了 Peking,有时候甚至被更不准确地称为 Pekin。
④ 这里作者引用的传说,以及下文中有关北京城的描绘,均出自沃纳(E. T. C. Werner)的《中国的神话与传说》(*Myths and Legends of China*, London: George G. Harrap & Co. Ltd, 1922)一书,见该书第228—232页。——译者注

后来当永乐皇帝登上皇位的时候，这位明智而杰出的君主在这座新建的、"以其优美与坚固受到民众高声赞扬的"城市站稳了脚跟，将其选定为京师。

他甚至比忽必烈还要雄心勃勃，建造的城墙"周长14英里，高50腕尺①，宽50腕尺，整个一圈城墙均建有城垛和垛口。他还建造了一座紫禁城，内中有无数壮丽的建筑、七十二眼水井和三十六口金缸，风格极尽奢华"。

北京最精美的古迹和最宏伟的桥梁，景山和三海宫苑中秀丽的花园与湖泊，天坛与地坛，都要归功于永乐皇帝。实际上，除了清初皇帝——他们显然在建筑上没有原创性的想法——所做的少数修缮和若干仿建工作外，那位道士所做而为其身为皇帝的徒弟所忠实遵循的规划，从当时起直至今天就几乎没有被更改过。而且，这位业余的建筑师是在他从未见过的地址上想象出了一座伟大的城市，他提出的构想甚至涵盖了最细微的细节。当我们想起在他的时代还没有人制订和敢于实施如此复杂的设计方案的时候，我们就不能不加倍地对他表示钦佩了。当紫禁城建成的时候，凡尔赛宫还是一间微不足道的、供狩猎者在狩猎季节住的小屋，克里姆林宫周围还是一片木桩，而汉普顿宫②甚至还没有开工兴建。

如果所有的明代皇帝都有永乐皇帝这样的素质，整个中国历史的进程就会不一样了。"明朝迅速的衰败和可悲的结局主要应归咎于后世君主的腐朽与无能，"一位历史学家如是写道，"他们陷入可耻和悲惨的堕落之中，无法应对帝国各处严重的骚乱或对抗努尔哈赤及其满洲军队崛起的势力。但是他们的覆灭间接地要

---

① 外国古代长度单位，1腕尺约合45厘米。——译者注
② 英国都铎王朝和斯图亚特王朝的王室官邸，始建于1514年。——译者注

归咎于一个女人和一出本不该在中国出现的浪漫激情。"①

当 1641 年由李自成这位残忍的军人（其势力已断断续续地活动了十年之久）领导的叛乱发展到令人生畏的规模，一路势不可挡地大举北上的时候，明朝的局势已经岌岌可危。如果李自成在 1644 年攻占北京的时候没有在那里俘获吴三桂的爱妾——吴三桂是明朝最后一位皇帝倚仗来对抗叛军的大将，如果吴三桂没有在失去其爱妾的绝望和狂怒中抛弃对他本民族的忠诚，放弃荣耀和忠心去加入清军以惩罚李自成的话，这些外来者也许永远都不会坐上龙椅。因而满人"应该把他们的天朝归功于这位渺小的歌女，当时的史家说她的名字叫陈圆圆"②。

随着时间的流逝，吃苦耐劳且充满活力的努尔哈赤的子孙抵挡不住京城的纸醉金迷，变得跟晚明的宗室一样堕落。北京这座坚韧的城市，因为无能的清朝君主的恶行而两次遭受外国侵略者的蹂躏——第一次是在 1860 年，当时腐败而优柔寡断的咸丰皇帝被迫逃往热河，而他的京师正由于外国军队的出现而受到亵渎，他的圆明园被付之一炬，他的珍宝被劫掠一空；第二次是在 1900 年，当时邪恶的廷臣在朝廷占了上风，使馆区遭到了围攻，惩罚骤然降临到这座城市。彼时清朝的傀儡皇帝光绪和他那掌管一切的姨母慈禧太后差一点就丢掉了皇位。但是列强不愿废黜他们，担心随着他们的垮台，帝国政府的整套机构也会被他们拖垮——这是八国联军想要避免的，因为尽管这个政府很孱弱，却只有它能应对当时那种无望的混乱局面。③

---

① 这里的"历史学家"指巴格思和濮兰德，此处引文见其 *Annals and Memoirs of the Court of Peking* (Boston and New York: Houghton, Mifflin and Company, 1914), p. 86。——译者注
② 此处引文出处同上，p. 119-120。——译者注
③ 上面及本书其他关于北京遭受外国侵略、外国传教士在华活动的叙述，显然是站在西方视角所说，读者当能明鉴。——译者注

事实上，清朝差不多气数已尽。十一年后（1911年10月），推动民国成立的那场革命爆发了，正如麦嘉温所言，"皇室已不再表现出道德品质，而没有这些道德品质，任何势力都不会被中国人这样的民族长期容忍"。满人接受了这不可避免的结局，平静地退位了。只有这一次，北京城得以免遭对手军队的劫掠。

1911年11月，袁世凯以自封的革命军和清廷之间调停人的身份，戏剧性地进入京城。1912年2月12日，他被选为新成立的中华民国的总统。

但很快人们就发现，袁世凯利用普遍的不满给清室以最后一击，目的只是实现他自己更进一步的野心。他逐渐把自己变成北京乃至中国的独裁者。心领神会的支持者鼓动他称帝，就像另一位凯撒一样。他目眩神迷于皇冠的光彩，欣然接受了这个提议，对遍布国中的郁积的怨言充耳不闻。然而计划中壮观的登基大典却注定不会举行。袁世凯不得不无限期地推迟典礼，指示那些敦促他建立新朝的请愿者撤回并毁掉他们的请愿书。死亡很快降临到这个失望至极而精疲力竭的人头上，更多的阴谋诡计也无济于事，北京再一次逃脱了萧墙之内党派纷争的可怕局面。

虽然自1900年以来这座城市没有发生过大的灾难，在这一段相对平静的时期，还是有很多小的骚乱和动荡。政治派系间的冲突、相互对抗的政客的野心以及内阁的不断解体，仍然周期性地扰乱和平。

于是历史在北京以令人惊异的精确性重复上演，就像过去两千年来它所经历的那样。政府鼎革，朝代兴亡，而它们升沉起伏的动力则深深植根于这个民族的结构性特征之中，这个特征只有在最缓慢的演化过程中才发生变化。在过去的经验的塑造和调和下，我们只有通过对过去及其遗迹的研究，才有望对北京城的灵魂获得同情的理解。

稍微拉开一点距离来眺望这座在群山的背景下城墙和城楼都显得轮廓鲜明的城市，会发现它还是中世纪第一次成为中国首都的时候的样子，一座鞑靼人用石头垒的营房，"游牧的士兵环绕大汗的宫殿而建的一座军事要塞"。看着这些坛庙、城墙、陵墓或宫殿，我们想起不断变换的宗教和殉道之举，想起严酷的围城，想起鞑靼人、蒙古人、满人或汉人的征服，想起波斯、印度和耶稣会的影响，想起华丽的盛会，想起像吴三桂这样的叛徒，想起像朱元璋这样发迹的士卒——"中国的哈伦·拉希德（Haroun al-Raschid）"①，想起把北京变成有史以来世界上最大的一个帝国的首都的忽必烈，想起伟大的创建者永乐皇帝，想起"太阳王"路易十四的同时代人康熙皇帝，想起军人、管理者和模范君主乾隆皇帝，想起女主慈禧太后——她跟最有权势的男人一样炙手可热，却在西方的联军面前两次逃离这座城市。

许多最古老的历史遗迹都已经消失了，看一眼比丘林神父的地图就会发现这一点，因为中国人一直以来太不注意保存它们了。后人再也无法了解这个已然消逝的东方繁华世界曾经达到的顶峰，实在是万分可惜。不过我们不要忘记，在它最好的年代，所有那些最值得看的东西都是严禁公众寓目的。就像拉萨一样，北京在数百年间都是神秘的地方，城门紧闭，城墙森严。不过中国首都的秘密被公之于众的时候，并没有让人感到失望。反之，长久以来人迹罕至的坛庙和宫殿的壮丽和优美，超越了所有人的期待。

毫无疑问，北京的壮观要归功于它宏伟的规模。没有一件

---

① 哈伦·拉希德（763—809），伊斯兰教第二十三代哈里发，阿拔斯王朝的第五代哈里发。在位时为阿拔斯王朝鼎盛时期。他在《一千零一夜》里被描绘成一位传奇英雄，因为他会乔装打扮，在城市里冒险及探究人民疾苦。——译者注

事物是琐碎、小气或无关紧要的。这是一座视景深远的城市，其视景伸展到如此广阔的范围，以至于许多年来，地理学家都认为它是世界上最大的城市。不同的专家对其人口规模的估算都在两百万到四百万之间，中国人口普查的不准确为他们的表述提供了支持。现在我们知道这些数字高得离谱。北京城尽管周长很长，但建筑并不紧凑，大部分房屋都只有一层。因此我们可以有把握地说，北京居民的人数约在一百万左右。

尽管不再是中国的首都，北京仍然是世界上最古老的"活着"的城市之一，它所享有的尊敬要归功于它古代的光荣，因为就像普林尼说的，"高龄对人来说是值得尊敬的，对城市来说则是神圣的"。对那些尊重历史的人们来说，北京将永远是北京，而非它现在的正式名称北平。

第二章 迷人的北京城墙

围有城墙的城市遍布全中国，阴森的城墙让人们想起这些城市的居民为保护他们自己而试图抵挡的那些征服和灾难。然而，很少有城市在这方面能与北京相比。她那布满雉堞的城墙的罕见高度，她那层层叠叠的城楼的庄严宏伟，唤起人们对浪漫的戎马岁月的回忆，令观者敬畏和惊叹不已。

13世纪，忽必烈首先用夯土勾勒出内城土城墙的轮廓。但征服了元朝的明人汲取了历史的教训，并从他们自己攻克北京的胜利中总结经验，以其如今所呈现出来的那种壮观的规模重建了这些城墙（时在1421—1439年），并在上面覆以砖块，这些砖块经年累月，变得如石头般坚固耐用。然而，作为防御工事，这些城墙又失守了。1644年满人借助叛军攻破了它们，1860年和1900年联军两次以任何砖石建筑都无法抵御的武器攻破了它们，最后是1911年革命党人利用无往而不胜的观念的力量攻破了它们。

环绕这座城市的这些高大的城垛高出内城约40英尺，比两层楼的建筑还要高，比第五大道还要宽。它们对居于其内的人们的精神上的影响是值得玩味的。一开始它们会给外地人留下一种感觉被囚禁于其中的痛苦印象。但日久天长，这种感觉变成了某种令人宽慰的安全感——那种这些巨大的灰色的武备能够将这个动荡世界的忙乱和忧虑拒之门外的舒适感。

几代人都不准登上城墙的坡道，以防其俯瞰宫苑。[①] 只是到了 1860 年以后，恭亲王急于安抚外国人，才下令允许他们在城墙上行走——这一特权在当时比在现在还要珍贵，因为当时的街道并未铺砌，大部分都无法通行，上面是没至脚踝之深的泥土或尘土（依季节而定）。

从这些城墙顶上可以一览北京城的宜人景色。天气晴朗的话很容易看出由四座城构成的布局。中央是紫禁城——最核心的一层，包裹在历史和神秘之中，环绕以 2 英里它自己的涂以红色颜料的巨大城墙。

紫禁城之外是皇城，以前是满汉官员的高档住宅区。它覆盖了接近 2 平方英里的地区，以前外面还围着另一圈城墙。西安门通向皇城西面，地安门（或称后门）通向皇城北面。东边的东安门与西边的西安门正相对，与北边的后门相对应的南门所在地是通往皇宫的道路。

皇城再往外是鞑靼城（或称满城），有一个文雅的名称叫"九门之城"，顾名思义，它有九座城门。[②] 但通常人们称其为内城，与汉城或外城相对应。当胜利的满人占领北京的时候，他们把被他们打败的居民打发到外城，正如我们已经看到的那样，这些人只能在外城生活和经商。鞑靼城被用作军队的要塞，这些军队——禁卫军或旗营——负有拱卫京师之责。

---

① 按照中国人的看法，这种做法应该是大不敬的行为。因此治安部门很早就禁止在北京城内建造高层建筑。
② 南面城墙的城门有面向皇宫的前门、哈达门和顺治门；北面城墙的城门有安定门和德胜门；东面是齐化门和东直门，西面是平则门和西直门。（这些城门的文雅或正式的名称分别是正阳门、崇文门、宣武门、安定门、德胜门、朝阳门、东直门、阜成门和西直门。）前门和顺治门之间的内城城墙上最近又开辟了一座新的城门，叫和平门，不过它只是一条便于交通的通道而已，上面没有城楼。根据旧的传统，准备去打仗的军队必须从德胜门（意为"胜利之门"）出发，然后从安定门（意为"和平之门"）凯旋。

每一个满人都隶属于某一旗,那些协助征服中原的蒙古人和汉人也一样。旗的颜色本是代表不同的元素。有一种比满族还要古老的迷信观念已经把北京划分成了四个部分,人们认为其中每一个部分都受到这些元素之一的影响,于是这种安排就刚好符合民间的偏见。驻扎在内城北部的黄旗代表了土这一元素,中国人认为土克水。白旗占据了内城的东北部和西北部,紧挨着黄旗南边,代表金,而金被认为可以克木。红旗则位于齐化门到平则门之间的这片中央的区域,代表火,火克金。最后是蓝旗,驻于内城最南端,代表水,水克火。① 就像每一种元素被认为可以中和另一种元素一样,那些古代的明君(汲取了哗变的军队和反叛的将领给他们的教训)认为如此被细分的部队,一旦发生叛乱,可以互相制服。不管怎么说,那种即便现代的管家在最细微的家庭生活中也会追求的和谐分配的原则——该原则在中国人的心灵中是如此根深蒂固——得到了满足。

鞑靼城的南墙同时也是汉城的北墙。不过在其东面、西面和南面,汉城有它自己的较低矮的城墙,其间分布着七座城门,这些城墙建于明嘉靖年间(1553—1564年),是在嘉靖皇帝的宰相刘伯温的主持下建成的②,为了建造它们,刘伯温利用了金朝

---

① 作者此处对两白旗和两红旗驻扎的位置表述有误。据《八旗通志》:"以五行相胜为用,两黄旗位正北,取土胜水;两白旗位正东,取金胜木;两红旗位正西,取火胜金;两蓝旗位正南,取水胜火。"根据这一原则,内城八旗驻地分别如下:正黄旗居德胜门内,镶黄旗居安定门内;正白旗居东直门内,镶白旗居朝阳门内;正红旗居西直门内,镶红旗居阜成门内;正蓝旗居崇文门内,镶蓝旗居宣武门内。参见宋卫忠编著《北京的城墙与城门纵览》,北京出版社2018年版,第123—124页。——译者注

② 这些城门的名字分别是西边的彰仪门(或广宁门)〔清道光年间广宁门改名为广安门。——译者注〕和西便门;南边的右安门(或江擦门)、永定门和左安门(或南西门)以及东边的沙窝门(或广渠门)和东便门〔实际上右安门又名南西门,左安门又名江擦门,此处作者写颠倒了。——译者注〕。注意,靠近永定门的地方有一座形状很奇特的砖墩,顶上立有石碑,上面刻着"火"【接下页】

(1115—1234年)宫苑中的一些石头。①较之内城的宏伟工事,外城城墙风景更秀美却也更破败,它们围起来的是一片城镇与郊区奇特结合的区域。有时它们俯瞰着北京最繁忙的商业街区,而过了一会儿,或许走出去半里开外,下面就是田野、菜园或成片的农舍,宁静如同乡村。

从前门望去可领略北京最优美的一处景致,这座城门如此神圣,以前尸体都是不让通过的。在这里游客可饱览皇宫的壮丽景色,它们在北京所有风景中占有最重要的地位,因而人们的眼光总是流连于其上。由于这些宫殿的屋顶有着巨大的弧线,它们看起来甚至比实际上还要大——如同山脉一般。它们那在暗黑的群山背景下闪闪发光的黄色的琉璃瓦,一直都是这座城市留给人们的最崇高的记忆——一幅变动不居的图画,然而在时光的每一次变幻中都始终保持美丽,无论是在正午的阳光如此强烈地直射在这些琉璃瓦上面,仿佛在它们周边升腾起一片浮动的金色光晕时,还是在它们被一层晶莹剔透的雪覆盖着的时候;无论是在月光以银影轻抚它们,还是风暴以紫铜色云团包裹它们的时候。它们作为多姿多彩的过去的象征,耸立于这座城市之上,而且将一

【接上页】字。建城时,这座墩起到了三角测点的作用,从这里可勘测永乐皇帝未来的都城。〔这座砖墩名为燕墩,其名取自燕山,因燕墩形如烽火台,故又称烟墩,并非如作者所说,石碑上刻有"火"字。实际上,烟墩上的石碑南、北面镌刻的是乾隆御笔满汉两种文字的《皇都篇》和《帝都篇》。参见媚文《燕墩与北京中轴线》,《中国建设报》2016年7月15日。——译者注〕

① 此处提及"刘伯温"显然有误。据《光绪顺天府志·京师志一·明故城考》:"嘉靖二十一年,掌都察院毛伯温等言:宜筑外城。二十九年,命筑正阳、崇文、宣武三关厢外城,既而停止。三十二年,给事中朱伯辰言:城外居民繁夥,不宜无以固之。臣尝履行四郊,咸有土城故址,环绕如规,周可百二十余里。若仍其旧贯,增卑补薄,培缺续断,可事半而功倍。乃命相度兴工。"作者所谓金朝宫苑中的石头,当即这里提到的"土城故址"。见周家楣、缪荃孙等编纂《光绪顺天府志》第1册,北京出版社2018年版,第10页。——译者注

直如此，无论随着时间的变迁将发生多大的变化。

丑陋的火车站比邻而立，多少破坏了前门城楼的效果，大量丑陋的外国风格的建筑星罗棋布于城中，损害了整体景观的和谐。通向皇宫以及远处葱葱郁郁的景山的这一朝廷专用通道的壮观景色，在北京尚未受到现代事物影响时更加优美如画（picturesque）。与此同时，自从修缮了外面的门楼，清理了广场并铺砌了整个大道以后，里面雄伟壮丽的建筑群就有了较此前与其更相称的道路。

当我们站在这个有利位置往下看的时候，在我们正下方，就是北京城的前门。我们现在看到的实际入口已经被大大扩建和改善了。在城墙下面开辟出两条宽阔的大道之前，这座城市主要的交通流量都是通过内城那唯一的瓶颈涌进来的——对一个繁忙的大都市而言，这是最不堪其任的一个入口。外面瓮城中央的出入口原本或许有助于缓解交通的拥堵，但在旧体制下只有君主能使用它。民国建立后，皇帝专用的大门成了普通的大道，标志着皇室特权的消失。它连续开放了三天，但在1912年2月29日军队的哗变后，在民众的要求下又短暂关闭了一段时间。

前门的两座城楼都是现代建筑，原来的建筑已于1900年毁于火灾。外面的箭楼[①]当时以弧形的城墙与里面的城楼相连接。两重城门之间是一个典型的中国集市，里面出售帽子和帽子上的纽扣、用经过加工的铜和金制成的皮带搭扣、烟斗和鼻烟壶、玉器和珐琅制品、火柴以及便宜的煤油灯。当1900年义和团团民将这些摊铺付之一炬以惩罚它们售卖洋货的时候，城楼的巨椽都着火了。由于长时期处于干燥环境中，这些几百年前被明人运到北京的梁柱也变干了，很容易着火。腾空而起的烟柱和火柱接触

---

① 即门楼。——译者注

混合，形成巨大的黑色和橘红色的旋风——一派骇人的绚丽景象。联军围城几个月后，当箭楼又偶然失火——有人说是印度士兵的粗心所致——的时候，这一情景又重新上演了。

害怕厄运降临这座城市的中国人匆匆忙忙地重建了这两座城楼。箭楼的重建——花费了将近五年的时间才完成——蔚为壮观。八层高的竹制脚手架令西方建筑师惊愕不已。没有用一颗钉子、一把锯子和锤子。木杆和竹子的端部绑在一起，这样就可以搭到任何高度而不浪费木材，搭建和移除所需的劳力也降到了最低程度。同时把若干木板绑在一起形成一条斜面坡道，这样工人就可以按照他们的习惯来运送包在布里的砖块和泥灰。最后再令漆匠像以前一样在木制的护窗上画上假的炮口。由此可见，面对他们刚刚从联军炮兵的真枪实弹中得到的教训，这些满人从对手那里学到的东西少得可怜。

在前门的南面，紧挨着城门下面的地方，我们看到两个黄色的小屋顶，尽管看上去不起眼，它们却覆盖着两座重要的寺庙。① 从艺术的观点来看，这两座寺庙里都没有什么可看的东西。每一座都只供奉一位神祇。尽管皇帝从未造访过许多更大更精美的坛庙，但每当他去天坛或先农坛祭拜或离开一段时间——例如 1900 年的庚子西狩——后又回到京师的时候，他都会在这里停留。

城门东边的寺庙重要性要低一些，它是一座供奉观音的庙。西方人对它感兴趣是因为在它那很小的庭院里——几乎还没有船舱大——临时埋葬着庚子之乱中在城墙上或城墙附近遇难的美国士兵。

---

① 覆有黄色琉璃瓦的屋顶总是意味着该建筑或属于皇室产业，或受到皇室的资助。

西边的庙叫关帝庙①,供奉的是关帝,他是汉朝的一位英雄人物,反对篡权作乱的曹操,后者是中国小说中经典的反面角色。关帝虽然以高贵的精神努力履行其使命,却于公元220年遇害,之后他的头颅被砍了下来。他的敌人非常钦佩他的勇气,将他的头颅安葬在河南洛阳(以前也是都城),那里大概还可以看到他的坟墓。他的躯干又被安上了一颗金制的头颅,被他的支持者埋在湖北。"关帝已经被称为清朝的守护神,确实有传说可以来证明他的地位实至名归,如果这些传说能够被转化为历史的话……"根据其中的一则故事,1813年在一伙匪徒袭击紫禁城的时候,关帝从他在北京的坛庙里发号施令,代表皇室极为坚决有力地出手,于是这帮匪徒很快就逃之夭夭。②还有其他几次类似性质的奇迹也归在他的名下。难怪当时"从顺治到光绪,每一位清朝皇帝都热衷于关帝崇拜,给他加了一大堆封号,因为他们是如此地需要他来支持皇室并不稳定的气运"。京城中建了各色各样供奉他的祠庙,包括景山地界上的一座私庙③,末代皇帝甚至还曾指派一位王爷于特定的时令在这座私庙里举行宗教仪式。

但关帝在北京最有名和最受欢迎的神龛无疑是在前门,它是1387年由一位明朝的皇帝为他建的。④据记载,明朝最后一位皇帝崇祯在他的内阁首辅周延儒的陪同下,曾于夜间拜访这座小

---

① 参见本书第十一章。又见庄士敦(R. F. Johnston)发表于1921年《新中国评论》(*The New China Review*)上的文章《中国的军事英雄崇拜》("The Cult of Military Heroes in China"),这里的叙述即以该文为依据。
② 这里指1813年林清率领天理教众攻入紫禁城的事件。——译者注
③ 即护国忠义庙。——译者注
④ 《古今图书集成·神异典》引《关帝圣迹图志》:"洪武二十年正月,建关帝庙于顺天府正阳门之瓮城内。"洪武二十年即1387年,但有学者通过考证认为,关帝庙应建于正统四年(1439年)之后。参见张云燕《北京正阳门关帝庙建置沿革考》,《北京文博文丛》2018年第1期。——译者注

庙,叫庙祝召唤这位伟大的武将的神灵。当皇帝在祭坛上焚香的时候,关帝突然现身,拜倒在地,就好像他是一位正在被皇帝召见的大臣一样。皇帝向他还礼,问他国朝的前景如何。"没有希望了,"神灵回答说,"太多妖孽作祟。"首辅打断他问道:"你说的妖孽是什么意思?"神灵微微地笑了一下,回答道:"你就是最坏的妖孽。"这件事过去没多久,周延儒这个腐败无能的大臣就被劾以十宗滔天大罪,赐以自尽——判决来得太迟,已不足以让被他服侍得如此糟糕的君主免于灾祸。①

关帝崇拜广为流行,但他的位置仍逊于孔子。对关帝的崇拜与官方的宗教礼仪联系在一起,过去公共建筑都附有供奉关帝的祠庙,佛教寺庙乃至像雍和宫这样的喇嘛庙也不例外。更重要的是,他的名字是勇气和爱国精神家喻户晓的代名词,"岁月已经把他抬升到流行程度的最高点……与他在官方的神祇名册中的位置已经脱离了关系……也几乎不受完全撤销这种承认的举动的影响"。

为了在动乱年代得到他的良策和帮助,人们给他戴上了许多冠冕堂皇的头衔,包括古朴有趣的"三界伏魔大帝"这一称谓,附带一件册封书或金册,还有一件绣袍和一顶官帽陈列其旁。它们都存放在内城城墙下的这座庙里。

光绪朝之前的每一位皇帝都通过在此处关帝神龛(重建于1828年)祭"小祀"的形式来表达他对这位民间英雄的重视。在这所很小的圣殿后面是供皇帝休息的接待室,它的墙上嵌着一

---

① 李岁芳《关圣全书》云:"明崇祯皇帝请仙问国祚,吕祖降乩云,当问之伏魔帝。依言遣大兴令往正阳门庙中迎请,是夕,设香案以迎,中堂周延儒跪,左右无人。俄而关帝降,拜行君臣礼,崇祯帝亦答拜,以国事问。关帝曰:'妖魔太多,不可为也。'延儒问:'妖魔何在?'关帝微笑曰:'你就是第一个妖魔!'延儒惊骇不能起。"见薪阳子编著《万世人极·关公》第3卷,九州出版社2000年版,第241页。——译者注

块刻有竹子图案的异常厚的古玉版。竹叶巧妙地排出字形，这些字连成一首诗，落款表明笔迹出于关帝本人之手。① 这块版是清初连同关帝的铁印一起从南方带到北京的，该印已在庚子义和团暴乱中丢失。②

任何人离开北京之前，都应该沿着从前门到哈达门③——前门东边的下一座城门——的城墙走一遭。

1900年，中国人就是从这个有利的位置炮击使馆区的，而被围攻的联军守卫部队则一步步地去争夺、攻取这个位置。当时用城砖建起了诸多街垒，其中之一的遗迹现在从水关④ 上面还能看到，那段难忘的日子里一些最激烈的战斗就发生在这里，联军救援纵队（the Relief Column）完全意在惩罚的炮火也是从这里射向皇宫的。

围攻结束之后，列强要求将这段城墙移交给他们，由他们的

---

① 《老北京旅行指南》中提到前门关帝庙中"尚有关公乩笔书之风雨竹石刻，从前在殿中，现已移于客室内。文为'不谢东君竟，丹青独立名。莫嫌孤叶淡，终久不凋零'"。当即此处所谓"玉版"。见马芷庠《老北京旅行指南》，吉林出版集团有限责任公司2008年版，第74页。——译者注

② 在关帝担任的其他职务中，有一项是著名的天地会（或称三合会，与义和团类似的一个组织）的荣誉和幕后总管。一位研究这个令人闻风丧胆的秘密会社的专家说："所有的会所都有供奉关帝的神龛……会社成员似乎把他看作他们的保护神。"

③ 这个通行的名称取自哈达王，其王府以前就在这座城门附近。城门外有一口奇特的古井，据说供应井水的泉水与大海相通。许多年前，当洪水危及北京的时候，人们用一座（铁制）乌龟雕像封上了井口，同时对乌龟承诺说等到敲锣表示城门要开的时候，它就可以被放出来。然而狡猾的市民希望乌龟一直待在那里，用钟代替了锣，于是这个可怜的家伙就一直坚守在它的岗位上。老北京人都知道有句俗语说的就是这件事："北京城九门八锣一口钟。"〔据金受申言，传说中囚在崇文门的动物不是乌龟，而是一条龙，它被锁在崇文门吊桥下的海眼里。见金受申《北京的传说（增补本）》，北京出版社2003年版，第22页。——译者注〕

④ 开辟在城墙底部供水流进出城区的水口，又称水门。——译者注

部队来巡逻，作为保护外交团体（the Diplomatic Quarter）的措施之一，以免这样一处制高点不知什么时候又构成对其安全的威胁。为了保卫外交团体，竖起了足够坚硬的铁门，布下了枪眼，建造了地下通道，美国人还立起了一个无线电天线杆，目的是保证此后的暴动不会再切断使馆区与海外的通讯联系。

后来城门之间还修建了人行通道，成了北京居民喜爱的散步场所。这段道路平整且没有植被覆盖，保持得很整洁，与中国人控制的剩下 13 英里长的城墙迥然不同。在后者那里，崎岖不平的狭窄小道弯弯曲曲地穿行于灌木和草丛之间，这些灌木和草丛在夏天雨后如同繁茂的丛林般突然涌现，穿透砖块铺砌的路面，从其下方肥沃的泥土中奋力长了出来。

从城墙的一侧我们俯视使馆区，那里许多怀着各色心思的人构成了一个不和谐的整体，与远处皇宫庄严的统一性形成了令人颇感不快的对比。确实，中国人比我们更懂得如何让他们的建筑与周围的风景相调和，让画框适应图画，也让图画适应画框。在另一侧的女墙下面是外城。夏天，当所有的树木——几乎每一个小院都长着一两棵树——都长出叶子的时候，外城给人的印象不是一座城，而是一个巨大的公园。耸立其上的是天坛祈年殿的蓝色穹顶，它像一朵优雅的石头花挺立于树丛之上。

哈达门（或崇文门）是所有其他城楼的代表：它高达 99 英尺，可容许神仙自由、毫无阻碍地通行，按照通灵术士们的说法，这些神灵可腾空到 100 英尺的高度。与大多数城门一样的是它那双重门道的体制，中间由延伸出来的半圆形城墙连接，朝乡野凸出来的那面起到为直接通向城市的内门提供双重保护的作用。由坚固的花岗岩建造的拱门，炮口上彩绘的大炮，以及直到几年前晚上还关上的很重的木门，这些也都跟大多数城门一样。明末清初曾拱卫城门的铜制大炮很早以前就消失了。看起来很古怪，这些数百年间都由武装人员把守、锣号声响亮刺耳（因为按照古老的东方观念，用震聋敌人的方法来恐吓敌人，仗就打赢了一半）的城堡，如今却用于诸如煤场这样的和平的工业目的，或用作售卖便宜的陶器的露天市场。

在民国政府还没有下禁令的时候，可以从哈达门城墙的东南角往下看到运河和防御工事。东边的楼阁值得仔细端详。中国人叫它狐狸塔，相信有一只狐狸在那里出没，因为它像幽灵一样出出进进，塔的门总是开着的。1900 年俄国人炮击过这座塔，我们可以看到华丽的屋顶上的大洞用波纹铁板精打细算而又捉襟见肘地修补过。幸运的是，构成塔之骨架的大柱和横梁以及各层之间覆有积满灰尘的绒毯的楼梯并未受到损害。如今这座塔已成为蝙蝠和燕子的巢穴，总是笼罩在暮色中，让人产生一种可怖的感觉。用不了多少想象力就会相信它确实闹鬼。但我们在那里看到的鬼魂乃是身着绒缎制服的蒙古、明朝或清朝武士的鬼魂，他们影影绰绰的手里拿着弓箭、弯曲的长矛或笨拙的抬枪①。

不过东城墙最重要的地标还是中国人称之为"观星台"的古观象台，它建在一堵比城墙本身还要高的支撑墙上。1280 年，忽必烈在这里修建了这座波斯天文学家②负责的高层建筑，它矗立在当时大都的东南角，尚不在更往南的今天内城的位置。当明朝的永乐皇帝拆除南城墙，将整座城市延伸至今天哈达门到前门一线的时候，他也重修了这座建筑，并指派本地的天文学家

---

① 抬枪（jingal），又称九头鸟铳，是明、清和印度曾使用的一种放大版的鸟铳，其枪管十分细长，而且品种繁杂。由于体积太大，所以通常都会由两人至五人操作或置于两脚架及三脚架上使用。——译者注
② 有一件不同寻常的事值得注意，即在我们这里提到的当时的天文学家中，有一个叫"Gaisue"的拜占庭人（见玉尔［Yule］的《马可·波罗》[Marco Polo]）。

来运行当时简陋的铜制仪器。①因此远在耶稣会的神父将西方的知识带到中国以前，我们就发现东方人已经搞出一套他们自己的天文学体系。他们相信地球是宇宙的中心，太阳、月亮和星星绕着它转。

1685年，当六位耶稣会士来到中国的时候，他们带来了一件铜制浑天仪，作为路易十四送给康熙皇帝的礼物。当时著名的南怀仁神父（Father Verbiest）接替伟大的汤若望神父（Father Schall），负责钦天监事务。南怀仁掌管观象台直至1688年，将西方数学的精密性引入天文学，取代了旧的近似法。中国人证明了他们是聪明的学生。他们很快学会了计算日月食，但是当日月食出现的时候，礼部的官员又恢复了他们旧的迷信心理。他们穿着官服列队聚集在院子里，疯狂地敲着锣，想要吓跑正要吞食太阳或月亮的龙。

正是依照南怀仁神父精美的设计，中国的工匠铸造了漂亮的盘着龙的铜制仪器模型，以取代由13世纪出生于广东的天文学家郭守敬②遵照蒙古大汗之令而建造的旧的仪器，这些仪器仍旧安放在观象台下面的院落里。其中有一些在1900年以后被德皇下令搬走，目的是让中国人意识到德国人报复的恐怖，同时也是为了装饰波茨坦的橘园宫（Orangerie）③。根据协约国与德国签订的和平协定（1919年）中的一项条款，南怀仁的杰作如今已经归还中国。④

---

① 此处说法不准确。元至元十六年（1279年），元世祖在今古观象台北侧建司天台。今古观象台建于明正统七年（1442年）。——译者注
② 郭守敬生于顺德府（今河北邢台），非广东顺德，此处作者似有误会。——译者注
③ 橘园宫是位于德国勃兰登堡州波茨坦的一座宫殿，修建于1851年至1864年期间，其外观为意大利文艺复兴时期风格。——译者注
④ 关于这些仪器的完整目录以及它们铸造的日期，见《中国百科全书》(The Encyclopaedia Sinica) 第403页。

虽然观象台原址具有极其重要的历史价值，但它的实际建筑却是现代的。元明两朝的八角楼已于 1800 年前后为一座木结构建筑所取代，后者又被今天结实的砖台所取代。

仓场和贡院过去也在这一片地区。前者位于护城河的东侧，用作储存贡米的仓库，这些贡米构成了以实物形式向旗人支付的薪饷的一部分，它们是从长江流域沿着大运河运过来的。

贡院是历代学子得偿所愿或希望破灭之地，如今已无迹可寻。永乐皇帝建造的贡院最初乃是由围墙围起来的一大片瓦舍，让人想起牛棚。尽管建筑上无关紧要，它们道德上却非常重要。每三年数千名学子从各省来到这里应试，在古老的经典体制中求取功名，成功的考生将得到称心如意的官职。从我们的观点来看，当人们写作儒家哲学的论文来证明他们适合治理国家的时候，这个竞争体系就变成一场滑稽闹剧了。然而中国人却非常严肃地看待它，通过考试的考验非常严酷。在三天两夜的时间里，考生被单独关在号舍里，他们仅有的享受是两块木板，一块用作椅子，一块用作桌子。如果他们在重负之下死去的话（有时确实会发生这样的事），墙上会挖一个洞来把尸体运出去，因为号舍的门一旦被皇帝指派的监考官封上，任何情况下都不得打开。"然而实际上，这种煞费苦心的防范措施并没有防止舞弊发生。考生写的文章经常是事先买好的，考卷上会留下特定的标记供买通了的考官辨认，贫苦的士子花不起行贿的钱，又过于卑微而无法给考官留下印象，有时候会给大户人家的纨绔子弟当枪手。"

光绪皇帝 1898 年下诏改革，试图让这个衰弱的体制现代化。然而，到了 1900 年以后，慈禧太后才成功地扫除了传统的科举考试制度，她明智地意识到这种制度对有效的国家政治改革构成了障碍，并用现代教育方法取而代之。不过她煞费苦心地给文人士大夫灌下迷魂汤，指出三千年前在模范的统治者周公的时代，高等学校教学遵循的路线与今天的外国大学并没有太大不同，中国建立类似的机构并不是效仿西方，而只是复归她原初的体制，这个体制远比她废除的科举制度古老。后者其实是相当现代的发明，是在1390年左右明朝时才第一次被引入的。①

贡院在其丧失用途之后又存留了一段时间。空空荡荡、被人遗忘的它沦为一片废墟。有人说使馆区在遭到围攻之后需要修缮，发现很难找到砖块，便从这些摇摇欲坠的建筑那里买来材料，供重建外交馆舍之用。不管这个故事有多少真实性，有一点是肯定的：通向中国官场的门户如今已无迹可寻，只剩下一段记忆。

日暮时分从古观象台上看到的景色赏心悦目。随着西边的天空都染上火红色，白昼消泯于一片热烈的绚烂之中。紫蓝色的群山鲜明地跳入眼帘，它们在北京任何一处风景中都构成了如此引人注目的背景，以至于它们很快就变得像是可爱的熟悉的朋友。然后当光线逐渐消逝，它们的轮廓也柔和起来。它们似乎是一点一点地消隐到阴影之中，简直令人感到痛惜。这座城市的古迹——宫殿、景山、坛庙——也像它们那样，一个一个渐渐地消逝在柔和的暮色之中，直到最后，门楼和城墙本身消融成一片灰色——天黑下来了。

---

① 科举制度是在隋朝建立起来，而非作者这里说的明朝。作者可能将"八股取士"与科举制度混为一谈了。——译者注

第三章　使馆区与现代北京

使馆区是北京外国人生活的中心。在这座小小的国际社区的围墙之内，人们能找到我们文明的几乎所有的传统建筑——教堂、银行、商店、医院，甚至一家旅馆。每一位建筑师都试图把他远在海外的祖国的一点片段带进来，于是一点儿美国、一点儿荷兰、一点儿意大利和日本并肩而立。这种各色风格和不同时代元素组合在一起、周边围着堡垒式的防御工事的效果再古怪不过了。

然而，即便是这座城市中这个看上去毫不浪漫的角落也有一段浪漫的历史。街道那井然有序的丑陋透露出乏味的无名状态，但这些街道却充满了1900年使馆被围攻那段黑暗日子的记忆。当狂热的义和团放火去烧本土的基督徒的时候，这些街道曾经为人们手中的火把所照亮。街道的墙上仍然有炮弹和子弹的痕迹。有至少一座花园的草坪下面埋着义和团团民。甚至那平淡无奇的壕沟——玉河——也曾血流盈渠。它那诗意的名字与流经两边砖砌女墙的涓涓污水毫不相称，而是取自其源头——离内城14英里的玉泉山上品质上佳的泉水。①

在使馆受到围攻之前，玉河通过一个装有生锈的铁栅栏的、出口黑黢黢的地下通道流入内城外的护城河。这就是大家所说的水关，由于前来解使馆区之围的部队士兵曾一个一个地穿过栅栏

---

① 参见本书第十四章。玉河的一部分现在已经成了暗渠。

钻进去，这里成了一处有历史意义的地方。目睹那情景的人将永生难忘——子弹在空中呼啸而过，中国人孤注一掷地想要阻挡外国人，而白头发的英国将军则悄声地喃喃低语道："感谢上帝！"此时他看到那些被围困的人们——半个小时前他曾被告知这些人已全部遇害——涌过来欢迎他，英俊的印度骑兵眼睛里含着泪水。当中国人开始在城中修建铁路的时候①，这个栅栏被移走了，挖了一个地下排放口来把水排出去，城墙上也开了一个门洞通向火车站。②

这些被围攻的日子尽管很有戏剧性，却并非使馆区所经历的唯一惊心动魄的时期。从那以后，它那安静的街道总是经常挤满逃难的队伍！1911年鼠疫引起的恐慌使得北京所有偏僻角落里的外国人都跑到使馆区来寻求庇护。不过当清室退位，当1912年民国军队部分师团发生兵变，当袁世凯去世，当1917年张勋复辟，当1920年安福系的领袖躲避民众的怒火的时候，许多中国官员躲到使馆区布满枪眼的围墙后面来避难，随身带来了车载斗量的贵重物品和生活必需品。1917年，使馆区有幸不仅为民国总统，同时也为麻烦制造者张勋本人提供庇护，张勋看到闹剧收场的时候，就要求到使馆区来避难。

在庚子事变以前，使馆区本身并不存在，虽然大多数公使馆都坐落于交民巷（意为"与民族交往的街道"）或附近地区③，

---

① 中国人甚至抵触火车穿过外城城墙，这种成见非常强烈。在列强坚持要求实施一个更便利的方案之前，靠近首都最近的火车站是位于永定门外马家堡郊区的火车站。
② 北京被想象成是一条龙，哈达门和顺治门是它的双眼，前门是它的嘴，如此等等。当水门被切断，在龙的身子上弄出一个裂口的时候，北京的财富——"龙血"——就通过这个裂口渗漏出去了，这是当地一则谚语中的说法。
③ 这就是现在的使馆街，如今是碎石铺砌的大道，与使馆被围攻前没有铺砖石的杂乱路况迥然不同。

该地之所以这么称呼是因为在清朝统治下,朝鲜、蒙古和西藏进贡的特使都被安排到这里住宿。①不管带着多少贬抑的意味,事实是清朝的君主长期以来一直坚持把西方外交官当作跟藩属国信使同样的人群来看待。像乾隆这样开明的皇帝不是在给乔治三世的敕谕中把自己描述为"抚有四海"吗?他还说:"咨尔国王,远在重洋,倾心向化,特遣使恭赍表章。②航海来庭,叩祝万寿,并备进方物,用将忱悃。朕披阅表文,词意肫挚,具见尔国王恭顺之诚,深为嘉许。……至尔国王表内恳请派一尔国之人住居天朝,照管尔国买卖一节,此则与天朝体制不合,断不可行……"③

1860年的战争之后,清廷被迫允许在北京设立使馆区。但这些使馆仍被看作为了与外国人保持距离(如果可能的话)而实行的必要之恶,而存心将(其建筑已经被外国人自己焚毁的)圆明园遗址——后来又改为西城墙外另一片土地——划作外交人员的封闭活动场地的提议就可证明这一点。这两条提议都在巴夏礼(Sir Harry Parkes)的建议下被拒绝了,他了解形势,看穿了想要把外国人拒于首都之外的诡计。

使馆区内最古老的外国人拥有的产业是俄国公使馆,虽然俄国只是第三个在北京的公使馆里升起国旗(时在1861年7月)的国家。然而,俄国与中国的交往已经有三百年的历史,与其他早年通过稀少而困难的海上交通与中国打交道的国家相比,俄国

---

① 作者在这里望文生义了,"交民巷"之名乃是从其原名"江米巷"音讹而来。——译者注
② 这里指的是马戛尔尼勋爵的使团。
③ 参见巴恪思爵士和濮兰德合著的《北京宫廷年鉴与回忆录》(*Annals and Memoirs of the Court of Peking*)以及马戛尔尼勋爵的《出使中国纪》(*Embassy to China*)。〔此处中文原文引自乾隆《敕谕英吉利国王》,载周宇清编著《中国近代史重要文献导读》,四川大学出版社2019年版,第2—3页。——译者注〕

得益于相对较有保障的陆上交通。14世纪中国的历史学家告诉我们当时就有俄国人居住在北京,后来甚至还有一队俄国警卫为清朝的君主服务。此外,1619年俄国商队还将第一批中国茶的货样带到欧洲。中国第一个派往欧洲国家的外交使团是1731年派往俄罗斯安娜女皇宫廷的使团,我们知道它在克里姆林宫如何受到隆重的接待,并且向女皇行"叩头"或跪拜礼。大多数外国使节都拒绝在清廷行此礼,这一礼节也是很长时间里他们觐见皇帝的障碍。

如今俄国公使馆就坐落在17世纪后半叶最早的俄国特使团——包括1654年的拜科夫(Baykoff)使团[1]——的住址上。这处被称为"南馆"的地方于1698年被指定为俄国商队正式的居住地,从那时起就定期或不定期地启用,并根据1689年签订的《尼布楚条约》中关于自由贸易的规定,一直沿用到1762年。

在彼得大帝统治初期的1685年,发生了一个看似微不足道的事件,却致使俄罗斯在中国设立了永久性的代表团,这是发生在阿尔巴津人(Albazines)与中国人之间的一场边境之战。阿尔巴津人是一小群俄罗斯的拓荒者,他们定居在当时黑龙江的雅克萨(Albazin)。在经过长达两年的拼命抵抗后,中国人征服了这个小的殖民地,俘虏了约五十个阿尔巴津人。当他们被宽宏大量地释放时,就接受了康熙皇帝的提议定居于北京,并与当地人通婚[2],事实上在各个方面都变成了中国人,除了他们严格恪守的宗教信仰。

---

[1] 参见巴德利(Baddeley)的《俄国·蒙古·中国》(Russia, Mongolia, China)。显然,最早的荷兰和葡萄牙使团住的也是同样的馆舍。

[2] 出于对他们勇敢行为的肯定,他们被编入皇帝的近卫侍从,成为黄旗的成员。〔这批俄罗斯战俘被安置到北京东直门内胡家圈胡同,编入镶黄旗满洲第四参领第十七佐领,给予旗人待遇。参见蔡鸿生《俄罗斯馆沿革考》,《中山大学史学集刊》第1辑,广东人民出版社1992年版,第396页。——译者注〕

若干年后（1727年），中俄《恰克图条约》赋予俄罗斯东正教使团在北京居住的权利，使团此外还有一定的半外交权力，不过主要体现了对阿尔巴津人后裔的宗教需要的正式承认。南馆从那时候就变成了传教士的修道院，直到1858年《天津条约》签订前一直如此。《天津条约》签订后，阿尔巴津人将他们的居住地出让，供建立俄国公使馆之用，自己搬到内城东北角的北馆，那是阿尔巴津人刚来的时候被赐予的一小片用来建一所小教堂的土地。

俄国公使馆内现在那座教堂（已不再用于宗教仪式）是使馆区内最古老的外国建筑。它最初是由清政府于1727年建造的，供东正教传教士使用，同年得到《恰克图条约》的承认，不过此后曾反复修缮，如今原来的建筑已所剩无几。

法国人和英国人在俄国人后面很久才在北京取得地产，但根据1860年联军对中国的战争之后才获得批准的《天津条约》中的一项条款，他们仍是最早在北京建立公使馆的列强。[1]

法国人在以其美丽的花园而著名的纯公府内找到了一片场地。纯公家族曾经富庶显赫，因时运不济而沦落，产业半皆荒落。当法国人征得此地的时候，一些摇摇欲坠的外屋里满是装在小陶罐中的蟋蟀。因为那时候斗蟋蟀就像斗鹌鹑一样，是中国人特别喜爱的一项运动。能获胜的动物经常会耗费大量钱财，这个贵族家族的末代堕落公子把他的剩余家产都花在这些蟋蟀身上了。法国公使馆在围城之后有所增大，沙孟的旅馆（Chamot's Hotel）[2]的

---

[1] 参见亨利·柯蒂埃（Henri Cordier）的《中国与西方列强关系史，1860—1900》(Histoire des Relations de la Chine avec les Puissances Occidentales, 1860-1900)。

[2] 沙孟（Auguste Chamot），瑞士人，来华开设北京饭店。这里所谓"沙孟的旅馆"即指北京饭店。——译者注

一部分地界被划给了公使馆。在最初的建筑物中，原先是小教堂的办公楼乃是留存下来的最重要的建筑。

英国公使馆也有一段同样优美动人（picturesque）的历史。它所在的王府最初是康熙皇帝第三十三子的府邸（其后代获得了"梁公"的封号）①，由于其贵族主人陷入贫困，这座王府也已破败不堪。英国人从总理衙门那里以每年500英镑的价格把它租了下来。四十年里，租金都是以银锭的形式按期支付的，每到中国的农历新年，公使馆的中文书记就用一辆骡车将这些银锭运到总理衙门。②

许多建筑都已破败到无法修补的程度。不过，公使宅邸的一部分还是原来的梁公府宅，通向宅邸的正式道路两旁有石狮拱卫，花园里红色柱子支撑的轩敞的楼阁和古朴典雅的凉亭都尽可能地得到了修复和保护，从而极大地增强了公使馆如画一般的景致（picturesqueness）。③

英国公使馆一直都是北京城内面积最大的公使馆。1900年后，当翰林院和銮驾库被纳入其中的时候，其面积又进一步扩大了。④ 由于这个缘故，英国馆舍就在1900年被选为所有非战斗人员的避难所。虽然这里的战斗绝没有法国公使馆里发生的战斗（那里大部分建筑都毁掉了）那么激烈，但馆内仍有很多地方提醒我们这里发生过一场英勇的防御战。比如说，公使的花园就变成了一处墓地，人们经常在枪林弹雨下在这里匆匆忙忙地举行葬

---

① 此处有误，梁公府系康熙七子淳亲王允祐的府邸，其裔孙奕梁降袭镇国公，其府邸便俗称为"梁公府"。——译者注
② 1900年以后，中国政府不再拥有这处房产，它就成了英国王室的产业。
③ 其中的一座仍在使用的凉亭成了小教堂的钟塔。围城期间，它的钟声曾作为常规袭击的警报。
④ 銮驾库里还保存着长期以来用于中国皇帝的国事场合的大象和象车。这些大象是尼泊尔和安南的贡品。

礼。公使宅邸的上面一层也遭受了炮弹和枪火的猛烈袭击,其阳台变成了设有路障和沙袋的小型堡垒——"这些沙袋构成了一堆大杂烩,很可能在以前的防御工事中从未见过。"每一种材料和阳光下的每一种颜色都被用来制造这些沙袋——丝绸和缎子、窗帘、地毯以及刺绣都被毫不顾惜地剪开。也许英国公使馆最危险的防御角落是俯瞰达子馆的地方。达子馆是大草原的子孙们用他们的绿松石和毛皮来交易文明世界的奢侈品的场所,它被中国军队牢牢地占领,对公使馆形成了威胁,直到最后,它在赫里德上尉(Captain Halliday)指挥的一次突击行动中被烧得一干二净。赫里德上尉在行动中受伤,并由于他的英勇行为获得了为这次围城之战而授予的唯一一枚维多利亚十字勋章。

一段布满弹孔的东北围墙上粗粗地刻着"以免我们忘记"("Lest We Forget")的题字(如今差不多已经磨掉了),它和公使馆大门旁一座小的纪念碑纪念着这个外国人社区在这次难忘的围城中所遭受的苦难。①

法国人和英国人建起他们的公使馆,其他国家很快也跟随效仿。大多数后来者都在那些已经建好的房屋附近租下或买下房

---

① 这次围城还有待一位足以胜任的历史学家的记述——他要做的是特里维廉(Trevelyan)为坎普尔围城之役(the Siege of Cawnpore)所做的事情。〔特里维廉(G. O. Trevelyan, 1838—1928)是英国政治家和作家,曾担任印度殖民地官员,他著有《坎普尔》(*Cawnpore*, 1866)一书,记述了1857年印度大起义中的坎普尔围城之役。——译者注〕这段时间已经出版了好几本关于这一主题的有趣的书。明恩溥(Arthur Smith)的《动荡的中国》(*China in Convulsion*)很好地记述了使馆被围及其后果。辛博森(Putnam Weale)的《庚子使馆被围记》(*Indiscreet Letters from Peking*)虽然文字夸张且时有偏见,但仍是有关围城本身以及其后对北京的劫掠的最生动和最有名的描述。连若兰牧师(Rev. Roland Allan)的《使馆被围记》(*The Siege of the Peking Legations*)简单地叙述了英国公使馆每天发生的事情,达欧拉(Eugène Darcy)的《保卫法国公使馆》(*La Défense de la Légation de France*)直率而庄严地讲述了保卫战中最重要的一段故事。

产,直到最后所有的公使馆——除了比利时公使馆和围城期间被烧毁的意大利公使馆——都被围在一片长方形的、南边是城墙的区域里。① 大部分公使馆都建在差不多跟它们现在的馆址同样的位置上,不同之处在于 1900 年以前,它们所占的地方要小得多,而且彼此分开,中间夹杂着中国人的房屋。

美国人是打破通常规矩的引人注目的例外,他们先是占下了如今盖着东方汇理银行(Banque de l'Indo-Chine)的那处房产。这块地一度为卫三畏(Wells Williams)私人拥有,他是《中国总论》(The Middle Kingdom)② 一书的著名作者。当美国公使馆最初明确下来要建于北京的时候(1892 年 7 月 20 日),法国人通过款待美国使团,再次证明他们对美国的持之以恒的友谊。美国人欣然——虽然只是暂时地——接受了这份好意。后来卫三畏的产业被新的美国公使田贝(Colonel Denby)接收,田贝后来又将它卖给了朝鲜人,最后它转到了它现在的主人的手中。

在使馆被围结束的时候,美国外交官一度搬进了三官庙③(如

---

① 德国公使馆比其他国家的公使馆建得要稍微晚一些,它建在普鲁士王国购买的土地上。
② 该书是一部在有关中国的著作中仍享有权威地位的典范之作。
③ 三官庙曾经是一座因其神圣性而在中国人中间享有很高声望的佛教寺庙。至今仍矗立在庭院里的石碑记载了通过出资修缮它而积累了功德的各种各样的名流。有一个关于它与明朝最后一位皇帝的传说。当这位皇帝听到李自成的叛军正在轰击京师的城门的时候,他派了一位信使去求取三官庙里的神祇的指示。回答是让他用中国人的传统方式来竹棍抽签。如果他抽中最长的,他应该大胆地反击敌人。如果他抽中的是中等长度,他应该在他的宫殿里等敌人。但如果他抽中的是最短的,他就应该自杀。命运最短的那根竹棍放到了他的手中,于是他在煤山上自杀了。〔这里提到的三官庙是当年位于朝阳门内大街路北的大慈延福宫,建于明成化年间,因供奉天、地、水府三元之神,民间俗称"三官庙",并非佛教寺庙。关于崇祯皇帝与三官庙的故事,另有其他版本,参见孙文华《大慈延福宫里的故事》,载中共北京市东城区委东四街道工作委员会、北京市东城区人民政府东四街道办事处编《日下传闻录·东四故事》,中国社会出版社 2013 年版,第 46—47 页。——译者注〕

今这里是美国公使馆陆海军随员〔American Military and Naval Attachés〕的办公室），同时等着他们现在的馆舍于1905年完工。国会拨付了6万美元，用于在现在的馆址上兴建新建筑，这块地是从中国的业主那里拿过来的，而这些建筑也是除曼谷的公使馆和东京的大使馆之外，完全由美国政府拥有的第一批使馆建筑群。

第一批公使馆旁边现在矗立着赫德爵士（Sir Robert Hart）掌管的中国海关、几家银行、一家邮局和一个名叫沙孟的瑞士人（他是一位勇敢的人，有一位无畏的妻子，他们的勇气和先见为给受到围攻的各公使馆供应生活必需品提供了实质性的帮助）开的旅店，最后但同样重要的是祁罗弗洋行（Kierulff's shop）。这家商店的开业遭到中国人的强烈反对，因为北京那时候——现在仍然——在官方层面上对外国贸易并不开放，虽然他们封闭的大门上只是开了一个口子，中国人唯恐这个口子会扩大。然而，外国的公使们发现这家商店对供应他们的必需品乃是必不可少的，也能满足他们的需求。中国人无可奈何地接受了它的存在，他们自己倒成了西方商品最大的主顾，尤其是那些宫里的太监。因此祁罗弗早期生意兴隆，销售的商品包括织补棉纱、饼干、炼乳、马鞍、香烟、彩绘的怀表、长柄锅、杀虫粉、镜子等。

当使馆区以其现在的大小和样子展现在人们面前的时候（1901年），它包含了上述所有建筑（其中大部分建筑都已部分或全部遭到损毁）的地界，此外还有一些额外的土地，以满足扩大使馆区和为卫戍部队提供军营的需要。意大利人和日本人分掉了肃王府和堂子。使馆区被围攻期间，三千名中国基督徒被安置在肃王府（府内漂亮的古树的树叶和树皮给他们提供了最后十天的食物），堂子则是清朝神秘的萨满教祭祀场所。比利时人也获得了他们现在的馆址，那里之前是义和团的主要支持者徐桐的府邸。①

这块保留地成了一处国际居住区。它的商务由一个行政委员会来管理。它有自己的警察机关、自己的电灯和铺砌好的街道，某些情况下，这些街道以那些为守卫它们而献出生命的人们的名字命名——如拉布鲁斯路（Rue Labrousse）②——以示纪念。自从使馆区重建以来，周围环境变得干净整洁，外交官们如今按照与他们自己的文明相调和的方式生活着，其尊严和安全得到了合理的保障。

使馆区就像一个巨大的湖泊中的一座小岛，位于北京城的中心，但这座城市自使馆被围之前以来已经发生了很大的变化。就房产的损毁而言，1900年的巨变对中国人的影响跟对外国人的影响一样大。义和团团民在寻找基督徒的时候，不分青红皂白地一路纵火；而士兵一旦加入混战，也到处劫掠。那种不偏不倚的态度用在一项更高尚的事业上才对。有历史意义的房屋和漂亮的商铺都被烧成了灰烬，随之化为乌有的是那些无法取代的艺术珍品。这就不可避免地造成了巨大的损害。庞大的财富丧失殆尽，后来在重新划定使馆边界时，许多精美的房产被瓜分。

但北京却有——而且一直都有——某种不朽的品质。在被统治、被击败后，她就像凤凰涅槃一样又重新崛起。在她那尊贵的建筑和古老的风俗的废墟上，她可以用新的能量重建新的生命。虽然1900年的巨变对这座城市是一次沉重的打击，但秩序还是逐渐恢复了。惊恐的人们从他们的藏身之处溜了回来，清理

---

① 有人如此回忆这位顽固的帝师："他渴望用洋鬼子的皮来包他的马车，他对欧洲人及他们的做派的厌恶是如此强硬，以至于发展到那样过分的程度——在义和团起义之前的数年间，他立下了一条规矩，宁可从一扇对着城墙的侧门走出他那位于使馆街的宅子，也绝不踏上外国人的道路。"

② 拉布鲁斯（Alexis Labrousse）是当时正好在北京的法国海军陆战队上尉，1900年8月12日阵亡。——译者注

他们家园的碎片,小心翼翼地开始重建。那将一切都烧得干干净净的大火,对个人来说是如此残酷,但对这个社区而言却不无裨益,市政的改良开始了。

慈禧太后在逃到西安后又回到了北京,她一回銮就颁发的谕旨在很大程度上为亟待进行的改革铺平了道路,也让保守的人群为应付不断变化的时势而做好了准备,即便是在判断形势会如何发展方面拥有不同寻常的能力的她也不知道它究竟能走到哪一步。不过整治这座城市的真正功劳必须归于袁世凯以及他统治下的民国政府。

改变北京面貌的第一个同时也是最重要的革新——在很大程度上也延长了北京城的生命——是铺砌好的现代街道,它们取代了旧式的尘土飞扬的大马路,这些马路到处都是车辙,挤满了乱作一团的骆驼队、毛驴、骡车和轿子。为方便往来官员觐见皇帝或太后而铺砌的从西直门到颐和园的碎石路,是计划修建的现代交通要道的第一个典范。它沿着一条已经存在了数百年的道路而建,原先的石板路面有一部分还可以看到,它们被特意保留在路的两旁,供那些重型的、没有弹簧的大车通行,这些远古时代的交通工具正逐渐让位于汽车和公共汽车。

从最初的试验以来——顺便说一句,当使用这条新路的第一辆出租车吓着了一位大学士的骡子,把这位高官掀到了沟里的时候,它差一点被放弃——已经修建了通行里程很长的大道,包括通向西山、汤山温泉和通惠河等地的各条道路。城内也不断地在开建新的街道。那些经过景山和沿着紫禁城南城墙的街道,让人们得以一览令人浮想联翩的宫殿和护城河的"禁地"风景。

与此同时,一支新的通情达理且彬彬有礼的警察部队,正在将一些必要的交通管理的新概念,注入一个没有"交通规则"的民族的意识中,这个民族只有很少的一点关于手推车和汽车速度上的差异的观念,他们也对有轨电车缺乏尊重,以至于送葬的队伍拒绝从电车的轨道上挪开。

如果第一批现代改良措施没有谨慎地推行,并且没有充分考虑到民众的偏见的话,它们就会引起激烈的怨恨情绪。即便采取了圆融的策略,前门前的广场的改建还是遭到了极端保守分子的长期抗议,他们反对铁路穿过城墙,反对装着电灯的烟囱——总而言之,反对所有可能会破坏城市风水的新事物。还有反对把石狮子移到前门外的强烈抗议。现在这些石狮子已经老旧了。毫无疑问,它们就是曾经陪同马戛尔尼勋爵的使团访华的斯当东爵士(Sir George Staunton)笔下的那些动物,他用古朴有趣的笔调将其描述为"它们的造型与它们意在代表之物如此不同,以至于它们几乎会被错认为是身披盔甲、戴着查理一世时代戴的那类假发的骑士"。

北京的民众害怕,如果这些神兽受到惊扰——要重新铺砌广场就非得这么做不可——它们会不高兴的。应该怎么办呢?问题最终还是以真正的中国人的方式解决的。狮子的双眼用蓝布带子蒙上——这是 20 世纪里对迷信的一次奇特的让步——然后毫无反抗地被拖到它们的新位置上。

变革的方案包括皇宫前面大清门——一座已经封闭了很多年的大门——的开放。当工人拿下清朝的牌匾,准备挂上写有新的民国的名字"中华门"的牌匾的时候,他们发现在清朝牌匾上的字下面,写着只被抹掉一半的明朝皇帝的尊号。这些工人对这个表示朝代的牌匾无动于衷也没有兴趣,他们就把它就近存放在一个容易找到的橱柜里。① 不过,当张勋试图复辟的时候

---

① 这里的表述不太准确。大明门石刻牌匾用青白石琢制雕嵌。清代改称大清门时,将石匾拆下翻转,重刻重嵌。民国时用木匾从右至左刻"中华门"三字。见东城区文化文物局编《北京市东城区文化文物志》,东城区文化文物局2000年,第10页。——译者注

（1917年7月），他最早做的一件事就是把它又重新挂起来，从而表明它在中国的官僚眼中极为重要。

大约在新的民国政府打开这条通往皇宫的门洞从而开辟出一条通衢的同时，它还允许公众进入长期以来一直被封闭和禁止入内的许多其他地方。这象征着这座城市——就像这个国家一样——现在属于人民了。宫苑里那些总统或逊帝实际上并不需要住进去的地方，现在都允许进入了。之前御花园的一部分变成了一座公园，当时称为中央公园。① 发生类似变化的还有天坛、先农坛和地坛这些地方。

随着国民政府的到来，北京发生了更剧烈的变化，它不再是中国的首都，而是被正式更名为北平，这是之前明朝初年一度用过的地名。与此同时政府试图把对孙中山——新的民族英雄——的崇拜强加给这座城市。他的肖像和"主义"用蓝色漆在故宫的墙上，中央公园以他的出生地来命名，称为"中山公园"②，某些让人联想到君主制倾向的街道名字被改成革命党听起来没有那么不愉快的名字。

但是北京总是拥有那种接受人和事件的冲击而又将其吸收到她自己的精神中去的奇特力量——驯服狂野的蒙古人，教化凶猛的满族人，直到他们不再凶猛为止。她不受影响，无法影响，一直都是她自己，而风风雨雨缓慢地将肖像和"主义"从她那红彤彤的宫墙上抹去，风暴则将她的宝座搅得不得安宁。她在政治上变得无权无势，但却领导了思想上的文艺复兴。③ 她被官僚遗弃，却成了中国的文化之都。她享有保守的名声，却将自己转变

---

① 此处作者有误，中央公园的前身是社稷坛。——译者注
② 这里的表述不太准确。孙中山出生地原名香山，因其才改名中山。——译者注
③ 有趣的是，1919年5月4日星期日发生的那场学生运动确实是在北京发起的。

为这个国家最现代的城市之一。

一个引人注目的新地标坐落于北海西岸并俯瞰这片湖水，它就是刚刚竣工的国立北平图书馆。它受到紫禁城的那些大殿的启发，是"现代北京"最精美的纪念性建筑之一，也有力地证明了中国建筑的主要特色能够多么好地适应一座公共建筑的最新要求。

这座图书馆的前身是旧的、1909年9月下诏批准兴建的京师图书馆，如今它有一个上架35万册图书的书库，此外还有一些小的特藏室，收藏来自热河行宫的档案、原先保存在内阁的宋元版书、从1900年翰林院大火中抢救出来的一部分书籍，此外还有照明条件很好的阅览室以及其他便于学者利用的设施。

然而这只是北京五大图书馆——包括一座儿童图书馆——中的一座。除此之外，还有十三个为那些不识字的民众每天举行讲座的活动中心。它们构成了旨在"传播政府希望其公民具有的常识和观念"的国家机构的一部分。①

或许是因为北京一直都是这片土地上举行最高等级的文官考试的地方，尽管近年来发生了诸多变化，它仍然保持着它作为教育中心的地位。城内有三所大学，最重要的是国立北京大学（俗称"北大"），它的创办归因于1898年的戊戌维新，因而它也是中国最古老的现代大学之一，教员中拥有像胡适博士、钢和泰男爵（Baron de Staël-Holstein）和葛利普（Grabau）教授这样的知名人物。最大但确实最晚成立的大学是国立北平大学（俗称"平大"），它包含八个之前彼此独立的学院，南京政府下令将它们合并在一起。②

---

① 参见甘博（Sidney D. Gamble）的《北京社会调查》（*Peking, A Social Survey*）第七章《教育》。
② 关于由于外国人的倡议而成立的教育机构，参见本书第二十一章。

北京还有不少小学和中学、技术学院、职业学校以及为盲人、警察、演员和工业学徒开设的特殊学校等。① 考虑到1900年以前中国实际上没有名副其实的现代学校，而且标举"科教救国"口号的"文艺复兴运动"直到1905年才真正开始，新教育体制在北京的创建作为一项伟大的成就就显得很突出，特别是在受到内战和政治动荡干扰的那些年份里。

甘博在他那本很有价值的《北京社会调查》中写道："在北京，贫穷是仅次于无知的最重要的问题。"不过就跟北京市民很多其他的实际需要一样，这个问题也正在被市政当局奋力解决。就在最近，他们开始尝试让乞丐离开街道，给他们提供足够的食物和住处。一般性的济贫工作尽管还远远谈不上充分，但已经启动了。各种各样的慈善机构——官方的和非官方的——如今在城里开设提供热饭热菜的粥厂、寒冷季节里人力车夫栖身的庇护所、孤儿院和养老院。贫民院、精神病人（一般在中国城市中并不常见）的收容所和提供免费病房的医院都表明当局对市民有一种新的责任感。尽管当下给病人和穷人提供的帮助大部分还只是一种权宜之计，并没有根除或祛除贫困与不幸的原因，但毫无疑问，随着中国的发展，随着教育的日渐普及和工业化机遇的增多，这个目标会实现的。

位于先农坛附近的一座模范监狱就是迈向疗救旧中国最糟糕的弊端之一——对待和折磨犯人种种野蛮而恶劣的方式——的充满希望的一步。一个社区服务团体，一家用于印制银行钞票的财政部印刷局，一座旨在对贫瘠的西山逐步进行绿化的农事试验场，所有这些都是现代的新事物。类似的还有一家新成立的工业

---

① 第一所盲人学校是希利尔（E. G. Hillier, Esq.）先生创办的，他本人也是盲人，并发明了一套中国布莱叶盲文。

博物馆，附有一座雇了六百名工人的工厂，制造和销售玻璃器皿、藤制品、漆制家具、毛纺、丝绸和绣品。

警察局管理的市政消防队取代了过去的私人救火团体。身着专门的蓝色制服的"清道夫"在冰雪天气在主干道上铺上灰，而在夏天则在路面上洒水以避免扬尘。这些人成双成对工作，两人提着一个大桶，用安在一根长棍顶端的柳条筐来轮流泼水。外地人总是会对这种独特的街道洒水方法感到惊奇和忍俊不禁。在川流不息的路上，这门技术运用得如此灵巧，行人很少会被淋湿。他们甚至为这些富于画意的"洒水人"正在被现代的"洒水机"取代而感到遗憾。

虽然所有这些现代的进展都值得称赞且充满趣味，对北京的未来——对中国的未来也一样——而言最大的问题是让新的标准适应中国人民的心理。过渡时期经常会犯错，"匆匆忙忙"的现代性会带来让所有事物都丧失个性的风险。钟摆在非常老和非常新的两极间摇来摆去。加速其发展而又不打破其平衡乃是中国有思想的人们已经开始着手去完成的困难而精细的任务，他们深知有一件事是确定无疑的，那就是道德与伦理必须与知识齐头并进，否则就会前功尽弃。

第四章　过去的画意

　　现代北京有趣是因为所有新开发的地方都很有趣，但这座古城最大的吸引力来自那些永远在提醒我们存在着一个比今天更奇特、更迷人的昨天的事物，这是一个没有工厂或铁路来惊扰亚洲梦一般的和平的昨天。

　　如今北京是个总充满了强烈对比的城市，即便在它还是首都的时候，它的生活也跟其建筑风格一样光怪陆离——巨大的德国式的办公楼群紧挨着皇宫的庄严轮廓。一方面，快节奏的工业活动赋予这座城市生命。另一方面，古老的皇权中心——它传统，忠心耿耿，充满画意——的政治保守主义仍然在它那些较老的街区保留着英式教堂小镇的那种和平与浪漫。对游客来说，这两个世界在过去都有——现在仍然有——不可抗拒的魅力，原因有两方面：一是因为北京逝去的过去仍然活着，二是它与这座城市不断发展的现在很奇特地纠缠在一起。电报线将世界上的新闻传送到中西文混合印制的报纸上。豪华轿车从骆驼商队边上驶过。装有镀金的象形文字的店铺招牌夹杂着那些用蹩脚而古怪的英文写的广告招牌。铁皮房顶的办公楼与漂亮的寺庙比邻而居，一位现代摄影师的公司旁边是一位制作佛教画像的手艺人的店铺。旧文明的残迹是如此地充满画意（picturesque），以至于在处于从封建的过去向民主的现在转变的社会巨变时期的今天，一位来访的旅行者很容易痛惜中世纪美好事物的消失，渴望回头去领略旧时代的多姿多彩的生活。

我们已经知道明朝人具有设计一座壮丽的都城的能力。我们仍然可以在那些宽阔的大道中发现并欣赏原初设计的对称之美。这些大道横平竖直地穿过内城,三条纵穿南北,三条横贯东西,而在交叉口上则是漂亮的木制牌楼。①

但这些规划得如此雄伟的通衢大道最初乃是泥泞的堤道(causeway),就像高卢全境里的堤道一样,它们被分成三个部分。中间被抬起的大道是现在的碎石路的前身,它用于轻型车辆的通行,两边的深沟(后来被填实)则用于较重的大车通行。这些道路由于泥土松软,未经铺砌,很快就被踩踏得千疮百孔,垃圾填满了孔洞,黑猪和流浪狗在里面寻觅食物以饱餐一顿。雨水将较低路面变成了危险的、湍急的奔流。然而中国人认为"一朝成了路,永远都是路",坚持老祖宗做的事情总没错的原则,从未尝试加以改进。出于同样的尊崇过去的错误精神,永乐皇帝设计的卓越的排水系统也一直没有改动过,直到它年久失修,只剩下今天仍有迹可寻的那些破损的涵洞。

不过在哲学的层面上,接受诸多不便之处的是一群很早以前就已经习惯于它们的民众。而在物质的层面上,甚至有钱人也谈不上什么享受,不管是居家时还是出门在外。很少有房间有冬

---

① 就像日本的鸟居〔日本神社的一种建筑,传说是连接神域与俗世的通道。鸟居形状多样,但大多数以两根支柱与一至二根横梁构成。——译者注〕一样,牌楼遍布中国。它的建筑原则源于印度"窣堵波"(stupa)〔即佛塔。——译者注〕中的"托拉纳"(toran)〔一种门,常见于印度次大陆的印度教和佛教建筑。——译者注〕,无论用的材料是木头、砖块还是石头都是一样的。高耸的柱子的数量可以是二、四或六根,依牌楼的大小和重要性而定,它们支撑起多少有些精致的小屋顶。建造牌楼的特别之处在于这个屋顶的巨大重量如何在相对轻的支撑结构上——大多数情况下它是架在一个单独的横梁上——取得平衡。牌楼并不像许多人想象的那样具有宗教意味。在古代,任何曾做过善事或好事的男人或任何拒绝再嫁的守节的寡妇,都可以有一座用来纪念他或她的牌楼,但北京街上的牌楼似乎就是为了装饰而建造的。

天取暖的条件，除了用砖做的炕以外。椅子是硬的，车轮没有弹簧。气候是严酷的。旅行者不是在多雨的伏天（最热的时节）陷进泥泞的车辙里面动弹不得，就是在刺骨的大寒天气（最冷的时节）顶着风雪蹒跚而行，要么就是在沙尘暴中摸黑往前走。春天的大风从蒙古沙漠刮来了这些沙尘暴，它们像一只脏手抹过天空的面庞，拭去了太阳的光辉。为生活所迫不得不在这种"黄风"天出门的人们用布盖上脸，他们在芥末黄的尘云中穿行时显得就像鬼一样。为了防止尘土飞扬，过去人们曾借助用水桶和长柄勺在街道上洒水的方法做过微弱的努力（现在依然如此），"但那时候装在桶里的不是干净的水而是下水道的污水"，结果只是在其他弊病之上，又加了一股令人恶心的臭味。

尽管以前的人们没有现在的人们舒服，他们还是能从某种无忧无虑的个人自由中找到安慰。没有警察局的规定来强制人们保持整洁和秩序。街道是下层阶级的起居室，他们既没有保护隐私的习惯，也不需要隐私。如果一个人发现他的商铺太拥挤，想要地方更大一点，他就会侵占人行道。房主会把他的垃圾倾倒在大门外面，只要他愿意这么做。① 小贩跟人讨价还价的时候，可能会用他的移动摊位把一条小道堵上好几个小时，却不会受到指责。

这些小贩——其中一些现在仍然还在——是老北京生活的特色之一，既是特色，也是生活的必需。在社交活动很困难、大部分妇女被关在家里的时代，家庭主妇是在家门口买东西的。只

---

① 中国政府不像过去的日本政府乃至希腊城邦国家或中世纪意大利城市的政府，对人民的习惯相对而言干预得非常少，这是一个意义重大的事实。在日本社会限制消费的制度（几乎每一个生活细节都受到法律的规定），或佛罗伦萨甚至对一个人拥有衣服的数量都做出规范的法规，和过去在习俗与便利的温和引导下的对老式中国人生活方式的那种令人愉快的宽容之间，存在着多么强烈的对比啊！

有茶、米和药不上门销售。那种家里纺不了的布,盥洗用品和小玩意儿,肉和蔬菜,所有这些东西都可以在街上买到。

大部分小贩都有特定的悦耳的叫卖声,就像伦敦的鱼贩子或巴黎的四季商人(Marchands des Quatre Saisons)一样——这些叫卖声在宁静的夜晚有时候还能听到。许多小贩用某种原始乐器的声音来通报他们的到来。刺耳的铜喇叭的奏鸣表明来的是磨刀的。剃头匠用的是某种粗糙的口簧的弹拨声。水果贩子走街串巷的时候两个铜罐叮当作响。敲锣声总是会吸引一群游手好闲之徒来观看受过训练的羊、小狗和干瘪的猴子的表演。而一听到某种打鼓的声音,所有的小孩都会在街上追着卖玩具和甜食的货郎跑,他卖的东西也就值几分钱,却永远是孩子们欢乐的源泉。

到了深夜,卖烤白薯的小贩叫卖着"赛过梨"[①],正合赌徒、抽大烟的或那些上夜班没法回家正常吃饭的人力车夫的需要。

在公共场所进行的可不仅仅是购物。马在铁匠铺门口被钉上蹄铁(甚至今天还是这样),桀骜不驯的骡子在人行道上被打药。鞋匠在任何有顾客出现的地方支起他的鞋楦。锔瓷匠会在任何地方把碟子铆起来。卖烟斗的蹲在寺院门口的阴凉处,从他肩膀上扛着的竹竿上悬挂的盒子里取出他的材料,给街坊邻居的烟斗装上新的烟斗柄。不幸的是,在这些如画的(picturesque)景象中,令人反感的事物也很常见。按摩师、屠夫和足病医生也在公共场合招揽生意,而行人则主动绕道给他们腾出地方。剃头匠在街边任何方便的地方给他们的顾客理发。麻风病患者和疯子毫无阻碍地四处游荡,赤条条地展示着他们的伤口。

---

① 老北京街头一般是卖萝卜的才叫卖"赛过梨",此处作者可能有误。——译者注

当钟楼传来宵禁的钟声①的时候，大多数人都会上床休息。并没有禁止人们天黑后出门，但在没有街灯的情况下，不得不出门的人们都带着灯笼。如果灯灭了——有时候会发生这样的事——他们就有跌到阴沟里的风险。不过在过去，在再熟悉不过的地方迷路并不算一件丢人的事。

那时候还没有警察，不过时不时有打更人——让人想起莎士比亚笔下的道格勃里（Dogberry）和他的手下②——在城里巡夜。此外，私人商户也会为政府的管理增添力量，因为以前人们靠需要集体共同承担责任的公共体系——这是一个挺古老的文明的遗迹——来生活。店主和户主用门卫来保护他们自己，也互相保护，到了晚上，城里到处能听到这些人来回巡视、敲着两根竹竿的声音，这种声音可以"告诉贼他们来了"。实际上这种声音现在已经很少听到了，它是老北京的特色，就像白兰地的香味是干邑（Cognac）的特色一样③。

由于自来水系统还没有建立起来，每个户主都是从他自家或商量好后从邻居家的含碱的苦水井取水。或者，如果他足够有钱的话，他就从推着手推车从远处采水的水贩子那里买"甜水"。④水贩子的手推车现在还在外城转来转去，发出讨厌的吱吱声。但这种刺耳的噪声在东方人的耳朵听来似乎很惬意，因为中国人

---

① 永乐皇帝曾下令铸造一口大钟，重达2.3万磅，就是它发出宵禁的钟声，而鼓楼定时发出的浑厚的鼓声则报告打更的时辰。曾用来测度子时、丑时、寅时等时辰的漏刻或水时钟给整座城市计时，但庚子之乱后消失了。大钟已不再悬挂在钟楼里，而是废弃不用，搁在楼下面的街上。
② 道格勃里是莎士比亚《无事生非》中的人物，他是一个自鸣得意的夜间巡警，手下有一批滑稽可笑的守夜警察。——译者注
③ 干邑音译为"科涅克"，是法国西南部波尔多北部的一座小镇，以生产白兰地酒闻名。——译者注
④ 一位很有名的中国官员对我透露，他从西山泉水那里买来的"甜水"，以前一个月要花掉他300美元。

就像"海伦的婴儿"一样,"喜欢听轮子转来转去"("wantsch to hear wheelsh go wound")①。

要不是灿烂的阳光和干燥的天气,北京人绝不可能在缺少卫生设施的环境中生存下来。但多亏了这些有益健康的气候条件,这座城市一直都没有怎么受到过在中国其他地方肆虐的传染病的侵害,尽管从老北京污秽的街道的外观来看,人们显然会得出不同的结论。②

这种肮脏的状况蔓延到了皇宫门口。即便是前门周围的开阔地带也无人照管,杂乱无序,到处都是垃圾。杂草从路面上崎岖不平的石板缝里钻出来,大清门的屋顶上也长出了野草。栏杆间掉落的柱子留下了缺口。有时候人们草草地堆起碎石块,用绳子把它们捆在一起放置妥当,试图以此来封上宫门。但穿过去简直太容易了,不少闲散的行人为了抄近道穿过广场都会这么做。这处理论上严格禁止任何人涉足的神圣禁地,变成了懒汉和乞丐的乐园,他们避开车辆人流,跑到这里懒洋洋地晒太阳。这典型地体现了富丽与饥饿比邻而居的旧中国传统,诗人白居易对此有这样的描写:"朱门酒肉臭,路有冻死骨。"③

北京画意(picturesqueness)的最大损失,来自帝国的消逝和满人的贫困化。在旧制度下,所有的满族男性至少在理论上都是任由皇帝调遣的士兵,无论他们是否在服役都有津贴。他们中

---

① 《海伦的婴儿》(Helen's Babies)是美国新闻记者兼作家约翰·哈伯顿(John Habberton)的一部幽默小说,初版于1876年,讲述初生儿天真、狡猾又虚伪的种种行为方式。——译者注

② 气温在104华氏度到零下20华氏度〔约合40摄氏度到零下28.9摄氏度。——译者注〕之间起伏,但北京实际上与马德里、那不勒斯和费城处于同一纬度。

③ 见阿瑟·韦利(Arthur Waley)翻译的《170首中国诗》(170 Chinese Poems)。〔原文如此,作者显然把这两句诗的作者弄错了,应为杜甫。——译者注〕

的许多人有很多办法来满足自己豪奢的品味,有些人则与朝廷有关系,享受着官职带来的威望。

老派的满大臣是一种令人印象深刻的人物。他戴着嵌有珠宝的官帽,穿着丝绸或貂皮做的长袍,绣着繁复图案的衬袍用一块精雕细刻的玉或一个金制的搭扣系在腰间,玉或搭扣上挂着刺绣的眼镜盒、象牙做的筷笼和周边饰有珍珠或钻石的珐琅怀表,显得身材高大,气宇轩昂,拥有一种按照他祖先的样子来装扮他自己的令人满意的效果。当他在往来于皇宫的路上坐着绿色的轿子——后面还跟着额外的轿夫,或坐在由披挂着红色马衣的漂亮骡子拉的封闭式北京马车里面,旁边围着大声呵斥为他们的主人开道的侍从——的时候,普通老百姓以敬畏的态度仰望着他经过,这一点也不奇怪!那一大群闲杂人等——驼背的老人和那些斜着眼睛、头上扎着向五个"基本方位"(Cardinal Directions)伸出去的小辫子的标致儿童——急急忙忙地朝着一堵墙站好或溜到一个隐蔽的门洞里望着他的仪仗经过!他那种庄严的气度乃是他沉闷生活中的一桩大事,类似伦敦的市长巡游(Lord Mayor's Show)①,让人高兴的是它会经常出现,引起的不是嫉妒而是骄傲的感情。

唉,这些满人中有许多被拔掉了他们漂亮的花翎,如今实际上陷入贫困潦倒的境地。他们无法想象自己的饷银有一天会被削减,当社会等级上的特权被取消的时候,他们没有能力在这个竞争极为激烈的国度里谋生。他们已经接受要他们鄙视工作和轻视学术的教育太长时间了,他们甚至早就放弃对他们热衷的军功的追求了,放弃了箭术和马术,这些曾经让他们成为一个强健的民

---

① 市长巡游是伦敦最著名的年度活动之一,历史相当悠久,可以追溯到16世纪。每年都会任命一位新的市长,在其就职典礼上举行公开游行。——译者注

族,并且在数百年间让他们保持活力。至于那些更高的阶层,他们犯的错误是忘记了做人和做贵族同样必要。

他们的妇女在繁华的年代,给这座灰色的古城增添了令人着迷的色调和活力。虽然只有关系密切和熟悉的观察者才能将穿着便服的满族男性与汉人区分开来,满族妇女直到今天仍有其服装和头饰——笔直的长袍,亮粉色或淡紫色的马甲,鞋跟在鞋底中间的古趣盎然的鞋,梳成高高的发髻或盘在一块覆盖着缎子的木板上的头发,这块木板翘起横贯于发髻中,两端呈突起的翼状。① 这种古怪而又——可以想象——不舒服的装扮(其中一部分往往是假的,且可以拆卸)还饰有珠带、漂亮的别针、真花或假花,有时候还带着珍珠流苏。它的主要魅力在于把头发做成某种繁复样式的方法,这种样式非常适合满族人的脸型,让扑满了粉、搽了厚厚的胭脂的面庞显得很突出,让人们想起他们自认为的源于白种人的出身。与其他东方女性的幽闭生活相比,满族妇女的天足让她们获得了一种极为引人注目的解放。她们总是出现在公共场合,在仆人的陪伴下步态高贵而端庄。她们三五成群,如同全身羽毛散发着光辉的鸟儿,在庙会上闲谈聊天。她们坐着马车或轿子进宫或觐见皇上,透过经过的车辆的窗户,经常可以瞥见她们俏丽的脸庞或光彩照人的头饰。

在过去的北京,交通工具的数量和种类是一大景观,通过轿子或马车的外观,可以准确地判断主人的官衔。君临天下的皇帝或皇后有权利坐黄色车帷的交通工具,而嫔妃则可以坐某种橙

---

① 作者这里描述的"木板"(board)应该就是满族妇女头饰中的"大扁方",它是一种长簪,一般为长方条形,长的约30—35厘米,短的约12—15厘米,宽约7厘米,贯于发髻之中。扁方有白玉、铜镀金、沉香木、玳瑁或翠玉等质料之分。参见曾慧《中国民族服饰艺术图典·满族卷》,山东文艺出版社2017年版,第99页。——译者注

色车帷的交通工具。一品和二品官员用绿色的轿子，三品和四品官员则用四名轿夫抬的蓝色轿子。级别更低的人员有时候会乘坐两名轿夫抬的轿子，远为轻便，也不那么扎眼。这种轿子设计得很巧妙，它是用比大拇指粗不了多少的竹竿搭的简单的框架结构做成的，柔韧性很强。它那灰色或铁青色的盖子有着贵格会①的色调，而不经意地从角上微微露出来的鲜亮的小点缀则使得这种色彩显得不那么阴沉单调，这些点缀包括熟黄铜装饰的球形把手或细竹编成的藤蔓花纹，它们在红色布带的背景上构成了精美的图案。随着铺砌路面的出现，轿子逐渐从城镇里面消失了，但有时候我们还可以在郊区碰到这种纤弱的小坐轿，像一座悬空的岗亭，架在两个矫健而有耐力的苦力的肩上。

现在已经很少见到的骡车曾经也相当普遍。在铁路出现之前，住在山区的人们在去往京城的路途上会用这种车。手推车也是一道常见的街景，送来乡村的农产品——成堆的红萝卜或滴着水的大白菜，它们趁着新鲜在护城河畔脏水里的市场上出售。城墙下一队骆驼——数量上过去远比现在多——缓缓地踱着方步，或许是应和着哀伤的蒙古小调，将煤驮进北京或将货物运出去。如今已无处不在的人力车夫是这座城市里较为现代的运输工具，1900年以前几乎还不为人知。过去男男女女骑行的次数要多得多，坐骑的种类也出奇地丰富。备有布做的驮鞍的驴站在街角等着拉活，就像今天西方的出租汽车一样。蒙古人有他们自己骑乘用的骆驼，除了它们的主人外，其步速完全无法忍受。满人和汉人更喜欢骑骡子。实际上在华北地区，骡子是一种出色的动物，比通常用的蒙古马好得多——一匹漂亮的骡子乃是富贵人家的奢侈品。也许经常能看到一些装扮得华丽入时的王爷身边簇

---

① 基督教新教公谊会的别称。该会强调简朴与低调。——译者注

拥着一群骑着马的家仆，骑在这种俊美动物的高高的木鞍上，鞍上布满了铜或银的饰钮，垫着丝绒的鞍褥。在城里转悠的狂热地追逐时尚的年轻人在这些坐骑上花的钱，跟我们在一匹品种优良的猎狐马上花的钱差不多。

除了所有这些运输工具外，还有很多不同种类的车。普通的载客的车——中国式的"出租汽车"——是一种双轮的交通工具，轮子很重，钉着铁钉，车身盖着蓝布，它是从大草原上原始的俄罗斯篷车（"kibitka"）演化来的。

中国式的敞篷载货车或小型公交车让人们想起意大利的某些地区仍可以看到的那种古老的交通工具。牵拉它们的是由不同动物组成的混合编队，如果"满员"的话，就是一套挽绳五匹动物，第六匹跟在后面，以备不时之需。套绳穿过松松地系在这个幸福家庭——可能包括一头牛，旁边拉着驴子、马驹和骡子——身上的铁环。车闸和缰绳都用不上。车夫和他的牲畜睡住在一起，对这一类的辅助工具嗤之以鼻。他与车并肩行走，或者坐在车身的边缘，甚至很少需要用他的长鞭，单靠他的说话声来引导和鞭策这些牲畜。他语言中拉伯雷式的滑稽幽默的隐喻如同他本人一般充满画意（picturesque）。不用说，只有中国车夫才能驾驭这种挪亚方舟式的团队，就像1860年当远征军找的当地车夫逃之大吉、联军懊恼地发现的那样。

倒霉的乘客被迫坐上这种车，颠簸着一路压着"像两条沉下去的铁轨"一般的深深的车辙走上任何一段距离，那种感觉只有坐在炮车上穿越田野的人的体验可以相比。然而其他的运输工具都没法载着他和他的货物在通向这座古老都城的糟糕道路上行驶。这些道路中的许多条都是用松散地拼在一起的石块铺成的大马路——某种中国人自己说的"十年好，万年坏"的铺砌路面（让人想起古罗马的道路）。

尽管火车和公共汽车已造成了重型货车的减少，但商队走的汇合于北京的道路某种程度上仍在继续使用。

在哈达门外，大多数车夫歇脚的客栈聚集的地方，看货物的装运和卸载会很有意思，这些货物仍然由人力和牲畜来运输。要想在任何地方找到比这些用棉布包着沾满尘土的头发、嘴里叼着长长的烟斗的"大马路"上的跟车人更脏、更高兴、看起来也更健康的一大群家伙，都是很难的事。从黎明到天黑，他们在粗犷的乡野间一路跋涉，绝没有一句怨言。当他们最终抵达城市，卸下货物，将破破烂烂的饲料袋系在他们的牲畜身上的时候，你会发现他们在附近的某个店铺享用一顿白菜和空心面条的丰盛晚餐，店铺上黄铜的新月标记说明厨师是伊斯兰教的教友。与此同时，那些选择以乘客身份加入商队的商人一哄而散（在他们因为把货物安全送到而得到一大笔买酒的赏钱之后），寻觅那些藏在沉默不语的城墙后面的私宅。

要描述北京城里那些著名的有历史意义的住宅——那些曾经过着煊赫的生活却常常以败落收场的满族、汉族或蒙古族高级官员的宅邸，整本书也不够。不过我们也许可以说一下位于北城的一处典型的房产，它属于已经去世的庆亲王，在他如日中天的时候，这座房子曾经养着一千口人。[①] 庆亲王的产业原来是和珅府邸的一半，和珅是乾隆皇帝的大学士，他的财富估计约值九亿两白银，这足以激起贪婪的嘉庆皇帝的觊觎之心。难怪！"乾隆皇帝赐给其宠臣的花园乃是当时京城巨观之一，它包含亭台共六十四处，其中某些亭台是用皇宫的黄色琉璃瓦装饰的，四角上亦有仿照宫苑样式而建的望楼，这些都毫无疑问地招致了灾祸。

[①] 在所有的东方国家，土耳其的那句谚语"只要一个人有蜜，苍蝇就会附上去"都是适用的。家族体制是社会结构的根本原则，每一个大人物都理所当然地要养活他所有的直系和旁系亲属。

他府中所藏珍宝的清单读起来好比《一千零一夜》中皇宫的陈设。数千件貂皮大衣、数十件珍珠项链、纯金屏风、玉器餐具、黄玉汤碗、珊瑚树、几百颗大红宝石、几千颗上等蓝宝石、嵌有宝石的漆制家具——这些只不过是他财富的一小部分。

"在东方的朝廷治下,富有总是一件危险的事。这乃是人们一次次以昂贵的生命为代价而习得的真理。然而,敛财的冲动通常还是要比对死亡的恐惧本身来得强烈,在这场竞赛中,经过了漫长而残酷的生存竞争,对贫穷的厌恶似乎已经累积起了不可理喻的冲动所具有的那种盲目力量。

"和珅也不是例外。在经过了反复严刑拷打,让他交代其财富的总数和隐藏的地方之后,他被以莫须有的罪名判处死刑,所有珍宝都被抄没。一贯虚伪的嘉庆皇帝下了一道谕旨,解释他惩处他父亲的宠臣的原因:'我们都知道抄没一个大臣的财产的唯一目的就是严正地警戒那些贪婪的官员……和珅财富的实际数目对我们来说完全是无关紧要的:我们只关心维护官场上诚实的原则。'① 此地无银三百两。② 从这份有趣文件的字里行间,我们能读出嘉庆皇帝完全出于怀恨在心和贪得无厌的动机而褫夺和珅的财富与权力的决心。如果皇帝要做选择,他也可以公正地来弹劾他的大臣,因为他确实是从根子里侵蚀乾隆皇帝留下来的巨额财富的祸害。"③

---

① 此处据原文直译,嘉庆皇帝谕旨的原文大致对应的段落为:"自古有籍没之例,所以惩戒贪黩,初不计多寡而事株连。"见濮兰德、白克好司著,陈冷汰等译,《清室外纪》,上海:中华书局1931年版,第105页。——译者注
② 此处原文为法文"Qui s'excuse—s'accuse",直译为"为自己辩解就是在控告自己",意为找理由辩解实际上说明心里有鬼。——译者注
③ 参见巴恪思和濮兰德合著的《北京宫廷年鉴与回忆录》(*Annals and Memoirs of the Court of Peking*)。〔该书有民国年间陈冷汰等人的中译本,题为《清室外纪》,但与原文出入较大,故此处据原文直译。——译者注〕

和珅府邸——其西半部分赐给了当时的皇室宗亲庆王家族①——的历史，已成为北京历史的一部分。②

然而行人一点也看不出它的富丽堂皇。在中国总是如此：家里越是华丽，越是要小心翼翼地把它隐藏在高墙后面。甚至当大门打开的时候，屋里的景象也会被一堵照壁挡住，照壁给隐私权提供了多一重的保障——这是东方有钱有势的人们享有的罕见的特权——并且防范了邪气的侵入。我们这里的把房子简单地看作居室和遮挡风雨的庇护所的观念对东方人来说是相当陌生的。更重要的是，对于一处宅邸，他们看重的是其院落的大小和花园的美丽程度，而非其建筑物的高大或壮丽。因此，一座上等的中国人的宅子占地面积总是很大，为其户主提供了阳光、幽静和青翠的草木。北京人极为热切地在意这些，在公园出现之前，他们会在自家的花园里度过很多时光。

因为所有的院子从外面看都差不多，只是墙的长度会长一点或短一点，所以那些小一点的街巷有一种令人迷惑的相似性，缺少显眼的地标，这让外国人在北京认路变得非常困难。超过四千八百条蜿蜒曲折的胡同遍布于整座城市。难怪当游客坐着的人力车在这个迷宫里横冲直撞的时候，他迎面而生的第一种感想就是困惑和迷茫。③

---

① 即嘉庆皇帝的胞弟永璘。——译者注
② 在命运的捉弄下，著名的庆亲王恢复了这座宅邸的荣华，他在慈禧统治时期扮演了非常重要的角色，并且通过和珅为之丧命的同样臭名昭著的腐败行径而建立起了他的财富。〔此处作者说的"庆亲王"似乎应是"恭亲王"，嘉庆时期的庆亲王府后来成为恭亲王奕䜣的府邸，但奕䜣并没有腐败的恶名，作者或是将其与清末的庆亲王奕劻弄混了。——译者注〕
③ 说起来也奇怪，"胡同"这个词不是汉语的称呼，而是一个源于元朝的蒙古语的名称。"胡同"的"胡"字是古代指称蒙古人的说法，"同"指的是通道（换句话说，即蒙古的大道），不过中国人很可能是用汉语来转写蒙古语中 Wu t'rh 一词。见阿灵顿（L. C. Arlington）《北京指南》(*Guide to Peking*) 一书中【接下页】

对于这个显然并未经过设计或事先规划而造成的中国难题，似乎并没有解决之道。不过如果你记住那些彼此垂直相交的主干道，北京就不再是一个看上去一团乱麻的地方了。然后让你自己对指南针上的方位——所有的中国人都会依照这些方位来回答有关方向的询问——熟悉起来，你会对自己找到路的迅速程度感到惊讶。不过，置身于曲里拐弯的"鸡爪胡同"或"干鱼胡同"，要想在脑子里清晰地分辨东南西北，一开始可并不容易。

民国成立以来，许多旧的有历史意义的胡同名称都改掉了，目的是消除对前朝的记忆，对那些对历史感兴趣和热爱充满画意的事物的人们来说，这是一桩憾事。于是锅腔胡同被改为国强胡同，王八盖胡同被改为万宝盖胡同；而两条臭皮胡同，东城的那条改为寿比胡同（源自古语"寿比南山"），西城的那条改为受璧胡同。①

不过仍有一些较小的胡同保留了它们原来的名字，让我们想起与它们联系在一起的旧事物。在东厂胡同，穷奢极欲的太监魏忠贤②图谋不轨；在丞相胡同，残忍的恶棍、明朝六大奸臣之首的儿子严世蕃死于饥饿，尽管他仍富有家财③。在严嵩的家产被抄没之后，"只给他留下了一只用来沿街乞讨的银碗"——显然

【接上页】《北平的胡同》（"The Hutungs of Peiping"）一文，发表于《领导者》（*Leader*）杂志；又见燕瑞博（Robert W. Swallow）《北京生活侧影》（*Sidelights on Peking Life*）一书中《胡同及其居民》（"The Hutung and Its Habitants"）一章。〔语言学家张清常指出，汉语"胡同"一词始见于元代，很可能借自蒙古语的"水井"（xuttuk），见《胡同及其他——社会语言学的探索》，北京语言学院出版社1990年版，第16—17页。——译者注〕

① 关于对这些胡同名称以及其他一些古怪的街巷名称的更详细解释，参见阿灵顿的《北平的胡同》一文。〔作者举的这几个例子，其实更多是出于对原有较粗俗的胡同名称加以雅化的考虑，而非为了"消除对前朝的记忆"。另可参考现代作家朱湘写的《胡同》一文。——译者注〕

② 参见本书第十五章。

③ 此说不确，严世蕃是因罪被判处斩首，家产全部抄没充公。——译者注

是沿着那条银碗胡同来来回回。然而老百姓对这位腐败的大官是如此痛恨,以至于没有人愿意施舍给他任何东西或者买下他最后的这个宝贝。

交通不便——特别是在过去——增加了外地人找路的难度,经常使得他不得不绕远道。在街角受冻的穷苦乞丐,被压得直不起腰的搬家具的工人,把猪和羊赶到屠宰场的牲畜贩子,在路中间打盹的懒汉,所有这些都迫使行人绕来绕去才能抵达目的地。婚庆或葬礼的长长的队伍是胡同里交通最严重的阻碍,经常会一下子让胡同彻底堵上好几个小时。

这样的阵仗现在还能看到——它们是街道里留下来的最后一抹亮色。在算命先生选定的某些"吉利"的日子①,它们会频繁地陆续登场。

我们西方人很早以前就简化了我们的仪式。但大部分固守旧式传统习俗的中国人并非如此,尽管新的政府下令要求未来"红白喜事""应该按照经济、简朴和合宜的原则来操办"。

不过,"年轻一族"中的某些人——特别是那些从欧美回来的留学生——结婚的时候,与传统的习俗分道扬镳了。在公共的会堂或朋友家里举办的短短的婚礼取代了在婚房中"合卺酒"的礼俗。不拜天地,也不祈求床神的保佑。现代的新娘不会在婚礼后羞涩地坐在自己的房间里让宾客用粗鲁的笑话来"闹洞房",而是穿着半中式的浅色礼服(不是白色的,因为白色有哀悼的意味),与她的穿着长礼服的新郎一起坐在环绕着纸花的敞篷四轮

---

① 中国人遵循算命先生和星相师的建议来安排他们的日常活动,无论是在乡野还是朝廷里,这些预言家在塑造中国人的命运上都一直起着至关重要的作用。当大权独揽的袁世凯想要把他的女儿嫁给逊帝宣统,以此来巩固他的地位的时候,算命先生发现两位年轻人的生辰八字不合。袁世凯不敢再坚持,放弃了这桩联姻。

马车里，前往她的新家。在离开喜筵前，年轻的夫妇甚至会一起合影，新郎拘谨地坐着，双手置于膝盖上，新娘则僵硬地站在他的身边，两个人看上去都很窘迫，为自己感到难为情。

"太新潮了，太新潮了。"老太太们向她们的女主人——两位亲家母——告别时，嘴里嘟哝着。她们有一点吃惊，下定决心，等她们的女儿出嫁时仍然用旧式的好办法，有印着"龙凤"图案的婚书，还有红椅子。

尽管老式的婚礼可能更花钱，但如果省吃俭用就是为了在邻居面前出出风头，谁会在意这点钱呢？除此之外，宾客出的份子钱也可以用来支付婚宴的开销。最大的支出是嫁妆，它必须放在没有盖子的托盘或桌子上从街上一路运来，好让所有人都能看见——包括至少够穿一年的衣服和绣着"百子"（象征多子）图案的棉被。

于是在大喜的日子，新娘坐的红色的轿子后面跟着"送亲太太"坐的绿色轿子，向新郎家进发，一路上陪着的有打着灯笼和执事的伙计、一对鹅（婚姻幸福的象征）和吹鼓手等等。当我们看着坐在封得严严实实的"花轿"里既看不见别人、别人也看不见她的新娘经过的时候，我们不禁想知道这位正两眼一抹黑地去往一个她可能从来没看上一眼的男人的家里的年轻姑娘有何感触。这里面没有我们所理解的"爱"。对于一个必须遵从父母和亲戚的心意的良家少女来说，爱是被禁止享有的奢侈品。个人的欲望不仅会给个体带来不幸，还会动摇家族制度的根基。因此，即便它们存在，也绝不能考虑。

虽然旧式婚礼是重要而花销很大的仪式，葬礼的重要性和花销是其十倍还不止，因为要在葬礼上省钱或想着举办新式葬礼——除了一些细枝末节之外——说明缺少孝心（这是一件很可悲的事），意味着在社会里"丢脸"。中国人的婚礼和葬礼的队伍有一种奇特的相似性——在我们看来这非常奇怪——以至于在红色的轿子或灵柩进入视野之前,我们很容易把两者弄混。同样的衣衫褴褛的伙计打着旗子和执事,同样一群吹鼓手从像花园里用的庞大的唧筒那样的镀金乐器里吹出哀伤的曲子。同样一群敲着又黄又圆如同满月的锣的人们,只要手中的鼓棒敲击那薄薄的震颤着的锣面,就会发出长长的哀号不平的声音。

不过相似处也就到此为止了。长达数英里的队伍里没有成桌的礼物,取而代之的是一顶空轿子(像是前往西天的无人驾驭的战马),成群的僧人,一块白布做的附有逝者画像的牌位,用常绿植物做的狮子和凤凰,亲戚友人送的挽联,纸扎的用人塑像以及车、马和书的模型,实际上所有逝者生前用的东西都有纸扎的模型,要把它们在坟前烧掉。① 根据民间流传的信仰,死者必须带上所有路上和阴间要用的东西,要做到这一点唯一的办法就是把他们的生活必需品做成纸扎的模型。它们被付之一炬的时候,就会化成烟跟随他们上路。②

送葬者身着麻衣,在一顶仆从们撑起的麻布篷盖下面一路跟跟跄跄地走着,他们立刻走到棺材前面。跟队伍里的其他人一样,他们听从一位正式的司仪的指挥,这位司仪时不时地示意音乐停下来和哀哭开始。他说"先生们,举哀",一阵悲伤的呜咽划破天际;他说"先生们,礼毕",哭泣声就停止了。

灵柩本身是一个巨大的木制框架,上面垂着俗艳的红色缎绣。但下面藏着的棺材是用普通的木头和漆制成的,远比"我们

---

① 毫无疑问,这是古代"生祭"仪式的残留,类似汉唐墓穴里发现的陶俑和陶器。
② 最近,在一位进步人士的葬礼上,这项旧习俗呈现了荒唐的面貌。在带来烧的东西里面,有这位老绅士生前酷爱喝的啤酒的瓶子的仿制品。此外还有某些这里叫不上名字的病房用具的复制品。

棺材那种令人厌恶的短小"①要庄严和得体得多。由于其巨大的重量，抬棺材的人总是相当多。对于皇室的葬礼来说，有可能需要一百多人。不过12人、24人、40人或96人也很常见。这些抬棺人本是穿着破烂肮脏的绿袍子、戴着破旧的帽子的脏兮兮的乞丐（衣帽都是为这种场合而借给他们的），但这并没有减弱当地人对这一列送葬队伍的深刻印象，所有人都兴高采烈，蓬头散发，一副十足的中国人的派头。这些苦力由承办人指定的一位领班负责。他走在他们前面，通过敲打两根木棍来示意把抬着的重木杠从一个肩膀换到另一个肩膀上。他的两个助手把纸钱抛到空中，这些纸钱作为"买路钱"，是用来讨好有可能阻碍黄泉之路的邪灵的贿赂。

在帝国统治下，达官贵人的出殡是一件耗费数十万元的奢华之举。一位大人物生前作为如何对他的道德地位很重要，但他的家庭如何安葬他则会树立或污损家族的名望。当一位高官进入暮年，他的儿子和孙子们应该为他准备一口价格不菲的棺材、精心制作的寿衣以及一套用来放置在他遗体上的玉器饰品②——把它们塞住鼻孔，封进耳朵，放在嘴唇上，把寿袍固定住。然而所有这些奢侈品与家族在实际葬礼上耗费的钱财相比都不值一提，因为要扶着棺材前往遥远的祖坟，葬礼可能会持续数日之久。

新的国民政府似乎对这种浪费感到震惊。于是礼仪和民族服

---

① 该语出自美国作家豪威尔斯（William Dean Howells）的游记《托斯卡纳的城市》，见 *Tuscan Cities* (Boston and New York: Houghton, Mifflin and Company, 1884), p.113.——译者注
② 人们认为玉有保护遗体，使其免于腐坏的特殊品质，我们知道早在周朝，玉制的护身符就会随葬。库寿龄（Couling）说——参见《中国百科全书》(*The Encyclopaedia Sinica*)——汉朝的一具尸体的舌头上放着一件蝉形的护身符，蝉是复活的象征，而眼睛上放的物品则是鱼形，鱼是警觉的象征。

装委员会①在一次会议上决定:"未来葬礼必须更加民主化。"过去那种如画般(picturesque)的礼仪已经被禁止,北京殡葬同业公会受到警告,要他们放弃俗艳的行头,正如整个民族都受到警告,要求在选择民族服装的时候必须强调简单、优美、便利、卫生和经济的原则。

无论我们可能是多么好的民国国民,无论我们多么赞赏"现代北京",我们都必须承认——伤心地承认——我们在很多方面都对过去的画意(picturesqueness)的消逝感到惋惜。缺少了宫廷的刺激和奢华,生活——死亡也是——正变得越来越单调乏味。唉,进步必定与丑陋携手并进!非得如此吗?北京跟中国一样,站在"新旧交汇"的十字路口。某一天——当过渡时期结束的时候——把最好的中国传统与现代文明的必要改进结合起来难道不可能吗?可不可以在新的红砖营房不用取代几百年的灰砖城墙,庸俗的半洋式的服装不用取代优雅的绸衣,畅销的事实不用取代诗意的传说,刺耳的爵士乐不用取代古雅有趣的细碎曲调的和声的情况下,让这种变化发生呢?

与此同时,北京——这座真正的皇家之城——给人留下了富于耐心和具有哲学气质的印象,接受她必须接受的,但仍尽可能地固守她的美丽。

---

① 此处当指国民政府内政部的礼俗司。——译者注

第五章　紫禁城

位于北京城中心的紫禁城①像是由三重城墙的外壳包起来的果仁，它是这座古都迄今为止最为精美的景观，无论是从艺术的角度还是历史的角度都可以这么说，它也是一座住满了消逝了的皇帝们的皇家幽灵的可爱的鬼城。它的名字是多么地富有诗意啊——一座由专供天子居住的宫殿组成的紫禁城！君主隐身于远离庞大帝国的民众的秘密之地，而民众对他的深深的崇敬使得他们欣然接受他的隐居，这样的观念是多么庄严啊！在他手握的巨大的精神和现世权力中，在他的神圣世系的传统中，在他的职位所享有的极其古老的尊严中，包含着多么高贵的理想啊！

因此，看到这些神一般的皇帝的家，就看到了某种比一群壮观的建筑要重要得多的事物，即使这些建筑矗立在跟一千年来历代君主的住所相同——或几乎相同——的位置上。但连续性对于那种将北京的宫殿与一个完美的统一体联结起来的深刻的象征

---

①　虽然外国人用"禁城"（Forbidden City）这个称谓，但中国人自己却很少用这个词。他们通常称皇室的区域为"专属之城"（Reserved City），或者用像"神圣之城"（Sacred City）〔中国典籍中对紫禁城并无类似的称呼，此处据原文直译。——译者注〕或"紫禁城"这样具有文学和象征意味的名称。"紫"指紫罗兰的那种紫色或深红色，但在这里却并非像人们通常以为的那样指其带有雉堞的宫墙的颜色，而是来自指涉北极星的文学典故，中国天文学家相信北极星是天上世界的中心，就像皇宫是地上世界的中心一样。微席叶（Vissière）说："这个类比可追溯到公元前几百年的时代，当时北极星（中国人称之为紫微星）被认为是与上帝（至高无上的存在）相关的有灵性的天体，而上帝在地上的代理人就是中国的皇帝。"

主义也起到了作用，这种统一体"基于中国文明及其独特的王权观念的基本原则——统治者在他个人身上结合了天、地和人的权力，以及源于造物主的属性"。

然而，直到明朝，紫禁城才显现出与其今天的外观或比例相仿的面貌，更早的宫殿"散布于尘土飞扬、凌乱而荒凉的空间中，并为这些空间所包围"。是永乐皇帝——北京的保护者——建造了我们今天所看到的紫禁城，以一种从未有人见识过的庄严雄伟，表达了最高权威的旧观念。更重要的是，他要求建筑师按照固定的原则来兴建，在这些原则里，天文和风水方面的考虑最为重要。他们要去寻求"与宇宙的和谐，遵守空间和方位的法则"。因而所有重要的外朝大殿都朝南，它们的颜色象征了基本的元素，甚至通向它们的台阶也符合神圣的数字。完工以后，永乐皇帝的宫城将数学和审美令人惊叹地结合了起来，为此这位天才的皇帝建筑家又设计了合适的景观。他扩大了湖面，堆起了假山，开凿了运河，布置了能让他想起他的出生地——葱翠的南方——的园林。

当满人掌握了皇室权力，他们很明智地没有怎么尝试去改变他们无法改进的事物，只是依原样重建了被大火烧毁的殿堂和宫门，给宫殿的屋顶添加了黄色的琉璃瓦，因为黄色不仅是代表清朝的颜色，还是土地的象征，因此按照他们的理念，用黄色来覆盖"社稷之主"的住所是很合适的。①

第一次参观紫禁城的外国人会感到震惊而不知所措。他一点也弄不清头绪，什么也理解不了。他几乎没有关于中国历史和伦理背景的知识来让自己对期待看到什么有所了解，于是便乐于从

---

① 此处表述似有误，黄色作为皇室专用的色彩并非始自清代，至少从唐代就开始了。明代兴建紫禁城的时候，宫殿就覆有黄色琉璃瓦，并非到了清代才添加。——译者注

西方人所理解的"宫殿"这个词的意义上来观看它，把它理解为一座很大的建筑物，或许附有若干从属建筑，类似于枫丹白露或温莎城堡那样。但实际上他走进的是一座城市套着一座城市的迷宫，他被引导着来来回回穿过街巷的网络，来到外朝大殿或生活区的建筑群，每一组建筑都分别由墙围起来，给人一种一个套一个地组成的一套方盒的印象。

他感到疑惑不解的是，为什么所有的建筑都如此相像，为什么要有这么多这样的建筑，为什么它们被如此仔细地彼此区分开来。一些有关中国人心理的知识为这些问题提供了答案，并帮助我们对紫禁城有一个整体上的理解。

我们首先来把君主和他的宫廷——包括与外面的世界完全隔绝的好几千人——所需要的复杂的生活系统加以视觉化：用来举行国家仪式和礼制活动的外朝大殿、用于居住的宫殿、戏院、寺庙、图书馆、仓库和附属建筑。如果这些建筑通常多多少少都彼此相似——都是同一个原型的大一点或小一点的版本——那是因为中国人追求的是和谐而不是多样性。他们发展出一种适合他们的需要并与他们的风景相融合的建筑形态（从帐篷演变而来），然后他们就固守这一形态而不再尝试做进一步的试验。

至于给每一组宫殿都加上各自围墙的习惯，毫无疑问这么做有如下理由：一旦发生内部叛乱确保双重的防护作用，强调包裹在君主身上的那种神圣不可侵犯、超然于臣民之外的氛围。东方人非常清楚，在熟悉滋生轻蔑的地方，隔绝就会赢得尊重。

简单地打量一下紫禁城的布局就会发现，它很明显是按照指南针上的方位来精心规划的一个长方形轮廓的闭合区域，正门朝南，因为皇帝进出的地方必须与"吉利"的星相运势相一致。紫禁城周围环绕以七米高的外墙，它一度涂的是庞贝古城式的红色，但在岁月和风雨的作用下，褪成了一种柔和的灰粉色，玫瑰灰的那种可爱色调。外墙辟有四座门：南边的午门、西边的西华门、东边的东华门以及北边的神武门。

从中华门或大清门（对着内城的前门）直着通向午门的长长的石头铺砌的大路，构成了前往巍峨的外朝大殿的一条壮观的通道。这座封闭了数百年（君主和递送国书的外国使节才能通行）的大清门（后改为中华门）如今已向公众开放，人们可以直接穿过它到达两侧各有一座精雕细刻的大理石柱①的天安门，这两座石柱据说起源于原始部落的图腾柱。②

穿过天安门黑暗的门洞，同一条道路像一支指向皇权心脏的箭，笔直地通向壮观的午门。请注意大理石做的日晷和位于其阴影部分的嘉量。两者都是重要的象征物。前者是圆的，代表皇家德行的完满，其寓意取自不分贫富一律普照的阳光。后者是方的，代表君主不偏不倚地向所有人充分施以正义和仁慈。③

作为举行仪式的主要宫门，午门本身——连同其巨大的墩台、巍峨的城楼和在重要场合才缓慢而庄严地打开的重重的木门——就是一座气势逼人的建筑。在过去，中央的拱门是专门留给皇帝在他坐着炫目的金轿离开皇宫前往天坛、地坛等坛庙祭

---

① 即华表。——译者注
② 在古代的美索不达米亚和小亚细亚的赫梯人文化中也有类似的矗立在王宫前面的柱子，但它们是用木头做的，上面插着牛角。在一些中国的乡村，在寺庙或衙门外面还能看到跟它们差不多的柱子。另外一种解释说，这些大理石柱是"诽谤木的遗存，它是贤明的尧帝设立的，由尧帝和其继承者放置于宫门口，目的是让任何人都可以在上面就统治者的行为写下意见，或对政府的改进提出建议"。〔此处引文出自 Florence Wheelock Ayscough, "Notes on the Symbolism of the Purple Forbidden City", *Journal of the North-China Branch of the Royal Asiatic Society* 52 (1921): 64.——译者注〕
③ 此处作者的解释较为生硬。通常的理解是，日晷是古代的计时器，表示皇帝遵循天时，敬天法祖，以礼统治天下；嘉量是古代的量器，表示皇帝以统一的度量标准来治理国家，保障国家财政收入的稳定。两者均象征着皇权的合法性。——译者注

拜的时候使用的。

按照远古的东方习俗——一种可追溯到公元前 3000 年以前迦勒底人的乌尔城（Ur of the Chaldees）时代的习俗，"最高法官坐在他的门口给出判决"。因而，发现午门的城台曾被用来举行壮观的典礼并不令人感到惊讶。中国的君王坐在午门高高的城台上，迎接他的军队凯旋，以盛大的仪式给诸侯和使节赏赐礼物，并在新年当天为整个帝国颁布日历。①

午门后面是一块很大的开阔空间，金水河流经此地，这条改造成运河的河流在大理石栏杆间蜿蜒流淌，风景如画（picturesquely）。上面有五座桥②通往太和门，太和门是一座由涂着红漆的柱子支撑的巨大的开放式门廊，1644 年清朝入关后第一位君主顺治皇帝的登基大典就在这里举行。

这座门直接通向一个无比广阔的石头铺砌的庭院，这是紫禁城中最为壮观的风景之一。它那庄严雄伟的尺度，坐落于高高的大理石台基上的、在灿烂的阳光——上天给华北最珍贵的礼物——下闪闪发光的周围建筑的富丽堂皇，以及与建筑形成强烈对比的大块的投影，都壮丽得难以言表。

隔着广场正对着太和门的是曾经举办过许多有历史意义的盛大活动的太和殿（民国成立后改名为"礼堂"）③，这是一座高 110 英尺、长 200 英尺、宽 100 英尺的雄伟建筑。

这座光辉灿烂的大殿有着如同闪亮的头盔般的金色屋顶、彩

---

① 午门上中间的那座城楼现在被辟为一所历史博物馆。
② 五和九一样都是中国的神圣数字。因而这里是五座桥，午门有五个门洞，等等。
③ 作者的说法不够准确。袁世凯称帝期间，曾将太和殿内高悬的乾隆皇帝题写的"建极绥猷"横匾拆除，换上写有"礼堂"二字的牌匾，太和殿则一时改称为"承运殿"。张勋复辟时又改了过来。参见王镜轮《走进紫禁城》，新世界出版社 2002 年版，第 17 页。——译者注

绘的屋檐和精雕细刻的门廊,它代表了紫禁城最为壮丽的一面。作为最宏大和最精美的宫殿建筑,它曾经是帝国礼制生活的正式中心,它被看得如此神圣,以至于任何女人——哪怕是有权有势的慈禧太后——都不敢踏足其中。

太和殿是一枚从未被超越也不可能被超越的闪闪发光的珠宝,它耸立在高高的大理石台基上,这些台基有一个诗意的名称叫作"龙墀"。五层精雕细刻的台阶一级一级地通向这座平台,平台上摆放着铜鎏金的水缸和香炉,还陈设着象征日晷和嘉量的复制品。每一个观念都是高度形式化的,每一个细节都受到禁止奢侈浪费的法令的约束。甚至大理石栏杆的柱子数量也遵循神圣的数字。

最后,为了强调一座只用于重大仪式活动——登基、皇帝生日或新年朝贺——的宫殿的高贵和庄严华丽,建筑师设计了太和殿的重檐结构,并在中间引入了一个内部的穹顶或"灯笼式"结构,从内部来看它是一个能最有效地增加高度的装置,但从外面却看不出来。系着链子的金钩(应该是用作避雷针)装饰着屋脊。橙黄色的琉璃瓦用砂浆固定,这种砂浆混合着一种精巧的毒药,防止风吹来的种子在其中生根发芽,那些装饰檐角的古怪的动物形象做得也很漂亮。①

---

① 宫殿屋顶上放置的这些神秘动物据说是周朝(公元前1122—前256年)的潘王的随从,潘王是一位非常残暴的君主,以至于人民判处他在他自己王宫的屋顶上被太阳晒死。完整的队列包括骑着仙鸡的潘王、龙、凤、狮子、天马(神的信使)、海马、鱼、长发狮子、独角兽、母牛和猴子。〔这里表述有误。周朝并无谥号为"潘王"(Min Wang)的君主。作者说的应该是战国时的齐湣王,传说他因昏庸无道,被人绑在旗杆上,在酷暑天气连续晒了三天,气绝而亡。见《日晒湣王》,卢正佳、缪力主编《中国民间故事精品库·人物传说卷》,中国文联出版社1999年版,第59页。又传说齐湣王被燕将乐毅打败,仓皇出逃,来到一条大河边,走投无路,眼看追兵将至,突然一只凤凰飞到眼前,齐湣王急忙骑上凤凰,渡过大河,逢凶化吉。古人由此在皇宫建筑戗脊顶端安置"仙人骑凤"的形象,取其吉利的寓意。参见杜昕著《北京琉璃烧制》,【接下页】

请好好留意一大片屋顶线条中那种细微的波纹形状,尽管从远处看来,这些线条完全是笔直端方的。这种偏差并不是偶然疏忽,而是特意加进来起到悦目的效果,同时又不会减损原初设计的纯粹性。

在太和殿①后面的"龙墀"上矗立着两座较次一级的外朝大殿:中和殿和保和殿,它们那冠冕堂皇的名字是所有宫殿建筑的典型特征。皇帝过去会在中和殿——一座顶上有一个镀金圆顶的方形建筑——检阅包着黄布的农具,这些农具是为他每年春天在先农坛举行"亲耕仪式"而准备的。而每年秋天,他会在中和殿祈祷他作为"第一号农夫"的耕作带来丰收。

保和殿是合称为"三大殿"的三座壮观的外朝大殿中的第三座和最后一座,它以前用于接见藩王、使节和求取最高功名的学子,这种功名曾经是整个帝国范围内取得官职的关键所在。

站在这些壮丽的建筑面前,回顾它们所代表的一切,人们不禁感到当中国突然成为一个共和国时,一个完整的文明破碎了。一旦帝国崩溃,向国会负责的总统就在神圣的太和殿中接受应该托付天命的天子的位置。②曾在这些宫墙内如此隆重庆祝的依阴历而定的旧的中国新年被嗤之以鼻,科举考试也遭到了废除,因

――――――

〔接上页〕北京美术摄影出版社2015年,第112页。故作者文中所谓"骑着仙鸡的潜王"的应为"骑凤仙人",后面所列的神兽名称亦不准确,骑凤仙人身后,依次是龙、凤、狮子、天马、海马、押鱼、狻猊、獬豸、斗牛和行什。——译者注〕这些神兽是不是对原来放在帐篷顶上的用来让其在风中保持稳定的重物加以幻化改编而成,已经不可能调查清楚了。我们也没有办法弄明白为何它们会跟潜王这样的坏蛋放在一起,为何他或者它们会被看作建筑的保护神,抑或为何这些形象的数目必须总是奇数——不少于三个,不多于十一个。
① "殿"是用来指称"第一级的宫殿"——通常为外朝大殿——的名称。"宫"是一组附有用作住处的附属建筑的宫殿建筑。"堂"是一种小的厅堂,"亭"是开放式的亭子。某些"第二级的宫殿"——往往是两层——称为"阁"。
② 1913年,正是在这座建筑中,外国代表正式承认袁世凯为中华民国总统。在17世纪和18世纪,外国使节有时候也在三大殿里被接见。

为没有人再需要通过准备考试来谋取官职。但在君主制绵延不绝的时代，紫禁城内所有的道路都通向三大殿，就像在古代的欧洲，条条大路通罗马一样。

然而，满汉官员并不允许通过大清门来觐见皇帝。这座门是皇帝本人专用的。大臣们要么从东华门要么从西华门进宫，东西这两座门都通向午门后面的花园地带。在一片兵士不如学者受尊重的土地上，文官比他们的武官同僚地位更高，因而他们使用东门——东方是更尊贵的方位，靠近官员们在里面等着上朝的文华殿。如今该殿构成了故宫博物院的一部分，它的三座厅堂用于一个有趣的中国历代画作的展览。

在西华门附近，有一座对应的宫殿武英殿，陆军和海军军官曾在那里依次接受皇帝的召见，如今这里收藏着以前存于奉天和热河行宫的青铜器和瓷器等文物。这批藏品中的珍宝是瓷器，尤其是单色的瓷器，它们是那个令康熙、雍正和乾隆三个年号闻名遐迩的灿烂的艺术复兴时代的杰作。彩虹中的每一种颜色都通过诸多细腻的色调得到了成功的复原——银白，青白，象牙白；阳光般的亮黄，秋天落叶般的冷金色；一百种青色，绿松石的青色，月光的青色，捉摸不定的"雨过天青"色；葡萄紫；古冰那种布满裂痕的绿色；具有金属色泽的茶色，葱绿和山茶绿，如眼眸般泛着光泽的黑色；桃花的粉色，以及各种各样的鲜艳的红色——这些色调中国人在六百年前就已经做到极致，但还没有人能够模仿。

除了这些珍宝以外，我们还发现一组漂亮的物件正在陈列，它们让人想起中国曾经拥有过的皇室赞助所滋养的那种华丽和精致的生活：青铜马车的配饰[①]、金制的马靴、精雕细刻的马镫、

[①] 早在公元前，中国人就举办了马车比赛，并且沉溺于包括马球在内的所有的马术运动。

精心编织的鞍褥、柄和鞘上装饰着珍贵宝石的弧形短弯刀、挂满了象牙和珊瑚垂饰的皇位上的缎垫和织锦的礼袍。所有这些以精美绝伦的技艺制造出来的、每一件饰物都激发着想象力的标志物,在对尘世间辉煌的展现中,印证了威严与权力,印证了它们与高贵和优美人性的密切关联,印证了昂扬的思想与妙不可言的乐趣,以及君临天下的体验和强有力的情感。确实,这种来自过去岁月的奢华令像我们这样习惯于便装短上衣和软领的现代人为之目眩神迷,我们不禁惊叹——就像龚古尔(Edmond de Goncourt)在凡尔赛宫面前惊叹的那样——"这样的艺术品如今被托付给博物馆的冰冷坟墓,任由愚蠢的路人匆匆一瞥,是多么可惜啊!"

盯着这些很久以前人们生活中的私人物品看,简直要让人觉得是缺乏品味的表现了。不过好奇心不懂得什么叫尊重,而当我们不情愿地离开这座博物馆的时候,我们甚至还要窥探一下旁边的那座小建筑——乾隆为了取悦那位"异域妃子"而下令修建的土耳其浴室(Hammam bath house)。同样是为了这位喜怒无常的宠妃,神魂颠倒的皇帝建造了曾经矗立在新华门对面的清真寺。①

紫禁城的第四座门神武门正对着煤山②。这是皇室家庭生活所有必需品进出的真正的"家门"。它以前是专供皇后和宫女使

---

① 参见本书第七章。〔作者这里所说的"异域妃子"显然是指香妃,所谓"土耳其浴室"当指宝月楼。传说此楼为乾隆皇帝为香妃而建,为一座伊斯兰式建筑,内中一切陈设包括浴池、壁砖、衣镜等都仿照西域样式。然而今天已有学者通过考证指出,宝月楼建于香妃入宫之前,也并非伊斯兰式建筑,所谓"乾隆为博香妃的欢心而建造宝月楼的说法,纯属无中生有",参见刘桂林《乾隆与宝月楼》,载冯伯群、屈春海主编《清宫档案探秘》,华中科技大学出版社 2018 年版,第 128 页。——译者注〕

② 即景山。——译者注

用的，就像午门专供皇帝使用一样。不幸的是，虽然神武门听起来响亮豪壮的名字让人联想起胜利，它却两次成为见证灾难和失败的场所：一次是在1900年，光绪皇帝和他的姨母慈禧太后假扮农民，匆忙而狼狈地从这里逃走；还有一次是在1924年11月5日的凌晨，"小皇帝宣统"在黑暗中穿过它那半开的嵌着金制门钉的门，将他的灿烂辉煌的皇室家业留在了身后。

造化经常喜欢捉弄人。今天是一个售票员坐在神武门里，让游客走进如今作为故宫博物院向公众开放的紫禁城的内廷部分（与午门后的国立历史博物馆恰形成对照）。

"逊帝被迫离开故宫后，摄政内阁立刻……组织一委员会保管清室财产……鉴于当前的混乱局势，委员会决定临时封闭内廷所有重要建筑。此项工作会同内阁官员、京畿警备司令、京师警察厅长和清室近支成员完成。此后开始点查宫中物品……至1925年末，中路和西路已全部造册，各宫物品清单独立成册，并以书籍形式出版……同时委员会——一非政治和非党派之组织——收到无数向公众开放禁地之请求……该工作已逐步完成，随清查工作之进行，各厅堂正陆续开放。"①进一步扩展博物院的计划已在拟订，当时间和经费允许的时候，这些计划将会把整座紫禁城变成一个独一无二的美与文化的宝库。

目前出于方便的考虑，同时也因为内廷②作为一个整体也太大了，不可能一次性看完，它被分成东、西、中三路，一周内分别开放数天——这是一个非常好的制度，它自动打消了太过匆忙的游客想要一口气吞下整个紫禁城的念头。

故宫的西路对一般游客来说也许是最有兴味的，因为它与末

---

① 摘引自故宫博物院理事会发行的手册。
② 内廷构成了真正的"大内"，涵盖从北边的神武门一直到南边的乾清门的区域。

代皇帝宣统——即我们熟悉的"小皇帝"——有关。

靠近入口的西花园曾被他用作一个游乐场，那时候他作为一个闷闷不乐的小家伙，被放到摇摇欲坠的皇位上。对"迷了魂"的人——中国人这么称呼迷信的人们——来说，被一场大火将原先封闭场地上的建筑物全部烧毁后留下来的这块光秃秃的空地似乎很不吉利。更重要的是，它毗邻因其蓝色琉璃瓦顶而与众不同的"哀宫"，蓝色和白色一样，都是中国人表示哀悼的颜色。这里是他的曾蒙受丧亲之痛的祖先守孝时居住的地方，在过去，守孝就意味着放弃国家事务，在棺材前垂首哀哭二十七个月，不剃须也不洗沐，每天日出和日落之间要在逝者的灵前供奉饮食五次。①

再往北就是乾隆皇帝出生和幼年生活的宫殿②。奇怪的是，在这座紫禁城中，生与死的模式如此紧密地交织在一起，光线与黑暗如此地混杂在一起，棺椁与皇位又如此地比邻而居！同样奇怪的是，无足轻重的小建筑又是如此牢牢地附着在那些——不妨说是——辉煌的宫殿上，而且经常在历史事件中扮演一个重要的角色！

壮观的慈宁宫——紫禁城中最古老的建筑之一——就是一个恰当的例子。巨大的中央厅堂曾被虔诚的慈安太后改为一座佛教寺庙，她与雄心勃勃的慈禧同为太后，有谣言称，这位慈祥的

---

① 这里所说的"哀宫"（Mourning Palace）当指建福宫，建于乾隆五年（1740年），是乾隆皇帝预备为皇太后守孝时居住的地方。参见茹竞华《建福宫与延寿堂含清斋》，载于佟云、朱诚如主编《中国紫禁城学会论文集》第2辑，紫禁城出版社2002年版，第89—90页。作者这里说的大火当指1923年6月26日发生于建福宫的火灾，火灾将建福宫一带建筑全部烧毁，因而所谓的"空地"正是建福宫烧毁后留下的，而并非"毗邻"建福宫。溥仪后来在庄士敦的建议下，在这片空地上修建了一个网球场，即所谓的"游乐场"。——译者注
② 此处有误，乾隆皇帝出生于雍亲王府（今雍和宫），并不在故宫内。——译者注

夫人是在吃了她的对手送来的有毒的点心后去世的。①

慈宁宫对面的花园有一个诗意的名字，叫作"失宠园"，在这座花园里，那些失去了天子宠爱的嫔妃②隐居在两侧低矮的建筑里，这些建筑单调柔和的色彩与花园中刚刚修复的寺庙的鲜明色调形成了奇特的对比。③

遗憾的是，在这些历史古迹，馆方对公众是如此地不信任，以至于这些圣地的门口都钉上了铁丝网。由于"安特米尔先生"（Willard B. Untermeyer）④及其同类"不在天坛上写下他那平淡无奇的名字"就无法欣赏天坛，结果更怀有敬意的游客就只能远远地一瞥壁画和佛教图像。

秋天当银杏树的落叶在路上铺出金色的图案的时候，这些充满诗意的花园最为美丽，俯瞰它们的是紫禁城中最高的建筑雨花阁，它屋顶上的金龙和盘着龙的柱子也让它成为最引人注目的建筑之一。它是一座三层的佛堂，内设三佛龛，传说康熙皇帝曾将此地用作私人礼佛的场所。⑤

这座佛塔式建筑高高的阴影正落在"小皇帝"、他的皇后和皇妃生活的宫殿上，他们曾在这里享受过几年的荣华时光。⑥

---

① 此处的描述不准确。慈安太后住的是慈宁宫西边的寿安宫。所谓"佛教寺庙"当指寿安宫北面的英华殿，这是一座专门供佛的宫殿，并非寿安宫改建而成。——译者注
② 中国的皇帝跟大多数东方君主一样，都拥有多个配偶。
③ 慈宁宫花园位于慈宁宫西南，是明清两代太皇太后、皇太后及太妃嫔妃们游憩、礼佛之处。花园中的咸若馆、慈荫楼、宝相楼、吉云楼等楼阁均为供奉佛像或存放佛经的场所。关于慈宁宫花园的各类记述中均无失宠嫔妃居住于此的记载，不知作者所述何据。——译者注
④ 参见毛姆（Somerset Maugham）的《在中国屏风上》（On A Chinese Screen）。〔见此书中《天坛》一文。——译者注〕
⑤ 雨花阁外观三层，一、二层之间设有暗层，是"明三暗四"的格局，内设的佛龛亦不只三座，此处作者是约略言之。——译者注
⑥ 溥仪结婚后，仍住在养心殿，皇后婉容住在储秀宫，皇妃文绣住在重华宫。——译者注

所有这些建筑都大门紧闭，毫无疑问这又要归咎于"安特米尔先生"，他"寻求把他稍纵即逝的个性与对某种庄严的回忆联系起来，那种庄严的某种隐约的传闻已经影响到了他……于是他便以这种粗糙的方式追求不朽"①。然而，我们还是能够透过尘封的玻璃窗向这些皇室的寓所里面探望，看到这对倒霉的夫妇的所有私人物品，当他们失去了权力的皇冠，却得到了——如维多利亚女王曾对欧珍妮皇后所说的——"更高一级的不幸的皇冠"②。这里是铜制的御床，上面是金线缝制的蚊帐。那里是用最司空见惯的外国风格装饰的餐厅，在周围优美的东方环境中显得很不协调。

在"小皇后"的闺房里，她用的象征婚姻美满的圆镜依然立在她的梳妆台上，她的书可悲而凌乱地散落在她的私人书房里。窗帘有一点脏。地毯上有墨渍，旁边椅子上的坐垫很平整，就好像刚刚还有人在上面坐着一样。一只吃了一半的苹果，花瓶里一束枯萎的菊花，还有一本打开了的杂志，都说明这两位不幸福的逃难者是多么匆忙和措手不及地逃离了他们皇宫中的家。这些琐碎的物件加深了伤心的记忆，让人们不仅意识到命运的变幻无常，也意识到把人从深埋在数百年的沃土中的根上拔掉不是一件轻飘飘的事。

尽管不是他们自己的过错，悲剧命运的重负却压在了这两位傀儡的身上，让他们在命运的操控下无能为力。当小皇帝在午夜悲哭不止着被从他父亲的宅子里抱出来，遵照太后的谕旨成为皇帝的时候，要挽救清王朝已经太晚了。确实对他而言，权力从来

---

① 此处译文参考《在中国屏风上》，毛姆著，陈寿庚译，湖南人民出版社1987年版，第24页。有改动。——译者注
② 欧珍妮皇后（Empress Eugenie）是法兰西帝国皇帝拿破仑三世的妻子，法国最后一位皇后。——译者注

都不过是一种幻觉，在仍旧闪耀的镜面下面，他感觉到了那古怪的、充满危险的现实，上面漂浮的只有那些浸没其中的、对他和他的家庭构成威胁的事物。

1912年2月12日，随着逊位诏书的最终颁布，他就不再是帝国的统治者了。十二年后，他和他年轻的新妇逃离了"不幸福的宫廷"，作为中国普通公民，以溥仪先生和溥仪夫人的身份，退隐和生活在天津。于是，不管他们有什么过错，这对不幸的年轻夫妇曾经困顿于华美，束缚于安逸，注定要失去所有，如今则获得了一种令人悲伤的高贵，这是命运赐予其庄严的受害者的，我们只能以怜惜的心情想起他们。

就像故宫西路与"小皇帝"短暂的皇帝生活密切相关一样，东路充满了对乾隆和慈禧太后的盛世的回忆，这两位是清朝最有权势也最生动有趣的人物。所谓的"东路"宫殿只占据了东路四分之一的空间，还有大量的荒地用于花园等设施。有趣的是，整体的规划类似于中路，只是规模要小一些。

在参观"内廷"之前，让我们绕路去一下文渊阁，这是1776年乾隆皇帝下令修建的皇家图书馆。它是皇帝兼学者的乾隆设计的七座图书馆之一，藏有他那个时代存世的最珍贵的图书——完全用手抄写的三万六千卷图书，其中很多都是孤本。

从这座图书馆走出来，我们发现自己正面对着一座雕饰着九条瓷龙的极为精美的照壁，这座照壁甚至比北海那座类似样式的照壁还要完美。[①]

这就把我们引向合称为"宁寿宫"的那组建筑。它是东路的六座寝宫之一，与西路的六座寝宫相对应，因为喜爱规整的中国人布置这些内宫时要让它们互相对称。

---

① 参见本书第七章。

虽然这些宫殿建筑群中的大部分都很雄伟壮丽，它们看起来太相像了，外来者发现很难把它们彼此区分开来。只有通过把每一座宫殿与历史人物和事件联系起来，它才获得了一种个性，才开始对我们西方人具有意义。

例如，一旦我们知道宁寿宫是"老佛爷"——这是对慈禧太后的一种亲密的称呼——晚年的私人住所，它就永远地定格在记忆中了。皇极殿是这组建筑中最早和最大的一座。1900年后，三海的宫殿①修复之前，它是慈禧太后接受朝见的正式的正殿。相较于面对宫里的刻板规矩和紫禁城的高墙——特别是在它们被洋鬼子"亵渎"之后——她更愿意住在三海的宫殿里。

她的私人寓所位于后面较小的庭院里②，精雕细刻且带有镀金小屋顶——这是一种独特的装饰物——的漂亮的红门把她的非正式的设有宝座的厅堂与她的卧榻隔了开来。这个统治超过人类三分之一的人口这么多年的女人的房间很小，而且简朴得令人吃惊。在这个小房间的北面，几乎不比一间门厅卧室大多少的地方，是她的嵌入式的床，挂着刺绣的帷幔，铺着黄色的缎垫，上面还有一个低矮的阁子，是她的私人礼佛之所，摆放着一尊金制佛像，以及镶嵌着闪闪发光的珍珠和红宝石的高高的烛台，它们把佛龛装点得丰富多彩。在通向这座佛堂的暗梯的对面是一张炕，或者说一个凸起的平台，就是我们在所有中国北方人家里看到的那种炕。太后休息时，太监就坐在炕上值守。在这张砖头做的沙发床旁边，摆着几张桌子，上面有好几排钟，收集钟是太后特殊的癖好。

从我们的观点看，这位专制的统治者的生活是多么地充满画

---

① 参见本书第七章。
② 当为乐寿堂。——译者注

意（picturesque）却又多么地不舒服啊！她"半夜就得起床，无论冬夏，在这些光线很暗的小房间里，穿上全套的朝服，然后前往一间只用铜火盆取暖的黑暗而阴郁的正殿。因为她毕竟只是女人，在那里她就坐在一道垂挂在她和空着的宝座之间的帘子后面，听前来觐见她的高级官员的报告"。

修建宁寿宫的乾隆皇帝后来是如此地喜爱这座宫殿，在他86岁时，他就退隐到这里安享晚年，这份安宁是他长年勤勉治国后理应享有的。

有一道侧门通向紫禁城东北角的封闭式花园，乾隆皇帝尤其喜爱它，出于对他的怀念和尊重，他的后继者再也没有使用这里。这座古老的花园设有月亮门，围墙上镶嵌着不同颜色的大理石，周边的寺庙似乎有一种时间所赋予的天鹅绒般的质地，它是一处多么安静、宁谧和幽暗的隐居之地啊！剥落的灰泥到处掉在地面上，就像血从致命的伤口滴下来一样，许多柱子都已弯曲，好似一位老人背负着看不见的沉重的记忆一般。乾隆的宠臣把他的遗体带回这个他生前曾与他们嬉戏或退隐后礼佛的充满魅力的地方，放在一间低矮的小房子里等待着某个良辰吉日安葬，此时这间房子的门槛沐浴在阳光中，被照得像一条闪闪发光的、温驯的蛇一般。

沿着布满石碑——上面刻着出自这位不知疲倦的伟大的清朝君主[①]之手的诗歌——的走廊往北边走，我们就走进了一系列

[①] 有一个奇特的传说，声称乾隆不是满人而是汉人，是一位高级的省级官僚的掉了包的儿子，这位官员应要求将他幼小的子嗣带进宫来，换走了后来皇后刚刚生下的孱弱的女婴。〔传说中的这位官员为陈世倌，浙江海宁人，雍正年间任山东巡抚，乾隆年间官至文渊阁大学士，但在康熙年间乾隆出生时只是七品编修兼顺天监督学，参见于善浦《乾隆发迹与避暑山庄》，中国人民大学清史所、故宫博物院、承德市人民政府编著《山庄研究：纪念承德避暑山庄建园290周年论文集》，紫禁城出版社1994年版，第79—80页。——译者注〕

对称但彼此分隔的厅堂，里面装满了皇家的珍宝。所有这些建筑过去都是充满戏剧性的事件发生的地方，如果——就像俗话说的——墙有耳朵的话，石头没有舌头就是万分可惜的事情！要是它们能说话，它们能跟我们讲怎样的故事啊，怎样的"充满欢乐与笑声、柔情与悲剧的故事啊"！谁不愿听乾隆皇帝在"五福堂"为他的五代子孙举行的盛大宴会的故事呢？[①] 谁不急切地想听到美丽的"异域妃子"的悲剧传说呢？她就是在那间我们看到她的以荷花为背景的画像的房间里受到宠爱的。谁又不想知道光绪皇帝心爱的珍妃在附近那口井里溺亡的真实情形以及老佛爷在庚子逃难前埋藏她的珠宝的隐秘场所呢？

唉，我们永远也无法知道这些事情了。但当我们沿着那些困在紫禁城里非常典型的高高粉墙之间的长长的走廊式夹道，从一座宫殿走到另一座宫殿的时候，我们似乎能感觉到鬼魂挥之不去地跟随着我们。幽灵穿着缎子鞋悄无声息地走在石板路上。阴影中传来喃喃细语。那些看不见的游魂确实残留了一些东西下来，那些太监、宫女和丫鬟的看不见尽头的队列，在帝国的时代，他们是不是一直在穿行，来来回回地穿行？

但如今他们连同其盛装出行的浮华场景都已经消失了。我们徒劳地想要去瞥见他们消逝的形象，去捕捉来自过去的回声。宫里空空荡荡，只剩下导游和游客，他们对民主所带来的这份福气发表的吵吵嚷嚷的评论祛除了魅惑，于是这些消逝了的皇帝住过和爱过的建筑变成了保存他们所收集的珍宝的博物馆。

[①] 所谓"五福堂"指的是景福宫，"五福"指的是寿、福、康宁、攸好德、考终命。乾隆四十九年（1784年）乾隆七十四岁时，他的玄孙出世，五代同堂（正文"五代子孙"系作者理解有误），乾隆异常兴奋，遂将景福宫改名为"五福五代堂"，并题写匾额悬挂于殿中。参见李旻《细说故宫：建筑·历史·人物》，故宫出版社2014年版，第244页。——译者注

成百上千的这些稀有而美丽的物件属于故宫的藏品，仅仅把它们列举出来就需要许多卷册。①

当然如此丰富的珍宝绝不可能同时展出。所以有时候会展出一组珍品，其他时候则展出另一组。因而详细描述每一间展厅的藏品必然是浪费时间，既然某一面墙上今天挂的画明天也许就会换上另一幅，这一周陈列的瓷器跟下一个月的展品也可能会不一样。

这样就只可能对故宫博物院的展览做一个大致的描述，包括在特别适合的环境中陈列的历代杰作。公众真的应该对故宫博物院委员会表示深深的谢意，感谢他们不知疲倦地从事艺术品分类、布置和陈列的工作，他们陈列的时候是如此用心，参观者感到满意而又不会觉得展品太多看不过来。

"绘画陈列室"悬挂着唐、宋、元三代最有名的艺术家的作品，以及部分可追溯至东汉（公元25—220年）的珍稀卷轴。②

更古老的是青铜器收藏，其藏品制造于两三千年前。事实上，这些藏品代表了最早的中国艺术形式，它们在历代都被复制于瓷器、漆器乃至便宜的现代铜器之中。对它们做一番研究，我们的心灵便会对中国艺术那种不同寻常的连续性产生深刻的印象。更重要的是，产生于如此遥远的古代的青铜器表现了中华民族的精神的发展。最初的中国文明建立在礼仪和占卜的基础上，此时这些杰作便已成型，它们被用于国家和家庭生活的所有重要场合——"战胜敌人，祈祷福佑和恩惠，悔罪，纪念去世的统

---

① 为了让大家对皇室收藏的丰富性有所认识，根据可靠的有权威的记载，光玉器就有10万件，大小从直径数英尺到几英寸不等。地图和画像有1万幅，书籍和手稿有120万部，瓷器更是数以百万计。
② 该陈列室应为钟粹宫，参见那志良《我与故宫五十年》，黄山书社2008年版，第42页。——译者注

治者和家长",其中许多都带有以中国文字最初的形式书写的铭文,从而为我们提供了中国历史的一个缩影。最粗心大意的游客都无法不带着敬意观看这些古代的艺术品,它们上面云和雷电等图案的装饰来自自然力量的启示,而且是一个古老的已经消逝的文明留下的科学证据。①

其他一些厅堂藏有陶器和瓷器的精品——宋代独有的陶瓷、明代富有装饰性的罐和酒杯、清代精美的碗碟,甚至还有一组饰有路易十五风格纪念章式图案的鼻烟壶和坚果托盘,上面的图案是遵照康熙的谕旨由郎世宁和他的弟子绘制的。

另外还有一些建筑收藏着玉器(包括两件分别代表"寿山"和"福海"的大件玉器)②、设色的象牙雕刻、漆器、壁毯、织锦缎、古代兵器、乐器(包括著名的"瓷笛")、金玺和玉玺,带有用半宝石和珊瑚做成的花、果和叶子的宝石树,以及其他许多以其精美、珍稀或历史意味而著称的器物。③

我们失望地发现,无论我们多么仔细地观看它们,有一半

---

① 故宫收藏的这些青铜器中,有两件毫无疑问基本上会永久陈列,它们是中国同类器物中仅存的遗物——一件是被称为"国宝"的精美华丽的铜盆(公元前1000年),另一件是汉代的标准"量器"。〔从作者描述的形制,并结合故宫青铜器入藏年代来看,第一件应指亚酗方尊,第二件应指新莽铜嘉量。——译者注〕

② 此处应指乐寿堂南山积翠玉山和福海云龙玉瓮。——译者注

③ "故宫里的这些物件许多都是在康熙皇帝于1680年创办的造办处制造的,他把全国各地的能工巧匠都搜罗到造办处来工作。造办处下设:1. 炮枪处;2. 如意馆;3. 玻璃厂;4. 造钟处;5. 舆图房;6. 珐琅作;7. 盔头作;8. 金玉作;9. 镀作;10. 錾花作;11. 砚作;12. 镶嵌作;13. 摆锡作;14. 牙作;15. 木作;16. 漆作;17. 刻字作;18. 铸炉处;19. 匣作;20. 广木作;21. 灯作;22. 花儿作;23. 皮作;24. 穿珠作;25. 雕銮作;26. 鞍甲作;27. 眼镜作。这些作坊运行了一百多年,乾隆年间逐个关闭,其建筑遗迹则于1860年烧毁。"参见卜士礼(Bushell)的《中国艺术手册》(Chinese Art Handbook)。〔造办处下设各作坊名称的译名,主要参考了崇璋《造办处之作房及匠役》,见《中华周报》第2卷第19期,1945年5月6日。——译者注〕

精美的展品我们还是记不住。这让我们一下子失去了一多半的兴味。而当我们回头再来看的时候，我们经常惊讶地发现那些在我们的记忆中保存得最好的东西。对某些人来说，一幅褪色的圣人画像最具吸引力，对另一些人来说则是一个瓷罐，而对一两个人来说，乾隆皇帝喜欢的私人珍宝则给他们留下深刻的印象——瓷制的小鸽子、金制的核桃或精雕细刻的贝壳。当我们离开东路的最后一间展厅的时候，我们问自己，我们会在心里秘密地挑选哪一件呢？为何无关紧要的小物件里经常有一种更宏大的器物所没有的活力？为何我们会忘记一件杰作，却记住了一面残破的琵琶？答案在心理学家那里。

* * *

大内的中路已经没有生活区了，明代的时候还有。它的一部分辟作御花园，皇帝们会在这里从劳作中休息一下。可以说，当他们在这里放下朝政，这些强大的皇帝就看起来像是亲切的凡人了。他们在这里变得"栩栩如生"，不像在他们的宝座上时那样碾压我们，对我们这个单调乏味的时代而言，他们在那里看起来太过雄伟和耀眼。

这些"憩园"是按照真正中国人的方式来设计的，有复杂的假山和宝塔，以及可供休憩的亭子。里面没有平坦的花坛，取而代之的是高高的种植牡丹的平台，平台的四周砌着彩瓦。里面还有形状古怪且多节的树木，种在由精雕细刻的石板铺砌的路面上，或者围着一圈低矮的石墙，这样那些搬运重物的人们就不会撞着它们。由镶嵌成精细的图案的卵石铺成的林荫步道通向岩洞，在炎热的夏日，那里的清凉是很宜人的。人们可以想象时间如何像安静的溪流般在这里流逝，在即便宫殿里也没有一丝风的酷暑时节,疲倦的皇帝如何在这座充满魅力的花园里从早到晚地消磨时光,直到炽热的阳光清凉下来,月亮升起,在树丛间投下她那银色的梯子似的影子。

无数的建筑散布于各处:一座茶楼①,一间"小皇帝"学习英文的教室②,一座建在水上的钓鱼的凉亭③,一间书房,一座图书馆④,一座诗亭⑤,还有一座皇室用的私人小祠堂⑥。最后这座建筑有四扇分别朝向罗盘上四个主要方位的门。每一扇门前都有一棵很大的柏树,树龄达三百年之久,它从树根七八英尺深的地方就分成两株,两株分开种植,中间隔了一大块,到更高的地方又嫁接到一处,这样它就成了一个拱形的活物,拜神的人必须从这个拱门下面经过才能进入祠堂。⑦

过了御花园就是各种各样的侧殿。它们曾被用作教育皇室子弟的教室、宫女的住处以及她们养的宠物北京哈巴狗的培育所等。

但是中路真正重要的建筑乃是由三座正殿组成的一组建筑,它们都矗立在同一座大理石台基上,实际上是仿三大殿而建,尽管体量更小,也不如三大殿那么壮观。

---

① 当为漱芳斋,乾隆皇帝每年正月初三都要在此开茶话会招待文臣。——译者注
② 当为养性斋。——译者注
③ 当为浮碧亭。——译者注
④ 当为摛藻堂,贮藏有《四库全书荟要》。——译者注
⑤ 当为延晖阁,乾隆、道光、咸丰皇帝经常在这里吟诗作画。——译者注
⑥ 当为四神祠。——译者注
⑦ 传说这些树构成"人"形,也代表了"人"这个字。〔作者这里提到的柏树应该是"连理柏",但御花园内的连理柏只有两棵,一棵在天一门内,一棵在钦安殿前。钦安殿前的连理柏更古老,枝叶也更繁茂。因为钦安殿是一座供奉玄武大帝的道教寺庙,作者可能将其与四神祠弄混了。以上均参考了定宜庄《京华通览·图解故宫》,北京出版社2018年版,第82—91页。——译者注〕

事实上，这六座宫殿我们从煤山这样高的地方看得最清楚，它们依次排列在一条宏伟的通道上，这条通道从南到北贯穿了紫禁城的中心，差不多有300英尺宽，中间确实有门隔断，但仍旧从整体上给我们一种气势雄伟的队列的印象。

在明朝统治下，这第二组宫殿曾被用作寝宫，但在清朝，特别是清朝后期，皇室越来越倾向于从这些生活区搬出去，住到大内（"内廷"）的东西角落，除了最正式的场合，都是在坤宁宫、交泰殿和乾清宫而不是更远的三大殿接受朝见。

沿着中路（从神武门起）继续往南走，我们穿过坤宁门来到了坤宁宫，它分为两个部分。较小的部分以前是皇帝的婚房，因而它所有的装饰都是中国人用的喜庆的红色，门上和挂轴上绘有金色的"囍"字。①

这座宫殿更大的部分是举行那些古怪的萨满教仪式的场所，这些仪式是满人从他们祖先生活的故土带来的，一直延续到帝国的末日。代表这种原始泛灵论信仰的"神巫"的图像和毛绒布偶仍旧放在祭坛上，旁边则挂着被称为"福袋"的锦袋，里面有满族小孩戴的"幸运锁"，他们会一直戴到结婚为止，且每年都更换。② 在房间的东端是一座"神厨"，摆着一张长桌，在上面宰杀祭祀用的牲口。西边有一个挂着帘子的凹间，司祭——如果皇帝出席就是男性，如果皇后出席就是女性——退到这里来祝祷。③

---

① 坤宁宫东暖阁两间为皇帝大婚时的洞房，中间四间为明间，为举行萨满祭祀的场所。——译者注
② 满族祭祀习俗，在神位左下方供"万历妈妈"，也叫"子孙娘娘"。万历妈妈有位无像，多以一个黄布口袋为代表，俗称"妈妈口袋"。口袋里有一条几丈长的线绳或麻绳，俗称"长命绳"，又叫"锁绳"，故这里所谓"锁"实为"绳"。参见田雪原主编《中国民族人口》第一册，中国人口出版社2002年版，第9页。——译者注
③ 此处作者对坤宁宫祭神的描述较简略，可参见王佩环《清代后妃宫廷生活》中"坤宁宫祭神"一节，故宫出版社2014年版，第139—145页。——译者注

门外,请注意那根"神杆",它是一根木头杆子,上面仍然悬挂着羊的颈骨。按照满族的习俗,祭牲的骨头会挂在这里,人们在这里跳神。

坤宁宫正后方就是交泰殿,它是一座方形建筑(与三大殿里中间那座方形的宫殿相对应),其藻井异常精美。这里曾经是皇后正式的正殿,象征她的凤凰和满月在里面所有的装饰物中随处可见。虽然它现在用作收藏御玺的仓库,但它之前是存放皇后祭祀蚕神——这是唯一由皇后主持的官方祭仪——所用器具的地方。同样也是在这里,在她大婚的前一夜,未来的皇后受到宫女的服侍,并在她们的引导下前往坤宁宫会见她的皇帝新郎。

第三座正殿乾清宫,乃是中路最为有趣和重要的建筑。最初的明代建筑可追溯至 1420 年。1797 年,它在跟许多明代建筑一样毁于火灾之后,依旧制重建。[①] 此前它已经被用作皇帝的个人寝宫几近两百年,皇帝睡在西边的房间,在中间的厅堂接见大臣。[②]

在明朝的最后一位皇帝居住在这里的时候,乾清宫见证了有史以来最为悲惨的事件之一。1644 年,叛军正轰击着北京的城门,崇祯皇帝急切地想要亲自上阵与他们一决高下,却发现他的军队只存在于纸面上。大势已去。他希望他心爱的人不要落在这些入侵者的手中,于是这位不幸的君王命令他的皇后自杀,然后又杀了他的一些嫔妃。他还想杀了他自己的女儿,于是一边挥

---

① 乾清宫嘉庆二年(1797 年)十月遭受火灾,三年(1798 年)春,依旧制重建,同年十月完工。——译者注
② 此处描述不太准确。乾清宫大殿中间为明间,设有御座,东西两侧各有东西暖阁,暖阁内设有皇帝就寝的龙床。明朝十四帝和清朝前两位皇帝在位时,都以乾清宫为居住和处理日常政务的地方。雍正帝即位后,为缅怀父亲康熙皇帝,不忍移居乾清宫,便把寝宫移到西路的养心殿。参见定界《京华通览·图解故宫》,北京出版社 2018 年版,第 65 页。——译者注

舞手中的剑向她一通乱刺，一边用他另一边的袖子遮住自己的双眼。但他只砍断了她的胳膊。她昏倒在地，失心疯的皇帝以为她死了，冲出皇宫，义愤激昂地谴责他的那些像老鼠一样逃出紫禁城、丢下他不管的大臣。

有一个相当奇怪的巧合，乾清宫曾用作新朝（入关后）第一位皇帝（顺治帝，去世于 1661 年）的灵堂，以后再也没有人真正在里面住过。① 康熙和乾隆五十岁生日的时候，都曾在这座宫殿里举行过"千叟宴"，全国各地超过六十岁以上的老人受邀进宫，出席由皇帝的儿子和孙子们招待的宴席，以示国家对长寿者的尊重。

在同一座建筑里，光绪这位开明的皇帝和他的朋友兼他信任的顾问康有为起草了著名的戊戌维新方案。唉，观念若不在强人的心灵中扎下根就结不出果子来。光绪虽然是个诚实的理想主义者，却缺乏意志力，他的姨母——果决的慈禧太后——听说了他的计划后，立刻将其废除，并将她的外甥流放到三海的一座小岛上。

在更晚近的时期，庚子义和团暴乱之后，当光绪同意一道接见所有的外国公使的时候，乾清宫就成了第一次接待作为整体的外交使团的地方。

最后，1922 年 12 月，这座"正大光明殿"② 构成了紫禁城中最后一次盛典——"小皇帝"的婚礼——的背景。

尽管这次典礼令人印象深刻，它似乎不过是清朝如日中天时像乾隆和康熙这样豪奢的君主所举行的华丽盛会的一个暗淡的投影。

让想象力这位巨匠来为我们重建其中的一次典礼吧——比

---

① 此说不确，康熙皇帝曾以乾清宫为寝宫。——译者注
② 乾清宫宝座上方悬挂着顺治皇帝御题的"正大光明"匾额。——译者注

如说，太和殿中的元日宴会。时间是午夜，守卫打开从内城通向外城的那座城门——前门，让车队进来。车轴发出的尖利的吱吱呀呀声混合着车轮的隆隆声和骡蹄踏在石板路上的咔嗒咔嗒声。沿着寂静的街道，大臣们列队去觐见他们的君主。他们就像幽灵一样来到东华门和西华门，盘腿坐在边上包着毛皮、车轮没有弹簧的大车上，然后僵硬地从车上下来，前往太和殿前面的广场。按照他们的官衔，用一个微型山峰形状的小铜三角为每组指定位置。没有人大声说话，空气中只有某种奇怪的紧张气氛，宫廷仪式上总是如此。人们面面相觑，"他们的眼睛问的问题，或许连提问者自己也不明白或知道他们在问"。在庭院里较低的地方，进贡的大象像雕像一样站在四个角落，装满油的镀金的铜缸点着火，像吐着烈焰的大锅。

在庭院上方，一座建筑的一大片都挤满了太监，他们穿着绣袍，身上挂着珠链，一边做最后的准备，一边轻声地交头接耳。在角灯摇曳的光焰里，他们那严肃的毫无表情的脸上显露出奇特的阴影。

因为君主的浮沉兴亡由星运掌控，穿着貂皮长袍瑟瑟发抖的廷臣要耐心地等待由钦天监确定的皇帝驾临的时辰。一到破晓时分，一位廷臣就宣布皇上的仪仗准备就绪，所有现场的人员都跪倒在地。

在远处的内廷，皇帝的扈从集合成队列，然后缓慢地蜿蜒经过等级较低的正殿，穿过乾清宫对面的乾清门——这里是大内真正的界限。当传令员再次宣告"万岁爷驾到，万岁爷驾到"的时候，激动的情绪在廷臣中扩散开来。最后一堵隔墙和壮观的仪仗已经出现在视野中：光彩夺目的卤簿，强壮的侍卫，最后则是绣着金龙的黄色缎轿。

然后所有人立刻俯身跪下，行九叩之礼，用嘶哑的呼喊声——是欢呼又不是欢呼——迎接皇帝的驾临:"万岁,万岁,万万岁!"

金色的轿子沿着高高的台阶被抬上了"龙墀"。皇帝从轿上下来。他走进大殿,屋顶上绘着五爪龙(皇权的符号和阳刚的象征)的井口天花和大红大金的柱子,在暗淡的灯光里阴沉沉地散发出绚丽的光芒。他登上高台,高高在上地安坐在龙椅上。他的苍黄色的双手垂放在双膝上,目光深不可测。然后王公贵族趋上前来,俯伏在地,献上新年的祝福。①

太和殿被很贴切地称为"皇帝的舞台",中国诸王朝的皇室木偶们曾在上面登场亮相。如今它是一个空空荡荡的舞台,回响着鬼魅般的脚步声。

然而谁要是曾在一座这样宁静地矗立在苍白的光线里的大殿中看过一场典礼,就不可能走进一座这种高贵的建筑物而不感觉到一种古老文明的脉搏,这种脉搏在18世纪跟在那黯淡遥远的过去跳动得一样有力,而这些宫殿本身虽然已经很老旧,却正是对那过去的一个现代的记载。因为在这些巨大的殿堂里(里面的每一块石头都让人想起那显赫一时的过去),有一种超出纯粹

---

① 中国有各种各样的龙:海里的龙、天上的龙、有角的龙、长翅膀的龙。但五爪龙是紫禁城中最主要的装饰元素(也是所有动物形态中最富于画意且最有力的一种),它是专门给中国的皇帝用的,就像十六瓣的菊花是专门给日本的天皇用的一样。事实上中国的五爪龙不只象征着君权,而是一切属于君主的事物的象征。因而他本人就被称作"龙",他的表情被称作"龙颜",他的宝座被称作"龙椅",他的笔被称作"龙笔"。参见布莱克(J. F. Blacker)的《闲话中国》(*Chats on Oriental China*)。根据著名的科学家安特生博士(Dr. Anderson)〔此处应指瑞典考古学家、古生物学家、地质学家安特生(Johan Gunnar Andersson, 1874—1960),他也是中国现代考古学的奠基人之一。——译者注〕的说法,"龙是由长江流域的短吻鳄的形象放大而成的,不是人们对史前巨兽的追忆,不是云纹,也不是借鉴自美索不达米亚的雕刻"。不过还有很多其他的有关龙的起源的理论,在此无法尽述。

的建筑质量之上的更伟大的品质,一种必须通过感觉才能领会的神秘的品质。这些殿堂作为皇权崇拜的中心,在数百年里都一直是名望的摇篮——和坟墓。在这里,"中国的皇帝在午夜和破晓之间的时辰策划了所有那些重大的外交举措和见不得光的行动——不是因为'行为邪恶的他们热爱黑暗胜过光明',而是因为圣上如此热心地为他的臣民操劳,以至于直到天亮前他肯定都还在处理他们的事务"。

第六章　紫禁城的两翼与煤山

　　如果我们将紫禁城比作一架巨大的飞机机身，那么它的尾翼就是东西两侧宽广的围合区域，即太庙和社稷坛，后者坐落于今天的中山公园。如果我们把这个比喻进一步延伸的话，我们可以把紫禁城后面（北边）的煤山看作飞机的方向舵或机尾。

　　在清朝覆灭之前，太庙被认为是北京城里除天坛之外最神圣的场所，因为它是祭拜皇帝祖先的圣地。自远古以来，祖先崇拜就深深地植根于中国人的灵魂之中。死人的世界统治着活人的世界，每一个人终其一生都感觉自己处在幽灵的监视之下。因此，每个人都有义务向他先人的神灵（由祖先牌位来代表）献上敬意和祭品。在每户家里，无论是多么贫寒的家庭，都会摆放这些象征着逝者灵魂的朴素无华的木牌。有时候它们被排成一行，放在一个简陋的柜子里，有时候会留出一个阁子存放它们，有时候它们则占了一间专用的厅堂。但皇帝的祖先不仅仅是他们自己家族的守护者，在更宽泛的意义上更是国家的保护神，于是在这种情况下，人们认为只有太庙雄伟壮丽的建筑才配得上安放他们。

　　这些神圣的建筑坐落于一座非常漂亮的旧公园里，公园里的大道两旁是种植得很密集的雪松，它们弯弯扭扭的姿态是与风搏斗的结果。在城市中央有如此巨大的开阔空间——广阔到听不到一点外面繁忙世界的声音——为永乐皇帝规划之宏伟提供了一个新的佐证。这位皇帝建筑家在设计他的京城的时候，丝毫不同于一位节约土地的吝啬鬼，而是显得豪爽大方，着眼于帝王的尊严，把他的城墙延展开来，圈起大片根本未曾考虑过在上面盖房子的土地。

如今太庙公园空空荡荡，荒无人烟，寂静得如同一座坟墓，它在神灵上面投下昏暗的影子，连最明丽的阳光也无法驱散。很少有外地人来游览这块过去的辉煌之地。弯腰驼背的守门老人在他的棚屋外边，正用一罐标准煤油（Standard Oil）做一顿简单的饭，听到敲门声，慢慢地过来开门。"这里已经没什么可看的了，"他嘟哝道，"房子都封上了。路上长满了草。没人来，只有那些鹤每年春天按时回来在这些古树上搭窝。就那么一段很短的时间，这里还有生气。但当它们把蛋孵化、雏鸟生出来的时候，秋天刚一露头它们就把夏天的窝扔下，又飞到南方去了。"

然而，对任何一个想要认真倾听这块沉默的孤独外壳的人来说，它里面装着往事的低语。听，这是某个"大节"——不妨说新年或清明节——的清晨，破晓前的神秘时辰，"兄弟们彼此还认不出来"。大雾给这处鬼魂的栖息之地披上了幽灵般的面纱。借助灯笼的光线，有影影绰绰的人形来回移动，将牌位安放在各自的位置上——这些牌位是两天前从紫禁城里的家庙以隆重的礼仪搬运过来的。[①]

它们等着皇帝来献祭。与此同时，皇上要为这一庄严的任务做好准备，为此已经在他宫中的斋宫禁食一整夜。这个重大典礼上要用的祭文已经呈递给他，宫里的庖人向皇上跪拜报告献祭用的牛已经被屠宰，牛肉已经准备妥当，"牛血与牛毛都已掩埋"。

不仅是皇帝在斋戒，所有参与仪式的王公贵族都一直在斋

---

① 靠近文渊阁（皇家图书馆）的奉先殿是一座不向公众开放的宫殿。这是清王朝的私人"家庙"，每月的初一和十五以及其他一些日子都会在这里举行纪念皇帝祖先的仪式。只有"大节"时候的"正祭"才在太庙举行。这些牌位仍然存放在奉先殿，每一件都放在自己的方盒子里，方盒子则搁在黄色的缎垫上。

戒，不喝酒，不吃肉和所有油腻的菜，停止食用他们喜欢的大蒜调料。甚至民众也被连续三天禁止出席宴会或演奏音乐。而且出于对国家的守护神的尊重，戏院关门停业，衙门也停止办公。

无法在这里完整地描述这些仪式，那会花费太长的篇幅。我们只需要说，它们非常优美，非常庄重，然而又非常简单。一切都极为简朴和纯粹。木制的牌位上镌刻着所供奉逝者的名字，它们被端正地放在木框里，每一个牌位都放在黄色的缎垫上，每张缎垫都垫在面对供桌的一把神椅上。

这是纯粹的家庭仪式，既没有外人在场，也没有司祭。皇帝本人的宗亲——那些王公们——引导皇上依次前往各个神主。这里面没有偏爱，也没有尊重程度上的差别。对每一位先祖都供奉同样的祭品——食物和酒，亡灵享用它们的"精气"。给每一个亡灵念的祭文也是一样的。皇帝以谦卑的后人的身份，行九叩之礼，汇报降临在皇室的吉凶祸福。一场打败敌人的胜仗，一位大臣的叛变，一位皇后的挑选——所有这些影响皇帝家庭的事件都被认为与其逝去的先祖息息相关，就跟它们与其活着的子孙息息相关一样。

皇帝缓慢地沿着这一长列神主走过来。一共有十一座。当他走到最后一座的时候，太阳升起来了。一群白鸽子在蓝天上盘旋，落在倾斜的屋瓦上。烛光在角灯里摇曳不定。祭祀的时辰过去了，皇帝的仪仗重新整装，抬着皇上回宫去处理更实际的事务了。

随着光线变亮，这幅图景逐渐消失了。如今在敞亮的白天，设想鬼魂可能在这里出没似乎显得荒唐。然而敢说自己在告别太庙的时候未尝受到触动的游客一定是异常冷漠的人。穿过公园从太庙回来，很少有人会有日常交谈的心情。偶尔说上一句，勉强笑一下，剩下就是沉思默想了。守门人的棚屋旁边有一条狗叫了起来，把人们吓一跳。当这么多奇特的幽冥因素激发起深邃的想象的时候，怎么会是另外的情形呢？人们本能地想要找到一句适用于曾被长久服侍如今却被忽视的鬼魂的铭文，就回忆起了《启示录》中的句子："因为以前的事都过去了。"①没错，但那古老的敬畏之情依然还在！

与太庙的寂静和死一般的氛围形成鲜明对比的是晴朗天气里古老的社稷坛周围人们此起彼伏的欢声笑语。这座坛庙如今被公共花园围绕，尽管它以前也具有一种庄严性。

在帝国统治下，社稷坛（不要与前门外先农坛里举行的同样仪式联系在一起的那座坛混淆起来）在"自然崇拜"中扮演了重要角色，而之前的皇帝则是这种崇拜的高级祝官。跟在天坛一样，这里只有在位的君主有权利祭祀控制土地生产力的社神和稷神。

在仪式举行之前，这块方形的露天祭坛——它是一座两层的平台，以石料贴面，周围有四个大理石拱门②——撒上了五种不同颜色的土：黄、黑、红、白和蓝，意在代表中国指南针的五个基本方位：北、南、东、西和中。奇怪的是，尽管经历了数世纪的风吹雨打，人们仍然能发现这些不同颜色的沙土的痕迹。不过平台上挖掘的那些用来埋藏献给社神的食物供品的洞早已消失，那块嵌在地里用来纪念社稷的石碑也无处可寻了③。

这座祭坛由永乐皇帝兴建于 1410 年，到 1756 年又经历了一次重建。在君主制的时代，它代表了"中国的独立与完整"。周

---

① 语出《新约·启示录》21:4，此据和合本译文。——译者注
② 这里应指坛四周所立的四座汉白玉石棂星门。——译者注
③ 这里应指坛中央的方形石柱，即"社主"，象征江山永固。石柱半埋土中，后全埋。参见武裁军编著《京华通览·北京皇家坛庙》，北京出版社 2018 年版，第 87 页。——译者注

围的公园只是用来当作背景。公园也非常精美，它是按照中国古代园林书籍所谓的"明堂"风格设计的。每一座假山的布置，每一条步道的曲线，每一片池沼的形状，都考虑得恰如其分，结果形成了一道极为庄重而又优雅迷人的和谐风景。

现在的政府就好像要强调社稷坛已经过时这个事实似的，把这座古老的祭坛用作烟火表演或打架比武的地方。附近的建筑也已被用于实用的目的。在那座之前用来存放宫廷礼仪所用乐器的大殿里，举办过孙中山和其他一些近代爱国者的葬礼[①]。而那座较小的曾用作皇帝更衣室的殿堂，如今是一座公共图书馆[②]。

事实上，一旦自远古以来就被奉为神圣的土地崇拜被弃如敝屣，整个这片围合区域的神圣性就消失了。然而，当民国四年，一贯敢于行事的袁世凯决定将社稷坛改为公园的时候，他还是遭到了保守派官员的强烈反对。"北京城里有谁会想要公园呢？"他们嘟哝道，"我们几百年里都没有这玩意儿。我们的佛寺道观的院子总是对公众开放的。人们——那些有空闲的人——可以在那里一边祈福，一边游玩。但大多数人整天都要做工，一周七天都是如此。那么何必亵渎这么一处没人想去的圣地呢？"

但事实证明这些预言是错误的。人群涌向中央公园，与其如今作为公共游乐场的性质相应。这里已经开了餐厅和咖啡馆，孩子玩的秋千和成年人玩的保龄球道也装上了，甚至还有给"坐在画中海洋上的画舫里"的时尚男女照相的摄影棚。

然而，这一类现代新设施并不会破坏皇家背景的那种无与伦比的画意（picturesqueness）。毗邻故宫建筑的这一块从前属于皇室的区域在世界上的公园里是独一无二的。不可能有比下面这样

---

① 即社稷坛北面的拜殿，后为纪念孙中山先生而改名为中山堂。——译者注
② 即戟门。——译者注

的组合更壮丽的了：两旁种着铜绿色的柏树的大道——这些柏树大多数向一侧倾斜，却因此显得更加美丽；红色的两层外墙；屋檐突出的凉亭；以及不经意间对远处黄色琉璃瓦屋顶的一瞥。所有这些整体上构成了一幅值得千里迢迢来看的图画，一幅一旦印在心上就永远不会褪色的图画。

当国民党接管中央公园的时候，他们把外墙粉刷成了一种亮蓝色，代表国民党党旗中的"青天"——这是一种政治姿态，意在向民众传达太平盛世已经到来的印象。但是几场沙尘暴就足以让这种颜色上的强烈对比缓和下来，它不再给人们那种走进主门时所感受到的扎眼的感觉。

对面矗立的是"公理战胜碑"，在两旁是黑黢黢的哨兵似的柏树的大道的映衬下显得非常洁白。这座大理石牌坊是为了纪念德国公使克林德（Baron von Kettler）而建的，他于1900年6月在去往旧总理衙门的路上被一名中国士兵枪杀。这座牌坊最初立在哈达门大街上，雒魏林楼（Lockhart Hall）①的对面。协约国击败德国后，这座纪念碑被搬到中央公园里，以纪念"公理战胜强权"。

更远处是树木，从它们的大小来看，必定已经生长了七八百年，在这些树下，哲学家坐而论道，诗人做梦，政治家辩论，而那些更具活力的剪着短发的年轻女性和她们的情郎则一边徜徉漫步，一边观光游览。岛上那座小巧的水榭是中国的新婚夫妇特别喜欢的去处，他们在月夜手牵手坐在那里。一群金鱼吸引着业余爱好者，其中有价值数百美金的尾巴呈扇形的品种。学者会在药言亭稍做逗留，这是一座大理石的观景楼阁，它被称为"如

---

① 雒魏林楼是协和医学院的一座建筑，因纪念最早来北京行医的英国传教医师雒魏林（Dr. William Lockhart, 1811—1896）而得名。——译者注

良药一般的林中凉亭"①。它是一位叫雍涛的中国基督徒绅士捐献的,他将其巨额财产中的大部分捐给了北京的慈善组织。药言亭的墙上镌刻着孔子和其他中国圣人的格言。孩子们沿着长长的游廊——这在中国园林中很典型——来回嬉戏,或绕着假山脚下的石头彼此追逐打闹,而他们的父母则坐在时尚的餐厅里啜茶品茗。

尽管花在中国的园林中并没有"正式的地位",但出于颜色的考虑,经常也会引入开花的乔木和灌木,前提是它们不会妨碍整体设计的均衡。因而在一年中不同的季节,中央公园会被果树的花、丁香花、紫藤、牡丹或莲花装点得花团锦簇。

对那些循着"花历"而来的成群的观光客来说,首先吸引他们的是正要开花的果树的淡粉色花苞。到三月底的时候,这些花苞会突然绽放,就好像在提醒北京的市民,在经历了漫长冬天的严寒和风雪之后,春天终于来了。天寒地冻中荒凉空寂的公园,如今变成了热闹喧腾的所在。所有的咖啡馆都把桌子摆到了树下,准备好迎接客人。假日的下午,如果天气好,每一个座位都会坐上寻欢作乐的人。

四月是丁香的天下。在由于时间作用而呈现出柔和色调的宫墙与建筑的映衬下,紫色和白色的花雾最令人印象深刻,并且芳香宜人,同时也是蜂鸟蛾和燕尾蝶欢乐追逐的地方,它们似乎本能地知道它们那富于光泽的黑翅膀在花朵的映衬下是多么地光彩夺目。

当紫藤开花的时候,丁香的花瓣几乎已凋谢殆尽。某一天那些疙疙瘩瘩、歪歪扭扭的藤蔓看上去一片灰白,毫无生气,就

---

① 药言亭即中央公园(今中山公园)格言亭,实取"良言胜过良药"之意。——译者注

好像它们已经放弃了挣扎，屈服于风雪的淫威。第二天，它们却兴高采烈地回应暖洋洋阳光的召唤，突然又复苏了，花儿绽放起来。它们那悬垂下来的花簇隐藏起所有花茎的痕迹，从远处看有一种淡紫色的烟雾从树丛间升起的效果。

没有人比中国的园丁更了解藤萝应该怎样种植、在何处种植，才能让那一长串紫色的花朵展现出最好的效果。我们发现藤的雄株和雌株总是并排种植，以让它们的花开得最完美。通常它们种在挨着一棵枯树或凉亭的地方，这样它们就可以攀缘到顶部，将光秃秃的树枝变成淡紫色的花束，或者将花环挂在青色琉璃瓦上。但藤萝像女人一样多变，经常鄙弃一个支撑物而选择另一个，或者不满足于覆盖某一棵树，而是将长长的花枝拖到地上，扎下新根，然后又长出来，用枝条紧紧缠住一块假山石，再用盛开的花把它团团盖住。

到了五月底的时候，牡丹绽放出姹紫嫣红的极致之美。牡丹是中国人最喜欢的花，有时候甚至被称为"国花"，它对民众有着极大的吸引力。厚厚的卷曲的花瓣正在打开的新闻一出来，就会有成群的欣赏者涌到牡丹花坛，这些高台只有北京的石匠能手才知道怎么建造。孩子们纯粹因为看花的乐趣而拍起手来，许多诗人则站在一朵特别漂亮的花苞旁边，憨态可掬地构思着赞美它的诗句。

夏天最后开花的是荷花。它的花期是最热的时节，此时知了整日地歌唱，青蛙嘶哑地呱呱直叫，从黄昏叫到黎明。这种"佛之花"不畏惧阳光的曝晒，一直开放到秋天的第一缕凉风袭来，这缕凉风给人类带来了新生，却给荷花敲响了丧钟。

中央公园的北边挨着皇宫的护城河。自从旧的分隔墙被拆掉以后，游客就蜂拥到这里来"观荷"。到六月底的时候，宽大的荷叶已经漂浮在水面上，随着每一阵微风而轻轻摇摆。如果下了一场阵雨，这些碧绿的高脚杯般的荷叶上就带上了雨珠，它们轻轻摇晃着它们的珍宝，直到雨珠太沉，承受不住，才不情愿地将其倾倒回护城河里。最后，在七月某个暑日的清晨，粉红色的大花苞发出一种轻柔独特的声音而开放了。中午时分花朵又闭合上，它们的花瓣因为太过强烈的日晒而卷曲了起来。因而真正爱荷花的人们都是一大清早在他们最喜欢的花最美的状态下观赏它们，啜一小口淡淡的绿茶，欣赏着仍旧像珍珠一样在杯状的荷叶上闪烁的露珠。

面朝皇宫北面的护城河，入口正对着神武门（紫禁城的北门）的是煤山，这是一座奇特的、呈锯齿状的山丘，形状像中国人用的笔架。大多数人认为它之所以叫"煤山"是因为传说它下面埋着储存的煤，可供被围时使用。①

但真实情况是"煤山"这个说法来自老百姓对"煤"一字的误用，在汉语中，mei 这个音节既可以表示"煤"，也可以表示"美"，取决于发音时的声调。学者将其命名为"美山"，而不识字的老百姓却错误地称其为"煤山"。他们然后又编了一则传说来解释他们的错误，这个误称也就沿用下来了。②

毫无疑问，早期蒙古皇帝最初建造这处人工堆起的高地的时候，用意是将其用作瞭望台。当时是动荡的年代，人们必须时刻提防入侵者。但在更和平的明代，煤山就失去了它的战争属性。它没必要再被用作防御工事，于是就被隐隐地视为抵挡来自北方的邪气的屏障。实际上，它成了让紫禁城完美收束的结尾。而从内廷的方向来看，它带来了让整个视野显得完满的戏剧性的

---

① 唐代一位皇帝的例子为这个传说增添了可信度。早在所谓的煤山出现在北京的数百年以前，他真的就把煤储藏在他在陕西西安府的宫殿后面的山丘之下。
② 一般认为，相传明永乐年间修建宫殿时曾在此堆煤，故景山又名煤山。谐音之说未见记载。——译者注

背景效果。

当 16 世纪的嘉靖皇帝下令在这处高地上修建那五座通透的亭子时，太监们就开始经常光顾它们，为的是可以俯瞰这座这些过着奢华生活的囚徒无法游逛的城市。

随着他们变得越来越颓废，越来越疏于职守，皇帝和他们的宦官便整日在这座风景如画的小山上消磨时光。能够吸引他们的只有欢娱，跟玛丽·安托瓦内特①的时代一样无所用心、无所顾忌和奢侈的欢娱。"我们死后，管它洪水滔天"（*Après nous le déluge*）②作为一个政权的口号，也适用于另一个政权，并且导向同样毁灭性的结局。

然而，放荡的明朝君臣对所有警告都充耳不闻。他们徜徉于树下——当太阳照在树叶上的时候，它们看上去就像来自某个朝贡的国王进贡的珍宝翡翠——或斜倚在富丽的毛毯上，旁边有丝绸的垫子来支撑他们的肘部。一些人以绘画自娱，另一些人则唤他们的侍从来伺候笔墨，在一块石头上铭写下称颂某位著名的宫中美人的诗句：

> 她的丝袍如同浮云，
> 她的优雅如同摇曳的柳条。
> 但我是否敢将她的容颜，
> 比作绚烂的阳光？③

后宫佳丽厌倦了她们的绫罗绸缎或芦笛表演，也踩着细碎的

---

① 玛丽·安托瓦内特（Marie Antoinette，1755—1793），法国国王路易十六的王后，1793 年 10 月在法国大革命中被处决。——译者注
② 相传为路易十五所说。——译者注
③ 原文对应的中文无考，此处据原文直译。——译者注

步子体态婀娜地来到园子里，打发她们那无穷无尽的慵懒时光。

经常会有丝绸的窸窸窣窣声，凉亭里浓郁的脂粉香味，当浓妆艳抹的少女透过格子窗或绿叶的屏障窥视墙下的道路——这座皇家欢娱之山旁边日常生活的街道——时发出的咻咻笑声。这些命运的宠儿以为生活的主要任务就应该是欢笑、娱乐和幸福，他们以高傲的冷漠态度，然而同时又带着孩子气的好奇心，注视着向行人讨要铜钱的饥饿的乞丐，注视着在灰尘中艰难跋涉的大车。毫无疑问，他们同情那穿着单调的蓝色或灰色衣服的卑微而不起眼的路人。那红黄两色构成的华美与壮丽，龙袍的奢华，游乐园的富丽堂皇，都不是为像他这样的人准备的。于是有一天皇帝下了一道写在芳香的黄色丝绢上的诏书，命令一位宫廷画家来装饰一座楼阁的四壁。画家立刻赶到宫里，手里拿着画笔，准备开始工作。一位王爷彬彬有礼地接待了他。"好好为我们服务，我们知道怎么回报你，"他说，"还有，你有什么要求吗？你想要什么样的模特，著名的画家？"因为在这位王爷的想象中，这幅画是关于某种华丽的宫廷盛会的。

但这位大师慢慢地走到楼阁的门前，指着他脚下的城市、门楼、寺庙、树木、车马、骡子以及路上走的男男女女。

"殿下，"他回答道，"这些就是我的模特。"

"但这不是美，只是单调乏味的东西。"

"对不起，殿下——这是生活。"

于是王爷若有所思地走开，让这位艺术家随他自己的意愿去画了。

命运这冷酷的小丑，正是在崇祯穷奢极欲地寻欢作乐的这个地方上演了这位明朝末代皇帝的悲剧结局。这位所受报应更甚于其罪孽的可怜的君王，以勇猛果决的气魄奋斗了数年之久，想要给他的政府重新打造一个坚实的基础，在一番绝望的努力之下，他更换了四十七次首辅。但到了最后,他只剩下宫里的太监给他出谋划策,而那些腐败的城狐社鼠最终导致了他本人和他的王朝的覆灭。在末日那一天的破晓时分,"宫中早朝的钟声响了,但却没有人上朝。皇帝于是……脱下他那长长的龙袍,穿上一件绣着龙的短袍和紫黄色的长衣。他光着左脚。忠诚的太监王承恩陪着他走出神武门,离开皇宫,进入煤山的地界。他悲哀地凝视着这座城市,在衣襟上写下遗诏:'朕凉德藐躬,上干天咎,然皆诸臣误朕。朕死无面目见祖宗,自去冠冕,以发覆面。任贼分裂,无伤百姓一人。'然后他在巾帽局的亭子里①自缢,他那忠诚的太监亦随他而去"②。

徜徉在煤山顶上的亭阁上,俯瞰这桩悲惨的自杀事件的发生地以及远方阳光下打盹的紫禁城,这些都是极大的诱惑。而高高的天空上悬着一座黑色的十字架——一头老鹰正审视着一个被遗弃的王国,翅膀纹丝不动。历史所提示的比这更戏剧性的对比并不多见。有人在俄罗斯的叶卡捷琳娜大帝因为读了她所欣赏的那些使节的记述感到兴奋不已而在沙皇村(Tsarskoye Selo)里复建的那座亭子里细细品茗。有人则回想起当时叛军仍怀抱着某种要挽救它的浪漫念头,而穿着清一色绒衣的士兵则将整座城市付之一炬,直到悲伤的烟云笼罩了这座欢娱之山。

然后我们恋恋不舍地沿着陡峭的小径一路下山,来到靠近北墙的寿皇亭。四座木制的拱门正对着这座庄严的楼阁,这些拱

---

① 关于崇祯帝自缢之处,史书记载略有出入。最通行的说法来自《明史·王承恩传》:"帝崩于寿皇亭,承恩即自缢其下。"钱士馨《甲申传信录》卷一则称:"上怆惧还宫,易袍履与承恩走万寿山,至巾帽局,自缢。"作者的说法有杂糅。——译者注

② 见巴恪思和濮兰德合著的《北京宫廷年鉴与回忆录》(*Annals and Memoirs of the Court of Peking*)。通常的记述是说崇祯皇帝在一棵树上自缢,这是不正确的,尽管直到最近,应该是他用过的链子还挂在一棵松树上。

门很古怪，因为它们的支撑物立在刻成狮子形状的石槽里，这些"狮子"蜷曲着身子平躺在地上，仿佛睡着了一般。铜鹿、鹳和漂亮的香炉装饰着高高的大理石台基，两旁是盘曲臃肿的松树，它们那似隐隐作痛的树根为精雕细刻的石栏所困。这座建筑本身是仿紫禁城里的奉先殿而建，证明它与对死者的崇拜有关。①

清朝皇帝列祖列宗的画像仍旧挂在这座他们的家庙里，在祭拜了神位后，这些画像前也添上了供品。② 每一位皇帝都画成真人大小，身着礼服，占据着一幅龙形边框的三联画的中央那一块，这幅三联画有点像是一座巨大的屏风，两旁是他的两位皇后，前面摆着一张供桌，上面是盛放食物和酒水的容器。当只有一位"正宫"的时候——比如说同治和光绪年间——第三块板上摆放的就不是一位娘娘的肖像，而是一幅红色凤凰的图画。

这些肖像里面有许多都非常引人注目，很值得研究。努尔哈赤和皇太极——顺治皇帝的父亲，清王朝的建立者，平原上的艰难困苦让他们饱经风霜，皮肤也晒得黝黑，他们看上去是多么强健的男人啊！嘉庆和雍正留着髭须，这完全不是中国人的习惯。乾隆还给人以伟大的印象。与其勇武有力的先人相比，同治这个纨绔子弟和光绪这个体弱多病者的苍白而稚气未脱的面容就软弱无力得可怜了。老佛爷是她那个民族最后一个性格突出的人物，她那强有力的表情与她那孱弱的同侪慈安太后的恍惚的神情形成了奇特的对比。事实上，慈禧那一系只有一个女人似乎在力量上超过了她——那就是雍正的皇后，生出了令人赞叹的儿子（乾隆）的令人赞叹的母亲！

尽管这些图画上的面容扁平，没有阴影对比，手也很小，看

---

①② 在这些楼阁里还可以看到以前用于儒家礼仪的乐器——玉磬、铜钟和长长的漆制的瑟。

不出骨骼或肌肉，但当我们考虑到中国的祖先肖像是如何绘制的时候，它们的生命力便愈加引人注目。即便是在画非皇室成员的时候，画家也从未见过他画的对象。只是在他的模特去世以后，他才被叫来，身上带着他的"相书"，里面列入了男性和女性的各种样式。然后亲属们聚在一起举行一个严肃的秘密会议，按照中国人的方式听从他们的仆人的建议，从这本书里面选取那些他们相信最接近他们挚爱的逝者的仪容的特征。于是死者的肖像便真的成了一个数学问题：鼻1，嘴6，耳22，加上眼13，便等于祖父。听起来似乎不可思议，但这种方法却赋予中国人身后的肖像以一种异乎寻常的个性。不知怎么地就达到了看上去相似的效果，没有两幅是重样的。

谁要是带着日程表来北京观光，一定会后悔万分。甚至像煤山——与紫禁城相比简直不值一提——这样的地方，也可以打发掉好几个小时。比如说，若是错过寿皇亭西边那一群低矮的建筑就很可惜了，它们看上去如此破败不堪而无足轻重，匆匆忙忙的游客很有可能会漏掉。如今它们已经坍塌，很难再被称为一处景点。然而这个颓圮的地方（观德殿）曾经是一座停灵的殿宇，皇帝的遗体放在这里等待吉日安葬，经常一次要等上数月之久。据记载，康熙曾披麻戴孝来到这里悼念他的父亲，"墙外侧耳恭听的普通人"听到了他的哀哭。

没有人会忽略那排庄严的牌楼和黄色琉璃瓦顶的亭阁，可以说它们装点了景山区域的南沿。可惜的是，很少有外来者知道入口在哪里。我们从景山西边的一座侧门进来，从后面来到这座大高玄殿。起初它是一座建于1542年的离宫，其大殿后来被改建为供奉道家最高神祇——玉皇大帝——的道观。中国的君王来这里祈雨，在这之前他们首先要自陈罪孽，承认干旱是由于他们本人缺少德行。雨神的牌位如今已被搬到紫禁城的博物馆里，之前立在一座精雕细刻且镀金的圆形穹顶下面，这座穹顶夹在两条华丽的正戏弄传说中的珍珠的龙之间。

通向后面那间较小的殿堂——九天应元——的精美绝伦的灵阶上的凤凰表明这座建筑是供宫女使用的。事实上，它是一间教那些被选到宫里来执役的女孩子学习礼仪和"各种对女性来说体面的技艺"的教室。"每年七月初七，"比丘林神父写道，"她们展现她们学艺的成果，让皇帝检阅。"记忆总是要把一些琐碎的场景和特定的地方联系起来，尽管它容许那些发生在同样背景下的更重要的事件被遗漏在记录之外。在这种修道院般的环境中开始其生涯的羞赧少女——她们所获得的丰厚奖赏有可能通向娇宠与野心——所扮演的配角，乃是那种在这类寂寞的宫廷里总是会浮上心头的角色。①

---

① 1900 年，外国士兵有好几个月都在这里宿营，因为皇宫已经成为义和团的据点。但这座道观仍保得相当完好，如今被用作故宫博物院下属的图书馆。

第七章 三海与蒙古宝殿

乾隆是最后一位足迹遍布帝国的清朝皇帝。他的继任者缺少那种亲自巡查的精力和兴趣,从京城出发最远只到过热河的围场和行宫。事实上,清王朝就像一只珍贵却修补过的瓶子,一件乍看上去仍显得完好无损但实际上问题太多经不起任何检查的东西。它保持了令人印象深刻的外观,却已经失去了与国家的关联。

在那玫瑰色外墙的深不可测的平静后面,晚清的皇帝死气沉沉到毫无动静的程度,软弱无力得无法应对艰难困苦。他们调剂自己那沉闷——即便奢华——的生活之单调乏味的办法是从紫禁城搬到三海,坐轿子十分钟的路程。

虽然挨得如此之近,三海却是本着完全不同于"内廷"的精神设计的。它们有某种不拘礼节的魅力,低矮的围墙上没有堡垒式的城门,也没有护城河,花园也更大,可以在里面过一种更简单的生活。它们的建筑紧邻人工湖泊,这些湖泊最初在金朝是一些小池塘(金人从玉泉山一路将水引到这些池塘里),永乐皇帝将其扩大为三海:南海、中海和北海。跟凡尔赛宫的建造者一样,永乐本能地知道如何布置景观。他懂得出其不意和对比的魅力,懂得平坦地貌上的假山和干燥平原上的人工水体的价值。因此,三海精心营造的环境旨在复制大自然的多重氛围,但总体设计却完全是人为的,这样就让所有单独的风景构成了一个和谐的整体。

民国建立时,三海是皇室领地中最早被新政府接收的部分,南海一度成为"中国的白宫"。1925年以后，当临时执政段祺瑞连同总统府和国务院一块搬出去的时候，三海都作为公园开放了。

这一块区域有好几个入口，每个入口便于进入不同的建筑群。不过为了了解这些湖泊的概貌，最好是先游览南海和中海（两者位于同一圈围墙里），而且为了感慨一番，最好是从新华门进去，以前当总统在花园里举行聚会的时候，他和他邀请的宾客就使用这座门出入。

这座门有一段远比民国古老的历史，因为它是由乾隆下令为他宠爱的伊斯兰教女子开辟的，她是被俘虏的喀什噶尔公主。无论是他的殷勤还是他送给她的大量礼物，都没办法让这位思乡的美人——按照规矩，她一旦入宫就被禁止离开——忘记她的丈夫和她遥远的家乡。因此皇帝下令建造一座两层的楼阁，为的是让她从楼上的露台可以向山那边她自己的故土望去，并且能听到街对面清真寺里宣礼师号令祈祷的声音。这位可爱的、被称为"异域妃子"的夫人一直郁郁寡欢地住在那座中国人称之为"望乡楼"的楼阁里，直到她自尽身亡。①

直到几年前，那座清真寺的遗迹还留在三海宫墙的外面。"一位中国伊斯兰教徒在那里举行仪式。他是一个上了岁数的男人，曾去麦加朝觐过，在他那座摇摇欲坠的礼拜寺里，靠着屈指可数的几个忠诚信徒支撑下去，但他已于1908年去世，之后内

---

① 遵照她最后的请求，她的遗体被送回喀什噶尔，现在在城外仍然能看到她的坟墓。〔香妃实际葬于位于河北遵化的清东陵，现存于新疆喀什郊外的香妃墓只是香妃的衣冠冢。参见博尔济吉特·卓里克图等编著《正说清朝十二后妃》，金城出版社2005年版，第184—187页。又"望乡楼"当指宝月楼，相关情况参见本书第五章译者注。又关于香妃之死，有传闻说她被太后赐死，但现在一般认为香妃是病逝，并非自尽。参见博尔济吉特·卓里克图等编著《正说清朝十二后妃》，第183页。1913年袁世凯将宝月楼改建为新华门。——译者注〕

墙和柱子就坍塌了。这个地方虽然在它沦为废墟的最后阶段依然很美,却成了那逝去的光辉年代的一座可怜的纪念碑。袁世凯下令将它拆除,表面上是因为它已经变得不安全,而且那块地方要用来盖营房,实际上是因为那里的高层建筑俯视宫苑,且离总统府很近,有可能被心怀不轨的军队用作狙击的位置。"[1]

南海几乎就始于"望乡门"的脚下,我们沿着南海东岸旁铺砌的步道往前走,展现在我们面前的是一片童话般的景色:瀛台漂浮在不远处,北海的白塔像一个哨兵矗立在大片远山的黑暗背景下。而爬上人工堆的土墩,你会看到非常不同的景致。再往南边则是夏天一片绿荫的城市,中间是如同一朵蓝花的天坛;冬天则是成排裸露的、瑟缩着的房子,上面是在风中摇晃的光秃秃的树枝。因为从未有一座城市像北京这样随着季节的变化而改换面貌:有时候全都是郁郁葱葱,青翠欲滴,几乎是热带风光;有时候则全是荒芜贫瘠,一片灰白,冻得皱皱缩缩。

在这处高地上,慈禧太后看到了义和团团民在1900年6月15日那个灾难性的夜晚点起的大火。她心满意足地看着它们,因为它们是她将要除灭这些可恶的洋人的征兆。

然后,她兴致高涨地从高地上下来,一路走向船坞。她那些庄严华丽的游船总是停在那里整装待发,因为太后钟爱在水上游玩。她确实曾下令停止炮击使馆区一个下午(正是在1900年),这样她就可以不受枪炮声的打扰来享受一顿野餐。这些游船已经去除了所有的装饰物,可怜兮兮地亟待粉刷表面,如今它们运送游客到湖对岸。仍旧手不离桨的那些桨夫是一个已经消逝的政权的奇特的残余,那时候没有人能在太后面前坐下。

---

[1] 见巴恪思和濮兰德合著的《北京宫廷年鉴与回忆录》(*Annals and Memoirs of the Court of Peking*)。

挨着旧船坞有一座亭子，上面那层可用来"观湖"。再过去一点，就在湖水的边上，有一座面朝岛的小巧的观景凉亭。然后是一座小花园，其建筑曾被用作图书馆（现在是一所学校）①，门旁就是分隔南海和中海的大理石桥，湖水经由宽广的水道从一个海流到另一个海里。对面的西岸打了一个弯，像是一只弯起的手臂来迎接这座桥，打弯的地方是袁世凯兴建的丑陋的红色的洋派建筑，他把它们用作总统府。与这些建筑并排的是一串低矮的中式房屋，本身并无足观，但一圈的围墙上则有做成花瓶、茶壶、树叶等形状的富有画意的（picturesque）门窗，这是中国建筑特有的精妙设计。窗棂周边和门顶上的砖雕与它有意效法其精巧的木雕一样漂亮。

对面是通向岛的窄桥。这座岛尽管景色极其优美，却是一处伤心之地。②这里是光绪皇帝的圣赫勒拿岛③，他与自由之间只隔着一片只有几码④宽的水面。但他那无情的姨母"老佛爷"宣布将他流放于此地，要求守卫的太监每天都更换，以免他们对负责看守的囚犯产生同情，协助他逃脱。

他是一位不得志的理想主义者，过于软弱以致无法实现他的理念，甚至缺少保护他自己不受东方宫廷生活中持续不断的阴谋诡计伤害所必需的那种动力！因此，他时时刻刻日复一日地坐在湖边宽阔的平台上，朝紫禁城的方向凝神望去，等待着，也许在指望他对他的改革同道康有为的最后嘱托能把他解救出来。在1898年那场导致他失败的政变之后，他等待了两年之久。

---

① 应为补桐书屋，乾隆皇帝曾读书于此。——译者注
② 即瀛台。——译者注
③ 南大西洋中的一个火山岛，1815年拿破仑被流放于该岛，1821年在岛上去世。——译者注
④ 1码约合91厘米。——译者注

当 1902 年朝廷从西安回到北京时,光绪又回到了原来的岛上继续生活——岛上有一座小小的宫殿伸出水面,建在荷花丛中——不过这一次所受的约束要少一些。由于他胆怯和退让的性情,这很可能是他自己的选择。传言他就在这里去世。游客可参观他"龙驭上宾"的房间,这是一间装饰简朴的小屋子,不过玻璃窗却很大。这个脆弱而忧郁的失败者终日无所事事,双手紧扣,垂在膝盖上,最后一次欣然地朝他那小小的美丽的世界望去。他已经爱上了它那缩小了的尺度上的完美,爱上了屋顶上琉璃瓦的明亮色彩和多种式样,即便在北京的宫殿中它们也是不同寻常的。他已经开始带着哲学式的欣悦心境去听水波的拍打声。这些湖水将他囚禁在这里,最终却将他带入最后的无梦之眠。

离开这座岛,沿着中海西岸边的路往前走,我们发现自己置身于那座慈禧太后过去经常举办盛装晚会的岩石花园里。在一个引人注目的场合,她把自己打扮成佛教里的天使①,在场的还有臭名昭著的太监李连英②。

这些花园的一座侧门通向一间小戏院,它那小型的舞台给这个地方带来了一种惬意和亲切的氛围,这是宫里其他的戏楼所没有的。隔着一条狭长的水域是皇室的包厢,经由旁边一座精美的大理石桥与戏院相连接,目的是使演员的声音听起来更柔和。这间包厢实际上是一间相当大的屋子。当一出戏演上好几天的时候——中国的戏剧有时候会这样,观众需要空间来活动一下。演员得到的——或者说能期待的——只是观众时断时续的关注。事实上,对皇帝来说,退到他们那宽敞包厢的侧室里吃饭、午休

---

① 慈禧晚年喜欢装扮成"观音大士"的样子,当即这里所谓的"佛教里的天使"。——译者注
② 李连英(1848—1911),清末太监,深得慈禧器重,赐名连英(俗作莲英,误)。——译者注

或处理国事是非常平常的事。

那座几乎俯瞰着戏院的难看的洋式灰砖建筑①具有独特的重要性。慈禧太后第一次意识到在三海接见使团夫人是明智之举的时候，便开放自己的寝宫接待她们。然而宾客们的粗鲁举止达不到她的精细标准，她们摸弄她的古董和织物，让她很恼火。"从此以后，"老佛爷下令将她们摸过的所有东西都从她的视线里挪开，宣布道，"这些笨手笨脚的蛮夷应该在她们自己那粗俗的环境里——而不是我的家里——受到招待。"这就是为什么她作为一个完完全全的艺术家和热爱一切形式的美的人，故意兴建这座"丑陋的建筑"。让我们还是尽快忘记它吧，只稍微停一下，去看看台阶旁那些奇特的青铜兽首雕像②，然后再沿着老佛爷钟爱的湖边步道——之前这儿曾跑过小火车③——去她喜欢的宫苑那儿。

实际上，三海的每一个僻静的角落都跟慈禧太后如此紧密地联系在一起——这位非凡的女性以她的政治智慧和卓越个性的力量，在帝国体制从根本处腐朽之后仍将它维持了很久——以至于人们在其中流连的时候，都忘记了它们之前的主人。到处都是关于她的记忆。这是她热爱的地界（远甚于庄严宏伟的颐和园一带），而这种热爱又将它变成她自己的领地。在这里她感到自由自在。在这里她至少可以从她不得不履行的无数责任中的某

---

① 此处应指海晏堂。——译者注
② 这些雕像代表了中国的十二生肖：鼠、牛、虎、兔、龙、蛇、马、羊、猴、鸡、狗和猪。这些雕像——当然是缩小了的——被放置在为七夕节而装饰的供桌上，也用于其他的一些家庭仪式中。人们还用它们的名字来指称中国人以前划分昼夜每两个小时的时辰。关于这些周期性的符号的完整解释，参见裴丽珠（Bredon）和米托法诺（Mitrophanow）的《农历年：中国风俗和节日记述》(*The Moon Year: A Record of Chinese Customs and Festivals*)一书。
③ 这条铁路是征得慈禧太后的同意后，由希望她支持某种铁路计划的进步官员修建的。他们如愿以偿地得到建造商业铁路线的允准，但太后叫他们立刻将这条样板铁路从宫中移走。

些逃脱出来，包括国家责任，也包括家庭责任——她是"一大家子人的主母，这户人家不仅包含她的后代，皇帝和皇后，还有六十位嫔妃①，几千个太监，以及一大堆宫女和女仆，所有这些人她都得盯着"。

她得多么经常地在雨天，在那座迂回折返于水面上的之字形桥——"万年桥"——的走廊上缓步走过啊！她得多么经常地和她的宫女在那座古怪的没有墙的亭子上流连啊！亭子建在一股泉水上，这股泉水缓缓流淌过一条狭窄的、在路面上切割成一个汉字图样的水渠。②这种精巧的布置是设计用来阻挡急流的，因为尽管中国人热衷于以湖沼的形式将水引入他们的花园，他们却不喜欢他们住处附近水流得太急。实际上，老派的人们仍然相信流淌的溪水会将好运气带走。

当然，在鲜花盛开的时节，老佛爷会在那一对古朴可爱的亭子下野餐，亭子是重檐结构，浅蓝色的琉璃瓦上覆盖着紫藤！像她这样喜爱花的人，绝不会错过暮春季节的牡丹花坛，此时"花中之王"那深粉色和红色的花朵，与它们的灰石背景形成了鲜明的对比。

与太后的传统交织在一起的是注定要失败的总统袁世凯留下的纪念物，他有意要爬上她的宝座。在作为国家元首的短暂生涯中，他也住在南海的宫苑里。他将那座面朝一片很像威尼斯运河的长方形水域的厅堂用作他的会客厅，里面有精雕细刻的天花板和用黑白相间的大理石方砖铺成的地板。③他还建造了那座奇怪

---

① 嫔妃制度是为了防止没有后代这种可能性的出现，对任何中国家庭来说，这都会是一场灾难，对皇室当然更是如此。没有子嗣来延续血脉和祖宗牌位前的香火，不啻为天所诛灭。
② 此亭当为"流水音"，"亭下有流水九曲，可流觞也"。参见适园主人编《三海见闻志》，北京古籍出版社2005年版，第7页。——译者注
③ 此处应指大礼堂。——译者注

的会堂，红色的门上钉着镀金的把手，精雕细刻的栏杆是从天坛照搬过来的，这座会堂里藏着"金匮"（简单地说，就是一个镀金的保险箱），他在里面放了三位继承者的名字，这样他就仿效了康熙皇帝的先例，表露出想当皇帝的野心。康熙没有公开表示过他选谁为太子，而是将继任者的名字藏在一个密闭的箱子里。①

袁世凯心机很深，诡计多端。他虽然心里对皇位虎视眈眈，却假装在逐民国之兔。因此他在宫中立了一块小方尖碑，上有"第一届国会成立纪念"的铭文。然而距离石头上的日期仅仅过了四个月，袁世凯就解散了国会，这座纪念碑的不起眼似乎已经表明，这位独裁者并不急于宣传必要的纪念活动。当时看起来费解的地方，后见之明解释得很充分。

这座献给老佛爷所鄙视的民主的纪念碑，就恰好立在老佛爷寝宫的门口，这是多么奇怪的巧合啊！老佛爷的寝宫是湖边的一组建筑②，由一堵影壁（就像人们在中国几乎每一个大户人家或寺庙门口看到的那种，它是用来阻挡邪气进入的，这种邪气必定是直直地进来，否则根本就不进来）加以保护，还有一对景泰蓝的狮子来守卫。

"万岁"——慈禧太后的另外一个称呼——建造了这座供她自己用的宫殿，袁世凯则给她正殿前面的院子加上屋顶，把它变成了一座丑陋的、供他接见外国人的现代大厅，从而破坏了这座建筑。③后面那些可爱的房间如今相对于新建筑而言，形成了某种类似讲台的结构，就像一座抬高的舞台，由精雕细刻的隔断分

---

① 此处不确。康熙曾两次立胤礽为太子，后来又废掉。去世前以遗诏的形式宣布胤禛继承皇位，并不曾封存继任者的名字。——译者注
② 此处应指仪鸾殿。——译者注
③ 民国初年，袁世凯将仪鸾殿改为怀仁堂，在此接见外宾并接受元旦朝贺。——译者注

隔成若干部分，下面又再细分。这些隔断是用昂贵的紫檀木做的，散发出宜人的芳香。这些隔断的圆形门洞框架尽管有时候有6英寸厚，却通体雕刻得异常华美，两边雕着不同的各种各样的图案。

　　传说慈禧太后就是在这样豪奢的环境中咽的气，她去世跟活着时一样有戏剧性。这个顽强的女人虽然积病缠身，筋疲力尽，预感大限将至，还是勇敢地从病床上起身来接见达赖喇嘛。她穿上全套礼服，以出家人的姿势坐在她的宝座上，最后一次体现出她那勇武的祖先的尊严和权力。此时门庭洞开，那位佛教上师身着华丽的黄色袈裟，走进来在她面前俯伏在地。然而随着这位企图击败死亡的女人垂下她那骄傲的头颅，一声深深的叹息打破了庄严的沉默。惊恐的太监们四散逃开。所有人都害怕悲剧骤然发生，却没有人胆敢去验证他们的恐惧。最后还是达赖喇嘛本人登上宝座所在的高台……证实了他们的恐惧。老佛爷去世十二小时前后——但在之前还是之后仍是一个未解之谜——光绪皇帝也撒手人寰，去往"冥界"了。

　　这出双重悲剧令世人深感震惊。但老太后在精力尚存时就预见到要"把一个继位没有问题的皇帝——尽管只是一个孩子——扶上宝座"，会出现一个非常麻烦的外交问题。关于这历史的黑暗一页很少有人知晓实情，也没有人敢说出实情。太监说"光绪皇帝厨房里的火一开始就灭了"，官员们证实太后先于她的侄儿两个小时"归天"。是一个人，还是两个人都因为自然原因去世？到底谁走在另一个人前面？

　　我们一边琢磨和猜测隐秘的阴谋，一边流连着，朝湖对面那座更大的寺庙①凝神望去。太后经常去那里祈祷——就像所有那

---

① 此处应指万善殿。——译者注

些性格强悍的人一样——她的心愿能够实现。我们还凝望着那座小一点的庙，看上去它就像筏子一样漂浮在水面上。然后我们继续往前走，来到中海最后一座重要的建筑紫光阁跟前。

这座"紫色光辉之殿阁"因其高高的绿色和黄色琉璃瓦屋顶，很容易分辨出来。它最初是由一位明代皇帝建造来接待他的蒙古臣民的，因此又俗称为"蒙古王公之堂"。尽管1900年以前，它通常用来接待所有的外人，包括外国使节。①

从它那大理石的栏杆，到那像华美的帷幔一般装饰在其周边的高挑的屋檐，这座宫殿尽管不能与紫禁城的大殿相提并论，但其建筑规模之庄严宏大，足以给那些即将觐见陛下的朝贡的藩王留下深刻印象。

它的内部空间形成了一个巨大且房顶很高的房间，其毫无遮盖的简朴增强了这种体积上的效果。不会被次要的装饰物分心的目光，本能地落到了那座平台上。平台上有两块奇特的黑色大理石碑，上面镌刻着满汉两种文字，还有一座仿古式样的精雕细刻的镀金宝座，极为华丽。

当袁世凯在三海里举办他那著名的游园会时，访客被引导到这座"蒙古宝殿"，来观看在这一特定场合挂出来的历代皇帝的肖像。② 他们然后经由靠近分隔中南海和北海的大理石桥的大门

---

① 紫光阁最初为"明武宗筑以阅射者，名曰平台，后废台，改为紫光阁"（见高士奇《金鳌退食笔记》），与蒙古臣民无关，也未见文献中有所谓"蒙古王公之堂"的记载。只是到了清朝乾隆年间后，有于正月十九在此宴请蒙古王公的惯例。作者可能将明清两代史事混淆了。参见陈宗蕃编著《燕都丛考》，北京古籍出版社1991年版，第104—105页。——译者注

② 这些肖像——或者说其中一部分——现在藏于太和殿。以前朝代的皇帝肖像，除了一两幅是宋代的原件外，当然都是复制品，虽然有一些号称跟生活于公元前3000年至公元前500年的那些帝王一模一样。〔适园主人编《三海见闻志》云："民国十三年六月，来游此地（按：指紫光阁），曾参观历代帝王图像。"（第52页）可为旁证。——译者注〕

离开宫苑。

中国人给这座桥起了一个诗意的名字,叫"玉蝀桥",因为学者们认为这里悬挂着"壮丽的玉虹",而桥外面的湖泊他们则称为"金海"或"太液池"。[①] 袁世凯执政期间,桥被一堵纵贯的红墙分为两半,破坏了三海的景致,虽然它防止了公众俯瞰他在南海的府邸。幸运的是,这个障碍物已经被移除了,任何人都可以免费观赏北京最秀丽的一处景色了。"谁享用某物,谁就拥有它。"因而只要我们选择在这里流连,这处美景就是我们的了——湖中的倒影是我们的,金色夕阳下白塔那壮丽的剪影是我们的,初升的月亮将她那长长的身影浸入湖水时的寒意也是我们的。

在我们进入北海前,让我们在承光殿稍做停留,这座非常像城堡的圆形建筑,矗立在"玉蝀桥"的东端。一座厚重的拱门和一段台阶通向这座团城的高高的砖台,"团城"是它为人熟知的名字,在元朝它被用作宫殿。不过它的年代很可能古老得多,因为比丘林神父这位可靠的权威提到院子里有一棵白皮松,据称是金朝(1115—1234年)人所种的三棵树之一。

没有他们曾占用这片土地的记载保留下来。与这个奇特的地方联系在一起的显赫人物是忽必烈,他是曾经住在这里的最著名的人。马可·波罗和鄂多立克(Friar Odoric)都留下了有关忽必烈时代团城情况的描述,他们说它是"全世界最美丽的地方"。在蒙古时代这很可能是真的,但现在听起来就夸张得离谱了,特别是我们把它跟紫禁城比较的话。当这些旧的史家激情洋溢起来

[①] 这个名字源于长安附近毗邻汉武帝的宫殿的一个湖泊。旧的记载称该湖为"太液池"(指阴与阳——或宇宙的雌雄法则——的津液),里面有三座"仙山",从而象征了该湖的灵性。跟中国园林中的许多名字一样,这些名字也源于道家哲学,中国的学者能理解它们的意义,普通人却不能。

的时候，很可能自那以后已经消失的东西大部分还存在。他们谈起"许多高大的、覆有琉璃瓦屋顶的建筑、盘龙的柱子以及粉白的墙"，而如今只有一座大厅还残留着，它是按照不同寻常的马耳他十字形的样式建造的。里面空空如也，只有那座带有蒙娜丽莎式的微笑的"玉佛"，这座雕像与其说优美，不如说是古怪，而且它的材质根本不是玉，而是意大利的雪花石膏。①

窗户上镶着诺丁汉花边（Nottingham lace）的窗帘，乃是"白色貂皮门帘和大红皮革布帘"的可怜巴巴的替代品。粗糙裸露的地面和黑黢黢的墙也不再炫耀它们的"黑貂地毯和黄色虎皮挂毯"。曾经安放在忽必烈的宅邸中的那些"珍贵的、雕刻得如蜘蛛网一般精细的硬木家具"经历了什么呢？还有他的那座"充满了不同颜色的大理石制品和珠光宝气"的大殿中那些精美的装饰呢？他那包着金布、嵌有宝石的原始风格的宝座已经不见踪影，也没有人知道那带有小金人的、用金子和珍珠做的漏壶是在什么地方消失的。这种漏壶出现在钟表之前，用来给重大的节庆报时。②

我们得知在这样的场合，银色的号角宣告大汗和其他宾客的到来。侍奉他的廷臣戴着"裹住嘴鼻的丝巾，这样他们身上的气息或味道就不会弄脏了呈给主上的餐具或酒杯"。不管他什么时候举起酒杯，都会奏响音乐。当皇帝豪饮美酒之时，群臣都在他面前俯下身来。那时候，没有人羞于渴饮，那巨大的、饰有珍珠穗的玉

---

① 传说这座塑像是由柬埔寨的国王献给乾隆皇帝的。显然它来自域外，其材质和工艺都不是典型的中国风格。〔据夏征农、陈至立主编《大辞海·美术卷》（上海辞书出版社 2012 年版）"团城玉佛"条，这座佛像清光绪年间自缅甸运来，雕刻亦属当时缅甸风格，见第 271 页。——译者注〕西直门内有一座小庙叫"玉佛寺"，里面有一幅这座塑像的照片，也许说明它特别神圣。〔据《大辞海·美术卷》，这座玉佛确实由一整块白玉雕成，见第 271 页。——译者注〕
② 或许这就是那件顶着一座高耸的瓷塔的漏壶？明朝的"乞丐皇帝"——洪武皇帝——把它毁掉了，为的是销毁一件徒劳无益的奢靡罪证。

瓮①,"高度达两个步幅,价值超过四座大城,一旦里面的酒被狂欢作乐的人群用金酒杯一舀而空,就会用管子又把酒注到里面"②。

在过去这些鞑靼人的宴席上,不仅酒随意畅饮,嬉戏娱乐也毫无节制。机械孔雀增添了乐趣。鄂多立克以他那古雅的措辞写道,大汗的家臣"为取悦其主上","纷纷趋上前来,拍手称快,孔雀亦随之鼓翅,似作欲舞状"。他又以天真的语气说:"此非以魔鬼般之技巧或某种地下机动装置不为功也。"

在享用了这些盛宴后,尊贵的主人和他的宾客会到北海的花园里转转,去领略那妖冶的"牧牛女(Gopi)之秘技",那是为纪念牧人克利须那神(Krishna)的牧牛女(Krishna Gopi)③上演的节目,那时有十六位少女和十一位乐师载歌载舞。④或者他们会选择坐着船尾能动、侧翼能摆荡的皇家龙舟在湖上泛舟,或者在花园里游逛,忽必烈曾命令他的手下在那里种植从蒙古草原带来的"某种蓝花",以提醒他的族人不要忘记他们祖先的出生地。⑤

---

① 今天这座巨大的酒瓮放在一座为了保护它而修建的蓝色琉璃瓦亭子下面。元朝覆灭后,它流落到西城的一座私庙里,被僧人用来储存腌制的白菜。最终乾隆皇帝以重金将其赎回,并且在上面刻了一篇铭文以证明其古老。〔明代玉瓮流落到西华门外真武庙中,乾隆皇帝后命人将其移置团城承光殿,并在殿前专建一琉璃玉瓮亭保护玉瓮,又亲作《玉瓮歌》,雕刻于玉瓮内壁底部,以记其事。见王洪新《京华通览·北海》,北京出版社2018年版,第223—224页。——译者注〕
② 玉尔(Yule)、考狄(Cordier)《马可·波罗游记》(The Book of Ser Marco Polo)以及玉尔编著的《华夏及前往华夏之路》(Cathay and the Way Thither)。
③ Gopi是印度教中负责牧牛的少女,在毗湿奴教派中以其对克利须那神的无条件的爱著称。克利须那神亦称黑天,是印度教中毗湿奴神诸多化身中最得人缘的神祇。有关北海的文献中未见有关于印度教的记载,不知作者此处何据。——译者注
④ 明代有一首颂歌描述这些"秘技",并且详细描述了参与者身着的服装。
⑤ 据布莱兹奈德(Bretschneider)所撰《北京考古录》:"忽必烈建筑大都宫阙以后,命人取莎草于沙漠,种之宫中,欲使子孙勿忘其发源之地。"见冯承钧译《马可波罗行纪》,上海书店出版社2006年版,第199页。此处提及的"某种蓝花"当即莎草。——译者注

那时候北海广大的地面是一处游戏的乐园，许多野生动物在那里自由自在地徜徉——"白鹿和黇鹿，瞪羚和雄獐，还有各种各样的漂亮的松鼠……它们如此温驯，钟爱它们的客人甚至可以抚摸它们。"①

"如果蒙古人不是以这些琐事自娱，而是将他们的精力用在赢取民心上"，那么就像取而代之的明朝的"乞丐皇帝"洪武皇帝冷嘲热讽地评论的那样，"他们原本是可以保住他们家族的权杖的"。

但是忽必烈和他那些酗酒的后继者因为过于沉溺于那珍贵的安逸生活而走上了穷途末路。生来是游牧民族的他们习惯了大草原上的健全而简朴的生活，定居文明的奢华毁了他们。几百年过去了，他们已化为尘土。然而他们狂欢的风流韵事仍旧萦绕在北海，就像关于老佛爷的游园会的记忆似乎依然赋予南海以活力一样。

面朝南门耸立着琼岛，岛的顶上是白塔，外国人不太恭敬地称其为"薄荷瓶"，这是因为它的形状——一座在阳光下耀眼夺目的巍峨的纪念碑——好似一朵虚幻的莲花花苞。关于它脚下的小山有一个离奇有趣的传说。从前在蒙古有一座神奇的山，人们称它为"福山"（Hill of Bliss），占有了它就能确保获得至高的权力。唐朝的一位皇帝把他家中的一位公主嫁给一位回纥②王子做新娘，来换取这座山。对方答应了。但这座山太大，很难搬运。不过，中国人却向阻碍之神（God of Hindrances and Obstacles）祷告，这位神的脸是黑的。于是他们在山的周围生起

---

① "清初的时候，北海还有一些鹿。"见巴德利（Baddeley）的《俄国·蒙古·中国》（*Russia, Mongolia, China*）。
② 回纥（Uigur）曾经是中亚的一个很有势力的部落。我们的单词 ogre〔意为"恶魔"。——译者注〕据说就是得名于这个令人生畏的粗犷族群。

火来，还在火上浇醋，然后就像克里奥帕特拉的珍珠[①]一样，这座山熔解了，这样它的碎片很容易就运到了内地。[②]

矗立在这处充满魔力的高地上的这些建筑的故事，几乎也同样富于诗意。很久很久以前，辽代的时候，著名的萧太后——就是她兴建了如今已荒废的百望山上的寺庙，百望山位于西山的东麓[③]——在这里建造了一座被称为"妆台"的小宫殿。然而当成吉思汗下令将此地移交给长春子用作道观时[④]，女人的虚荣心让位给了僧侣的吟诵声。长春子是道教的圣师（葬于白云观），成吉思汗召他进宫，就治国理政和宗教事务向他请教。[⑤]

如今的宝塔是顺治帝于1651年兴建的。当时即将首次被册封为"达赖喇嘛"的西藏宗教领袖来到北京，很可能是为了向这位贵客致以雅意，选择了佛教"曲登"（Chorten）或曰舍利塔的形式[⑥]，它在蒙古和西藏很常见。它的底座、塔身、相轮、华盖和塔刹五个部分象征了土、水、火、风和空五种元素。[⑦]

中国人有一种迷信，说这个全城均可见的地标不会向西边投下阴影；而在东边，这座体量巨大的砖砌建筑总会倒映在湖水中。

[①] 克里奥帕特拉是埃及女王，传说她为了在她的情人、古罗马政治家安东尼面前炫耀她的财富，从她的耳环上取下一颗很大的珍珠，将其压碎后放到一杯酒（或醋）里溶解，然后一饮而尽。老普林尼在他的《自然史》中记载了这个故事。——译者注

[②] 事实上，这座山丘就像煤山一样，很可能是挖湖的结果。蒙古人用一种原始的泵，将水流引到山顶，水流又从龙嘴里倾泻出来，流到一个方池里。不过，他们的这股泉水早就消失了。

[③] 参见本书第十六章。

[④] 参见本书第十三章。

[⑤] 长春子即丘处机，据记载："处机所居之万安宫，即金之行宫，又名北宫仙岛，今北京北海南端之琼岛也。卒后，葬京西之白云观。"见张星烺编注《中西交通史料汇编》第4册，华文出版社2018年版，第1319页。——译者注

[⑥] "曲登"即藏语中"佛舍利塔"之意。——译者注

[⑦] 这是佛教密宗的五大元素。——译者注

一路上坡登上白塔很耗费体力。不过在路上我们喘口气休息的每一处平台上，我们的辛劳都得到了回报。这儿是供奉四千五百年以前教会中国人养蚕的嫘祖的先蚕坛，那儿是一处被一圈小型城墙围起来的风景如画的佛殿。唉，它已经被改成茶馆了。① 再往远处，我们能瞥见一些屋顶，它们那各种颜色的琉璃瓦覆盖着一座喇嘛庙，里面有一群古怪的俯伏在地的铜像，代表了异端教派的魔头，佛陀一声令下，它们即被鹅和其他动物打倒在地。② 然后再经过最后一段陡峭的阶梯，我们就站到最高的平台上。在那座高耸的、大得超乎预期的巨型宝塔和我们之间，是单独一座通体皆用琉璃砖瓦的佛殿，每一片砖瓦都做成佛头的形状。③ 不幸的是，有一些已经被热衷于猎取纪念品的游客凿下来了。不过那有三个头和无数手臂、脖子上挂着骷髅念珠的喇嘛像还保存完整。任何损害文物的人都无法破坏这壮观的景色。

我们走下山来，又去游览琼岛另一侧著名的漪澜堂，这是北海最重要的建筑。两条从那座大理石桥④开始环绕全岛的道路通向漪澜堂那窄小的露台。老佛爷喜欢在这座沿着水岸而建的弧形的阳台上流连，俯瞰下面的莲叶荷花。在开花的季节，它们就像织得不平的锦缎，粉红色的花形成的图案隆起在上面。据说1900年一个夏天的午后，太后倚靠在大理石栏杆上，做出了攻击使馆区的重大决定。

---

① 疑指白塔东面的半月城，半月城又称般若香台，是一座半圆形的砖城，亦称小团城。半月城上有智珠殿，供奉文殊佛像。参见谭烈飞《北京的古典园林》，北京出版社2018年版，第121—122页；适园主人编《三海见闻志》第113页。——译者注
② 此处当即永安寺，殿宇覆有黄、绿、蓝等各色琉璃瓦。所谓"魔头"当指法轮殿内的十八罗汉像。——译者注
③ 该殿即善因殿。——译者注
④ 即积翠堆云桥。——译者注

今天这处露台已经改成了一座餐厅，通常人满为患，因为出于某种原因北海作为游乐场要比南海更受青睐。冬天溜冰的人蜂拥而来，而在夏天，家家都租上小船，在莲叶荷花间沿着用绳子隔起来的开放水道上来回泛舟。

就在漪澜堂下面的码头上，游船或雪橇——随季节而定——载着游客出发向湖对岸驶去。它们把我们载到五龙亭，这些亭子位于一座像卧龙一样伸到水里的半岛上。在1460年，这些凉亭是诗人们特别喜爱的去处，引来了很多题咏。之前一丝颓败的痕迹给它们的美平添了一份感染力。但1925年的重建破坏了氛围。新上的漆远比不上曾经装饰它们屋顶的雕龙图案，玻璃窗也让现代诗人失去了与拍打着长满青苔的石头的如诉的湖水亲密接触的机会。

如今在这些诗人之亭里，几乎没有什么激动人心的事物保留下来，喧哗的人群在粗劣的桌布上品茶或吃饭，一位穿着脏兮兮的外套的侍者缠着外国人讨要"赏钱"。[①]然而在远离这座太过摩登的餐馆的地方，有一些很少有游客光顾的赏心悦目的旧建筑和花园。这些被遗弃的沉睡的地方就像童话里被施了魔法的宫殿，过去的幽灵出没其间。

我们看到了九龙壁——对所有来北海的游客而言它是最具吸引力的景点[②]，在露天的小饭馆与旁边穿着入时的一群中国人（看起来非常有趣）一起用餐。这些人来这儿是因为它的大厨曾经

---

① 1925年北海公园开放后，对五龙亭加以修缮，添加玻璃窗，之后租给商人开设茶社餐馆使用。参见王洪新《京华通览·北海》，北京出版社2018年版，第180页。——译者注

② 这座精彩绝伦的建筑是用皇家琉璃瓦建成的，上面有以凸出的浮雕形式烧制和雕刻的九条颜色各异的龙，它们在一片由蓝色岩石和绿色海波构成的场地上玩耍嬉戏。之前它是一座寺庙的影壁。然而寺庙已踪迹全无，如今它面对着一处公共运动场的砖石大门，该运动场最初是袁世凯为他的儿子们建造的。

是老佛爷膳房里的主厨,而且他做的饺子很有名。在这之后让我们逛一下那些残破不堪的寺庙。

若是要凭吊一番,与"小西天"擦肩而过就很可惜了,这里有圣人的石膏像耸立于极乐世界——慈悲的阿弥陀佛的净土乐园——的山谷间。唉,万佛楼里空无一物,它的那尊巨大佛像本来比雍和宫①里的那尊还要大和精美,已经于1919年毁于火灾。②

不过徜徉于安静的阐福寺一带还是很愉快的。在它那荒烟蔓草的庭院里,曾经有一座梵经馆③,这是石碑上的碑文告诉我们的。有一座殿宇两旁有两座铜塔拱卫着荒废的祭坛④,也同样值得一看。我们不应该错过它后面的"宝殿",一座覆着绿色琉璃瓦的很漂亮的佛殿⑤,每一片瓦都是在距离它现在所在的特定地方数百英里远的窑里制造的。赏心悦目的还有状元府花园⑥,在殿试中考取第一名的状元都要在这里招待当时的皇帝。有趣的还有乾隆建造的小码头,就像俄国的彼得大帝一样,他在游览了杭州的西湖以后就开始在这里建造船只。⑦

---

① 参见本书第九章。
② 万佛楼里有一万个木质佛龛,乾隆为其母举行六十寿诞时,王公大臣均献出无量金佛一尊供奉其中。庚子事变中所有金佛均被八国联军掠走,但未见有文中提及的巨大佛像的记载。见宋经伦编著《北京风物佚闻录》,中国戏剧出版社2000年版,第31页。——译者注
③ 大圆镜智宝殿后有宝网云亭,亭北及左右屋宇四十三楹,皆贮四藏经板之所,当即此处所谓"梵经馆"。见彭兴林《北京佛寺遗迹考》上册,宗教文化出版社2012年版,第263页。——译者注
④ 即大慈真如宝殿。殿内原有两座铜塔,乾隆年间制作。参见王洪新《京华通览·北海》第138页。——译者注
⑤ 当即大圆镜智宝殿。——译者注
⑥ 当即濠濮间,旧时也称"状元府",传说中状元者都要来此洗礼。见北京日报出版社编《北京指南》,北京日报出版社1983年版,第238页。——译者注
⑦ 当指北海东岸的船坞。——译者注

北海里有一座殿宇还未向游客开放。这组建筑以前曾被外交部用作款待贵宾之地，它们坐落于一片内有池沼、假山和漂亮的古松的园林中间，如今是历史语言研究所的办公场所。① 在这清静而又启瀹性灵的环境中，后宫佳丽曾经信步其间，后面跟着嗓子尖利的肥胖太监。而今中国的科学家正在这里进行有价值和建设性的研究工作，完全疏离于政治纠纷与动荡。②

然而，北海的魅力远不在于这些建筑——虽然它们很可爱——而在于经过岁月酿造而醇熟的环境。③ 实际上，忽必烈的乐园里这些被遗忘角落的氛围是难以描述的，对那些有时间在清晨或傍晚没有公众打扰的时候徜徉其间的人们而言更是如此。颓败不堪、寂静而荒凉的北海那充满诗意的灵魂，就像某种一定要去品尝的滋味、一定要去闻的香气、一定要以同情的眼睛去看的色彩。它在古老的雪松臃肿的树枝和垂向湖面的柳树的倒影里。它在沿着湖畔用灰石铺就的宛曲堤岸中。它在南飞雁群的迁徙和灯芯草丛中青蛙的鸣叫声里。它在那些蔓生过来轻抚残破大理石栏杆的摇曳水草和从黄色屋顶的缝隙中钻出来的柔韧灌木中。它在琉璃瓦倒映在蓝色湖水里的影子和乌鸦飞过淡紫色门洞时翅膀上晕染的一抹紫色里。它在夕阳西下时挺立在石头上纹丝不动如同稳居于其底座上的一尊铜像般的孤独苍鹭中。事实上，它就在恋恋不舍地凝视着我们的过去回忆中，在被金粉轻轻地遮盖的今日孤寂里。

---

① 即静心斋。——译者注
② 这个研究所构成了中央研究院的一部分，中央研究院成立于1927年，在北京、上海和南京这三个中国的文化中心设有分支机构。
③ 北海是北京宫苑中最古老的部分，它的起源可追溯至诺曼底人征服英格兰的时代，也许还要早些。

第八章　天坛和先农坛

壮丽程度仅次于皇宫而神圣性则有过之的是统称为"天坛"的宏伟华丽的坛庙群，它坐落于外城（北京过去的南郊）一片周长3英里的围墙围起的区域里。

这座美丽的公园整个面积有七百英亩多一点，差不多是使馆区的两倍大，若不是北墙有一处弯折，就是一个几乎完美的正方形。不过，人们认为这里的弯折是有必要的，就像中国坟墓后面的半圆形砖壁一样，它可以防止邪灵从"北方暗黑之地"侵入。

这里"建筑、坛庙和宽阔的大道（的布置）构成了对中国人那种将开阔空间利用到极致的登峰造极能力的持久纪念。事实上整个规划令人惊叹不已，特别是从空中俯瞰的时候，蓝色琉璃瓦屋顶、白色祭坛、红墙和黑黢黢的柏树形成的镶边凸显出来，构成了一个不同凡响的对称布局"①。

我们可以不夸张地说，世界上没有哪座圣殿有比它更深刻或更宏大的构思，或者说更充分地表达了人类对超越其渺小自我的主宰的敬畏的本能愿望了。开阔的大理石祭坛孤零零地呈放射状，乃是那些原始祭坛的残留物，四千年前圣王曾在这些原始祭坛上献祭，亚伯拉罕在漫游时也曾建造过这些祭坛。它是中国原

---

① 引自法克森（Harold Cushing Faxon, P. M.）的《一个泥瓦匠的天坛手记，显示了这座著名坛庙最初建基于其上的数字序列的重要性》（"A Mason's Survey of the Temple of Heaven, Showing the Importance of the Numerical Sequences Upon which the Famous Altar was originally Erected"），发表于《北京导报》（*Peking Leader*）。

始一神教信仰的若干残留的遗迹之一，这种非常古老的教义相信上帝无处不在，本身看不见却又洞悉一切，"居住在非人手所造的屋子里"①。在亚洲，在各种神被人格化，它们的形象被供奉在庙里之前，人们信奉的就是这种教义。

有一个人而且只有这个人——即皇帝，天子——被认为有资格走上这处祭拜的场所，并且在如同一颗凹陷的绿松石一般覆盖着它的天穹之下，向至高无上的存在致以敬意。

由于他那神圣的血统，他一个人就能代表"那居于可见的苍天之上的不可见的权力"，因此他最为光荣的特权就是履行一年一度的祭拜宇宙之统治者的仪式。

虽然这些祭祀的确切起源和意义在上古时期就已逐渐泯没，可它们已持续了四千多年这件事本身就赋予它们一种特殊的道德意义。但随着时间的流逝，祭拜也慢慢获得了一种政治上的重要性，因为实行它的责任按理来说属于在位的君王，这项权利从被废黜的君主那里传到他的征服者手中，后者的成功被认为是天命所归的证据，使其成为上天在地上的代表。"向造物主公开献祭因此被看作拥有统治之权威的主要证据，部分正因为此，历朝历代的君王都会严格遵守并且精心守护这一惯例。"②

作为他的人民的父亲、权利和荣誉的唯一源泉，国家元首必须不仅足以在神面前担当最高教主，还要肩负全民族的罪孽。君主的责任"得到了商汤（时在公元前1776年）的确认，他说：'其尔万方有罪，在予一人。'当有人提议在大饥荒时期用人祭来求上天息怒的时候，他又说：'予一人有罪。'③于是商汤斋戒，

---

① 语出《新约·哥林多后书》5:1："我们原知道，我们这地上的帐棚若拆毁了，必得神所造，不是人手所造，在天上永存的房屋。"——译者注
② 见神学博士罗斯（John Ross, D. D.）的《中国的原始宗教》(*The Original Religion of China*)。
③ 以上均见《尚书·汤诰》。——译者注

剪去头发和指甲,穿上草做的衣服,如同献祭的牺牲品一般,乘坐白马拉的简易马车,前往一处桑树丛里。他在那里祈祷,追问他一生中犯了什么样的过错或罪孽,导致了灾难。这是公元前18世纪的事。公元后的19世纪,道光皇帝献上了一篇用意非常相似的祷文(时在1832年)"[1],当时干旱正肆虐着大地。1903年,光绪又祈求不要因为他的罪孽而停止下雨。

天坛是皇帝正式表现他作为人民至高无上的仲裁者和神圣的罪孽承担者的功能之地,这里每年夏至和冬至会举行大祭。[2] 冬至跟基督教从中起源的古老的德鲁伊[3]和条顿仪式是在同一天。实际上中国人的仪式是一种自然崇拜的形式,与我们自己的祖先几千年前实行的那种仪式很相似。

从未有外国人观看过皇帝履行他作为主祭的职能,但是我们看到这座祭坛为这一仪式已做好准备:巨大的牛角灯挂在杆子上,镀金盘龙的架子上放着玉磬,代表"天"的神位摆放在面朝南的最高的台阶上,两边排列着先皇们的牌位,"大致形成一

---

[1] 见汤利女士(Lady Susan Townley)的《我的中国笔记本》(*My Chinese Notebook*)。
[2] 天坛举行的祭祀属于大祭一类,对土地、先王、社稷、孔子和王朝保护神的祭祀也属于此类,以区别于祭祀日月、耕织的守护神、山川和大人物的中祭与小祭。大祭的特征是露天的祭坛和全牲的燔祭,从圣王时代(公元前3000年)到清朝,这些都是始终未变的本质性的要求,虽然附带的仪式日渐复杂。在公元前2600年中国就已经有了掌管礼仪的宗伯,表明那么早的时候就赋予形式以重要性了。在清朝的礼书(祭祀部分)〔此处当指《大清会典》。——译者注〕中,对祭天仪式有非常详细的规定。相关的方案列出了供奉给上帝的祭品名录以及在现场协助皇帝的人员名单(值得注意的是,里面并没有司祭)。这里再次提请读者参考罗斯博士的著作,里面有对完整的仪规的翻译,以及许多生动如画(picturesque)且有趣的细节,它们太长因而此处无法引用。对"祭"的三个等级的详细描述,还可参见裴丽珠和米托法诺的《农历年》(*The Moon Year*)一书。
[3] 德鲁伊(Druidism)是古代凯尔特人的一种秘密宗教。——译者注

个九边形"。次一级的祭祀日月风云雷雨的神位则置于第二层的台阶上,而穿着礼服的执香者、乐工和执事则占据了最低一层的台阶。

官方的《京报》上会发布法令,预先通告皇帝前往天坛的消息,法令内容如下:"某年某月某日,时维冬至(或夏至),我们将代表尔等人民在天坛恭敬地祭祀皇天上帝。大臣之纯洁系于其心,大臣之正直系于各人提升其公务之决心,以免疏于职守而致灾祸于国家。恭敬从事,不得有失。"① 各公使馆都会收到通知,警告外国人不要靠近或企图观看皇帝的仪仗。中国人被命令待在室内,沿途关门歇业,而街道两旁则用蓝布帘子遮挡。

典礼前一天,皇帝坐着十六位轿夫肩抬的黄色轿子由午门出宫,陪同的有礼部尚书、披挂弓箭的骑兵卫队、穿着华丽礼服并携带全套祭祀器具的骑马太监和身着丝绒制服拿着三角旗的旗手。在这些光彩夺目的扈从的护送下,皇帝一路缓慢地向这处"伟大而崇高的圣地"进发。它位于皇宫以南3英里的地方,因为在京城郊外祭天是一直以来的惯例。前门正中间那道门是为了让皇帝通行才打开的,风景如画的(picturesque)大理石"天桥"则清空了货摊与乞丐,一直以来被大车那锯齿状的木制轮箍轧满车辙的街道被修整平坦,并铺上沙子。

整座城市似乎都屏住呼吸,惊叹于这场典礼如此庄重严肃。在鸦雀无声的静默中,皇上开始了他的祭祀之旅。为了不让哪怕是远方火车的汽笛声打破这令人印象深刻的肃穆,进而亵渎这场仪式,从他离宫开始一直到他回宫这段时间,进出北京的铁路交通都停了下来。

天子在斋宫中恭敬地等待那个黎明前神秘时辰的到来,那

---

① 中文原文不可考,此处据原文直译。——译者注

时他祖先的神灵将会聚集到他身边。然后他走上那镶有圆形的玉块——璧（古代君权的象征之一）——的台阶上。他谦卑地在他唯一承认的主人面前跪下，随着全牲——一头纯色的毫无瑕疵的公牛犊——的燔祭的烟升上苍天，他用颤抖的声音，以他的人民的名义，表达出他们所知道的这种祭拜的最高贵的观念，这一祭拜"承认头顶上伟大苍穹的神灵乃是唯一的神"，于是在这个场合便摈弃了一个本质上信仰泛神论的种族的所有崇拜偶像和其他迷信行为。

在西方人看来，礼器的形状以及作为最高教主的皇帝及其执事的行动与态度都是非常奇怪的。每一个动作都由传统规定好了，一个执事要履行好他的职能都需要漫长的规训性的准备。主持仪式的皇帝看上去更像是一尊雕像而不是一个人，一尊由看不见的手指挥的塑像，他的每一个手势都充满了神秘的意味，与此同时有人吟唱古老的和平的颂诗，默剧演员则以有节奏的舞步表演神圣的舞蹈。

当民国建立时，谁应该来祭天的问题在中国官场的保守分子中间掀起了波澜，直到袁世凯这位敢于自我作古的强人援引了公开祭天"是证明统治之权利的要件"这条旧的不成文的法则，宣称他作为新政府的元首，享有官方仲裁者的特权。祭天的仪式确实举行了，但它乃是之前的祭仪的一个苍白的投影，因为电影摄影师的在场而被奇怪地加以现代化了。甚至袁世凯本人也意识到没有皇室后裔的声望，原本应该庄重的事物变得毫无意义，因为祭天仪式的威严和诚敬都已成为过去。因此它被当作非民国的东西抛弃，而将其忠诚从皇帝身上漠然地转移到总统身上的国民，则给我们提供了关于中国人有时候会如何突然地接受他们传统倾覆的一个鲜明的例证。

多年来天坛时而向外国人开放，时而对其关闭，关闭有时候是因为他们自己行为不检点，比如说故意搞破坏的人在大理石祭坛上跳舞。1860 年以后，给开门人一点小费就容易进去，但是当这种特权被滥用时，这片区域又一度更彻底地封闭起来了。1880 年代，一些外国人曾翻越一堵残破的墙垣进入。但 1900 年以后八国联军闯了进来，孟加拉第一枪骑兵和一个旁遮普团驻扎在天坛，军官的食堂设在皇帝的更衣室（斋宫）里。尽管军事上的需要被拿来当作侵扰这些神秘清净之地的借口，中国人还是深为震惊。这种污辱事实上又给忽视对这些坛庙加以必要的修缮添加了额外的托词，在几十年的时间里，它们就面临着只剩下荒烟蔓草中一堆废墟的危险。

这里又开放了几年，各种事件将其浪漫气息祛除殆尽。外坛一角有段时间曾被外国人社群用作马球场。后来，在这里举行过运动会。民国成立时，中国人自己将其一部分划给了农林局的一个农业站。[①] 袁世凯还向一般公众开放天坛三日，民众第一次在这处神圣的区域自由走动，中国的女性也第一次登上了天坛[②]。张勋将军 1917 年 7 月在这里驻军，这是更加恶劣的大不敬行为。当他试图复辟的时候，这座神圣场所就成了他的部队和民国士兵之间的战场。墙壁上满是枪孔，弹壳掠过建筑物的蓝色穹顶，还好没有造成什么破坏。

张勋复辟失败后，幸好还做了一些努力来修缮时间和人力造成的破坏，因为疏于照料这样一座美得激动人心的坛庙乃是一桩世界性的悲剧。内坛和外坛都修建了新的马路，开放了新的坛门让人们可以看到更漂亮的景致，宽阔的院落里清除了杂草，公众只要付

[①] 1912 年 8 月，北洋政府农商部在天坛设立了林艺试验场，是为中国近代最早的独立的林业试验研究机构。——译者注

[②] 此处当指圜丘。——译者注

一小笔门票的钱就可以到处游览。那片房舍是一座无线电站和一个预防医疗处①，它们也是新的规范的一部分，唉，它们证明今天公共事业正在取代人们的敬畏之心。不过让人高兴的是，这些现代的新设施从内坛看来都不显眼，第二道坛墙将内坛和外坛隔了开来。

虽然供奉看不见的神的神庙很早就在中国存在了，但在北京，大多数用于祭天的建筑最初都只能追溯到永乐年间。永乐皇帝②是明朝的伟大君主。斋宫③则是一个例外，是一座较晚近的宫殿，皇帝过去在这里守夜，这样他才有资格参加翌日的典礼，而他的侍从则在开阔的院落里宿营。它里面曾经有一个宝座，一扇漂亮的精雕细刻的木制屏风，但这些现在都像那尊著名的斋戒铜人像一样已经消失了。

一条很短的铺砌过的柏荫道通向那座伟大的祭拜至高之神的白色祭坛④。它是露天的，坐落于一座方形庭院的中央，四周环绕以暗红色的墙垣，上面辟有四座大理石拱门。面朝罗盘的四个方位的四段台阶升至三层亮闪闪的平台上，四周环绕着雕刻极为华美的大理石栏杆。中国人认为最高那层平台的中心石是宇宙的核心。更重要的是，这座壮丽的历史建筑——其庄严无与伦比——的每一个细节都具有深刻的意义。它以几何学式的精确

---

① 据中野江汉《北京繁昌记》（韩秋韵译，北京联合出版公司2017年版），此处原为饲养牺牲的"牺牲所"，后改建为京师传染病医院分室和交通部北京无线电报局，见该书第99页。——译者注
② 就像法国的路易十四和俄国的彼得大帝一样，这位长寿的精力充沛的君主把他的名字与他的都城紧密联系在了一起。他那巨大的存在某种意义上仍萦绕于每一处历史遗迹，因为作为一位伟大的建功立业者，他的趣味和宽宏的痕迹随处可见。事实上自永乐以后，没有哪位君主享有过在这座城市上打下比其创建者更强有力的个人印记的骄傲特权。
③ 紫禁城内也有一座用于仪式性斋戒的类似宫殿。
④ 即圜丘。——译者注

设计而成，就像紫禁城一样，它是建筑师、天文学家和魔法师的工作结合起来的结果。

不过，我们今天看到的祭坛不是永乐一开始建的那座，而是乾隆年间重建的结果，乾隆皇帝下令重修的谕旨值得在这里引用：

> 圜丘坛上张幄次及陈祭器处过窄，即议鼎新，可将圜丘三层台面仍九五之数（这两个数字都是中国的神圣数字）量加展宽，则执事者得以从容进退，益昭诚敬。①

这份值得注意的文件得到了负责此事的官员同样不同寻常的回复：

> 查明时……当九五之数稍涉牵合，……今据奏，以古尺计度，台面上成径九丈，为取九数，二成径十五丈，为取五数，……拟请三成面径用古尺二十一丈，取三七之数，……则天数一三五七九于此而全，且合……其成四十五丈，于九五之义尤为恰合……②

显然，乾隆和他的大臣把在中国唯一一座祭拜至高无上之神的祭坛中保存这些有趣的数列看得极为重要。"九"多次出现在九级一段的台阶的段数中，出现在栏杆的总数（三百六十）中，以及由九九八十一块石头铺成的最高一层的台面上，九的平方八十一对中国人来说是完满的象征。③

---

① 乾隆十四年（1749年）谕旨，中文原文见《清朝文献通考》卷九十三。——译者注
② 中文原文见《清朝文献通考》卷九十三。——译者注
③ 节引自法克森的《一个泥瓦匠的天坛手记》。

在这座非凡的祭坛东南边一箭射程距离的地方，有一口用来烧牺牲的肉的炉子[1]。它高9英尺（又是那个神圣的数字），有三段台阶可供攀登，面覆绿琉璃瓦。阉过的小公牛被放在里面一个铁格栅上，下面点着火。成卷的丝绸也是祭品的一部分，它们放在八个镂空的金属火盆里焚烧；同样被烧的还有写在丝绸上的祷文，之前它们已经被正式呈上并在神位前宣读。皇帝去世时还会加上一只瓮。

面朝祭坛正北方的是一座屋顶为圆形且覆有黑釉琉璃瓦的小建筑，人们称其为"皇穹宇"，清朝皇帝的神位保存在这里。[2] 后面有一条铺道通向祈年殿，它那三层的屋顶是全北京都可看到的一处显眼的地标。没有比通往这座殿堂的道路更可爱的了——中间是隆起的大理石大道，附有伸出去的平台，用来安放给皇帝休息的黄色帐篷；左右两边都是黑黢黢的枞树林，让那白色的路面显得更加突出。大道尽头是一座屋顶呈曲面且有山墙的大门。过了这座大门我们就走到了全中国宗教建筑中最高贵的典范面前。"祈年殿耸立于三层大理石台基之上，高达99英尺，是一座三重屋檐、蓝琉璃瓦和金顶的壮丽神殿。"在所有的装饰中，压倒一切的是那温柔地向这座表现人类志向的杰作俯下身来的天穹的蓝色。所以这是有意为之，因为这种颜色在皇帝用的瓷制祭祀器皿中、在他本人和他那些执事穿的礼服中都曾特意反复出现。甚至那照耀着神圣典礼的光线，都经由那些穿在绳上悬挂在门窗的窗花格上的细细的玻璃棒而变得柔和了，呈现出纤云不染的天

---

[1] 即燔柴炉。——译者注
[2] 1913年以前，这些祖先的牌位都放在这里，封存在木制的神龛里，这些神龛放在低矮的石头桌子上，四块牌位位于这座圆形殿堂的东边，四块位于西边。1913年它们被移置太庙，如今它们原先的位置上供放着日、月、星和其他自然力量的神位。

空的清新色调。①

　　传说祈年殿 1889 年曾遭雷击，被夷为焦土。② 中国人相信这场灾难是因为一条蜈蚣胆敢爬上镀金的圆顶而发生，把后来降临到帝国头上的一系列灾祸归咎于天庭对如此放肆的行为的愤怒。为了平息这种愤怒，祈年殿得以重建。但原先柱子所用的木头——很可能是某种栗树——却找不到了。为了满足传统的要求，经过漫长的搜寻，清廷同意使用俄勒冈的松树，经历了重重困难，花费了大量资金，才进口了这种松树的巨大原木。

　　这些柱子是这座建筑最显著的特征之一。四根漆得很精美的柱子支撑最上面的屋顶，而下面的两层屋顶则落在十二根平常的红柱子上，所有这些柱子都是单棵树的笔直的树干。③ 龙凤装饰着被彩绘得金光闪闪的横梁分隔开来的藻井。窗户上覆盖着图案优美的木制镂空遮板，中国人擅长设计这些图案，目前已知有超过七十种的样式。制作精美的黄铜合页和镀金的圆形凸饰点缀在漂亮的门上，推开这些门，里面只是空无一物。只有一座带有电动支架（古怪的现代气息！）的遮护宝座的屏风，以及供奉祖先牌位的神龛，它们迷茫而孤寂地立在这座神殿的阴影中。中国的建筑师是不是想要告诉我们所有的浮华、权力和美都通向

---

① 卜士礼（Bushell）写道："色彩象征主义是中国礼仪的重要特征。就像在天坛一切都是蓝色的一样，在地坛一切都是黄色的，在日坛都是红色的，在月坛都是白色的——更准确地说，都是一种被称为'月白'的灰蓝色，纯白色则是用作哀悼的颜色。季节的变换也有一种类似的神秘意味，反映在皇帝的礼服中。"
② 这场火灾实际上是粗心大意导致的，根本不是雷电所致，三十二名官员和守卫因为此事掉了脑袋。
③ 卜士礼说，中国人屋顶的巨大重量总是要求使用很多柱子，它们因而被分派了头等重要的功能，因为全部建筑的稳定性都系于框架结构。墙面是后来用砖填进去的，并不担任承重的角色。事实上空间经常被雕刻着精美而又最为薄脆的花饰的门窗所占据……古老的中国建筑因此奇特地类似于现代美国建筑，后者的钢筋骨架里面填充的是假墙。

空虚和寂静?①

次一级的一些建筑环绕在中央的殿堂周围。它们都关着门,这倒没有什么遗憾的,总体而言它们都没有太大意思:守卫住的房子,侍从的休息室,按照古代礼仪准备祭牲的肉的厨房②,以及以前存放全套祭器的储存室③。让人们觉得不虚此行的是东面那条凉爽的长廊,它通向一段废弃的旧墙,附近过去生长着某种野生的龙须菜,以其药用价值而闻名;还有九块巨石,上面刻有祥云图案,传说让我们相信它们曾被大禹用来补天上的漏洞,正是这些漏洞导致了大洪水。④在这个漫不经心的游人很少光顾的安静的角落,我们可以凝望那片风吹草低的土地而不用担心被打扰,祭牲过去曾在这里被牧养;我们还可以享受野草的香气和从古老的石头缝里钻出来的紫罗兰的景色。

如果时间允许的话,让我们清晨再回到这里,那时候光线是暗淡的,屋顶像模模糊糊的幻景悬挂在乳白色的、如记忆般柔软的空气中;让我们正午再来,那时候苍穹那全部的光彩熠熠生辉,光芒四射;然后当夕阳如同一个火球沉落到西山后面,照着大理石直至它变得通红的时候再来。让我们在那神奇的月光下,或者当粉状的雪花带着奇幻的点铁成金般的魔力飘落的时候,再次站到那祭坛上。当我们带着许多不同的心境看过天坛的时候,那时——只有那时——我们才能领会到它比例的完美和谐,领

---

① 最早的共和主义者想要让这座神圣的建筑成为他们法律的摇篮,宪法起草委员会曾在这里短暂地开过会,但袁世凯终止了该委员会的工作。
② 即神厨。——译者注
③ 即神库。——译者注
④ 即七星石。据说这些石头是从天而降的北斗七星,实际上并非陨石,而是在普通石头上雕刻云纹而成。石头不止七块,而是总共八块。参见中野江汉《北京繁昌记》第96—97页。作者说有九块,不知何据,后面提到的大禹补天的传说应该是跟女娲补天的传说弄混了,与七星石无关。——译者注

会到高贵的建筑与树木之美和天空之高远鬼斧神工般融合在一起，意识到它是如何真正地反映了生命，那永恒的生命。然后我们就会感到那神圣的树林与建筑代表了智慧、爱和崇敬，感受到那无处不在的平和，它让那神圣的光辉变得柔和，使之能为愚昧的人类所理解。

* * *

从前门通往永定门的宽阔街道的另一边是先农坛，与天坛相对应，但规模要小一些。它是供奉神农的，他是史前的帝王，被称为"先农"（第一个农夫），他的"特殊才能让他能了解谷物的世界，并且对其发生重大的影响"，犁的发明、植物药用特性的发现以及最早的市场的建立都被归到他的名下。

这座坛庙在一个以农业为主的国度里也有其深刻的意义，正如爱默生所言，在这样的国家里，人们相信"所有的贸易都建立在农民原始活动的基础上"，尊崇农民的职业；[①]君主自己也通过严肃地祭拜大地的肥沃，确认了土地耕作者崇高而带有理想色彩的地位。每年仲春的第一天，他会带领无数的随从——包括三位王公，九位高官——来到这里，在先农坛附近的一座大殿里祭拜神农的牌位。然后他走进专门为他保留的田里，亲手从西向东犁出一条沟，来来回回共三次，从而为他的臣民树立勤勉的典范，并且赋予最卑贱的田野劳作的重活以尊严。户部尚书站在皇帝的右边，挥着一条鞭子，直隶总督站在他的左边，手里拿着种子，第三位官员则跟在皇帝后面，将种子播撒在犁沟里。皇帝

---

① 在中国，农民在排位上仅次于学者，在工人和商人前面，人民被划分为这四个等级。

在任务完成后，就退到亲耕台休息，在那里观看王公显贵把田耕完。然后从农夫中挑选出年龄大的熟练的劳工来照料这块土地，秋天收割的庄稼存放在仓库里，用作特别的供品。同一天，全国各省衙门的长官、府和州的地方官都遵循皇帝的榜样，举行类似的仪式。但"主演"这一级在北京上演的仪式最为壮观。

先农坛内其他的大型建筑还有太岁殿、神祇坛和庆成宫。坛的北面有四块雕刻着云龙的灰石。献给神山的祭品供放在这里。那边还有两块石头，刻成表示河流的样子，底部有容器，用来放祭祀水神的奠酒。

尽管现在的先农坛只建于明嘉靖年间（1520年左右）[①]，对农牧业之帝神的崇拜却非常古老。有对元朝举行的仪式的描述。历史记载还告诉我们在明朝太监是如何协助皇帝的。但就像祭天一样，民国成立以来神农崇拜就被抛弃了。

这片区域直到1900年都是禁止游人涉足的，这一年它被美国军队占领之后，才向公众开放了。外坛里有宽阔的马路纵横交错，建筑物都坐落于内坛，它已经被改成了公园，有整洁的装有栏杆的步道，树下面有长椅，园囿里有鹿。但是乾隆重新装修过的主殿[②]和存放皇帝黄色耕犁的仓库都关门封存了。一座不起眼的木制凉亭如今矗立在主坛上，主坛是方形的，代表地，就像天坛是圆形的，代表天一样。

那些在整理工程毁坏其原创性和特色——这与对优美的旧建筑进行艺术性的修复和修补的工程完全不同——之前就熟悉先农坛的人们，会永远对这里过去的那种平静与美好感到痛惜：过去这里是一片荒凉的草地，夏天开满了淡紫色的野芫菁花；皮

[①] 此说不确，先农坛始建于明永乐十八年（1420年），称山川坛。嘉靖九年（1530年）增减天神、地祇二坛，形成今天的规模。——译者注

[②] 当即太岁殿。——译者注

肤晒成古铜色的守卫在这里弯下腰来割灯芯草,把成捆的香草堆在一起;寂静在这里主宰一切,只有乌鸦的叫声或草地上云雀的鸣唱声会打破这种寂静;人们在这里会感到自己离大地隐秘的神奇和仁厚很近。

第九章 三教的三座庙

除了天地崇拜——它们更多是官方典礼而非民间仪式——之外,中国还有许多宗教习俗,北京还有许多不同宗教信仰的庙宇。① 这些信仰如此和平地并存应归于一个民族内在的宽容,这个民族本性上不具有强烈的宗教信念或反感情绪,愿意让每个人自行去寻找真理。事实上,正如帕克所言:"中国在宗教思想上享有一个独特的位置,因为所有宗教的样本都曾被轮番呈给她。毫无疑问,让人们对她赞不绝口的是,在她历史上的任何时期,'实际存在的'统治力量都没有……对任何推荐给他们的、就其本身而言纯粹的宗教拒绝表示好意和关心。"② 各种不同形式的佛教、耶稣会、多明我会、方济各会和俄罗斯东正教都受到了官方的认可,受到认可的还有像道教和儒教这样的半宗教的哲学与伦理体系,甚至还有所有宗教中最好战的伊斯兰教,它在中国表现得不像在其他地方那样有攻击性(也许是对这种认可的回报)。

一定不要把伊斯兰教的叛乱看作宗教战争。它们发源于政治对抗或金钱纠纷,政府镇压它们是因为它们干扰了国家政策和公共秩序。尽管成千上万的人在这些激烈的斗争中被屠戮,幸存

---

① 根据地方市政府社会局最近发布的统计数字,北京划分的十五个辖区里共有 1968 座寺庙和修道院。其中 1048 座由它们所属的不同的宗教团体的代表管理,723 座由民用信托负责,135 座实际上处于被废弃的状态。与这些寺院联系在一起的是 2133 名和尚和尼姑、605 名道士、149 名喇嘛以及 160 名阿訇。
② 见帕克(E. H. Parker)的《中国与宗教》(*China and Religion*)。

者却没有遭受宗教压迫。他们的信仰——对先知的信仰——至今在中国仍是一股活跃的力量,比其他任何引入到这个国家的外国教义——只有佛教除外——都更深地扎根在这里。最近的清朝皇帝统治的穆斯林臣民差不多跟土耳其苏丹和波斯的沙阿(Shah)①统治的穆斯林加在一起一样多。②超过一万名穆斯林生活在北京。穆斯林肉贩的黄铜新月标记可以在许多户的货摊上看到,先知的追随者几乎仍旧垄断了进出北京的商队贸易。

就他们的精神需要而言,我们发现许多清真寺散布于整座城市——中国人说有四十座,不过这个数字很可能夸大了。最著名和最古老的清真寺(由乾隆皇帝于1764年为其伊斯兰教妃子而建)③之前位于长安街上,正对着总统府的大门。④在该寺做礼拜的人宣称他们是先知本人的后裔,经由喀什噶尔和伊犁的和卓(Khoja)⑤传下来的,在乾隆手下的将军兆惠在新疆发动那场著名战役⑥之后,他们成了战俘被带到北京来。现存的最知名的礼拜寺⑦是位于外城彰仪门东南角的牛街上的那座。它非常值得一

---

① 旧时伊朗国王的称号。——译者注
② 帕克说:"值得注意的是,中国的史书没有记载有关伊斯兰教之传入的只言片语。我们只是大略知道伊斯兰教于9世纪和10世纪在亚洲传播,忽必烈时代已经在中国牢牢地站稳了脚跟……忽必烈发布了一道诏令,要求穆斯林和其他外国宗教的信徒履行他们的兵役义务。"传说中国最早的清真寺怀圣寺由穆罕默德的舅舅建于广州。关于这个有趣的话题的最好的参考书包括:布鲁姆霍尔(Marshall Broomhall)的《伊斯兰在中国》(*Islam in China*)、迪维里亚(Devéria)的《中国伊斯兰教的起源》(*Origine de l'Islamisme en Chine*)、德蒂尔桑特(De Thiersant)的《中国的伊斯兰教》(*Le Mahométisme en Chine*)以及帕克的《中国与宗教》。
③ 即回回营清真寺,原名清真普宁寺。——译者注
④ 参见本书第七章。
⑤ 伊斯兰教对圣裔或学者的尊称,在中国新疆则成为"喀什噶尔和卓家族"的别称或特称,以表明他们即是圣裔。——译者注
⑥ 应指1759年夏兆惠平定大小和卓叛乱的战役。——译者注
⑦ 伊斯兰教徒最早用"礼拜"一词表示对神的崇拜,后来新教传教士也采用了这个词,他们用它来表达"星期日"和"一周"的意思。

去,最好是在星期五主麻聚礼①的时候,这一重要仪式下午两点钟举行。

挤满街巷的穆斯林穿着同样的蓝棉布袍,大多数老百姓也穿这种衣服。同样的,他们的清真寺从外观看来也跟平常的中国寺庙差不多。这让游客感到失望,他或许期待看到一座像小一点的圣索菲亚大教堂②的圣殿。但在中国,本土的影响总是会改变从外国借用过来的事物,因而中国式屋顶就取代了穹顶,方塔就取代了宣礼塔。

我们由一座小门进来,经过一间露天的立有石碑的停尸房,穆斯林去世后遗体裹在裹尸布里,在这里等待安葬。③彬彬有礼的侍者——其中有些带有鲜明的阿拉伯血统的特征——引导我们来到礼拜大殿。这是一座明代建筑,后来被重新修缮和装饰过。一位令人尊敬的老人——也许会被错认为先知——要我们脱下鞋子,掀开厚厚的蓝色门帘让我们进来。在炽热的阳光烘烤过后,从伊斯兰风格的带有遮板的飘窗(musharabieh)④透进来的光线如月光般暗淡,让人想起西班牙的清真寺。有一两分钟我们除了昏沉柔和的泛着金辉的微光外什么也认不出来。然后我们注意到成排的木柱将房间分隔成若干厅堂,最远处对着大门面朝麦加方向的是"米哈拉布"(mihrab)⑤或曰"望月楼",这是

---

① 穆斯林称一周为一个主麻,每周星期五正午后,穆斯林必须参加居民小区规模较大的清真寺举行的集体礼拜,即主麻礼。——译者注
② 位于土耳其伊斯坦布尔的宗教建筑,奥斯曼帝国时期为清真寺。——译者注
③ 中国穆斯林是唯一不用棺材下葬的中国人。虽然清真寺里出租棺材,用来将遗体运送到坟墓,就像西方国家出租灵车一样。
④ 伊斯兰传统建筑中一种突出的飘窗,包着木雕格子,有时还会用彩色玻璃进行装饰。——译者注
⑤ 阿拉伯语音译,意为"凹壁"或"窑殿",是清真寺礼拜殿的设施之一,设于礼拜殿后墙正中处的小拱门,朝向伊斯兰教圣地麦加,以表示穆斯林礼拜的方向。——译者注

一座小的平台，两侧有具有象征意味的球形箱子①。在右手方向的角落，有一段楼梯通向一座宣讲台，上面有一个装着《古兰经》的宝箱。墙和拱门上——特别是朝向麦加的西侧——装饰着以阿拉伯文书写的来自这部圣典的语句，因为它从未被翻译成中文。②玻璃灯和角灯挂在低矮的天花板上，在黎明前和黄昏后提供照明服务。这间庄严的内室极为简朴，与充斥着金灿灿的画像、积满灰尘的供品和俗艳帷幔的佛寺或道观形成了强烈的对比。这里唯一一件家具是靠近入口处的一张中国式木桌，上面放着传统的"三事"，即包括三足香炉、圆形香盒和箸瓶在内的燃香器具三件套③，它们后面是一块上面刻着"万岁万万岁"的皇帝牌位。这个带有偶像崇拜意味的标志令我们大吃一惊，直到我们的向导说每座寺院都规定要有这样的标志，不管其教义如何，以表示做礼拜的人发誓效忠于皇室，它们也构成了做礼拜的"官方许可"。

当我们参观这些物件时，信徒们三三两两地从侧室里面出来，他们已经在那里完成了斋戒沐浴，只有男性。妇女是不让进来的，因为她们的出席有悖于伊斯兰教的信条。《古兰经》不是说"除非她好心的丈夫带她来，女人不得进入天国"，从而剥夺了她在宗教事务上的独立身份了吗？

这群会众穿着长袍，戴着白色头巾或绿色的圆锥形帽子（去麦加朝觐过的人才有权利戴这种帽子），以阿拉伯语履行礼拜仪

---

① 望月楼与窑殿实为两座建筑，见王卫华主编、马骁等著《北京牛街回族民俗研究》，民族出版社2013年版，第29—31页。——译者注
② 《古兰经》被禁止翻译成任何语言。清真寺里也严禁使用任何人或动物的符号作为装饰。环绕和修饰文本的那些曲里拐弯令人困惑的曲线是改自花叶的形状。〔这里所述是当时的情况。——译者注〕
③ 此即所谓"炉瓶三事"，乃焚香必备之物。——译者注

式，其诚挚与严肃迥然不同于其他中国寺庙里敷衍从事的信徒。信众频频垂首，然后跪下以头触地。他们又站起来，手指伸展开来，大拇指放在耳垂上，双手握拳在胸前或置于膝上，回到俯伏在地的姿势，说明尽管阿拉伯教派很是看不起这些教友以一种低级的形式践行纯粹的信仰，他们仍旧以他们自己的方式表现得很虔诚。

主殿对面是一座方塔①，宣礼师遵循优美的穆斯林习俗，在这里召唤教民前来礼拜。侧室是阿訇和他的学童专用的。在精致的庭院里学生们嬉戏喧闹，许多幸福的童年在教师关爱的看护下度过，这里的教师就只是教师，而不是英语"管教"（mastery）意义上的师傅（master）。年复一年小孩子们在这里玩耍，直到他们长大到不再适合玩游戏的年龄，他们就离开这所庭院的庇护，开始艰苦的劳作生活，成为父亲和母亲。他们自己不来了，又把孩子送到这里来玩耍。

* * *

另外一种完全不同的宗教信仰团体体现在喇嘛教里，这是藏传佛教的一种颓废却又多姿多彩的形式。②虽然没有汉人喇嘛，这个教派所有成员——包括活佛在内——都是蒙古人或西藏人，但北京却有好几座喇嘛庙。

最有趣的是雍和宫，它是北京的一处著名景点，坐落于哈达门大街靠近北墙的尽头③的一个绿树成荫而又阳光充足的城市角落。人们通常称它为"喇嘛庙"，而描述它的恰当名称事实上是

---

① 即邦克楼，又称宣礼楼。——译者注
② 喇嘛教被宽泛地描述为"巫术、自然崇拜和佛教密宗的混合物"。
③ 雍和宫在沿哈达门大街一直向北到内城北墙时的路东。——译者注

修道院或"贡巴"（gompa）——藏语中表示"清净之地"的词，我们应该将其翻译为"修院"（cloister），因为它并不是真正意义上的寺庙，公众并不在那里做礼拜。1900年以前，要进入这片区域很困难，要从那儿离开甚至更难，尤其是对外国人而言。有一个俄国人确实参观了喇嘛庙好几次，他用当时活佛非常喜爱的一盒亨特利和帕尔默斯（Huntley and Palmers）的饼干[①]打通了关节。但当他想要离开的时候，一道道门又在他面前关上了，而凶狠的僧侣则嘲弄地问他准备花多少钱来打开每一道门。[②]

每年一次的"打鬼"演出时（正月三十日举行），这座"贡巴"会破例向所有的游客开放。这一节庆活动上会有大量群众聚集。经过漫长的耐心等待，几个半人半鬼的人形突然猛地跳进翘首以待的人群中。他们的服装很奇怪，就像印第安人的巫医一样。他们脸上带着死人的面罩，彩绘的火焰烧着他们从脚到膝盖的下肢。他们手里拿着长长的鞭子，用来给跳舞清理出场地。他们发出魔鬼般的叫喊声，横冲直撞，把人群向后推，抽打那些没有反应过来的人，直到清出足够的空间才罢休。然后从庙里走出一队奇怪的舞者。他们穿着各种颜色的祭服，戴着鸟形或兽形的巨型面具。随着铜号和鼓的缓慢而规整的节奏，他们四个一组往前进，一边弯腰盘旋，他们的头随着时间和他们身体的活动而左右摇摆。演出持续数小时之久，令人群欢喜无比，他们毫不在意被长鞭鞭打的魔鬼[③]，急不可待地凑近去看恶灵的画像被砍成两

---

① 亨特利和帕尔默斯是一家英国饼干制造商公司，该公司创建于1822年，是世界上第一个全球性的饼干品牌，也曾经是世界上最大的饼干厂之一。——译者注
② 关于这些喇嘛的残忍与厚颜无耻有讲不完的故事，其中一些构成了哈南（Hannan）那部惊悚传奇《燕翼》（*The Swallow's Wing*）的基础，对于那些在1900年雍和宫被八国联军强行打开展示给世界之前溜进去过的人们来说，这本书读起来非常写实。
③ 被鞭子打到虽然并不愉快，却被认为是一件幸运的事。

半,仪式到此结束。

被喇嘛们守护了如此之久的雍和宫的神秘——连同他们所有的物质和精神资源——如今被揭开了,游客们付一小笔门票的费用就可以进来。虽然禁忌那无可阻挡的吸引力毫无疑问在很大程度上成就了这座修道院在外国人中间的名声,这种名声还有其他更坚实的基础。作为活佛——从喇嘛教的观点来看他是神的化身——之前的住所[1],作为一大群属于黄教或其他正统教派的喇嘛(常住和非常住的加在一起约一千五百名)的家,这个地方具有非常重要的宗教意义,而它在政治上的地位也相当突出。这是由于中国皇帝的资助,他们给这些僧侣很多特权,如除了土地和岁入以外,还可与皇上面对面讲话。皇室希望通过对这个在西藏和蒙古全境都拥有巨大影响力的宗教团体表示善意来获得回报,从而加强它对这些遥远地区的控制。

繁华的日子已经过去了。皇室的捐助也停止了。来自京城蒙古旗营的固定进贡里的黄金也不再源源不断地流进这座寺庙的金库里。民国只给一点少得可怜的津贴,用于支持僧侣的生活。

然而,我们千万不能从外在的颓败迹象得出这座修院无人照料的结论。情况远非如此。在破旧的客房里住着许多来自草原的蒙古王公,这些寺庙即便已衰落,仍旧是蒙古人在故都里的精神和社会生活的中心。

雍和宫本是雍正皇帝的潜邸,按照君主的出生地此后再不能用作住处这一中国人的先例,雍正登基时(1722年)它就被改作宗教场所。宽敞的环境和精美的厅堂(每一座都被后来的主

---

[1] 如今雍和宫由一位西藏住持掌管,他是由西藏的达赖喇嘛任命的。只有出过天花的喇嘛才能担任这一职务,因为乾隆年间有一位达赖喇嘛就在北京死于这一可怕的疾病〔此人应为六世班禅罗桑贝丹益西。——译者注〕。参见本书第十三章。

人用漂亮的庭院分隔开来)都无愧于它们的传统,进门的大道连同其黄顶的牌楼也同样如此。在这里,喜鹊和黑色大乌鸦在树冠广大的树木上啁啾不已。树荫下,僧侣们一边走来走去,一边数着他们手里的念珠。有一位僧人从僧房——右边的低矮建筑——里冲出来,拿给我们一件来自西藏的木刻人像,按他自己的说法,要价是其价值的五倍。① 令我们惊讶的是,他是用几句结结巴巴的英文极力向我们兜售的。在贪婪的刺激下,这些甚至懒得学习汉语的蒙古人找到了与外国人交流的方法。从他们那令人不快的腔调和粗俗的手势中,我们能看出这些喇嘛懒惰而无知,社会地位很低。然而那些熟知这个群体的人们和那些可自由利用这座修院的藏经楼的学者向我们保证,里面有一些杰出的例外——那些具有真正的宗教感情和广博学识的喇嘛,他们回答人们的请教,享有很好的名声。

在大道尽头的第一座庭院里矗立着两座铜狮子,雄狮子爪下有一个球——因为中国的狮子就像英国的绅士一样,如果没有什么球给它玩就会不高兴,雌狮子和它的幼崽在一起,两头狮子都以其堪为铸造典范而闻名。② 它们守卫着第一座礼拜殿③,里面安放着布袋尊者④,即笑佛,既是和尚,又是小孩子的朋友。他

---

① 这座寺院真正的宝贝都被细致地标注和编号,以防止喇嘛将其盗卖给游客。
② 经常可以在北京重要建筑物的门口看到这些以石头雕刻、以铜铸造或制成景泰蓝的半神秘的怪兽。中国人认为它们活的原型——不论雄的雌的——会在它们的爪间分泌乳液。因此雌性形象会给脚下的幼崽喂奶。雄性无须担负母爱的责任,据说它们通过玩球来打发时间,保存其雄性的力量。最近五十年里,朝鲜山区的原始居民——就像早期中国人一样——夜间把丝制的球放在这些怪兽据说经常出没的地方附近,第二天回来把球收集起来,从狮子爱不释手地用爪子滚来滚去的这些玩具中提取贵重得可用作药材的"狮奶"。
③ 即天王殿。——译者注
④ 布袋尊者名契此,号长汀子,生于晚唐,浙江奉化人。常以杖背一布袋入市,出语无定,随处坐卧,喜与小儿嬉戏,世人认为他是弥勒佛转世。——译者注

那欢乐的笑脸很常见，因为在中国或日本几乎没有一座寺庙不供奉这位广受欢迎的神。① 布袋尊者被供奉在这座修院的门厅，预示着后面还有更多的严肃的神。我们经过他的前厅，又穿过一个立有一座大石碑②的院子，这座碑的四面用四种语言——汉文、满文、蒙文和藏文——刻着喇嘛教的历史，院子里还有一个高8英尺的非常有名的铜香炉。

再往后有两间厅堂，它们都是很大的长方形房间，里面充满了燃香的香气，诸多镀金的铜佛像被供奉在这里，全身散发着火红的光环，双手举起作祝福状，或紧握作祈祷状。它们的神龛由于里面的许多宝贝而显得富丽堂皇，包括精美的乾隆年间的景泰蓝、华丽的雍正年间的珐琅、漂亮的宁夏（位于蛮荒的鄂尔多斯地区之外）产的丝毯以及很多戴着僧帽的西藏和蒙古圣徒坐在多彩祥云上的画像，这些画像的图案非常生动，色彩上很像意大利的原始派绘画（Italian Primitives）。

也许可以称之为主殿的建筑还要更远，在这片区域的中心。我们本以为走进去可以看到诸多巨大而华美的画像，结果发现自己对面只是一幅一位戴着尖顶帽的西藏圣徒的镀金画像，还有一尊身披黄缎斗篷、头戴头巾的微型佛像。它不像更大的神像那样令人印象深刻，但极为神圣，是四壁之内最神圣的画像。许多年前这位神出现在一位皇帝的梦中，于是这位皇帝派一位圣僧去西藏边境找他。但当这位圣僧到了指定的寺庙时，里面空空如也。当时他听到一个微弱的声音在说话。"我在这里。"那个声音说道，引他到一堵墙前。这位僧人于是把砖块移开，把那尊佛像解救了出来。他担心会丢失这尊珍贵的佛像，就把

---

① 在日本，他被称为"布袋"（Hotei），一个带着他因之而得名的麻袋的快乐和尚，被日本艺术家以其特有的那种带着幽默的崇敬之心赋予日本民族的特征。
② 该碑即著名的乾隆御书"喇嘛说"方碑。——译者注

它捆在他的背上,然后开始了他那穿越西伯利亚的漫长的回乡之旅。而那个国家的人民说一门这位圣人听不懂的奇怪语言,一开始他常常困惑于该怎样问路。不过,这位小小的神很容易就学会了这门困难的语言,帮了救他出来的朋友。当他们最后抵达这座伟大的都城的时候,圣僧讲述了他是如何得到奇迹般的帮助的。于是这尊佛像就被称为"说俄语的小佛"。喇嘛们跟我们说神什么也不会忘记,他的天赋一直保留到了今天。试一试他看看! ①

每天下午在这座殿内都会举行向游客开放的宗教仪式。喇嘛和小喇嘛戴着黄色的头盔式的帽子,穿着橙色或砖红色的礼服,从他们的僧房里走到阳光下,形成了一幅富有画意(picturesque)的群像。他们的帽子据说最初是仿自中亚的金山的圣顶,他们的礼服鲜明地衬托出东方人的古铜肤色。他们缓慢地鱼贯进入这座圣殿,各就各位。当坐在人群中央的住持从他身边的一只瓶子里拿出并举起一束孔雀羽毛的时候,突然爆发出一阵奇怪的音乐声,铙钹的敲击声、擂鼓声和喇叭与海螺的吹奏声并作。他吟诵的是一种格里高利圣咏(Gregorian chant)②式的圣歌,僧侣们像唱诗班中的歌者一样面对面背诵连祷文,一边以种种神秘的形式挥动着他们的手和手指。同一篇祷文无休无止地重复据说有益于将心灵从世俗的思虑中抽离出来,但实际上似乎反而让心灵变得麻木并陷入催眠状态,使得参与者无法进行任何严肃的沉思。当这些僧侣有节奏地摆动他们的身体,无精打采地跪在他们的跪垫上的时候,很显然游客在门口的出现远比他们的祷

---

① 该殿应为法轮殿,但作者讲述的传说未见其他有关雍和宫的文献记载,待考。——译者注
② 西方教会单声圣歌的主要形式,是一种单声部、无伴奏的罗马天主教宗教音乐,通常认为是教皇格里高利一世(Pope Gregory I)发明的。——译者注

告更让他们兴奋。不过，尽管不断重复的那种麻醉效果导致他们昏昏欲睡，精神涣散，这一仪式还是令人印象深刻，特别是在重大的节日，当迈达理（The Maidari）① 的华丽的连祷文由僧侣们以完美的节奏和出色的低音——语音不连贯时就会达到这种效果——吟唱出来的时候。

西方世界最深沉的低音也达不到住持吟唱魔咒的开头段落的调子，它让"索尔"（Sor）② 能够制服恶灵：

哦，索尔，把所有有罪的人化为尘土！
哦，索尔，把信仰的所有可恶的敌人化为尘土！

然后他第一次把"索尔"这座面团捏成的金字塔高高地举过头顶，合唱团以他的名义回答道：

我，瑜伽塔里（Yogatsari），我扔出索尔，
那比矛的尖还要锋利的索尔，
它那可怕的力量甚至超过了雷霆！

---

① 蒙文中梵文"弥勒佛"（Maitreya）的音译。——译者注
② "索尔"是一种面团做成的金字塔，涂成红色，装饰有火焰和花等图案。顶部是人骷髅的形象，也是用面团做的。整个物件构成了对抗邪恶的护身符（例如，清朝皇帝有时候也会在军事出征之前让人念诵"索尔"咒语），它也是供奉弥勒佛的神秘供品。〔"索尔"应该是一种灵器，美国学者莱辛（Ferdinand D. Lessing）注意到，在法轮殿举行的仪式中，供桌上会摆放一个三角形坛城，上面插着一支装饰着哈达的羽箭，鬼或魂附着在这支箭上。鬼魂的头是个骷髅，通常用面团捏制，身体用红纸剪出，边沿为锯齿状，代表火焰，纸从下至上逐渐变细，整体形状像一把弯刀（藏文 Zor，音译"索"，意为"弯刀"），这是对付魔众的一件令人生畏的武器。见费迪南德·D. 莱辛《雍和宫——北京藏传佛教寺院文化探究》，向红笳译，中国藏学出版社 2007 年版，第 180 页。莱辛的描述很接近作者这里谈论的"索尔"，只是作者说它整体是用面团捏制，未提及红纸。具体情形仍有待考证。——译者注〕

住持又一次举起金字塔,圣歌再次响起:

> 我,瑜伽塔里,我扔出索尔,
> 我扔出它不是为了居住在上天的诸神,
> 也不是为了居住在冥界的龙王,
> 也不是为了飘浮在天地之间的精灵,
> 也不是为了土地和水的主宰——
> 我,瑜伽塔里,我扔出神圣的索尔,
> 去粉碎那些凶恶的敌人,它们撕扯我们的灵魂,
> 在伟大的信仰前设置障碍,
> 我要让这些搅扰我们精神的魔鬼无法作恶!

最后,当他第三次举起它,将它扔向一个燃烧着的火堆的时候,喇嘛们以绝妙的结尾完成了这场仪式,这个结尾像是一些古老的希伯来先知的唇间倾泻出来的:

> 我,瑜伽塔里,我扔出了可怕的索尔!
> 哦,看门人,敞开你们的大门!
> 是的,它们已经打开了,真理像一支胜利的军队出场了,
> 地狱的守护者,抓住所有的有形体和实质的我们的敌人,把它们关起来!
> 地狱之门的看门人,把门关上,关住它们,
> 是的,把里面的裂缝也关上!——
> 现在看门人已经把最小的裂缝也关上了,
> 把所有精神上的障碍都关起来了——让我们自由了!

这场仪式作为一个整体,让人们表面上想起了圣彼得大教堂

或其他罗马教堂的弥撒。①

雍和宫最有名的景点是那尊巨大的镀金"当来下生佛"(弥勒佛)像②，它是用一棵云南雪松的树干雕刻出来的。它那庞大的形体高达三层楼，实际计算的高度是75英尺，虽然根据喇嘛的说法，它的高度是七十肘，他们相信我们在实现完美的灵魂转世的时候，都会达到这样的身高。③

"大佛，看大佛。"一个吵吵闹闹的莽撞的小喇嘛喊道，他正把一个人推进大厅，伸出手来要小费，尽管他很清楚游客们明显没有被要求花费超出他们门票的钱。在昏暗中，弥勒佛那冷酷和怀恨在心的表情赫然耸现在我们上方，他的头顶上有一盏灯（之前皇帝驾临的时候才会点亮），手上拿着慈禧太后给他的丝巾。他看上去是多么冷漠和无情，跟他身边进行的礼拜仪式是多么疏离啊！

一段歪歪扭扭的摇摇晃晃的楼梯通向一个高高的阁间，后者与这尊巨大佛像的头部在同一水平线上。从外廊上能看到大殿那漂亮的屋顶以及使得其线条变化多端的顶窗的非凡景致。一个巨大的转经筒吸引了我们的注意。这只是一个圆柱形的筒，上面

---

① 在外在的形式上，罗马天主教的弥撒与喇嘛教的仪式有一些惊人的相似之处，有趣的是，人们可以将其追溯到两者的开端。舒泽（Choutzé）的《环球旅行》(Le Tour du Monde, 1876) 称："喇嘛有牧杖，有僧帽，有长袍，有互动性的仪式，有香炉，有将伸出的手放在信徒头上的赐福，有念珠和宗教游行。我甚至还见过喇嘛教的牧师给朝圣者赦罪。忏悔者通过在寺庙庭院里的祷告来净化自己之后，就被允许前往祭坛，那里有一个喇嘛在他的胸口做一个包含梵文字符的方印的标记。"

② 这尊佛像位于万福阁，根据相关文献，它是以白檀香木雕刻而成，这棵白檀香木来自尼泊尔。——译者注

③ 卜士礼称："喇嘛教和汉传佛教日常形式之间的一个差别可以从他们对弥勒佛（未来佛）观念的不一致这个独特的细节上看出来。汉人通常将他再现为一个胖胖的小个子的形象。与之相反，喇嘛则将其表现为一个巨大的人像，以王公的身份穿着长袍，戴着菩萨的珠宝冠冕。"

写满了祷文,绕着一个轴转动。转动一次被认为等同于背诵它所包含的上千次祈祷,对一种毫无活力的信仰的那些懒惰的信徒来说,这个节省劳力的装置具有强烈的吸引力。

在这座圣殿的背后,我们来到了中线这一系列殿宇的最后一座①,里面有三尊多罗菩萨(Tara)或曰"智慧女神"的像②。"她们坐在幻生之花——莲花上面,她们肢体散发的慈悲之光收拢在花瓣里,柔软的手指计算着善法的数目,反映了可能在某个被遗忘的时代由一位印度舞女的魔力所启示的诸种理念。"③根据喇嘛教的传说,叶卡捷琳娜大帝据说是右边那位女神的转世化身之一,同样的传说有时候也跟维多利亚女王的名字联系在一起。

还有许多较为次要的神殿,它们的数量是如此之多,要一一列举它们所有的神祇只会让那些不熟悉喇嘛教的复杂仪式的读者感到厌烦。不过几乎在所有的这些侧殿里面都有值得一看的东西,比如说,著名的玉制金佛就在其中一间里④。值得注意的还有它后面的木制佛像,喇嘛们说它是从北海的水里取出来的,此前皇帝曾看到有奇妙的光在它隐身之处的上方闪耀。

另外一个房间里有一座金制的天堂模型⑤,第三个房间内有

---

① 即绥成殿。——译者注
② 多罗菩萨是观世音菩萨化身的女性菩萨。多罗(梵语 Tārā)意为"眼""妙目精""瞳子""极度""救度",又译为多罗母、多罗佛母、度母、救度佛母。——译者注
③ 此处引文出自小泉八云《在诸神的暮色中》("In the Twilight of the Gods")一文,见 Lafcadio Hearn, *Kokoro: Hints and Echoes of Japanese Inner Life* (Boston and New York: Houghton, Mifflin and Company, 1896), p. 212.——译者注
④ 此处应指照佛楼里著名的玉制佛身、金制袈裟的"金镶玉无量寿佛"。——译者注
⑤ 此处疑指御制"喇嘛说"方碑后面的铜制须弥山,但此物并不在室内。——译者注

两头很相像的河马,当乾隆出来狩猎时,它们企图杀害他。两头野兽几乎跟那四位打败它们从而救了皇上的命的绿脸卫士的雕像一样凶狠和古怪①。

幸运的游客也许会偶然碰上在这些侧殿中的一座里为新喇嘛举行的某种次一级的仪式,他们嘴里嘟哝着祷文,时不时地会停下来打闹嬉戏从而中断他们的祷告。这些小的祈祷室里满是有关魔鬼和女妖的俗丽绘画和对恶魔的怪异想象,所有这些都构成了某种宗教的恐怖主义的虚假装置的一部分,这个宗教的控制力就在于它对恐惧的控制。欲望之神的淫秽形象驱动着世界,它们身披着黄色丝巾,站在祭坛上面,祭坛周围是酥油灯、海螺号、人头骨制作的酒杯以及其他连喇嘛们自己经常都不知道其意义的奇怪物件。②

不幸的是,在喇嘛中间,从对湿婆的恐惧式的崇拜中引入的较为粗俗的鬼神学和迷信形式遮蔽了原始佛教观念的高贵品质。

*　　*　　*

从雍和宫的那种不健康的道德氛围中走出来,我们几乎长出了一口气,转向了旁边的孔庙。它这般敬献给平和而令人惬意的哲学的安静庭院相比之下是多么地不同啊!

---

① 此处应指东配殿内的两头黑(人熊),据说乾隆十九年(1754年)八月,乾隆巡幸时,在吉林的额林嘉摩亲自射死两头熊,此为两熊的模型。在其左右有当时扈从皇帝的四勇将军(号虎神四将)持扎枪相对而立,应即为此处所说的绿脸卫士。参见中野江汉《北京繁昌记》,第51页。——译者注
② 要理解这些象征和它们的起源,需要经年累月的学习以及一座可资利用的穷尽珍稀书籍的图书馆。不过,瓦德尔(Waddell)的《西藏的佛教》(*The Buddhism of Tibet*)一书提供了许多有关喇嘛教的有趣细节。埃德蒙·坎德勒(Edmund Candler)的《揭开拉萨的面纱》(*The Unveiling of Lhasa*)一书则包含了对西藏的生活与喇嘛庙的生动描述。

"大成庙"①因为缺少更好的名字而被称为"庙",这个词并不准确,就像"宗教"一词运用于它所服务的那种习俗并不准确一样。这一习俗的创立者孔子生活在犹太人从巴比伦回到故土和薛西斯入侵希腊的时代,他既没有把自己装扮成弥赛亚,也没有妄自宣称自己有神性。他甚至否认自己有任何发现或发明的功绩,只是公开而有计划地教授一种建立在古代理念基础上的道德体系,他重新复兴了这些理念,并将它们整理得井井有条。因而他的礼仪里既不包括教士,也不包括神的形象,实际上只是祖先崇拜习俗的一种变体。这种习俗是许多东方宗教的基础,也是将中国社会凝聚起来的纽带,大体而言它是清明且遵守法则的,经历了诸多沧桑变迁。

对我们西方人来说,很难给这位伟大的圣贤安排一个合适的位置,更困难的是理解他的原则中所包含的力量,这种力量足以使得这些原则成为两千年来中国的博雅之士与贵族、学者与官员(普通民众也一样)的公共与私人生活的理想。他很可能应该与柏拉图并列为世界上最伟大的教师之一,尽管柏拉图的准则与规范——如果说更深刻和更高明的话——对他的弟子从未拥有过孔子的规范准则对其弟子所拥有的那种约束力。后者的影响力毫无疑问很大程度上应归于这样一个事实,即他为实际问题提供了以有教养的形式出之的实际解决方案。②

---

① "庙"是指称庙宇或殿宇(temple)的通用称呼,"寺"具体用于佛教的圣所(sanctuary),"观"则用于道教圣地(shrine)。"坛"意为祭坛(altar)。
② 儒教论题太大,无法在这里处理。感兴趣的读者应该阅读帕克的《中国与宗教》,道格拉斯(Douglas)的《儒教与道教》(*Confucianism and Taoism*),理雅各(Legge)教授的《中国的宗教》(*The Religions of China*)、《帝国的儒教》(*Imperial Confucianism*)以及他的杰作《中国经典》(*The Chinese Classics*),或花之安(Ernst Faber)的《儒教汇纂》(*A Systematical Digest of the Doctrines of Confucius*)。最有价值的是孔子自己作品的标准翻译,因为尽管他的一部分言论已经过时了,他的教义仍然是中国人一大部分思想的关键。

直到今天，他的准则与规范在中国仍是某种活的因素，尽管在民族主义运动的某一个阶段，出现了对孔子及其教义的激烈的反动，最终导致某些纪念他的庙宇的毁坏。然而，上百万的中国人即便是虔诚的佛教徒或道教徒，仍同时信奉他的学说①，而且每一座城市都有向他表示崇敬的庙宇。

北京的这座孔庙在规模和优美程度上仅次于这位圣哲在山东的出生地曲阜的孔庙，令人印象非常深刻。它最初建于元朝，约在 13 世纪末左右，就在其现址上。它曾被多次重新改造和重建。现在的大殿很可能是明朝的建筑。②

在看过北京这么多部分受损的优美古迹之后，发现这处圣地保存完好，相较其古代的光荣并未显示出实质性的衰败，是一件令人精神振奋的事情。就像孔子的学说在经历了岁月流逝后光彩依旧一样，屋顶上完好的琉璃瓦也依然闪闪发光，而屋檐上的彩绘则清新干净，门上的牌匾刚刚被装饰一新。③ 甚至

---

① 这一事实表明儒教的那种保守性的活力，但并不说明其他信仰存在某种弱点。夫子对宗教持完全容忍的态度，从未劝阻他的门徒践履宗教。佛教徒和道教徒将儒教仅仅看作一种伦理体系，他们本身并不禁止皈依者遵循儒教仪式。然而，伊斯兰教和基督教认为它们的教义是对生活的全面规范，不会容许这种情况。
② 北京孔庙始建于元大德六年（1302 年），大德十年（1306 年）建成，明永乐九年（1411 年）在原址重建。——译者注
③ 袁世凯拨出五万元对孔庙进行了大范围的修缮。他是孔子的热烈的支持者，并尽了他最大努力去影响 1917 年中国国会中有关孔子是否应当被尊为神以及儒教是否应被定为国教的争论，来支持他心目中的英雄。不过这项动议被否决了。参见维纳（E. T. C. Werner）的《秋叶》（Autumn Leaves）。〔此处史实有误。袁世凯 1916 年 6 月即已去世。作者所提到的争论，应指 1916 年 9 月至 1917 年 5 月宪法起草委员会有关是否定孔教为国教的争论。此前 1913 年 9 月至 11 月宪法起草委员会上就有类似的争论。至于袁世凯本人，他确曾颁布了一系列尊孔祭孔的典礼和告令，并于 1914 年 9 月 28 日亲自到孔庙祭孔，但他并不赞成定孔教为国教。参见韩华《民初孔教会与国教运动研究》，北京图书馆出版社 2007 年版，第 260—263 页。——译者注〕

纪念圣人的祭品也是三年前才放在那儿的，一次是春天的第二个月，另一次是秋天的第二个月①。复杂而虔敬的仪式在清晨三四点钟举行，但有可能获准观看在前一天某个更合理的时辰举行的排演。

过去会指定特定的官员在圣人的牌位前燃香和跪拜，而主祭则会宣读一份写在一幅卷轴上的致辞，之后这幅卷轴会放在祭坛上的一个小箱子里。穿着明代服装的成群的乐师演奏六篇赞美孔子的乐章，即所谓的"和平颂"②。夫子一生中都热爱音乐，支持音乐发展，他的精魂应该会在和声中获得欣悦，它们完全是按照两千年前的和声演奏的，"里面有手鼓和大鼓，小笛与长笛，还有一种牧羊神的笙管，是西方的潘神所不知道的"③。许多乐器实际上有数百年的历史，然而它们的形式还要更古老。悬挂在精雕细刻的框架上的磬，摆放在锻造得古怪而又精美的架子上的鼓，丝弦的琴，月琴，扬琴，有十三个竹管的风笛或曰"笙"，"直笛"以及用鼻子吹奏的笛子，这些都是圣人出生之前很久就发明了的。④

---

① 钟摆又再次摆回来了，孔子多多少少被重新树立起来了。然而，仪式较之从前简化了很多，标志着"万世先师"现在必须屈居于孙中山之下这样一个事实。〔清代每年春秋仲月（即农历二月、八月）为祭孔时节。——译者注〕
② 祭孔乐章按祭祀仪程分为六章：迎神，奏《昭平》之章；初献，奏《宣平》之章；亚献，奏《秩平》之章；终献，奏《叙平》之章；撤馔，奏《懿平》之章；送神，奏《德平》之章。见张桂林主编《传统音乐》，山东友谊出版社2008年版，第398页。作者此处所说的"和平颂"当为这六篇乐章的合称。——译者注
③ 此处引文出自小泉八云的《怪谈》，见 Lafcadio Hearn, *Kwaidan: Ghost Stories and Strange Tales of Old Japan* (Mineola: Dover Publications, Inc., 2006), p. 136。——译者注
④ 祭孔乐舞中所使用的乐器"八音"俱全，包括金属类的镈和编钟，石属类的特磬、编磬，土属类的埙，革属类的楹鼓、晋鼓等，丝属类的琴、瑟，木属类的柷和敔，匏属类的笙，竹属类的洞箫、凤箫、龙笛和篪等。见张桂林主编《传统音乐》，第399页。——译者注

游客经由西边的一道门①进入孔庙。靠近入口处，在一片树干极其粗壮、将我们带回到宋朝的柏树中间，矗立着优美的石碑②，它们是为了纪念过去五六百年间一百多名在三年一度的科举考试中脱颖而出的学士而建立的③。

　　在一座有屋顶的门道④里面，有十面差不多高3英尺的黑色石鼓，山上的巨石差不多就凿成这种形状。据说它们可追溯到周朝（公元前1122—前256年）。很多年来这些珍贵的古代文物就半埋在陕西省的某处荒野。当时著名的诗人韩愈恳求将它们移到某个安全的地方，于是820年左右，它们就被安放在凤翔府的孔庙中。五代时期（907—960年），它们又一次不知所踪，但宋朝（960—1279年）的一位地方官员找到了其中的九面⑤，将它们放在他的宅子里。最后，在1052年，丢失的那面也找到了。⑥那位躲避契丹人的宋朝皇帝在河南省建都的时候，专门建了一座殿阁来存放这些石鼓。⑦它们在那里只待了几年，因为女真人于1126年洗劫了这座城市，剔出了用来填注鼓文的嵌金（这些嵌金用来表示石鼓的价值，同时也为了防止摹拓时锤子对它们的损

---

① 当为持敬门。——译者注
② 最早的可追溯到1351年。
③ 即进士题名碑。作者记述的数字有误，实为记载五万余名进士的198块碑。——译者注
④ 当即大成门。——译者注
⑤ 因为害怕这些无价之宝再发生什么意外，乾隆皇帝下令用大理石精确复制了一套。
⑥ 一种说法是，最初石鼓被安放在凤翔孔庙的时候就只有九面，另外一面叫"乍原"的石鼓已不知去向。——译者注
⑦ 此处史实有误，北宋一开始就建都今河南开封。石鼓先被置于辟雍，后入保和殿侧之稽古阁，据说宋徽宗曾用金填注其字，以示珍贵，永不复拓。参见徐自强《石鼓文》，陈红彦主编《金石碑拓善本掌故》第一册，上海远东出版社2017年版。——译者注

害)①,然后将这些石鼓运到了他们自己的都城,即现在的北京。

考古学家一直都对这些巨石上的文字充满最浓厚的兴味。它们是刻凿出来的原始篆文,一些学者说是现存的中国文字最古老的遗迹,但它们很可能是从更古老的青铜器上的字符复制过来的。② 鼓文由一系列十首一组的颂诗组成,每面石鼓上都刻着一首完整的诗。诗节呈现为不规整的韵文,赞美了约公元前1000年一位诸侯的狩猎之行,当时雅利安人正在征服印度,大卫王统治着以色列,荷马则在希腊行吟歌唱。

在辨认这些几乎不可辨识的文字时,汉学家们众说纷纭,许多诗人则以他们最美妙的灵感来赞美这些拥有三千年历史的石头。自韩愈的时代一直到乾隆年间,它们因被反复摹拓而变黑了。韩愈哀叹第六面鼓因为被某些破坏者用来舂米而凿空③,乾隆证明石鼓之真实性的韵文则刻在一块很大的大理石碑上④。

这些石鼓后面是一座可爱的庭院,里面有六座黄色琉璃瓦的

---

① 卜士礼称:"中国人把薄、坚韧而有黏着力的纸张弄湿,将其平整地贴在石头或铜器的表面,由此获得铭文的摹拓本。首先用木槌敲击纸张,中间垫上一块毛毡以防止对石头或铜器造成损坏,然后用毛长而柔软的毛刷将纸贴实在每一个缝隙和凹下去的地方。最后将纸揭下来,上面就印上了碑文或铭文的一副完美而又耐久的印本,当然,它是反过来的黑底白字。人们能经常在旧的石碑上看到黑色的墨痕,这表明一位业余书家获得了碑文中某些特别秀美的字体的一份拓片。"
② 卜士礼称:"中国文字从源头上来说毫无疑问是表意的,最早的汉字或多或少都是对物体的照样复制。声旁要到很晚以后才被采用,这跟世界上其他地方类似的文字所经历的自然发展过程是一样的。从指称原始汉字的'象形'这个名词上就可以看出这一点,这些汉字据说是由仓颉发明的,取代了之前使用的结绳和刻痕——就像古代秘鲁人用的奇普(quipos)〔古代印加人的一种记事用具,类似结绳。——译者注〕——记事的方法。"
③ 作者似误记,韩愈《石鼓歌》并无相关诗句。宋梅尧臣《雷逸老以仿石鼓文见遗因呈祭酒吴公》中有云:"近人偶见安碓床,亡鼓作臼刳中央。"或为出典。——译者注
④ 应即《集石鼓所有文成十章制鼓重刻序(乾隆五十五年正月上元御笔)》。——译者注

亭子,亭中是立在龟背上的石碑①。它们记录了康熙、雍正、乾隆三位皇帝对外征战的事迹。②就像日本的天皇们直到今天还会在先皇的神位前报告自己的胜利,带着喜悦的心情确信伟大的逝者仍旧保持着他们对生者的命运的关心一样,这些过去的中国君主也把他们成功的消息带到孔子的灵前。

三段台阶从这个院落通向主殿,即"大成殿",中央是著名的"御路"。

这座大殿本身的比例给人一种和谐和引人沉思的印象。我们进去时感到脚下如苔藓一般厚的棕毯的柔软。殿内完全是一片简朴和纯粹:没有图像,没有装饰,也没有符号,只有供奉"至圣先师孔子"的朱漆神位,以及四块小一点的安放夫子的四位伟大弟子之精魂的牌位(分别是写位居"四书"之首的《大学》的曾子、写"四书"中第四部的孟子、圣人嫡孙子思,以及颜子——他与夫子的对话记录在《论语》中),而位于背景位置的还有纪念八位次一级的弟子的更小的牌位③。这些庄严的成排摆放的巨大牌位上面以前还挂着称颂的联语,横梁上则挂着敬献的题词,其中有一幅由前后相承的历任皇帝亲笔书写,以表示他们对圣人的尊崇。④这些题词已经被移走,以示对民国感情的尊重。

---

① 所谓龟应为"赑屃",传说中驮碑的龟形动物。——译者注
② 这些石碑纪念的是:1704年康熙征服西蒙古;1726年雍正征服东西藏;1750年乾隆征服苗寨;1760年乾隆征服准噶尔(卡尔梅克人的土地);1777年远征四川和云南。〔事实上大成门与大成殿之间的院落共有十一座碑亭,西面五座,东面六座。作者应该指的是东面六座。不过从她描述的石碑内容来看,其中也包括了西面的碑亭,但具体描述的时间和事件多有讹误,此处不一一订正,详情可参考中野江汉《北京繁昌记》第158—160页。——译者注〕
③ 大成殿中配祀孔子的除了四圣外,还有十二哲,不止八位。——译者注
④ 最优美的题词由四个遒劲的大字组成——"万世师表"。它是康熙的御笔,有他的钤印为证。他的世系中的最后一位——被废黜的宣统皇帝——也像他的那些杰出的先人一样,献上了他的赞语。

只有黎元洪总统献的匾额还高高地悬在梁上，上面的金色文字在昏暗的光线中熠熠闪耀①。

游客们当天通常还会去逛一下紧挨在孔庙西边的国子监。最初在元朝的时候，它只是一所普通的学校，永乐皇帝将其改建为国立大学②。皇帝农历二月会去那里讲经，他坐在中央的辟雍宫的宝座上，后面有一扇著名的屏风，做成五岳的形状。园中的柏树是元代一位夫子种植的③，但国子监④并非最初元代的建筑，而是由乾隆皇帝按照古代的样式建造的。它是一座高耸的方形建筑，有两种屋顶，顶上是一颗很大的鎏金宝珠，周边环绕以木柱支撑的游廊，整个结构矗立在一座圆形水池的中央⑤，池上架着四座通向中央各门的大理石桥。

精致的窗花、出檐深远的屋顶以及室内木料的优美布置，就像外面那些复杂的彩绘水平很高的横梁一样，使得这座建筑成为中国建筑的精美的范本。

不幸的是，这座殿堂尽管与孔子有着间接的关系，却并未像孔庙那样得到修复。到处都是尘土，让朱漆和金饰失去了光泽。

"你们为什么不至少清理一下这个漂亮的宝座呢？"我们询问那位面相谦恭的守卫。他回答说："因为如果我清理的话，游客们就会坐在这个神圣的座位上；而如果我任由它变脏，就没有

---

① 黎元洪所献匾额上题写的是"道洽大同"。见中野江汉《北京繁昌记》第161页。——译者注
② 此说不确。国子监初建时即为朝廷设立的最高学府，明洪武年间改为北平郡学，永乐时又恢复国子监原称。——译者注
③ 据吴长元《宸垣识略》（北京出版社1964年版）："国子监古柏，元祭酒许衡植。"见第103页。——译者注
④ 此处应为辟雍大殿。——译者注
⑤ 池子里过去养过金鱼和美丽的莲花。但是当民国宣告成立，是总统而非皇帝出现在这些古老的区域的时候，花和鱼都死了——传说是这样。不管怎么说，现在那里已经没有一朵花或一条鱼。

人会这么做了。"他对人性的了解比他找的借口更无懈可击。

事实上,懒惰是他疏于照管的行为的根源——懒惰和骄傲。作为一个真正的保守派,他讨厌外国的捣乱者闯进这座中国文化的家园。当他领我们绕着那些被废弃的廊道(里面有数百座刻着四书五经全文的石碑①)游逛,经过那个之前用来确定官方的标准时间的日晷,来到那座立在街口的壮丽的瓷制牌楼②的时候,他的态度明显表明,尽管他迫切想要赚一笔小费,他还是把我们看作外来的闯入者。

---

① 这些笔直的石碑上的碑文是乾隆皇帝下令刻上去的,模仿的是汉唐两朝,它们都曾将经典书籍镌刻在当时中国的都城西安府的石头上。〔这里应指东汉后期的熹平石经和唐代的开成石经,前者位于洛阳而非西安。——译者注〕更重要的是,这些碑文也意在防止这些极为重要的古典文献的遗失,防止第二个秦始皇的冲动行为。碑文被分隔成大小合适的页面来刻在石碑表面上,这样拓本就可以摹拓在纸上并装订成书的样式。〔这些石碑位于国子监和孔庙之间的夹道内,碑上的经文不限于四书五经,而是包括完整的十三经。——译者注〕
② 即国子监大门集贤门内的黄色琉璃瓦牌楼。——译者注

第十章 诸神之庙

除了这三大圣殿之外,北京还有上百座其他的庙宇。外国人对它们了解得不多,但在那些以完全不偏不倚的态度用神龛纪念每一位神圣英雄、用祭坛讨好每一位神的中国人中间,它们却很著名。"高等的心智本身就能满足于抽象的想象,低级的心智则必须要有具体的现实来寄托他们的信念。"[1]因此,对较次要的神祇的原始崇拜与对至高无上之存在的纯粹敬拜并肩而立,一直有其出身卑微的主顾。

甚至来自早已被遗忘的时代的自然崇拜的遗迹也仍然存留在对那些人类本能地惊叹或恐惧的宇宙力量的神化之中,这些力量包括太阳、星星、雷电、雨和风,简而言之,所有那些人类听到、看到或感觉到却无法理解的事物。随着人在文明中不断进步,他用那些类似人的形式来包装他的恐惧,用供品来安抚它们,向它们祈求帮助,或为获得的好处而感谢它们。

每一位自然神祇都有他自己独特的个性和属于他自己的庙宇。雷神供奉在紫禁城东边的凝和庙,这座庙建于1770年左右,现在已经不再承担原先的功能,而是变成了一个普通的警察站。显然这位神的雷霆已不再在人们的心中激起恐惧,因为他的另一处神庙——位于皇宫西边、建于同一时期的雷神庙或昭显

---

[1] 此处引文出自 Percival Lowell, *The Soul of the Far East* (Boston and New York: Houghton, Mifflin and Company, 1888), p. 181. ——译者注

庙——正被用于教育事业。① 这实在是很可惜的事，让人们感到好像一位备受尊敬的悲剧演员忽然失去了公众的青睐一样。他那精彩绝伦的动作已不再有激动人心的力量。

　　雨神的情况要好一些。在他曾经栖居的福佑寺（靠近昭显庙），他的一位敌对之神倾听着那些他完全有权利认定应该是说给他听的祷告。在1723年这座庙供奉他之后，它又被先是交给佛教徒，后来又给了喇嘛教。虽然如今有点疏于照管，但它那绿色和黄色的屋顶仍旧为西华门一带增添了不少秀色。大约有二十位喇嘛住在这里，他们和一所中文学校共用这些房屋。珍贵的经籍收藏于1900年被搬到了日本，但无法从这座寺庙里拿走的是对它属于可怜的雨神之前的那些时日的记忆，那时候年幼的康熙和他的保姆为躲避宫中的天花疫情而被送到这里。② 跟一般的孩子一样，他因为被迫与父母分离而抱怨，直到晚年还为这次分离而感到愤愤不平。但他留下了一块神牌、一个宝座和一批作品，作为对他的坏脾气的补偿，它们现在还能在主殿里被看到。

　　康熙皇帝出于他的宗教热忱和办事精力，还于1700年将明代的一座兵站改建成了佛教寺庙万寿兴隆寺，就在福佑寺对面。后来这座寺庙逐渐变成了宫中老太监中意的落脚留居之地，由此就得到了清朝皇帝的资助。每一位皇帝——包括被废黜的宣统——都给它拨付大量款项，并以题词的形式加以表彰。这里藏有有趣的佛像（陌生人只有蒙僧人的允许才偶尔可以一睹），

---

① 此处有误，凝和庙奉祀的是云神，俗称云神庙，建于雍正八年（1730年），昭显庙确实供奉雷神，俗称雷神庙，建于雍正十年（1732年），参见上官丰编《禁宫探秘》，新世界出版社2005年版，第422—423页。——译者注
② 据余棨昌《故都变迁记略》（北京燕山出版社2000年版）："福佑寺旧传为雨神庙，在北长街街东，清雍正元年（1723年）建殿，以供圣祖大成功德佛碑，以其寺为圣祖冲龄时，防出痘避居禁外，当日保母护御之邸也。民国后，充班禅办事处。"见第40页。——译者注

同时也是存放太监主顾们的华丽棺材的地方。小院子里有一棵漂亮的梓树[①],树荫下面是一个上演宗教剧目和盛会的露天戏院。这里整个的气氛让人想起沉思的状态,那是东方人的理想生活。僧侣们坐在花园里,"此时树木青翠,灌木丛湿软,风吹走了新叶的影子,鸟儿在最后的花枝间流连"[②],以那种莽撞的西方人一无所知的完全抽象的力量陷入冥想之中。他们心满意足地过着梦一般的生活,"直到连对自我的感觉似乎也消失了,最后经过迷雾一般的无意识的关口,他们漂浮进了广阔茫漠的弥望皆是的涅槃之海中"[③]。

风神的神龛则在宣仁庙,它在外观上与凝和庙别无二致,位置也在同一条街的北边一点。它建于1728年,当时南来的微风拂动了一座漂亮的祭坛,人们对它们的存在表示礼敬。但如今它们随意吹拂却无人注意。再没有一束香为纪念它们而燃烧。庙里的建筑空空荡荡,一片凄凉,由一位官员负责照管,他将它们租给贫困的手艺人来挣取一份正当的收入。

比起汉人,他们的满族征服者对自然崇拜的信仰要虔诚得多,这些人是住在阴深的"泰家"(taiga)森林[④]——一片充满了突如其来的风暴和剧烈的自然现象的荒凉之地——中的部落的后裔。以前的皇城[⑤]的东南角有一组黄色琉璃瓦建筑群,离北

---

① 在中国,这一树种提供了制作棺材的最受欢迎也最昂贵的木材。
② 此处据原文直译,作者引用的是阿瑟·韦利(Arthur Waley)翻译的白居易诗,见 *More Translations from the Chinese* (New York: Alfred A. Knopf, 1919), p. 39。该诗即白居易《首夏同诸校正游开元观,因宿玩月》,译文对应的原文诗句为:"(清和四月初,)树木正华滋。风清新叶影,鸟恋残花枝。"——译者注
③ 此处引文出自 Percival Lowell, *The Soul of the Far East* (Boston and New York: Houghton, Mifflin and Company, 1888), pp. 172-173。——译者注
④ taiga 源自蒙古语,意为森林,欧洲语言以该词通称北方针叶林。——译者注
⑤ 因为将皇城与周边地区隔开的城墙已被拆除,它跟周围的内城已经很难区分开来了,如今它已与内城融为一体。原来的边界、城门等还可以在比丘林神父的地图对开第 198 页上找到。

京饭店非常近，它们是北京皇宫外萨满教或"黑教"的唯一一处圣地。它被称为"堂子"，意即清廷官方的萨满庙，是旧堂子在义和团暴乱①中被烧毁后而新建的。虽然没有外人见过在那里举行的秘密仪式，我们从记载中得知它们跟之前在奉天举行的仪式一模一样。在祭祀过程中，一位萨满（"值得尊敬的人"）身着饰有龙形的礼服，戴着有两个羚羊角的"圣帽"，腰带上系着铜钟，向神灵宣读一篇满文的祷文，然后跳一段来自满洲旧俗的舞蹈。这种万物有灵论的粗糙形式，这种西伯利亚土著（满人的通古斯祖先就是发源于他们）的原始信仰的奇特残留，能在中国这样的高度发达的文明的都城中存留下来，这件事只能说明当最初的清朝统治者兴建纪念他们祖先的宗教庙宇的时候，以及当最后的清朝统治者又在外国的武器和观念大举入侵之后重建这座庙宇的时候，必然是被对他们过去的深深的尊崇所激发。从担任皇宫守卫的家族中挑选出来的一班萨满和女萨满（后者为皇后服务）一直保留到了清朝统治的末年。

离堂子不远是一座喇嘛庙，它与清朝也有着密切的关系。这就是玛哈噶喇庙（又叫普度寺），它建在比周围房屋高出15英尺的某种高台——一种颇不寻常的设施——之上。这里原先是一座明朝宫殿，正统皇帝被蒙古人放回来（1450年）之后就住在这里。②清朝建立后，它成了睿亲王即著名的多尔衮的府邸，多

---

① 参见本书第三章。
② 正统皇帝在位时，中国因蒙古的一次入侵而损失惨重，在他人怂恿之下，他亲率五十万的远征军讨伐蒙古，结果以惨败收场。他的军队几乎全军覆没；主将被杀，正统皇帝本人则被俘。蒙古人以皇帝为人质索要赎金，但尽管索要的金额小得荒唐，由于某种奇怪的原因这笔钱从未被支付。皇帝被扣在蒙古人手里，他的弟弟景泰皇帝被扶上皇位（1450年）。最后蒙古人发觉他们把正统皇帝关押起来没有任何好处，就把他放回来了。但因为他的弟弟不愿退位，他被迫隐退，安静地住在普度寺，过了一段时间的私人生活。后来，景泰皇帝生病期间，他发动政变重新夺得皇位，又统治了帝国八年时间。

尔衮是努尔哈赤的第十四子，也是满族入关过程中最有权势和最浪漫的人物。他是胜利进入北京的那个人，而且按照他与吴三桂达成的协议，因为吴三桂的人帮助镇压了李自成的叛乱而通过建立清朝对他们进行了奖赏。就像另一个沃里克（Warwick）[①]一样，这位造王者将他六岁的侄子定为满人的统治者，并在他的摄政之下将其扶上皇位，年号顺治。

1650 年 12 月，当年仅 39 岁的睿亲王在一次他喜爱的狩猎活动中丧生的时候，年幼的皇帝赐予这位七年来一直是他的辅政团队中主心骨的出色领袖无上的哀荣。后来，在其对手的指控下，他失去了这些荣耀，他的名字也被从皇室的谱系中除去。但过了一百多年，乾隆皇帝又恢复了他的名誉，从而证明中国历史上并没有谁的行为会以遭受谴责而盖棺论定。

睿亲王如画般（picturesque）的府邸因为充满了对这位伟大英雄的回忆和它那空空荡荡的墙壁所引发的伤感而长久地萦绕在民众的想象中，当时有一首诗有这样一番题咏：

松林路转御河行，寂寂空垣宿鸟惊。
七载金縢归掌握，百僚车马会南城。
（吴伟业《读史偶述》其十六）[②]

康熙皇帝将这座旧宫改建成了供奉玛哈噶喇的喇嘛庙，玛哈噶喇是印度湿婆神的化身，故庙又名玛哈噶喇庙。康熙皇帝还赐

[①] 当指第十六代沃里克伯爵理查德·内维尔（Richard Neville, 1428—1471），他在两位英国国王的废立中都发挥了重要作用，有"造王者沃里克"（Warwick the Kingmaker）之称。——译者注
[②] 中文原文见吴伟业《吴梅村全集》中册，上海古籍出版社 1990 年版，第 501 页。英文译文不尽准确，添加了若干词句，此处不注出。——译者注

予寺内喇嘛以蒙古文而非藏文举行仪式的特权。①

一位小喇嘛看到有游客来访，拿着他们想参观的大殿的钥匙过来了。他领着他们穿过那唯一的院落来到正殿，里面有许多有趣而古怪的物件。左边是一个雕刻得异常精美的架子，上面摆放着铜钟，每一口都发出不同的声调。小喇嘛一边轻声笑着，一边指出有一些钟已经遗失了。也许那空出来的地方代表了已成交的好买卖。再后面则立着成排的神像，它们在暮色中可怕地耸现在游客面前，有罗汉、佛和菩萨，还有比它们还古老的神话中的形象。有一些是坐在莲花座上的传统塑像，另一些则骑着大象、老虎或神秘的怪物。有一位邪恶而又很华丽的神，全身血红如魔鬼般，眼睛里充满狂乱的怒火，脚踩在一个人身上。

上面高处靠近天花板的地方是一座挂着丝帘的小壁龛，它是供奉玛哈噶喇的。但那座金像已经不见了，就跟庙里大多数其他宝贝一样，是义和团动乱时期被偷的。以五台山的神龛为模型的壁龛里面也是空的。它里面珍贵的佛像也激起了某个"义和拳"的贪心，他那受到错误引导的爱国主义混杂着贪婪。向导主动打开的壁橱里存放的经书则幸免于难。劫掠者很可能并不了解它们作为几套以蒙古文书写的完整经文中的一套的价值，要不就是它们体量太过庞大，无法搬走。有一些贵重树木的树干雕刻着释迦牟尼一生的场景，它们还立在祭坛前。还有一座很漂亮的石质香炉——很像源于早期意大利的器物——也留存了下来，同样保留下来的还有各种上过漆的青铜器皿，几乎无法认出它们是铜器，直到轻轻敲击后它们发出被包裹得严严实实的

---

① 这是北京唯一一座容许举行蒙古仪式的喇嘛庙，尽管大多数喇嘛团体都几乎完全是由蒙古人组成的。海淀镇上通往颐和园的路上的两座喇嘛庙和西陵附近的一座喇嘛庙也属于类似的例外情况，在这三座庙里，经书都是用满文来宣读的。唯一一座用汉文来举行仪式的喇嘛庙据说在热河。

钟的柔和音调。

初学者喇嘛摸索着走进一座侧面的礼拜堂，那里如此黑暗，以至于除了影影绰绰的形状，看不清任何东西。他的眼睛闪出调皮的神色，拿出一根蜡烛并点燃它，爬到祭坛上掀起神像上面的帘子，这些神像在身体结构上是如此逼真，无法近距离地审视。这些朱红色和绿色的神，半人半兽，典型地体现了狂野的创造力，他们凛凛的眼睛就像黑猫的眼睛一样在黑暗中灼灼发光，在他们旁边矗立着四位黝黑的护卫，穿着如披甲武士一般。周围则是佛陀的"动物军队"的古怪雕像，象征着距离残忍并不远的力量。

在这些或许是从挪亚方舟上走出来的奇怪生灵中间的是伟大的多尔衮的甲胄。那积满灰尘的铁牌镶边的缎袄，那尖尖的头盔，那已经破碎不堪的用于仪仗的黄伞，那经年累月变得僵硬的箭匣，都在我们心中生动地唤起那位战将兼政治家的形象。满族能入主中原很大程度上要归功于他的技艺、审慎和节制。他那充满中世纪精神的气质使得这座富丽堂皇的神殿在诸神侵入之前就一直焕发着光彩。

比玛哈噶喇庙还要有趣的是嵩祝寺这座喇嘛庙，这是一个很大的机构，包含三座独立的寺庙：法渊寺、智珠寺和嵩祝寺。关于其创建年代并无记载，但喇嘛们说乾隆年间，这处地产是为了当时的章嘉呼图克图而从当时住在里面的佛教僧侣那里买来的。① 从17世纪开始，章嘉呼图克图和他的后继者就以半皇家的身份住在嵩祝寺，直到几年前，现任的章嘉活佛搬到了山西的五台山。②

---

① 据载，嵩祝寺系雍正十一年（1733年）为章嘉呼图克图修建。——译者注
② 章嘉呼图克图是喇嘛教的教阶里排行第四的教宗，喇嘛教的教阶里包括大约一百六十位呼图克图。比章嘉呼图克图宗教地位更高的只有西藏的达赖喇嘛和班禅额尔德尼，以及外蒙古的哲布尊丹巴呼图克图。康熙年间，1693年，一位章嘉呼图克图首次被从西藏派往北京，被封以"京师第一活佛"的尊号。

他离开以后，嵩祝寺的繁华即告衰竭，如今正快速地陷入破败之中。这是关于失去的声名与当下的贫困的很老套的故事，因为政府已经不再提供资助来修缮历史古迹了。对我们这些尊重和保护我们过去遗迹的西方人来说，民族意识正在觉醒的中国人（这方面我们听得太多了）竟对他们的古迹如此漠不关心，这看上去是多么奇怪啊！

"倒了，倒了。"老看门人说道，一边悲哀地摇着头，一边领着我们来到这座寺院西部的摇摇欲坠的智珠寺。如果不很快采取措施的话，那座漂亮的方形大殿就会坍塌为废墟，就跟其他一百处应该被悉心保存的名胜古迹一样。

东部的法渊寺情况要稍微好一点，还存留着几座精美的雕像和几个上面高处装有用来挂钟的镀金顶子的漂亮框架。院子里面，在一块精雕细刻的大理石基座上，有一座圣山峨眉山——"摩天之山"——的奇特铜制模型。

中间那座庙看起来不那么让人难过，至少它的屋顶是防雨水的。但空空荡荡的章嘉呼图克图的宝座还是再一次让我们的导游陷入沮丧之中。"当上师住在这里的时候，我们过的日子多好啊，"他低语道，"尊贵的宾客那时候会来当面拜见上师本人，以示对喇嘛教的尊崇。转经筒一刻不停地旋转着，钱币落到功德箱里的声音听起来就像音乐一样悦耳。唉，那些这里住着许多喇嘛，举行许多仪式的日子啊！"

当我们的眼睛逐渐习惯于这座神殿的昏暗光线的时候，我们注意到这里在为一场节庆而做准备。"看样子你们还在举行仪式啊。"我们评论道。"是的，"他咕哝道，"但很少有人参加，而且这些仪式也不再挣钱了。不过，如果你们感兴趣的话，你们来得正是时候，因为纪念霍乱女神的活动一切都已准备就绪，她是我们在冬至敬拜的神①。就在今天晚上,你睡觉的时候,喇嘛们会举行一个纪念她的念经仪式。"

在我们的请求下,他解释了其中的一些象征符号。穿着黄袍的小人像是章嘉呼图克图的一幅肖像,是送来在仪式上代表他的。摆满盛放谷物、蔬菜等物的小碟子的桌子是献给土地出产的供桌。可以说,这些供品是"初果",即春季作物的预计收成。上面有魔鬼的头或骷髅、装饰有彩绘火焰的用面团做成的金字塔,代表了印度的创造神梵天以及四大方位的四大护卫。放在盘子上的牛角和叉箭则是抵抗邪灵的象征。至于纸马上的纸人,则是陀那钵底或"施主",他支付——或者说应该支付——这场特定仪式的费用。

"唉!"我们的导游带着一种情有可原的悲观态度叹道,"一个纸人付纸钱。"

当我们把两块圆圆的银圆放在祭坛上的时候,他终于笑了,那种在盛满米饭的碗里闻到一点猪肉味道的人的笑。"章嘉呼图克图以后,"他一边给我们鞠了一个很深的躬,一边喃喃道,"从那以后,我们还没吃饱过饭呢。"

---

① "霍乱女神"的原文是"Jvālamuktu, Godness of Cholera",未查到Jvālamuktu的相关信息。蒙古族的藏传佛教寺庙会在冬至举行玛哈噶喇法会(参见唐吉思《蒙古族佛教文化调查研究》,辽宁民族出版社2010年版,第525页),不知有无关系,待考。——译者注

第十一章　内城的寺庙

北京内城寺庙特别丰富，它们是过去的遗迹，那时候还没有现代生活的匆忙、喧闹和不得安宁，人们愿意把钱花在神而不是他们自己身上。那时候通过建一座庙来"积德"要比统领士兵和骚扰民众更重要。

柏林寺位于内城北城墙墙根下（就在雍和宫的西边），是一座人们所能想象的最幽静美丽的寺庙。然而从外面尘土飞扬的普通街道和那毫不起眼的城墙的遮蔽视线的正面，没有人会猜到这座隐藏在这一安静角落里的寺院的重要性。

我们也只是在穿过大门进到一座漂亮的庭院的时候才意识到这一点。庭院里种着高大的树木，当我们从城墙上俯视这些树的时候，它们增强了这类地方那种肃穆的秘不示人的气氛。

有一两块明朝的石碑——比清朝树立的碑更方正、更矮粗些——立在正殿前，殿内有一组三位细腰丰乳的娘娘像。[1]

再往里走有一些宽敞的庭院，其中有一般供僧人居住的两层楼阁[2]，而在一个铺着旧石板的安静的小角落里，隐藏着一棵白皮松，它那盘根错节的树干仿佛一座分支很多的枝状大烛台。

因为柏林寺享有作为一处非凡的圣地和南来佛教学者旅京时的驻锡之地的名声[3]，所以它的住持也享有不同寻常的圣洁的名望。

---

[1] 此处疑有误，柏林寺大雄宝殿内是明代塑造的三世佛像。——译者注
[2] 当即维摩阁。——译者注
[3] 这座寺庙也与日本佛教徒举行过重要的研讨会。

我们向一位侍僧打听："有没有可能见一下这位高僧呢？"

这位年轻僧人的脸上掠过一丝红晕："当然，他会很高兴接见你们，但这会儿不行。现在有一位电影摄影师正在平台上拍他的片子。"这就是现在名声的代价——即便是对圣徒而言！我们得赶紧加上一句，这场表演虽然不协调，却并非不体面。在摄影机开动之前，助手们整理好住持的僧袍，脱掉他觉得不太合适的黑色织帽。然后，当他沉思默想着来回踱步，显然忘记了他在拍电影的时候，一只如一捧雪一般白的鸽子从一块屋顶上飞下来，落在了他的肩膀上。摄影师为这次出人意料的富于人情味的接触而笑了。它会带来怎样的一条字幕呢——"甚至鸟儿也喜欢这位高僧！"拍这只鸽子与住持在一起用了15英尺的胶片，然后摄影机停了下来。年轻的摄影师非常礼貌地鞠了一躬，戴上他那顶洋派的宽檐帽，整理好东西走了。此时住持带着眼角泛起皱纹的微笑走了过来。"您没发现这种现代气氛与这处清净之地的平静格格不入吗？"我们恭敬地询问道。"哦，不，"他回答道，"当一个人的呼吸平和的时候，心灵也是平静的，无论发生了什么，无论他身在何处，不管是在马路上推来搡去还是一个人独自坐在泥屋里。"我们嘴里念叨着希望我们的呼吸会变得平和的祈愿，离开了这位安详的人和他安详的寺院，说道："再见了，大师，您的话我们记在心里。"

同样是在这个晴朗的早晨，不远处积水潭的岸边还有几座小庙可以轻松愉快地游览。积水潭如今是一泓浅浅的池塘，但它曾经是个停满了驳船的湖泊，这些驳船沿着忽必烈修建的运河将乡村的物产运送到京城。①

---

① 这条运河还可以在西直门附近看到，但由于疏于照料，水流变得缓慢了。它一开始是为了将西山的水引到北京城，并且与大运河连接成一个完整的水道系统。然而，内城里湖泊的规划布置到了明万历年间才完成。那时候【接下页】

第十一章 内城的寺庙

我们一路上经过德胜门,老百姓叫它"果子门"。[1] 在附近的场地,批发商跟农民就他们从果园里采摘来的水果讨价还价,包括红苹果、金柿子和紫葡萄,它们摊开来放在直径一码的平底篮子里,看上去颜色非常鲜艳。撑着蓝布伞的如画般(picturesque)的货摊在春天堆成金字塔的杏子和夏天成堆的西瓜的映衬下五彩缤纷,而驮着一筐一筐满满的农产品的驴一年到头都会打那衰颓的城门楼下经过。让这一切显得更加混乱的是,肩膀上挂着托盘的小贩不时叫卖着他们的货物,站在街中央的人群大声喧哗着讨论他们的生意或为鸡毛蒜皮的事情斗嘴。

这种热火朝天的场景很快就变了。再往前走一点,我们来到了一片宁静的居住区,它实际上并未受到进步潮流的影响,外国人也很少来这里探访。在这片区域,古代中国似乎仍旧伸出她的手来,轻轻地搭在现时代的快速脉搏上。这里的生活跟乾隆时期差不多一样,只有几根电线杆打破了这种幻觉。沿街叫卖的小贩仍旧把东西卖给羞涩地从门缝往外窥视的妇女。男人当街为他们的棺材讨价还价,日暮时分则带着他们的鸟到挨着积水潭的柳树下面鸣唱,或者临时去参拜汇通祠这样的祠庙。汇通祠是"敬拜湍急水流边的祖先的祠堂"[2],这个古雅有趣的小地方位于一

【接上页】积水潭岸边曾经充满了活力,许多奇特的仪式都在那里举行。农历六月十二在积水潭里给御马洗澡的习俗,这些牲畜被列成一队领到这里,它们身上盖着丝毯,前面是挥舞着红旗的马夫,后面跟着一头只有一只角的黑牛,这头黑牛"无论如何都不得跑到马前面来"。一星期之前给皇宫的大象安排了一年一次的洗浴,不是在这里,而是在顺治门外的护城河里,大批的群众前往围观。还有一天是专门让女人洗头发、让家家户户给家里的猫和狗洗澡的。

[1] 德胜门内有果子市,但未闻德胜门有"果子门"的称呼,不知作者何据。——译者注
[2] 汇通祠旧称法华寺,又名镇水观音庵,乾隆二十六年(1761年)重修,赐名汇通祠,祠内供奉龙王,与祖先崇拜无关。见封启智《汇通祠和郭守敬纪念馆》,中国人民政治协商会议北京市西城区委员会文史资料委员会编《京城什刹海》,中国文史出版社2001年版,第172页。——译者注

座小山上，小山本身就是一座岛。里面没有什么值得花费时间的，但俯瞰湖面的平台和旁边有附近的妇女前来洗衣服的那块旧石碑，则是可以勾留的宜人去处。如果可以的话，选择一个温暖的春日，当各个时辰不知不觉地彼此相融、钟点和日历都从记忆里淡去的时候，那种彻底屈从于这座"悠悠时光之祠"（Temple-of-Lots-of-Time）的令人沉迷的魅惑的感觉，永远也不会使你感到遗憾。

然后，当你有所感动时，沿着岸边漫步，走到另一组被称为"高庙"的不起眼的明代建筑群，它们与巴夏礼和洛克（Loch）这两个名字永远联系在一起。1860年，这两个不幸的英国人被歹毒地囚禁在这里，遭到刑部的残酷虐待，疲惫不堪地困居此处好几个月。① 直到几年前还在管事的老和尚还记得当时这两个"洋鬼子"被关在这座庙里。他指给我们看那个狭窄的院子，他们就在那里走来走去，一直担心如果驻扎在城外的联军攻打这座城市的话，他们就会被害；还指给我们看他们睡觉的那间黑暗的小房间，墙上有方形的壁纸（后来被好心人揭走了），他们在上面写上了自己的名字和最后的留言。这些证据都毫无疑问地表明高庙就是囚禁巴夏礼和洛克的地方，虽然湖边有一座元代的小庙据说也关押过他们。

与这些小庙形成生动对照的是壮观的关岳庙，这是一组漂亮的建筑，原先是前摄政王（醇亲王，被废黜的宣统皇帝的父亲）的家庙，就紧挨着在他那广大的府邸的后面。这座壮丽的寺庙光

---

① 据《筹办夷务始末·咸丰朝》，僧格林沁于1860年9月18日拘禁了英法联军代表巴夏礼等人，径直送往刑部，10月2日，清廷将巴夏礼、洛克等从刑部提出，"于德胜门内高庙暂住……仍以礼相待"。10月8日下午，清政府"将巴夏礼送到德胜门外夷营"。可见两人在高庙只被关押了六天。以上见王开玺《晚清政治新论（修订版）》，商务印书馆2018年版，第175页。——译者注

绪年间才建成，因而它现在仍旧保存得相当完好，让我们能够看到那些更旧的古迹刚刚粉刷过，屋瓦还完整的时候是什么样子。袁世凯以民国的名义占用了这处房产，将它改建成了供奉关帝和岳飞的武庙。

关帝通常被称为中国的战神，他不是"以战斗和屠戮敌人为乐的残忍的暴君；他是能够防止战争和保护人民免于战争之恐怖的神"。他是那些"被他们的国家视为无私的爱国者而尊奉为圣徒"的伟大军人中的最著名的一个，"他肯定是中国历史上最浪漫的时期之一（三国时期）的极为浪漫的人物。事实上，这位英雄首先是由宋代的皇帝挑选出来加以特别尊崇的，他们把他确立为某种国家崇拜的中心人物，明朝以定期祭祀的形式延续了这种崇拜，清朝则以特别崇敬的态度发展了这种崇拜"。①

因为关帝在晚清受到了超乎寻常的尊崇，胜利的革命党人决定以冷漠的鄙夷态度对待他就不奇怪了。然而民国的建立无法将一位受到各色人等敬爱的神赶下神坛。某种意义上，他甚至仍旧是国家的保护者，按照古代的敕令（早在 1531 年就已发布）在他生日那一天接受礼敬。该敕令云："重要的国家大事应该向关公庙里关公的神灵汇报，以免他对他的国家的运势一无所知。"②或许新的一代觉得他的奇迹也许还管用，想起来在无数次场合他是如何出现在一队势不可挡的神兵天将的头阵，从而挽救了寡不敌众的军队和受到围困的军营（所谓的蒙斯［Mons］事件在中

---

① 参见本书第二章，又见庄士敦（R. F. Johnston）的《中国的军事英雄崇拜》（"The Cult of Military Heroes in China"）一文（*The New China Review*, 1921）。
② 国家层面上对关公的祭祀起于明洪武年间，嘉靖十年（1531 年）改关羽"寿亭侯"封号为"汉寿亭侯"，"每岁五月十三日以候生辰，用牛一、羊一、豕一、果品五、帛一，遣太常寺堂上官行礼，国有大事则告"（万历《大明会典》卷九十三）。参见朱海滨《国家武神关羽明初兴起考：从姜子牙到关羽》，《中国社会经济史研究》2011 年第 1 期。——译者注

国的记载中有很多原型）[①]，于是决定继续做他的不仅是心怀感激的而且是充满希望的崇拜者。

然而，关帝的特殊地位跟 1911 年以前相比已经有所不同，因为现在他得和另外一位爱国者岳飞分享他的准神圣的尊荣。岳飞在中国人的情感当中也享有一个很高的地位，这位高贵的勇士被称为"中国的巴亚尔"（Chinese Bayard）[②]，生活在关帝之后近一千年中国历史上一个非常不幸的时期。他在抗金斗争中脱颖而出，当时金军正忙着将宋朝皇帝从华北平原赶出去。但在位的宋朝君主（高宗）完全没有为他的胜利而感到高兴，因为他害怕这位可敬的将军会迫使金人把他们当作俘虏掳走的钦宗皇帝[③]送回来，这样的话高宗就得要么退位，要么跟他的皇位的合法拥有者对抗。岳飞还很不走运地引来了秦桧的敌意[④]，这位权臣针对他的阴谋诡计最终导致他被捕入狱和遇害。

随着时间的流逝，岳飞在中国逐渐被抬高到守护神和神祇的位置，这是通过那种在东方并不罕见的去世后恢复名誉的奇特过程而发生的。"修了一座庙来供奉他，还为定期的祭祀仪式拨付了资金。但在清代，对岳飞的关注很少。这是由于一个有趣的原因。他如此奋勇地与之作战的金人与满人同属一族……种族骄傲（如果说不是对先人的孝心的话）要求清朝君主对他们坐在龙椅上的前辈表示尊敬。然而，对这位曾经是鞑靼人最不共戴天的

[①] 蒙斯是比利时南部的一个城镇。第一次世界大战期间，1914 年 8 月，英德军队曾在此交战，英军寡不敌众，但最终成功地摆脱了全军覆没的危险，转而发动回击。当时谣传称有超自然的力量介入解救了英军，可参考维基百科"蒙斯的天使"（Angels of Mons）条目。——译者注

[②] 巴亚尔（Pierre Terrail Bayard，约 1476—1524），法国中世纪英雄，人称"无敌骑士"，后成为战功卓著的英雄代名词。——译者注

[③] 参见本书第十章和第十二章。

[④] 参见本书第十章。

仇敌的伟大军人，他们实际上并没有做过损害他的名誉或剥夺他的神灵已经享有的荣耀的事情。"

在这座武庙，关帝和岳飞连同另外二十四名被认为同样配得上祀典的著名领袖和爱国者受到正式的祭祀（关帝和岳飞享有同样的最高等级的尊崇，其他人则被视为他们精神上的"伙伴"）。这样一种"武庙"的观念发自袁世凯，是建立在对实际治国方略和国家功效的考虑的基础上的。它的主要目的是在人民中间激发爱国的理念，提升公共评估中武备的专业化水平，并用尚武激情和职业热情来鼓舞军人自身。

关岳庙里的"武威殿"是这个重新组织过的军事英雄崇拜的"母教堂"，它是坐落于宽敞庭院之中的一座漂亮建筑。里面有精美的柱子和雕饰繁复的天花顶，并排摆放着关帝和岳飞的塑像，两人都身着华美的战袍，都表现出严肃庄严与宽厚仁爱相结合的面貌。还有关帝著名的坐骑"赤兔"马和他那把同样著名的"青龙"刀（有一次他用这把刀劈砍一块岩石，直到最后水从中喷涌而出，解了他的渴）的模型，以及岳飞打仗时候骑的白马的模型。

"1915 年 1 月，在这座殿里举行了纪念这两位爱国者以及其他配祀的英雄的第一场仪式，当时袁世凯委派的一名将军率领他的军官和士兵来到这座新落成的祠庙，每个人慢慢走过这些为他们的国家打过仗并且大多战死的英雄的雕像或牌位的时候都低下头来。类似的仪式又持续了若干年，但现在已经停止了。"

差不多就在这座壮观的英雄之庙的隔壁，是古老的宁静的拈花寺，里面有几进安谧的绿树成荫的院落和精美的镀金雕像。后殿尽管罩着一个很大的玻璃柜子却仍然积满了灰尘，里面有一尊坐在由数百个很小的佛像构成的底座上的铜制佛像——一件不同寻常的作品①。祭坛上的瓶子里放着一些可爱的镀金的莲花，让人们想起关于莲花如何成为一种神圣的花以及它为何经常摆放在佛的旁边的迷人传说。

一天破晓时分，乔达摩②坐着沉思的时候，听到一支奇特的悦耳的歌曲。他一边听，惊奇与喜悦一边在他的心中滋生，因为那旋律慢慢地呈现出一个"拯救计划"，那是他自己长久以来一直通过祈祷和沉思来寻求的东西。但突然间音乐停止，他等待着它再次响起却徒劳无功。

乔达摩赶到悬崖边上，他凝视着山谷里的薄雾，看见一个魔鬼把它那张嘲弄的脸转向这位焦虑而失望的先知。乔达摩热切地乞求那首歌的剩余部分，乞求那项计划能延续下去。但魔鬼宣布，在他对人类血肉的饥渴得到满足之前，他不会再唱下去了。只有到那时候，他才会唱出那神秘的秘密，告诉他拯救全人类的知识。

听到这些残忍的言辞，乔达摩喊道："用我的肉来解您的饿，用我的血来解您的渴吧，但我恳求您，请继续您的歌唱，直到所有的灵魂都得到拯救。"于是他立刻脱下他的长袍，从岩石上跳了下去。突然间一束阳光照亮了下面的山谷，照到了漂浮着一朵莲花的水塘上，那朵莲花叶子舒展，含苞未放。当这位圣洁的先知从天而降的时候，花苞突然绽放，轻轻地落在它那雪白的花瓣上的，就是那将要给超过三分之一的人类带来一个新的拯救希望和一种比他们已知的信仰要好得多的信仰的唯一之人。③

---

① 此处应指千佛阁里供奉的明代所铸铜佛"毗卢世尊莲花宝千佛"，佛像"座绕千莲，莲生千佛，分面合依，金光千朵"。千朵莲花每花有一铜佛，每佛高约四寸，故称千佛阁，拈花寺亦因此又名千佛寺。参见善无畏、邬育伟著《北京百家佛寺寻踪》，新华出版社2012年版，第38页。——译者注
② 即释迦牟尼，佛教创始人，本名乔达摩·悉达多。
③ 日本也有这一传说，在那里直到今天，隆起的莲心还被称为"莲座"。跟在中国一样，每一座佛龛前都会摆放自然的或人造的莲花，以纪念它给予神圣的佛陀的援助。

离拈花寺不远处还有两座明代寺庙，一座是佑圣寺，那儿有一位颇有进取精神的商人制造着旧漆柜的现代复制品，正在院子里将它们风干；还有一座是广化寺，游客会在那里不经意间发现一件华丽的具有代表性的旧欧洲家具——这是一件葡萄牙的雕花木桌，乾隆年间送给了这座寺庙。

旁边还可以看到另外一座可追溯到1734年的关帝庙，离后门和鼓楼之间的那座石桥很近。这里我们再一次证明了这位爱国者是如何无私地将他的庙与其他神祇分享的。一直都很受欢迎的财神在同一座建筑里也有一个祭坛。火神也有一个祭坛，实际上这座庙现在就是以他命名的，大家都叫它火神庙。他的脸很暗，被他自己的烟熏黑了，又被他的火焰烤焦了，整个来说他看上去更像一个粗鲁的神。

内城里这么多著名的寺庙都已经消失了，比如说马神庙[①]（其址现在是北京大学的一部分）。现在内城最古老的寺庙很可能是一座供奉二郎神的小庙，据说可追溯至唐代。二郎神是玉帝的外甥，他有一条著名的不离左右的哮天犬，曾忠心耿耿地帮助他追赶猴王。猴王是结出吃了可以长生不老的蟠桃的桃树的看管人，却监守自盗。当二郎神发现的时候，他立刻前来追捕这个偷桃贼，但猴王有七十番变化（每一个都形成了一个民间传说）的本事，让他头疼不已。有一次淘气的猴子变成一条小虫子进入他的追赶者的体内，在他肚子里扭来扭去，直到找准机会逃了出来。还有一次他变成了一座庙，大门是他的嘴，前殿是他的头，如此等等。二郎神这次注意到那代表了猴子的尾巴的灯笼柱立在庙的后面而非前面，也就是说，从（猴子的）形体结构的角度

---

① 这座庙由明朝的正德皇帝兴建，后来清初皇帝又曾对它大加修缮。它旁边是御马监以及由负责照管这些御马的太监组成的驯马司，还有象房。

来说处于正确的位置，但从（庙的）建筑的角度来说却是错的，于是便认出了他。幸好比起猴王的七十番变化，二郎神能经历七十二番变化，于是他最终智擒这只狡猾的动物，因为猴王犯的恶行而将其用链子捆了起来。①

坐落于哈达门大街上、灯市口对面的二郎庙，又称"狗庙"。祭坛上堆着无数用来还愿的北京哈巴狗模型，这是一种卷毛、短鼻、爪子边缘有穗毛的小东西。当狗生病的时候，主人就献上一个这种栩栩如生的用毡或毛皮做成的模型，不过若能趁已经被供品迷蒙了眼睛的执事背对着小偷敲着锣的时候从祭坛上偷走一个，也被认为是差不多同样幸运的事。然而，若供品的分量不够大，他就会突然转过身来，把窃贼抓个正着。于是整套把戏就前功尽弃了。

不仅"妙道真君"二郎神能治活人的病，他那不会说话的同伴也有给其同类治病的本事，这是一位老妇人偶然发现的。当她祈祷她的儿子康复的时候，她那只跟她一起来到庙里的生病的狗也奇迹般地被治好了，于是她就第一个用还愿的小狗模型来表示她的谢意。

当我们参观这座庙的时候，一个妇女正代替不在的执事行使职责，烧着香，敲着锣，在接待前来敬拜的人的间隙做针线活儿。她还帮助游客"抽签"算卦。这是按照通行的方法来进行的，即用一束卦签，每一根上面都有一个对应"相书"上某一页的汉字。求卜者摇晃竹筒（或曰"卜筒"）里的卦签，直到预示他命运的那根从里面掉出来，然后那位老妇人就递给他预告未来发生的事的纸单。成年人非常郑重其事地来这里向这位神以及他

---

① 以上作者对二郎神和孙悟空的描述与《西游记》中的描述多有出入，读者领会即可。——译者注

那谦卑的女执事求教。事实上，这座庙的收入主要就来自这个无害而又活跃的迷信活动，因为在整个东方，法术都是日常生活中一种公认的非常强有力的因素。

有一个古雅有趣的传说与二郎庙有关。古时候，有一位屠夫在他住的街区生意做得很兴隆。一天早上，他发现他留在货摊上的最好的一块肉一夜之间不翼而飞，连着好几天都是如此。困惑与恼怒之下，他接受了他儿子天黑后拿着刀蹲守在店里的提议，希望能找到偷肉贼。大概半夜的时候，这个小伙子蓦然看到一只企图偷取鲜肉的黄狗的身影。他朝那动物身上砍去，然后它就不见了。但让他惊讶的是，当他追踪血迹的时候，发现那畜生是从闩上的门的门缝里钻出去的。第二天早上，他沿着血印追到了二郎庙。因为他的家人一直都是这座庙虔诚的信徒，他震惊地发现躺在二郎神脚下的那只狗的雕像上有一道很深的刀口。从那以后这位屠户的生意一落千丈，他全家都沦为了乞丐。这时候他才意识到自己跟其他人一样，有时候会无意中讨得一位守护神的欢心，放弃那"一磅肉"①在某些情况下还是有好处的。

在这座城市另一边的西南角，有几座大庙是人们更熟悉的，尽管没有那么受人珍爱。

在通往平则门的大街上，靠近牌楼的地方坐落着广济寺，它那并不起眼的大门让人想不到它是这座城市里最为富有的佛教寺院之一，有一百位僧侣住在里面。外面大院的一部分如今是"千字平民学校"②，但那两座漂亮的塔楼里的钟和鼓仍旧为内部圣殿

---

① 此处用莎士比亚《威尼斯商人》中的典故，意为合法却有悖情理的要求，又双关这个故事里的情节。——译者注
② 此处据原文直译。查相关文献，广济寺民国年间开办有广济平民小学，当即此校，见徐威《广济寺》，华文出版社2003年版，第31页。"千字"或指以《千字文》为教材。——译者注

中举行的仪式而鸣响。

一位戴着毛皮衬里的耳罩的年轻聪明的僧人问我们是否愿意去看看佛像。"我们真的很高兴能去参观。你们这些美丽的院落让我们相信它们一定很有意思。"他很骄傲地打开了一扇扇大门。我们面前是一组由释迦牟尼佛、阿弥陀佛和药师佛组成的三尊非常高大的佛像①，还有他们的弟子，以及一座饰有极为精美的一套"八宝"的祭坛。②坦白地说，令我们真正感到印象深刻的不仅是这些佛像和珍宝，还有把这座大殿照管得井井有条的那种方式。"谢谢您的客气话，"僧人回答说，"不过你们脸上的表情是敝庙收到的最好的礼物之一。请允许我带你们看一些其他的东西。"他领着我们参观了一群比真人还大的镀金罗汉像，还有一组由慈悲女神观音菩萨、"教化无量"的普贤菩萨和印度的文殊菩萨组成的塑像，他们分别骑在一只虎、一头有六条长牙的大象和一只狮子身上。③

这些都是精美的不同寻常的物件，而且保存状况非常好。但这座庙并不是很老，只是清朝的一座庙，它最大的赞助来自雍正皇帝，他以虔诚著称，在向诸神进献礼金方面最为慷慨。广济寺的诸多风铃应和着微风的节奏，在屋檐下摇摆着为这位圣君鸣响一曲永久的哀歌。

在同一条街上但离平则门更近的地方，有两座值得一游的寺

---

① 关于对佛教中各种各样的三佛一组形式的完整描述，参见裴丽珠和米托法诺的《农历年》(*The Moon Year*)，第 271—273 页。
② 参见本书第十九章。〔此处应指大雄殿内的三世佛像，但三世佛由燃灯佛、释迦牟尼佛和弥勒佛组成，与此处描述有所不同。祭坛应指乾隆五十八年（1793年）铸造的铜宝鼎，鼎身铸有佛教八宝（轮、螺、伞、盖、花、瓶、鱼、结）等花纹。见北京市古代建筑研究所编《寺观》，北京美术摄影出版社 2014 年版，第 91—92 页。——译者注〕
③ 此处应指普门殿内供奉的普门（观音）、文殊、普贤三大士。见徐威《广济寺》，第 20 页。——译者注

庙。一座是白塔寺,我们经常从远处就能看见它,因为它那高高的白塔耸立于树丛之上,可与北海琼岛上它的那座姊妹白塔相媲美。

这座舍利塔属于一座如今已经破破烂烂的寺庙,然而这座寺院一度富得超乎贪财之人的梦想。它于 1084 年由金人兴建,用来保存佛陀的遗物①,1271 年忽必烈把它装修得宏伟壮丽,将其变成一座供奉文殊菩萨(或曰"智慧佛")的喇嘛庙。楼梯上加装了大理石栏杆,用来装饰这座建筑本身的金子超过了 500 磅,水银超过 200 磅。塔尖高出地面 270 英尺,饰有雕刻精美的铜浮雕,塔身则装饰着碧玉,环绕着一串珍珠。1423 年,在它周围又布置了八百个小砖柱子,用来安放许愿灯,在一些铁灯笼上面还可以辨认出写着乾隆字样的半被磨损的字迹。

一位负责守卫的老喇嘛迈着沉重的步子干咳着走上前来,手里拿着司空见惯的生了锈的钥匙。他看上去穷苦潦倒,脸色却很友好,他那表示欢迎的微笑表明他是多么需要那点人们通常会给的赏钱。当他打开每一扇吱呀作响的门的时候,他咳嗽得如此厉害,以至于我们觉得如果下次再来的话,就没办法再请他帮忙了。

庙里可看的东西少得可怜,只有几座供着神的殿阁。这些神的光轮都破了,他们的祭坛上也几乎没有供品。一尊令人悲哀的佛像身着皱巴巴的僧袍孤零零地站在那里,举着双手徒劳地赐福于人。通向他的神龛的那些磨得凹下去的台阶,告诉我们成千上万的逝者的朝圣的脚步曾经踏过它们。老喇嘛开这些门已经有

---

① 根据宿白《元大都〈圣旨特建释迦舍利灵通之塔碑文〉校注》(《考古》1963 年第 1 期),白塔兴建于至元八年(1271 年),此前原址已有辽代永安寺所建之幢形舍利塔的遗迹。该舍利塔建于辽寿昌二年(1096 年),并非后来新建的白塔。——译者注

四十年了，他记得自己还是一个年幼的侍僧的时候，听那些老人谈起过这座庙古代的辉煌——它的画廊，17世纪增筑的著名的藏经阁，以及1819年由信徒们主持的最后一次修缮，最精彩的则是那尊旃檀佛，这里曾经是它长期存放的地方。

几百年来这尊佛像都是北京城里最著名的雕像，据称，它是在天堂里制造的三尊雕像中最小的一尊，而且作为释迦牟尼肉身的代表，因他本人而成为神圣之物。它传达了这样的信息："我涅槃后一千年，你（佛像）将来到震旦，将至福带给那里的人民，引导他们前往极乐世界。"这尊佛像在经历了诸多颠沛流离后才运至白塔寺，所有这些经历都有记录。康熙本人对它的历史很感兴趣，留下了这么一段描述："制作这尊佛像的珍贵的檀香木发出如青铜一般的金属的声音。它明亮如漆，随光线和温度的变化而奇迹般地变换色彩。从后面看，它像是低着头沉思；但从前面看，脸又似乎是往上抬起的。一只手往下伸展，另一只手则举起来给人赐福。手指彼此交叉，如鹅之蹼趾般。"①

对白塔寺的荣光而言，不幸的是，康熙对这尊极为神圣的佛像的尊崇使得他在北海附近专门为它修建了一座特别的寺院，

---

① 此处据原文直译。据高士奇《金鳌退食笔记》卷下，康熙年间在太液池西南岸建宏仁寺，迎旃檀佛居之。"旃檀佛像高五尺，鹄立上视，后瞻若仰，前瞻若俯，衣纹水波骨法见其表，左手舒而直，右手舒而垂，肘掌皆微弓，指微张而肤合，三十二相中鹅王掌也。勇猛慈悲，精进自在，以求之皆备。相传为旃檀香木，扣之声铿鍧若金石，入水不濡，轻如槃漆，晨昏寒暑，其色不一，大抵近于沉碧。"又引明万历年间程钜夫文，说明旃檀佛之由来，传为优填国王所造，"及佛返人间，王率臣庶自往迎佛。此像腾步空中，向佛稽首，佛为摩顶授记曰'我灭度千年之后，汝从震旦，广利人天'"。以上皆与本文描述若合符节。但旃檀佛自西域传至龟兹，又传至中国，康熙年间由鹫峰寺移至宏仁寺，与白塔寺无关。不过高书中提及"（宏仁）寺以西域僧主之，食二品俸。更于殿后造白塔一座，设鎏金顶，神光壮丽，工制甚精"，或因此与白塔寺相混淆。见刘若愚、高士奇《明宫史·金鳌退食笔记》，北京古籍出版社1982年版，第140—143页。——译者注

即宏仁寺。① 根据传说中的说法，这尊佛像在经历了 2700 年的岁月后被移至该寺。② 而白塔寺则在失去了它的宝贝后，权势和名声两方面都日渐衰落，如今它仅仅作为一处记忆所系之地而已。

离白塔寺相当近且紧挨着新的中央医院的是另一座很值得参观的庙——帝王庙。它是供奉从远古时期一直到清朝的中国历代帝王以及他们统治时期杰出人物的祠庙。事实上，这是中国的万神殿。大门前的两座石碑是"下马碑"，跟我们在帝王陵墓和特别神圣的建筑前看到的石碑是一样的。不过上面的碑文却不同寻常，是用汉、满、藏和罕见的阿拉伯文四种文字刻上去的。

第一进院落空空荡荡。第二进院落里有这样几座建筑：一座宫殿风格的正殿，两座小一点的侧殿，两座立有石碑的亭子。它们都始建于 1531 年，但在清朝得以扩建，屋顶覆以黄色琉璃瓦。

清朝灭亡前每年都会在这座庙里举行祭拜仪式，仪式由皇帝指派一位一等亲王主持，他以皇帝的名义向这些卓越的逝者献祭。

外国游客对此不免感到疑惑："为什么会出现一个异族王朝履行祭拜那些被它赶下台的人的职责这样一种古怪反常的现象？"要回答这样的问题，就得解释中国的祖先崇拜和对逝者的尊崇，但篇幅的限制不允许我们在这里做这样的解释。

然而即便没有对这些主题的深入了解，每一位游客都会对那些纪念曾统治过中央王国的人们的一排排朴素的牌位留下深刻的印象。

---

① 宏仁寺的辉煌给所有的游客都留下了深刻的印象。它的珍宝是无价的——织物、刺绣、金制的祭皿和珠宝，它们是由信徒捐献的，供佛陀使用，僧侣也可从中获利。1900 年，这里变成了义和团团民的一处据点，他们贪婪而又彻底地洗劫了这座寺庙。佛像消失了，寺院本身也被烧毁，如今此处为兵营所占据。
② 如前注《金鳌退食笔记》所述，旃檀佛是从鹫峰寺而非白塔寺移至宏仁寺的。——译者注

这里没有画像。被奉为神圣的英雄们仅仅由神位来代表，也就是说由平常的长方形木块来代表，每一块上都写着它代表的人的名字。在尊贵的地方摆放着"圣皇"的牌位，它们要比其后裔的牌位稍微大一些。

在举行取悦神灵的仪式的过程中，这些简单的上了漆的木板（它们彼此唯一不同的地方在于表明其年号和谥号的镀金文字）被给予跟它们主人生前所享相同的尊崇，因为据说逝者的亡灵实际上就居于牌位之中。得体的仪式要求新到的牌位对其祖先的牌位表示敬意。主祭恭恭敬敬地跪下来接收牌位，极为严肃地"请"它高高兴兴地离开其座驾，进入庙中。在亡灵的世界，先后次序极其严格，比任何世间的宫廷都要严格。①

然而，中国的史书里充斥着亡灵在阴间被贬黜或擢升的例子。鬼魂甚至有可能被从这座万神殿中驱逐出去。例如，康熙就曾拒绝两位明朝皇帝的牌位入内，认为他们是帝国覆灭的始作俑者，尽管他将最后那位丢掉皇位垮台的皇帝放了进来。这种只选择好君主的做法让人想起古代耶路撒冷不允许邪恶的国君在列王的墓园中有一席之地的习俗。但在中国，这种排斥却是一种非常严肃的举措，总是要经过激烈的争论，因为判处一个亡灵在阴间不得安宁地游荡可能会给活着的人带来危险的后果。

另一方面，那些被不公正地拒之门外的亡灵也有可能会被重新安置进来，这不仅适用于君王，也适用于那些名臣（中国人

---

① 巴恪思和濮兰德的著作说："关于这种对等级关系的小心翼翼的维护，有一个奇特的例子发生在老佛爷的牌位被请进清室的太庙的时候。在此之前，她儿子同治以及她儿媳的牌位必须先从庙里移出来，因为在年轻一代的牌位在场的情况下，新来的牌位无法履行对其祖先致敬这一惯常的仪式。为了让读者对对待一位君主的牌位的那种尊敬有一个概念，我们可以补充说，替年幼的宣统皇帝代理政务的摄政王，在对先人的次序给予了应有的考虑的情况下，在九位先皇以及他们的三十五位后妃的每一位面前都行了'九叩'之礼。"

称之为"柱国")的魂灵,这些名臣与他们主上的荣耀联系在一起,其牌位安放在帝王庙的配殿里。这一规矩还适用于皇室中的女性。回想一下珍妃的例子,据称她是1900年两宫从紫禁城逃走的时候,由慈禧下令扔到一口井里的。当连绵不断的有关她被谋杀的谣言开始搅扰太后的时候,她就下发了一道特别的谕旨,赞扬这个死去的女人的美德和令人钦佩的勇气,说"她宁肯自杀(按照谕旨的说法)也不忍目睹祖先祠庙的玷污与毁坏"①。于是,她因那值得表彰的行为,得到了死后赐予封号的回报,人们认为这就完全满足了弥补逝者所受冤屈的所有合理的要求,不管她是怎么死的。"活着的珍妃与老佛爷实行政策的需要比起来,可以说几乎是无足轻重的。然而一旦她去世了,她的亡灵就必须得到安抚和补偿。"②

就跟许多其他国民政府完全漠不关心的地方(因为这些地方碰巧跟国民党自己的英雄没有关系)一样,这座万神殿也被忽视了,而且很大程度上被剥夺了尊严,也许是有意为之。之前存放次一级的英雄人物的配殿如今都空空荡荡。从挨着天花板悬挂的成排的国民党的小纸旗来看,它们一定是供开"党会"用的了。

在中央的正殿,牌位都堆到一处。牌位上面挂着孙中山的肖像,两面国民党党旗中间是装裱在框中的他的遗嘱的复制品,整体效果与其说令人印象深刻,毋宁说是脏兮兮的。四个大字组成了那句口号——"天下为公"。在一个以前供奉那些证明自己高出普通老百姓的人们的地方,这几个字看上去有一种奇特的不协

---

① 慈禧后来追封珍妃为珍贵妃的谕旨云:"上年京师之变,仓猝之中,贞(珍)妃扈从不及,即于宫中殉难,洵属节烈可嘉,恩著追赠贵妃位号,以是褒恤。"与作者此处所述有所不同。——译者注

② 此处引文出自 J. O. P. Bland & E. Backhouse, *China Under the Empress Dowager* (Philadelphia: J. B. Lippincott Company, 1910), p. 404.——译者注

调的感觉。

在现代的外交部大楼后面是另一座祠堂，它比帝王庙要小得多，但是用途类似，而且其现代程度足以证明即便在1900年以后，死后的哀荣仍旧会授予著名的爱国者。有一座亭子里面立着一块石制的纪念碑，纪念的是乾隆年间两位驻藏大臣。他们死于西藏叛乱者之手，皇帝因此下旨修建祠堂，以示其尊重和感谢之意。①

这座亭子后面并与其连为一体的是第二座名为"四忠祠"②的祠堂，它纪念的是四位身于疯狂的义和团团民中间勇敢地反对破坏使馆区的官员，他们"以严肃的语气及表情和无畏而直率的言辞"挺身抗议。至少其中的两位——袁昶和许景澄——为警醒世人并指出他们所相信的祖国利益之所在而心甘情愿地献出了他们的生命。③

"如果说以高度的勇气直面不公正的死亡是英雄主义的话，那么这些人确实是英雄。人们在阅读他们的奏折——特别是最后那些奏折——的时候，会不由自主、明白无误地想起古希腊罗马历史上的那些典范。在他们那高尚的哲学、出于本能的道义

---

① 此处应指双忠祠，位于外交部街37号，建于乾隆十六年（1751年），合祀驻藏大臣傅清和拉布敦。乾隆十五年（1750年），两位驻藏大臣察觉负责西藏行政事务的郡王珠尔默特那木扎勒不遵照乾隆谕令办事，并调兵防阻，有谋为不轨之意。傅清、拉布敦设计诛杀珠尔默特那木扎勒后，在其党羽发动的叛乱中身亡。见北京市古代建筑研究所著《北京现存祠庙建筑研究》，北京燕山出版社2016年版，第75页。——译者注

② 它是由一位杰出的外交官、外交总长陆徵祥兴建的，他后来隐居于比利时的一家天主教修道院。〔关于陆徵祥建四忠祠一事，参见《外交总长陆徵祥呈请建祠崇祀文》,《许景澄集》第1册，浙江古籍出版社2015年版，第1—2页。——译者注〕

③ 他们的勇气和无私的爱国主义首先得到了醇亲王一道谕旨的认可，他将他们的名字列于国家英烈的纪念册中。〔另两位被纪念的官员是徐用仪和联元。——译者注〕

和直面死亡的镇静中,充满了苏格拉底、塞内加和普林尼的精神——这种精神为欧洲文明提供了它那高贵勇气的典范,给予它诸多最美妙的启迪;这种精神在剥离了其个人主义的性质后,已经为日本的伟大奠定了基础。"①

* * *

所有人经过西城的时候都可能注意不到双塔寺,这座寺庙的双子塔同样也是为纪念两位西藏住持而兴建的灵塔。它们附属于金朝1200年修建的一座小佛寺,该寺明朝时处于被忽视和遗忘的境地,乾隆加以修复,到了现代又再次消失了。这两座塔一座九层高,一座七层,上有它们所纪念的圣人的名字。②

---

① 对这些爱国者激动人心的评价以及对他们的奏折的精彩而具有学术性的翻译,可参见巴恪思和濮兰德合著的《北京宫廷年鉴与回忆录》(*Annals and Memoirs of the Court of Peking*)和《慈禧统治下的中国》(*China Under the Empress Dowager*)。
② 此处所提及的佛寺应为庆寿寺,始建于金大定二十六年(1186年),元代建双塔,纪念的两位西藏高僧为海云和可庵法师。作者对寺与塔的描述不尽准确,具体可参见:刘季人《北京西城文物史迹》第1辑下册,北京燕山出版社2011年版,第73—82页;单嘉筠《关于双塔庆寿寺》,北京市政协文史资料委员会编《北京文史资料》第63辑,北京出版社2001年版,第315—316页。——译者注

第十二章　外城的寺庙

外城的寺庙是北京最古老的寺庙。它们中的大部分外国人都从未造访过，有一些甚至从未见过，因为它们隐身于远离主干道的曲折的胡同中——这是些中国人所谓的"活胡同"或"死胡同"，意思是两头都有开口或一头封上的小巷。然而许多这类庙宇都极为古老，连带着奇特的传说，即便它们已沦落为废墟，仍旧激发着人们的想象力，就跟那些较为知名的祠庙一样。

"那些人没什么可羡慕的，"如罗斯金所言，"在他们的心中，想象力那广大的仁爱无声无息。对他们来说，幻想没有力量去压抑关于废墟的痛苦印象，去无视那不值一哂的事物，或者去掩饰那在现场显得格格不入而在回忆中却如此丰富多彩的事物。"①

琉璃厂地区有几座庙具有很高的历史价值，在这座城市的旧地图上被标注为大且重要的地方，它们已经完全消失了。如今去寻找它们就是"爱的徒劳"（love's labour lost）②。在一座接一座的寺庙里，香火一点点地逐渐燃尽，剩下被遗弃的祭坛，上面破旧不堪的塑像看上去就像他们的本来面目——无事可干的灰头土脸的神祇。一个古怪有趣的例外是一座名为吕祖庙的小道观，它供奉的是"八仙"之一的吕祖，他主要是剃头匠和戏子的保护神，不过时至今日也赢得了一些"体面"的信徒的出于迷信的敬

---

① 此处引文出自罗斯金《威尼斯之石》，见 John Ruskin, *The Stones of Venice* (New York: Bryan, Taylor & Company, 1894), p. 10.——译者注
② 这是莎士比亚一出戏剧的标题。——译者注

拜。还愿的牌子沿着走廊排开，走廊通向这座小庙。那里的空气从未新鲜过，总是弥漫着沉闷古板的气息。

蟠桃宫要更有活力一些。这座道观位于东便门附近的护城河岸上。

它的名字的意思是"蟠桃树的宫殿"，在西王母的塑像后面是一堵由覆盖着纸桃花的盘绕纠缠的树枝组成的树墙。中国人认为桃子是长寿的象征，对道教徒而言，桃子则代表了生命树的果实。因其德行而获得从西王母的仙桃园中摘一颗桃子的特权的人，可与众仙人一道列席参加在她宫中举行的一年一度的盛会。招待这些尊贵的宾客的是奇妙的菜肴：熊掌、猩唇、龙肝以及吃了可长生不老的蟠桃。在蟠桃宫中，所有这些神仙都在一条精心制作的精雕细刻的饰带中展现了出来①，他们向西王母行礼，而凤凰与仙女簇拥着的西王母手里则拿着仙桃，正等着这些客人。在农历三月初三的"仙人会"上，这里会举行一场民众尽情欢庆的著名庙会。大批人群聚集在护城河岸边，一条由商铺、餐馆和供人游乐的棚席组成的规整街道蓦然出现在这里。偶尔有难得一见的女杂技演员骑在马背上来一场扣人心弦的表演，她们的红衣服和小脚给这场表演增添了某种异域风情的魅力。这一节庆活动尤其受到老年妇女的欢迎，她们在慈悲的神仙娘娘面前诚恳认真地祷告和进香，向她祈求长寿，请她补救这些年来的灾祸。

蟠桃宫一带靠近左安门的地方，矗立着法塔寺的那座古塔，俗称"乏塔"，这名字来自与塔有关的传说。据说很久以前，金朝（1115—1234年）的时候，这座塔立在一个遥远的省份。但有一天它萌生了要去游览京城的想法，于是它开始溜达，穿过田

---

① 这里应指蟠桃宫正殿的墙壁上的鳌山，上面塑着从四面八方来给西王母祝寿的群仙，见崇文区地名志编辑委员会编《北京市崇文区地名志》，北京出版社1992年版，第227页。——译者注

野和村庄。村民都被这奇迹惊呆了,在它经过时卷起的尘土里跪下来磕头。此时看到它往前走的聪明人嘀咕道:"欲望的力量真的可以让不可能的事情发生啊。"在走了几百里路后,它终于穿过了这座大城的城墙。然后,就像人类的旅行者一样,它疲惫不堪,就在我们现在看到的它所在的地方停了下来,再也没有力气往前走了。因此人们就叫它"乏塔",并且建了一座庙来纪念它。不过庙早就消失了,塔则像一根熄灭的火炬孤零零地立在田野里。①

不远处靠近天坛北墙的地方,有一座非常特别的祠庙——精忠庙。它是康熙下令为纪念岳飞(关岳庙也供奉他)而建的,虽然康熙的皇室没有什么理由来尊崇这位宋代的英雄,一般情况下对他是不予理会的。②

如果庙门是关着的,你就敲门,一位彬彬有礼的人士很有可能会让你进去。"我们租下这个地方,"他跟游客说,"是为了做生意。但如果你想看庙里古代的塑像,也欢迎你进来。"于是他领着我们经过一座陈列着成排便宜钟表的现代化展室,沿着一条摇摇欲坠的走廊往前走。走廊两旁是两头看门的石头狮子,它们老早以前就失去了平衡,从底座上跌了下来,把它们的头给摔断了。在第一进院子里,他请我们注意一座破败不堪的铁像,一个跪着的人像。"以前是一对,"他解释道,"一个是奸臣秦桧,另一个是他的妻子,他们用阴谋诡计害死了岳飞。不久前他们还跪在庙外边,行人朝这两个卖国贼身上吐唾沫,踢他们的雕像。那个女人的像最后塌了,不见了。""关于秦桧,"庄士敦在《中国的军事英雄崇拜》中写道,"不仅是他的铁像受到日常的

---

① "乏塔"实为"法塔"之音讹。关于这个传说更详细的描述,可参见金受申《北京的传说(增补本)》,北京出版社2018年版,第55—58页。——译者注
② 参见本书第十一章。

羞辱,他的名字本身也承受了人们完全可以想象到的某种最严厉的唾弃,因为它被用作痰盂的代名词,他死后的谥号被改成'缪丑'。另一方面,被他诬蔑和杀害的勇士则在几百年的时间里声望日隆。"

供奉岳飞的两座殿堂没有被拆除,不过被其英勇的部将和弓箭簇拥着的他的雕像,则跟用于存放窗玻璃的箱子一道安放在第一座殿里。而在第二座殿里,他和他的夫人坐在尊贵的椅子上,周围都是画框。

那位商人对英雄的仰慕似乎完全没有因为这脏乱的环境而减弱分毫。他很正确地认定,历史上的伟大人物只有在特殊的时刻才展示出他们最杰出的一面。由此他意识到,岳飞生前也一定不止一次地看上去风尘仆仆,就像他的雕像置身于加了框的《维多利亚女王的加冕》和《玛丽·安托瓦内特走向断头台的路上》这些石印油画中间一样。"对任何有教养的中国人来说,戏剧化的理想主义并不会干扰对他国家里最伟大人物的人性的理解。相反,正是那种围绕着他们的日常人性的显现,使得平常的心灵最为珍视对他们的记忆,反而让那些并不寻常的生命变得更加鲜活生动(picturesque),更加可歌可泣。"

以前先农坛后面也有庙宇,但许多有名的地方——像黑龙潭——都已经彻底消失了,只剩下几块石碑标记着它们的所在。这些祠庙现在主要用作寻欢作乐的人群的聚会处,他们在天气暖和的时候,经常到庙里那些安静的房间聚餐,或者到平台上呼吸新鲜空气,欣赏外城南墙下那片繁茂生长着的灯芯草丛的景致。不过三圣庵是一个例外。这是一座吃素食的尼姑庵,位于通向印刷厂的路上,靠近城隍庙(供奉这座城市的保护神),农历三月会在这里举行清明节的著名庙会。这座庵的厨子做素菜很有名,有钱的中国主顾情愿放弃吃肉(在庵内是不允许的),来品尝这里精雅的厨房做的特色食品。

再往远处走,在靠近右安门的地方,还有几座寺庙,苦苦挣扎的人生几乎不可能波及它们那宁静的院落,在它们的院墙后的是静水流深般的存在。圣安寺是其中的一座,它因年岁悠久而显得灰暗,像坐在太阳底下回忆往事的一个很老的老人似的在田野里打盹。这里已经很多年没有修缮过了,残破的房顶和院墙亟须"急救"。但仍有两三位僧侣在孤零零的大殿里三座大佛前照旧喃喃地念经,行他们的日课,而——

> 当他匆匆掠过,时间之河
> 在他于它的胸前醒来之前留下的,
> 或当他双眼已闭时才抵达的,
> 那些土地的寓言与梦想
> 每一个都无济于事。①

无论是佛像还是罗汉都没有什么可看的。但墙上比真人还大的佛像人物的壁画(很可能是明代的)非常精彩,画得很好又保存得很好,而那座曾安放于北海边上宏仁寺的旃檀佛像的复制品也是独一无二的。

庙里的僧侣宣称唐朝的末代皇帝昭宣帝(904—907年在位)②是他们寺庙的创建者,但承认他垮台时寺庙尚未完工③。没有人说得上来是谁完成了修建的工程,也没有人知道"五种堕落

---

① 这是马修·阿诺德(Matthew Arnold)的诗歌《未来》("Future")中的一节。——译者注
② 即唐哀帝李柷。——译者注
③ 据相关文献,圣安寺始建于金太宗天会年间(1123—1135年),见彭兴林《北京佛寺遗迹考》中册,宗教文化出版社2012年版,第366页。——译者注

之风"①什么时候开始吹倒了它,一直吹了几百年,直到最后让它一贫如洗,但在那种与世隔绝的昏沉的欣悦方面却饶有收获。

不远处是另一座唐代寺庙崇效寺,它是由唐代最受尊崇的皇帝——伟大的唐太宗兴建的,建于更有名的法源寺之后。为了对这两座他最喜爱的寺庙表示荣宠,他赠给每座庙一尊用西藏产的金子上漆的木佛。②法源寺大殿里立着的是原来的无量佛像,但在崇效寺里供奉的只是一件复制品,嵌在一块石碑里。除了墙上的几幅壁画外,并没有有趣的遗迹或珍宝,对神佛的祭坛也没有表现出爱护或尊敬的态度。寺里的和尚喋喋不休,又很贪婪,这都是那些来看那用高大梓树做的著名屋顶的游客们惯坏的,这个屋顶由于其尺寸和悠久的年岁而被当作珍品保存下来了。从红墙外那些去世的住持的漂亮的佛塔来看,很久以前这里对待宗教是很认真的。如今,脏兮兮的僧侣置他们的宗教仪式于不顾,转而从事更有利可图的园艺活动。他们的牡丹很有名,这个季节吸引了大群的观光者。大量的工夫和照料的心思花费在了花木上,这显然对宗教仪轨是有害的。但这一批牡丹确实非同凡响,展示了酒红、粉红、白色和墨黑等花色的华丽品种。不过,最奇特也最罕见的是绿牡丹,它的花只比其叶子浅一点点。

崇效寺尽管有这样的花园,还是无法与法源寺相比,后者是外城最大的寺庙,坐落在琉璃厂地区的南部(烂面胡同),645年据说曾在这里发现过观音娘娘的一块骨头。古老建筑的风韵因那种时光在其中包蕴了所有美丽事物的色泽而显得更加动人。

---

① 此处据原文直译,疑指"五浊恶世者",参见冯达庵《佛法要论》下册,宗教文化出版社2008年版,第762页。——译者注
② 崇效寺始建于唐贞观元年(627年),当年幽州节度使刘济舍宅为寺,即为该寺,与唐太宗无关,寺原名亦不详。元至正元年(1341年)元顺帝重建此寺,方赐名崇孝寺,后因谐音讹称"崇效寺"。见陈溥、陈晴编著《崇宣旧迹:南城》,中国社会出版社2010年版,第291页。——译者注

这里没有人工的色彩，只有砖石在雨水和阳光的作用下形成的不同的灰色调，从桦树皮的银色到玄武岩的暗灰色，色彩变化不一。

在僧侣中间我们愉快地注意到古代的理想绝没有死去。他们与许多佛教机构里那些甚至都不装作恪守誓言的成员不一样，他们热爱他们的庙宇，他们了解它的传统，他们也为它里面的珍宝而自豪。一位老和尚力劝我们沿着钟楼那摇摇晃晃的楼梯拾级而上，去敲那座钟，这样我们就会为那回响了数百年的丰富的音调而激动不已。另外一位则领着我们去看那棵巨大的槐树，据说它可追溯到唐代，还有许多可爱的开花的树——树干直径达1英尺的丁香，拳曲臃肿的梅树和樱桃树，春天则弥漫着大片的花雾。但让他感到遗憾的是——好像这是他自己的错似的——牡丹还只是刚刚从地里长出绿色的花骨朵儿，他请求我们到农历四月的时候再来，那时候他们的花将是寺庙里花园的荣耀。

然后当有尊贵的外国客人正在参观寺庙的传闻传开来的时候，一位比我们迄今所遇到的僧人受过更高等的教育的年轻僧侣过来向我们介绍寺庙的历史，并且愿意回答我们想要问的任何问题。

他彬彬有礼地解释了主院落里石碑上的铭文。有几块石碑是明代的，有一座是倒霉的末代皇帝捐赠的，但还有几座只能追溯到清朝。

"这些只不过是现代的东西。"他抱歉地说道。于是他带我们穿过一座小殿，去看一尊那位和蔼的喜欢小孩子的佛的雕像，还有可爱的光腚孩童在他的肩膀上嬉戏，依偎在他脖子的皱褶里——就是雍和宫里的那个布袋和尚，但呈现得更加富于同情心。

接下来我们登上一座高高的平台，那里矗立着另一座庙宇。这位僧人指着其地基的巨大石块："它们是原先太宗建的那座庙的一部分,这位受人爱戴的皇帝在他征战辽东和高句丽回来的路上,在这里(当时位于北京城的东南角)立了一座塔,纪念那些为国捐躯的忠诚的官员和尽职尽责的子弟。人们在这里念诵祷文以慰藉他们的英灵。在这些石头下面,安放着一些他最喜爱的骑兵的骨灰。皇帝本人率领这些死去却不朽的英雄作战,他们举着黑色的虎皮旗帜。正是同样的这群勇士,曾与皇帝一起凯旋,回到他在西安的都城。"

"许多伟人都与这座寺庙有关,"他还跟我们说,"1127年,宋钦宗作为得胜的金军的俘虏,从开封到他后来殒命的北方囚禁地的路上,曾在这里停留。还有著名的谢枋得,他是宋代的忠臣和知名的学者,在被元朝的蒙古人俘虏并关押在这里的时候,绝食而死。还有叛乱的安禄山[①](时在8世纪),他是一开始被太宗征服的一个突厥部落的后裔,在担任北京的行政长官期间,发动了可怕的叛乱,唐朝从此开始衰落。他和当时一位叛将[②]在这里

---

① 太原之战注定了安禄山的命运,唐肃宗的军队在此役中第一次使用火炮来攻击安禄山。肃宗是不幸的玄宗(712—756年间在位)的后继者,玄宗因创建翰林院和《京报》而为后人纪念,后者是世界上最古老的定期刊物。〔此说不确。"京报"是清代政府所发行的公报,即"阁抄"。清代以前,汉之郡国、唐之藩镇皆置邸于京师,作为在京师的栖身之所,并传抄诏令章奏,随时向所在地传报,故名邸报、邸抄。凡此皆朝廷的文书传输系统,与定期刊物无关。参见夏征农、陈至立主编《大辞海·中国古代史卷》(上海辞书出版社2015年版)第375页相关条目。——译者注〕有趣的是,肃宗在这场战役中动用了四千名阿拉伯士兵,这是哈里发阿布·加法尔(Khalif Abu Giafar)借给他的。〔据《新唐书·西域传下·大食》和《资治通鉴·唐纪》相关记载,安史之乱中,大食(即阿拉伯)及西域诸国曾派兵到今甘肃、陕西一带,助唐收复两京,但未云参与太原之战。阿布·加法尔即曼苏尔(Al-Mansur),阿拔斯王朝的第二代哈里发。——译者注〕这些阿拉伯人的后代现在是甘肃穆斯林人群的一部分,他们还保存着关于此事大概的模糊传说。一种特别漂亮的矮种马和兰州猫——有点像安哥拉猫——都显示出这些外来人带到这片陌生土地上的动物与当地物种杂交的痕迹。

② 指史思明。——译者注

建了两座很高的砖塔。不过所有这些人物里面最伟大的还是太宗本人，他是曾经坐在龙椅上的最高贵的统治者之一。"①

此时这位年轻的僧人表示，如果我们愿意去住持的客厅喝一杯茶，住持会很高兴。我们愉快地接受了邀请。这位老人对我们表示欢迎，他态度之礼貌会立刻让一位陌生人放松下来，对他彬彬有礼的措辞，我们尽我们之所知给予回应，对不同寻常的热情招待表示谢意。

他回答说："欧洲人来游览这座古老的寺庙非常罕见。你们愿不愿意看看你们的同胞很少看到的东西？"

我们再次表示感谢，他叫人去打开那"至圣之地"，陪我们

---

① 历史记载证明这位僧人的赞扬是有道理的。伟大的唐太宗（627—649年在位）是穆罕默德的同时代人，他给他父亲创建的唐朝增添了不朽的荣光。《中国总论》(The Middle Kingdom) 的作者以赞赏的态度将他与阿克巴〔莫卧儿帝国第三位皇帝，被认为是莫卧儿帝国真正的奠基人和最伟大的皇帝。——译者注〕、马可·奥勒留与康熙，或查理大帝与哈伦·拉希德（Haroun al-Rashid）〔阿拔斯王朝的第五代哈里发，统治期间为王朝最强盛时代。——译者注〕相提并论。在经历了数百年的动荡后帝国得以平定下来，这一点要归功于他。他是一支90万士兵的军队的创建者，这些军人招募自一个已经忘记了自我防卫技艺的民族；他是从喀什噶尔到朝鲜——包括西藏在内（他是第一个处理西藏事务的皇帝，也是第一个接见拜占庭帝国的使团的人，与此同时他还给萨珊王朝的遗民提供了庇护）——的疆域的主人；他是艺术和文学的赞助者，他本人就写过杰出的著作；他还是勇武的猎人和著名的战士。综上所述，他体现了一位理想的中国君王的诸多特质。他的宫廷和盛会的富丽堂皇，令人们想起我们在《一千零一夜》(Arabian Nights) 中读到的关于中国的华美壮丽的令人目眩神迷的描述。包罗杰在《中国简史》(A Short History of China) 中写道："他作为中国最有才能和人情味的君主之一的整个形象显得极为突出。"而帕克则称唐太宗是"中国全部历史上仅有的一位——从欧洲的角度来看——既是一位绅士又是一个勇敢、精明而富于同情心的人，且绝不自以为是或虚伪的皇帝"。在他去世后，他的天才也反映到了他的嫔妃武则天的身上。武则天是著名的中国和平女神（Irène）,有时候也被称为"中国最伟大的叶卡捷琳娜"（greatest of China's Catherines），她后来嫁给了唐太宗的儿子〔即唐高宗李治。——译者注〕，统治帝国达二十二年。在此期间，尽管她个人道德不检点，但人民繁荣昌盛，唐朝的名声又增添了很多荣光。

一同前往，要我们看那些值得注意的珍宝。例如，殿前那个奇怪的、带有铭文的灯形石箱以及其中的石碑，都可追溯到10世纪，都是珍贵的历史遗迹；还有那块木制网纱的鎏金屏风背后的塑像，其中一尊据说是唐太宗捐献的；以及戒台①（即向僧侣传授戒律的平台），它是北京及周边地区的寺庙中仅存的三座戒台中的一座。

我们跟随他来到主殿后面一座小桥的院落，那儿有一座两层高的殿宇②。我们在这里欣赏了绘制于雍正年间和以更古老的作品为摹本的一些画作，上面的深蓝和大红色彩就像昨天刚刚绘就的一样新鲜。人物和面容都遵循独特性从属于类型、个性从属于人性的中国艺术法则。我们从画上圣徒那庄严的、不动声色的表情以及他们衣服上柔和的皱褶转过身来，在站在我们身边的和尚的脸上发现了一样的神情，他们以同样安静的、深不可测的目光凝视着这些画作，他们的僧袍色彩没有那么鲜艳，但形式上差别很小。

这位老人欣喜于我们赞赏的态度，叫一位僧人从壁龛里拿来了一些卷轴，小心翼翼地打开了它们。住持以爱惜的眼神注视着它们，说道："这些画是宋代的真迹。我们有幸在义和团暴乱期间把它们保存了下来，但它们并不常被打开。有一次把它们展示给一个外国人看，他希望替一座博物馆买下它们，当我们拒绝以他出的价格或者说以任何价格出售的时候，他就变得无礼起来。因此现在它们很少展出了。"

---

① 应即悯忠台，传说此台为唐悯忠寺主殿基座，故名。唐僖宗中和年间悯忠寺遭火焚后在台上建观音阁。参见北京市西城区文物保护研究所编《文物古迹览胜：西城区各级文物保护单位名录》，北京联合出版公司2016年版，第38页。——译者注

② 应即藏经阁。——译者注

在我们得体地仔细观看了这些杰作并对它们表示惊叹之后，他又说道："还有一件你们可能愿意看的东西。"于是他领着我们来到侧面的一座祭坛，上面立着用于纪念亡灵的那类牌位，前面供放着点燃的灯和堆成金字塔的糕点与水果。

"这些牌位，"他解释道，"纪念的是世界大战中牺牲的军人，这些供品是用来安抚他们的魂灵的。"

"但并没有中国军人战死在可怕的欧洲战场上啊！"我们提出疑问。

"当然，我们知道。这些是外国军人的牌位。"

"你肯定明白死去的人里面没有佛教徒，对吧？"

"是的，但我们不能对他们牺牲的价值表示钦慕吗？所有的信仰在渴望人性之美好的方面不是从根本上相似的吗？在你们基督教的教堂里，你们不是相信所有人都能获救并为此而祈祷吗？"

我们茫然不知所对，心里不得不承认像这样广大而友善的包容心并不常见，于是只得沉默了下来。他意识到他问了我们不愿回答的问题，为了把我们的困惑搪塞过去，便说道："如蒙你们应允，本庙愿意立一块牌位，专为纪念贵国死去的英雄。我们希望稍后能邀请你们来参加我们举行的一个共同的追思仪式，因为我们相信你们一定会尊敬美好的佛陀教法。"

"我们非常尊敬像您这样的人所遵循的信仰。"我们回答道。然后我们在门口道别，住持和他的僧侣弯下身来，弯得非常非常低，露出他们那剃光的头顶，如象牙球般散发着光泽。

第十三章 城外的寺庙与陵墓

我们在城外也能看到散布在平原上的寺庙。有一些寺院摇摇欲坠，它们已经没有收入，信徒四散，还有一些老弱的僧侣在孤寂的寺院里艰难度日。只有那些研究中国古物的专家或金石学的学者会对这类寺院感兴趣，它们那日渐崩塌的神祇属于一个若非熟识多年就不可能理解的世界——一个神话、信仰和迷信的世界，西方人通常对它们漠不关心。我们已经不能再在"美丽"这个词的日常意义上说这些地方是美丽的，但它们却有一种有目共睹的属于它们自己的画意（picturesqueness）。

北京城墙外的其他庙观仍旧跟城里的一样香火旺盛，受人欢迎，这里面包括大钟寺、万寿寺、白云观和东岳庙。

外国人最熟悉的也许是大钟寺[①]，以它那座巨钟而闻名，关于钟还有一个动人的孝道的故事。从西直门走到这座位于安静的农场间的寺庙，是一段2英里的轻松而令人愉快的路程；或者从安定门出发，穿过平原，经过曾经是忽必烈都城北部边界的旧元朝土墙，骑上4至5英里的马也很棒。

早在那座著名的钟1743年从万寿寺搬到这里之前，这儿就已经有了一座某种形式的祠庙。另一种说法是这座红色出檐的六边形建筑[②]就是建来安放这一世界奇观的，它是中国铸铜技术的最伟大的杰作。它悬挂在巨大的椽子上，下缘与我们相齐，钟的

[①] 又名觉生寺，即"领悟生存之秘要的寺庙"。
[②] 安放大钟的大钟楼是上圆下方的形制，并非六边形。——译者注

边沿刻着佛经里的经咒。站在钟下方的地坑内,会惊叹于它的高度。① 然后沿着曲折的楼梯拾级而上,可将钱币通过顶部的孔扔下去——这个孔是有意留的,目的是当撞钟太过剧烈或接二连三撞击的次数太过密集时防止钟爆裂——因为透过这个孔洞落下去的硬币会给扔的人带来好运。②

我们希望能听到那洪亮的钟声,但僧人说,如果没有皇帝的命令,向来是禁止的,而皇帝如今已经不再有发号施令的权力了。他们提醒我们注意它不是普通的寺庙里的钟,并且讲述了它的历史。

15世纪,永乐皇帝本人下令制造了这座钟,有人说它是献给一位著名的僧人的,铭文记载了这位君主和铸造它的人的名字。按照皇帝的要求,它的尺寸应该大到敲击时可在一百里(30英里)外听到钟声的程度,因此铸钟时用了黄铜使它更坚固,用了黄金使钟声更深沉,用了白银使钟声更悦耳。但尽管铸工师傅测算了铸成合金所需的材料,精巧地处理了这些材料,准备好了熔化金属的火和巨大坩埚,而且铸造了两次,每次结果却都不中用。于是皇帝愤怒之下,传旨说这位著名的钟匠如果再失败,他就将身首异处。"于是钟匠找了一位算命的请教。算命的沉吟良久,回答说:'金和银永远没法结合,银和铁永远没法凝结,除非在这些金属熔化的时候,把处女的血混到里面。'"

"当钟匠漂亮的女儿听到这番话的时候,她决心把她的父亲

---

① 根据实际测量(尽管测量数据并不能让我们感受到它的令人惊叹之处),这座钟高17英尺,周长最大处为34英尺,厚8英寸。它的重量说法不一,约在2万磅至8万磅之间。尽管莫斯科的大钟要更大些,但这座钟是世界上最大的挂钟。据说为了将它从万寿寺搬到它现在的位置,在夏天专门挖了一条运河。当这条水道冻得硬邦邦——就像在北京严寒的冬天那些运河冻成的那样——这座钟就一路沿着冰面滑到了它的新家。在缺乏足够的工具的情况下,哪里还能找到更巧妙的搬迁这么重的家伙的办法呢?

② 跟中国大多数钟一样,它没有钟舌,因而不是用摇的方式来鸣响,而是从外面用一块挂在链子上的原木来撞击。

从悬在他头上的厄运下解救出来。于是，在第三次铸钟的那一天，她跳进了白色的金属熔浆中，喊道：'哦！这是为了您，我的父亲。'旋转喷涌的五颜六色的火焰吞噬了她，不留一点痕迹，只有一只小小的绣着珍珠和花朵的鞋留在了婢女的手中，她试图在女孩纵身跳的时候抓住她的脚，但只能抓到那只小鞋子。然而，当这次铸造完成的时候，铸成的钟形式上更完美，比任何其他的钟都要更令人惊叹。当它发出声音的时候，音色也比其他任何钟的声音都更深沉、更优美、更丰富。结果钟声就像夏天里的惊雷一般，两百里外都能听见。不过，在每次敲钟的间隙，总有一种低低的呻吟声，最后以某种啜泣和抱怨的声音收尾，就好像一位哭泣的女人在轻柔地低语：'咳！'当那清脆而又悦耳的震颤声从空中传过来的时候，北京城各色各样的小道里所有的中国母亲都会对她们的小孩小声说道：'听，那是那位孝女在找她的鞋子。咳！那是她在要她的鞋子。'"①

在安定门外的平原上，本身就有另外一座著名的寺庙——黄寺。这块很大的杂乱无章的地方由两部分组成：东黄寺和西黄寺，各由不同的喇嘛教派掌管。东黄寺供奉的是释迦牟尼佛，其建筑是顺治皇帝于 1652 年在一座辽代寺庙的旧址上兴建的，作为达赖喇嘛的驻锡之所。西黄寺的建筑则是 1720 年由康熙皇帝修建的，用作一般的西藏和蒙古喇嘛的住处，自那以后就成为这类游客的避风港。② 清初所有的皇帝都煞费苦心地安抚喇嘛教的

---

① 大钟寺里的钟是永乐下令铸造的五座大钟中最大的一座。另外一座曾悬挂于钟楼，关于它也有一个类似的传说。参见小泉八云（Lafcadio Hearn）的《中国怪谈》（Some Chinese Ghosts）。〔关于铸钟的传说，可参见金受申《北京的传说（增补本）》，北京出版社 2018 年版，第 80—86 页。——译者注〕
② 东黄寺原址为辽金时期的"汇宗梵宇"，明代为普净禅林。西黄寺建于雍正元年（1723 年），见善无畏、邬育伟《北京百家佛寺寻踪》，新华出版社 2012 年版，第 64 页。——译者注

上层人物,因为他们需要对方的效忠,害怕对方的敌意。但康熙尤其需要这么做,因为他在巡游期间,曾导致蒙古归化城①的一位活佛的死亡。因此这位皇帝就花费了大量钱财来修缮黄寺,努力来弥补过失和重新赢得蒙古僧侣的友谊。②

那座壮丽的"窣堵波"③是由伟大的乾隆皇帝增建的,以纪念 1780 年在北京因天花去世的西藏班禅喇嘛。然而,这位圣徒并未安葬在塔下。这位艺术家兼皇帝总是非常仔细地留意公众舆论的声音,为了加倍证明他的虔敬之心,他将这位高僧的遗体放在一副金制的棺材里送回西藏,然后又在存有他的受感染的僧服的第二副珍贵的棺材上盖起了这座漂亮的"神龛"。④

在北京附近,没有比这座登峰造极的纪念性建筑更好的现代石雕的典范了。它大体上遵循古代印度的样式,不同的是它的穹顶是倒过来的。螺旋形的塔身由十三重阶梯式的相轮构成,象征佛教的十三重天。它的顶上是一个很大的鎏金铜制的宝顶,整座塔立在石头和大理石的台基上,周边还有四座附属的塔以及饰以回纹的白色牌楼⑤。从它那饰有波浪纹的底座⑥一直到高达 30 英尺的鎏金宝顶,通体都刻有浮雕。这些浮雕让我们想起蒙古的陵

---

① 始建于明隆庆、万历年间,今城已不存,区域成为内蒙古自治区呼和浩特市区的一部分。——译者注
② 当康熙出现在归化城的活佛面前的时候,活佛觐见他的时候仍旧坐在宝座上。皇帝的一位侍从因为对方以如此漫不经心的态度来对待他的天子主人而怒火中烧,于是便拔出剑杀了这位高僧。这引发了一场激烈的战斗,双方都有严重的伤亡。传说康熙骑着一匹骏马才得以逃脱。〔关于这个"康熙遇难成祥"的故事,可参见代林等主编《内蒙古民间故事全书·呼和浩特卷》,远方出版社 2016 年版,第 170—171 页。——译者注〕
③ 即佛塔。参见本书第四章作者原注。——译者注
④ 传说是这样,不过据称紫禁城里雨花阁附近的一座小庙也拥有这些僧服。〔此即西黄寺的清净化城塔。——译者注〕
⑤ 即四座密檐式经幢和前后两座汉白玉雕成的石牌坊。——译者注
⑥ 即须弥座。——译者注

墓和阿格拉①与德里的宫殿,这是去世的喇嘛生前活动的场景;还让我们想起他出生时出现的超自然环境、他僧侣生涯的开始、他与异教徒的斗争、他对弟子的教诲以及他的去世。那头用爪子抚摸他的眼睛,为这位善男子的去世而悲痛的狮子,增添了一份哀伤的调子。不幸的是,许多这些雕饰华美的雕塑都被1900年后驻扎在寺庙里的士兵损毁了,他们用他们步枪的枪柄敲掉了塑像的头部。

黄寺的这座塔如今已经用墙围成了一个单独的区域,这是遵循了班禅喇嘛的命令,并且由他来支付费用,据说他还提出资金到位的时候来进一步修缮这座壮丽的寺院。

希望他能尽快吧,因为大部分建筑墙都裂了,屋顶也破了,雨水沿着这些破损的地方溅到了地基上。成串的五颜六色的经幡②——僧侣们称之为"风马"——在祭坛前飘动,在这里虔诚的信徒因为害怕瓦片跌落而不敢祷告。塔旁边还有两座华丽的大理石雕刻的怪兽③,它们蜷曲着身子蹲在崎岖不平的路面上。

即便是有释迦牟尼佛雕像的主殿——在那里,成百名蒙古的朝圣者依然虔诚地俯伏在地,把他们的哈达(表示祝福的围巾)放在偶像上——也到处都是裂缝和裂口。供旅客居住的宫殿④连同其精美的阁楼和漂亮的私人礼拜室(专供活佛使用,不对公众开放)都好景不再,而临近的那座柱子上的黄、蓝和绿色虽已褪

---

① 印度北部城市,泰姬陵所在地。——译者注
② 这些幡旗是用方形的彩色布料做成的,僧侣们相信当风吹动它们的时候,神灵就收到了写在旗子上的祷文,就像听到实际诵念的祷文一样。
③ 它们代表的是"狨"(即"百兽之王")。参见本书第十四章的注释。
④ 有两位达赖喇嘛在这座宫殿里受到接待并下榻于此。第一位是在1652年,排场和声势很大;第二位是在1908年逃离拉萨后来到京城,受到的礼遇不高,因为慈禧太后认为他的来访不吉利,星相师对她说他的到来正好会赶上她的去世——后来确实如此。那些装饰华丽的房间也是1860年格兰特爵士(Sir Hope Grant)〔英国军官,第二次鸦片战争期间任远征军司令。——译者注〕的驻地。

去却仍旧悦目的庙宇,似乎已摇摇欲坠。之前面朝着塔的牌楼,也只剩下一堆灰泥和石头了。

就像雍和宫的僧人一样,黄寺的僧侣也穷得可怜,尽管他们可以制造铜像、香炉和香瓶来补充他们微薄的经费。他们的铸造厂在制作"化外之民"(蒙古和西藏)的神祇方面,一度可与多伦诺尔①匹敌。然而对佛像的需求已今非昔比,我们看到的大部分作品如今事实上根本不是供应寺庙,而是为北京的景泰蓝生产商制作的,后者付给喇嘛们少得可怜的报酬来买这里的铜器,然后再在他们自己的工厂里给它们掐丝和涂上珐琅。

每年农历正月十三寺庙举行的法会(包括"打鬼"活动)也会带来一些收入。②病态的游客总是愿意花钱去看那座古怪而又令人厌恶的"葬坛"(位于围墙里的主要区域之外)。在那里,去世的僧侣的遗体存放在像留声机柜子一样的木箱子里。管事的人会掀开盖子,展示处于不同的腐烂阶段的喇嘛遗体——需要付费。一美元看两回算是一场合理的交易,虽然通常看一次就足以满足任何人的好奇心了。

不远处的黑寺③也表演"打鬼",与之联系在一起的还有走马走车的比赛和展览,过去曾吸引北京那些豢养骏马之徒。④这

---

① 内蒙古锡林郭勒盟多伦县下的一个镇,是清代漠南藏传佛教中心,曾被称为"寺庙之城"。——译者注
② 据常人春《老北京的风俗》(北京出版社2019年版),西黄寺法会是在农历正月十五举行,见第343页。——译者注
③ 因其屋瓦的颜色得名。
④ 与我们的教士不同,喇嘛教徒总是按照蒙古人看待赛马的方式来鼓励这项运动,在整个蒙古,教阶最高的高僧会以官方的形式资助赛马,他们本人也拥有很多"玩意"。〔《北京指南·礼俗》载:"德胜门外黑寺,自(正月)二十三至二十五日打鬼。届期商贾云集,士女杂沓,亦有走马驰车以为乐者。"见李金龙主编《北京民俗文化考》上册,北京邮电大学出版社2017年版,第265页。——译者注〕

些都已成明日黄花。但此地仍旧是晴天野餐的好去处。

另一处跟黄寺一样显示出印度强烈影响痕迹的古迹是破败的五塔寺。它位于北京城西边2英里处，距离通往颐和园的大路不远。据说它是古代印度的菩提伽耶（Buddhagaya）[1]的复制品，有一段如诗如画（picturesque）的历史。

永乐初年，当时中印之间的交流出现了新的发展势头，有一位印度高级"沙门"来到中国的京城，受到皇帝的接见。他献给皇帝五尊金佛像，还有一座矗立在释迦牟尼成佛处的纪念性庙宇的模型。作为回报，皇帝——他本人就是和尚的儿子——封他为大国师，并且在城西修葺了一座寺院（建于之前的元朝）作为他的住处，同时又答应用石头原样复制他带来的庙宇模型，以供奉那几尊神圣的佛像。然而，根据庙旁边立的石碑上的御制碑文，这座新庙直到后来（成化年间）才竣工并举行落成典礼。碑文明确提到，无论是在大小尺寸还是在每一个细节方面，五塔寺都是中印度那座著名的"金刚宝座"一模一样的复制品。[2]现在只有该寺据以得名的那五座塔保留下来了，它们矗立在巨大的方形基座上，基座四面都饰有成排的佛像。信徒和供品都已经消失了，但还有乌鸦栖息在塔尖上，等待着提着茶篮的偶尔光顾的游客。

五塔寺附近——实际上从五塔寺就能很清楚地看见——是大慧寺（大佛寺）那高耸的两层大殿[3]。它虽然直到1910年才部分修复，但很快又陷入颓败之中。这就发生在一位孤零零的僧人

---

[1] 位于今印度比哈尔邦巴特那城南约150千米处，是释迦牟尼的悟道成佛处，为佛教圣地之一。——译者注
[2] 关于五塔寺建成的传说，可参见张国庆《话说五塔寺》，载《老北京忆往》，北京燕山出版社2015年版，第147页。——译者注
[3] 即大悲宝殿。——译者注

忧郁的注视之下,他没有能力拯救这些摇摇欲坠的建筑。他断言这座寺庙是伟大的唐太宗兴建的,后来又在明代得以扩建和修复。正殿前还可以看到一口可溯至景泰年间的香炉和一块万历年间的石碑,可证实后面这个说法。正殿内有一座巨大的"千手千眼"佛像①,周围环绕着比真人还大的菩萨和侍僧像,这些令人印象深刻的塑像正面临着被松松垮垮的屋顶损坏的危险。

沿着大体同样的方向再往远处走一点,我们就到了万寿寺,它坐落于忽必烈修建的运河岸边。这座庙宇最初由明万历皇帝建于1577年,后来经过反复修缮,保存完好。皇帝一行每次乘坐游船往返颐和园的时候,都会在这里停留休憩。慈禧太后尤其喜欢这个地方,喜欢它那迷人的独立客房套间,喜欢徜徉于老旧的岩石庭院,在黄色琉璃瓦的亭子里品尝她的香茗,从高高的万佛楼的阳台上眺望西山上的蓝色新月。万佛楼是乾隆时期的建筑,当年他曾在这里为母亲的长寿祷告。因而老佛爷从不吝于对庙里的和尚慷慨解囊,这样他们就能维护好他们的寺庙,既为了释迦牟尼的荣光,也为了她的欢心。

在这座城市更北的地方,安定门附近,坐落着可追溯至1530年的地坛。按照中国人的观念,它在精神上与天坛形成了互补。跟天坛一样,它作为皇帝敬拜的地方,有着非常重要的意义,对公众一直戒备森严,直到1860年英法联军入驻其中。但因为地在神圣性上要次于天,所以这个园子要小一些,建筑也不那么壮观。露天的祭坛是方形而不是圆形的(因为按照古老的信条,地是方的),是用黄色琉璃瓦(黄色是土地的颜色)而非白色大理石建造的。没有火盆和火炉,意味深长地提醒我们这里供的祭品

---

① 据北京市古代建筑研究所编《寺观》(北京美术摄影出版社2014年版),这是一尊高五丈的千手千眼观世音菩萨铜立像,后在抗日战争时期被毁,见第121页。——译者注

是埋在土里而非用火烧的。遗憾的是，自从冯玉祥把它变成一所公园以来，这片漂亮的围场已经没什么吸引力了。喧闹的孩童把长满草的空地——黄昏时分这里有野云雀鸣唱——踩踏成了尘土飞扬的游乐场。人们不禁觉得有时候"民主的手是沉重的"。

祭祀朝日和夕月的两座较小的坛庙（朝日坛位于齐化门附近的东墙外，夕月坛位于平则门附近的西墙外）——同时建于明嘉靖某年[①]——则躲过了现代化。对那些匆匆忙忙的环球旅行家来说，这两座庙都没什么可看的。但对那些已经有福享有宁静心态——它来自对世事无须匆忙的领悟——的悠闲的漫游者来说，这些静谧的开阔之地仍有魅力。

根据那位看门老人的说法，二十年前在这座荒凉的月坛举行了最后一次祭祀仪式。他目睹了这次仪式。他清扫了皇帝要走的道路，恭恭敬敬地站在远处，看着供品被摆放在四四方方的平台上。"跟我们讲讲最后那一次仪式吧。"我们请求道。他不太情愿——中国人总是这样——跟外国人讲起古老的风俗，怕我们认为它们荒诞不经。但我们终于用一只从我们午餐篮子里拿出来的空瓶子说服了他，用它来换取许多无价的传说是很划算的买卖！

"秋分那一天的晚上，皇上驾到。当时祭坛上洒满了秋分前后满月的月光，满满当当地摆放着白色的祭品、白色的丝绸、白色的翡翠和乳白色的珍珠。万岁爷在淡黄色的石碑前鞠躬，石碑上有几个银白色的字，意思是'夜明神位'。然后祭献四头牲畜——一只猪、一头公牛、一只羊、一头鹿，同时附近的钟楼也敲起钟来。再后来皇帝在那边的亭子里换下祭袍，回到宫中，而我们这些凡夫俗子，"说到这里他轻声地笑了起来，"跟月亮一起分享当作供品的肉。"

[①] 日坛和月坛均建于明嘉靖九年（1530年）。——译者注

自然崇拜在中国几乎已经是过去的事了。太阳和月亮已经不再是神了。更古老更宏大的信仰在像道教这样的民间崇拜的映衬下黯然失色。道教有很多神祇，有一些像天使，另外一些则像魔鬼，它们都是以人的形象塑造出来的。

甚至道教本身也是那些以神秘的纯洁面目构想出来却在大众手里堕落成迷信的大杂烩的教义的一个例证。如果道教的创建者、追寻基本精神真理的老子还活着的话，他不可能在他自己的理念和如今打着他的旗号的多神崇拜之间发现哪怕是最微小的相似之处，也不可能认得矗立在他的庙宇里的神像中一半的神，因为中国的各种神"已经渐渐地变得如此之多，几乎没有一种生物或一件东西……是不被供奉或崇拜的"①。

东岳庙——连同其无数的塑像——大概是道教万神殿最好的例子，这是一座可追溯至元朝（1319年）的华丽庙宇，尽管它建在更早的建筑的旧址上。它位于齐化门（内城的东门）半英里外，在朝日坛的对面，供奉"天齐大帝"，即泰山（山东省境内的圣山）之神。在道教的等级秩序里，这位神的地位几乎与造物主齐平②。在正殿③内，这位神话中的人物端坐在神龛内，那是幽冥交会、低语又退缩到幽暗之中的地方。在他的神殿的一角，还供奉着文昌帝君④，所有那些急于在文章事业中取得成功的人都会献上笔砚作为供品。在举行庙会（农历三月十五日至二十八

---

① 参见维纳《中国神话传说》（*Myths and Legends of China*）第四章"中国的神"。
② 唐玄宗开元十三年（725年）封泰山神为天齐王，宋真宗大中祥符五年（1012年）封东岳为天齐仁圣帝，元世祖至元二十八年（1291年）又加封东岳为天齐大生仁圣帝。参见田耕《东岳庙与迎春》，《民俗研究》2003年第1期。——译者注
③ 即岱宗宝殿。——译者注
④ 此处有误，文昌帝君供奉于文昌殿。——译者注

日)的时候,善男信女在坦白他们的罪孽、列述他们的德行后也会献上香纸,这样负责记录的神灵就会记下他们的功过,将它们与未来的果报加以权衡比较。① 有三个宗教性的社团为庙会做了贡献:掸尘会,他们掸去神像上的灰尘;献花会,他们搭起用纸花做的拱门;还有香灯会,他们保证油纸"经久耐用"。②

东岳庙里较小的殿宇供满了控制疾病的神祇。病人来这里讨好负责治疗发热、寒战、咳嗽、肺痨、腹绞痛、大出血、牙痛的诸神,因为掌管"从头发到脚趾的全身每一个部分"的神都有。为了再加一重保险,患者在朝圣结束前最后还要去拜访那头著名的铜马,它放在正殿后面的一座殿宇③内,可以包治百病。在这里经文中那句告诫"以眼还眼"可以说真的应验了,因为那些念着自己的祷文的盲人抚摸这头马的眼睛太长时间了,以至于它自己差不多也瞎了,而风湿病人也把它的肩膀磨坏了。

患有精神疾病和焦虑症的人也在这些神殿里面找他们的医生。月下老人从暮色中他那鬼影幢幢的房子里,倾听孤独少女寻觅佳偶的祷告,他用看不见的红线在那些注定要结合的伴侣出生时就把他们的脚系在一起。狱神曾倾听刑部官员的祈求,他禁止罪犯的幽灵在作为正义之工具的刽子手执行完令人厌恶的任务后回家的路上搅扰他,以表示对他的同情。贫穷的妇女带着可怜的信仰跪在碧霞元君——"天齐大帝"的女儿——面前,求她发发善心:给无儿无女的人以儿女,给失败者以幸运。当然这位娘

---

① 因为在神秘的上古时代,仓颉通过模仿鸟的足迹,精心设计了构造字符的技艺,于是文字在中国就变得非常神圣,以至于误用文字是一种罪过,而保存文字则堪称功德。现在还有人从事收集墙上的旧招贴和每一片带字的废纸的工作。然后这些碎纸片被送往某座庙里专门的火炉,被毕恭毕敬地焚化。
② 参见赵迅《东岳庙》,苏天钧主编《北京考古集成》第14册,北京出版社2000年版,第356页。——译者注
③ 即广嗣殿,"铜马"实际为西碑亭旁的玉马。——译者注

娘从来不会拒绝,她记得当她是女人和妻子的时候所经历的重生,记得一个村妇在她面前的祷告(我们无意中听到了):

"我皮肤黑,太黑了,因为我在田里劳作,因为太阳晒在我身上。为了我爱人的欢心,请您行行好,把我变白吧,跟城里女人一样白。哦!慈悲的娘娘。"

在门口的墙上挂着一个巨大的算盘,是帮助借贷双方结算他们的账目的。出现争执的情况下,他们就来到庙里,在那里过一夜,一边祷告和斋戒。然后第二天早上,不知怎么回事,正确的结果就会出现在算盘上。神祇做出了判定,他们的裁定高于法律。①

但东岳庙最不同寻常的是那间摆放着彩绘泥塑神魔的开放式回廊,这些神魔将道教炼狱中的刑罚运用于那些有过失的灵魂身上,他们注定要反复投胎到世间,直到在苦难的历练下,他们获得了转而享有专为正人君子保留的永恒福报的资格。②

有一座特别的庙叫十八狱,在同一条街上更远一点的地方,它供有一系列彼此类似的酷刑场景,在逼真地表现恐怖方面,超过了杜莎夫人蜡像馆里的任何展品。③这里有一位可怕的掌管生死簿的阎王,他冷酷无情地负责对那些恶人施以可怕的酷刑。接下来的隔间里的一位妖魔正忙着把一个灵魂锯成两半,他的锯子是往他这边拉的,而不是像普通的中国木匠那样往外推。再过去是一个说谎者,被绑在一个杆子上,他的舌头被缓慢地往外拖

---

① 据常人春《老北京的风俗》(北京出版社2019年版),该算盘挂在速报司外南墙上,表示神灵给下界人们计算功过不差毫厘,见第37页。——译者注
② 此处应指东岳庙主殿岱岳殿东西两侧的环廊,内供地狱神像七十二司。——译者注
③ 关于这些道教地狱的完整描述,参见翟理斯(Herbert A. Giles)的《来自一个中国书斋的奇异故事》(*Strange Stories from a Chinese Studio*)的附录。〔翟理思此书实际上是《聊斋志异》的译本。——译者注〕

拽，再加上手法高超地猛拉几下，现在它已经比主人的身体还要长了。他脸上的表情就是一场噩梦。再过去一点是一个男人正被两个女性面孔的怪物生吞活剥，一个是红色的，另一个是蓝色的。"红的是他的妻子，蓝的是他的妾。"我们的导游解释道。

我们不寒而栗："你们中国的艺术家为什么喜欢画这些恐怖的事情？"

"哦，我们发现它们有好处，因为它们有道德寓意。这个男人很可能没有维护好他家里的秩序。也许他被一时的情欲蒙上了双眼。这样的话，他怎么能指望逃脱惩罚呢？"

"要是你们这些外国人想看让人舒服的东西的话——"他又加了一句，急切地想讨好我们。

"当然！给我们看一些让人舒服的东西吧。"于是他殷勤地领着我们去看受到福报的好人——那些明智、正直和值得尊敬的人们携带着玉帛供品，驾着祥云去往极乐世界，于是我们就能沉浸于较为愉快的感受中。

北京地区道教的祖庭和大本营是外城西便门外的白云观。在忽必烈的时代，它就已经是一处备受崇敬的地方，现在仍是这一带最大、最华丽的庙观之一，有一百多位道士栖居其中。这座道观是宫里的太监在他们有权有势的时候捐资兴建的，为的是保证他们在晚年有一个稳定的隐居场所，通过他们，它与朝廷紧密地联系在了一起。级别高的道士跻身于宫中的杂役之列，他们对政治发生了不小的影响，与此同时他们又设法博得了民众的尊重（在僧道一般名声不好的中国，这是一件稀罕的事情），采用的方法是给一种无定型的、让人莫名其妙的宗教崇拜注入某种尊严和形式，这种宗教崇拜经常会堕落成那种最廉价的巫术和迷信。

白云观由诸多殿阁集合而成，里面有许多塑像，有很大的客房套间，有一座戏院和若干岩石庭院。如中国诗人所言，人们在这里"漫步于道观深处,因为那里允诺了他们所寻求的欢乐"①。

这座道观最古老的部分建于唐朝建筑的原址上,1192年金人曾加以修缮,当时它还在城内。在成吉思汗的统治下,它因为与道教圣徒长春子的关系而被改名为长春宫,这位著名的道士和导师曾被征服者成吉思汗召至哈拉和林的蒙古王廷,成吉思汗想要满足他对中原各种宗教的好奇心。长春子属于"金莲宗"或曰"全真教"②,他也是一位炼丹术士,花了很多时间研究"哲人石"③和长生不老的秘密。长春子出生于山东,在宋朝和金朝就已经很有名,这两个朝代的朝廷都邀请他进宫,总是被他拒绝,但他最终却在蒙古大汗侵宋时听从了他的召唤,去与他见面。"我跟我那些卑微的牧人吃一样的食物,穿一样的破衣服,"成吉思汗在通过他的一位大臣给真人写的信中写道(因为这位伟大的征服者自己不会写信),"我视民如子,对有才华的人充满兴趣,仿佛他们是我的兄弟一般。……为了过河我们造船和舵。为了治理好帝国,我们也邀请圣人。……我会亲自为您服务!"④但等到长春子到蒙古的时候,成吉思汗已经动身前往西方,道士只好赶到印度的边境去会见他。

---

① 此处据原文直译,作者引用的是阿瑟·韦利翻译的白居易诗,见Arthur Waley, *More Translations from the Chinese* (New York: Alfred A. Knopf, 1919), p. 39. 该诗即白居易《首夏同诸校正游开元观,因宿玩月》,译文对应的原诗句为:"沉沉道观中,心赏期在兹。"——译者注

② "金莲"(Golden Nenuphar)并非教名,而是源于王重阳所造"七朵金莲结子"之故事。据传,金正隆四年(1159年)王重阳于甘河镇遇二仙,指东方"见七朵金莲结子",喻示其所收七名弟子(包括长春子丘处机)。后秦志安撰有《金莲正宗记》,为全真道五祖七真的专门传记。——译者注

③ "哲人石"(philosopher's stone)是西方文化中的说法,相当于道教中的"金丹"。——译者注

④ 此处据原文直译,作者引用实本自成吉思汗《召丘神仙手诏》,对应原文为:"每一衣一食,与牛竖马圉,共弊同飨。视民如赤子,养士若弟兄。……且夫剖舟剡楫,将欲济江河也;聘贤选佐,将以安天下也。……朕亲侍仙座!"见李修生主编《全元文》,江苏古籍出版社1998年版,第5页。——译者注

长春子经历了千辛万苦去传达他的消息,因为他在穿越战场时受了伤,从叛乱的城市里逃了出来,在沙漠中忍饥挨饿,半饱不饱。成吉思汗认识到了这位杰出思想家的真正价值,盛情地招待他,给他安排精美的帐篷,提供美味佳肴让他尽情享用,问了他许多问题。这位圣徒以无畏的态度反复告诫皇帝,一个想统一各国的人不应该从事杀戮和掠夺。"治国理政的真正基石是敬天爱人,求得长生的真正秘药是清心寡欲。"

皇帝听了这番明智的忠告很高兴,他宣布:"上天赐给我这位好老师,为的是恢复我的良知。因此要把他说的话写下来,这样我和我的子孙就可以经常读到了。"①

过了一段时间,当长春子回到北京的时候,成吉思汗赐给他——如我们所知——北海白塔所在的地方用于修建道观。② 他到底有没有住在那里很难说。白云观的记载显示他于1227年在这座道观中去世(正好跟赞助他的皇帝同一年去世),享年八十岁。有一座纪念他的殿堂③,覆盖着石础下他的坟墓。这里存放着他的盛饭的碗,据说源于朝鲜,上面有两条御制的铭文,以证

---

① 长春子向大汗提出的这些教诲,或许就构成了一部归于这位先知笔下的讽喻作品的基础,这部作品就是《西游记》,李提摩太(Timothy Richard)将其翻译为《天国求经记》(*A Mission to Heaven*)。这本书不应与由长春子自己的一位弟子写的实际描述他的游历的作品相混淆,也不应与唐朝那位著名的中国僧人玄奘写的真实记录他前往印度的游历的作品相混淆。后者被称为《西域记》。此外,长春本人也成了后来一部寓言的主人公,该书亦称《西游记》,很大程度上是按照他自己的风格写成的。归于长春子名下的这部作品就其包含了中世纪亚洲最伟大的先知给有史以来世界上最伟大的军事天才的教诲而言,是很值得注意的。再者,它还证明作者拥有足以构想出宇宙的正当法则的开阔的心智,他将其视为所有真正的宗教以及上述教派的基础。〔李提摩太翻译的《西游记》实为吴承恩的《西游记》,它确实曾被错误地归为长春子丘处机的作品,但这部小说的寓意似与长春子的教义并无关系。以长春子为主人公的《西游记》即其弟子李志常所撰《长春真人西游记》。——译者注〕

② 参见本书第七章。

③ 即丘祖殿。——译者注

实其真实性①。那里还供奉着他的塑像,受人敬拜。

他去世已经六百多年了,但每年(农历正月十九)人们仍旧会蜂拥而至来纪念他,排出盛大的阵仗,有点像布列塔尼的"朝圣节"(pardon)②,他的圣像会被抬到游行队伍中,让所有人都能看见。这个节日与"神仙会"正好重合。这段时间据说观里的一位神仙会以官员、少女或乞丐的形象出现在白云观地界,道士们会在树下守夜一宿,等待着神仙显现。通常节日会持续三天,以前以赛马告终,京城的纨绔子弟经常前往参加。

从白云观出发,天宁寺值得一去,它是北京地区最古老的建筑之一,位于彰仪门外。在这座摇摇欲坠的寺庙的高台上的会客室里,过去有僧人提供上面画有法轮标记的茶点和蜜饯。庙里那座壮丽的十三层高的塔(建于 6 世纪)里藏有一座巨大的佛像,镀金的面部则是常见的表情③。他们引诱游客把钱扔到一个挂在佛像手上的金属盘子里,图的是各方都兴旺发达的吉利。

天宁寺西边是望海楼,这是一座内有废弃的钓鱼台行宫的园子。作为最初规划于 12 世纪的游乐场的遗迹,它过去是清初皇帝钟爱的御用钓鱼场所。唉,如画般(picturesque)的旧望海楼(1773 年建于一座更古老的金代宫殿的旧址上)如今已摇摇欲坠,湖水为灯芯草所壅塞,这些草在风中凄惨地摇摆着。只有蛙鸣的声音打破沉寂。它们的叫声似乎比稻田里通常听到的呱呱声要柔和些,几乎带着暗哑的乐器的那种忧郁调子颤动着,以示

---

① 此即丘祖殿中心云水座上的著名的木钵,又称"瘦钵",系一古树的瘦瘤雕刻而成,大约雕于宋代。此钵由乾隆皇帝赐给白云观,并非丘处机生前用物,与朝鲜似亦无关系。木钵外缘刻有乾隆题词,内刻乾隆御笔诗。参见佟洵、孙勐《北京道教史》,宗教文化出版社 2013 年版,第 348—349 页;中野江汉《北京繁昌记》,北京联合出版公司 2017 年版,第 229—230 页。——译者注
② 法国布列塔尼地区的一种特有的宗教节日。——译者注
③ 天宁寺塔为实心砖塔,此处疑指天宁寺弥陀殿内的无量寿佛像。——译者注

对那些曾经光临这片荒烟蔓草之地的被遗忘的前几代人表示敬意。作为对蛙鸣声的伴奏,守门人复述了古代中国诗人的诗句:

> 手安放在地板上,你满怀敬意地唱着你的歌,哦,青蛙。但所有的客人都已经走了,为什么还那样恭恭敬敬地坐着,哦,青蛙?①

过了望海楼,我们还能发现金朝旧城的土墙。②一列火车呼啸着从旁边经过,发出不和谐的音调,它正呼哧呼哧地一路朝跑马场奔去,这段路程实用却毫无画意可言(unpicturesque)。跑马场是外国人圈子自娱自乐的地方,他们跑的是矮小的蒙古马,那是马贩子每一季从长城外的草原运过来的。③

我们的目光漫无目的地越过靠近铁道的那片长满芦苇的湖水④,注意到那条从破败的延寿寺旁边经过的石子路。这座寺庙里有一座精美的高 50 英尺的铜佛像。毫无疑问,这座雕像曾经安放于一座漂亮的建筑内。如今只剩下两面侧墙,佛像暴露于太阳和风雨之下,只有一个现代的小屋顶遮盖着它。⑤除了那些看

---

① 此处据原文直译,小泉八云《蛙》("Frogs")一文开篇也引用了这句诗,下署"古诗"(Ancient Poem),读该文可知这是一首日本俳句,作者不详,非中国诗人的作品。参见 Lafcadio Hearn, *Exotics and Retrospectives* (Boston: Little, Brown, and Co., 1910), p. 157.——译者注
② 参见本书第一章。
③ 在现在这个跑马场启用之前,第一个跑马场位于东便门外真正的步枪靶场附近,离有权有势的豫亲王家族〔指豫亲王多铎家族。——译者注〕——清初皇帝手下的国家栋梁——的一座墓地很近。
④ 跑马场旁边的湖即莲花池,金朝的编年史中提到它是供应一条运河的,这条运河属于连接直隶和山东的水系。
⑤ 此处应指万佛延寿寺的铜观音像。寺庙已坍毁,观音像位于寺内后殿大悲阁的废基上。该铜制观音立像是北京地区最大的铜佛造像。见段柄仁主编《北京文物百科全书》,京华出版社 2007 年版,第 135 页。——译者注

到陌生人就走过来腼腆地乞讨的村童外,这里荒无人烟。

继续沿着浑河左岸那条白色的马路往前走,我们能看到北惠济庙,里面有座铜牛雕像。它的任务是监视这条河流,防止它涨水淹没周围的乡村。让中国人感到悲伤的是,它常常尽不到它的责任。

离我们更近的是在阳光下闪耀着白光的卢沟桥①,它跨过的河流旁边就是如画般(picturesque)的同名村庄。在长达三年的时间(1189—1192年)里,一大群劳工辛辛苦苦地建造了这座坚固而美丽的桥,他们建了十三座(现在是十一座)石拱,雕刻出由石狮子守护的栏杆。在过去的年代,这些狮子的数量让人头疼不已,以至于据说没有人能把它们数清楚。13世纪的时候,马可·波罗走过这座桥,对其大加赞赏,因而外国人叫它马可·波罗桥。现代的工程师依旧称赞它那经久耐用的建筑结构,诸如在由泥浆和流沙构成的流动河床(在多雨的季节就会涨成湍急的激流)上安放桥墩这样的技术问题,都在里面得到了巧妙的解决。它曾于17世纪毁于一场洪水,后又经过康熙的重建和乾隆的修缮,桥两端黄色琉璃瓦的碑亭里的石碑上都有记载。明朝的末代皇帝曾在桥东边建了一座城堡,想要阻挡李自成起义军的前进,结果徒劳无功。

* * *

在黄褐色的田野中如绿洲一般到处都引人注目的树丛,通常都表明寺庙或坟墓的存在。更经常是后者。这些逝者安息的场所与活人脏兮兮的住处形成了令人愉快的对比。埋骨于田野

---

① 1215年,正是驻守这座桥的金朝军队的兵变,导致成吉思汗占领了北京。

中——往往就是在人们生前劳作的那片土地，而非阴森森的墓园——的习惯是多么美好啊！它让人们想起欧里庇得斯的悲剧《海伦》(Helen) 中一段动人的祷词："别来无恙吧，我的父亲的坟墓！我把您，普罗透斯，埋在了人们路过的地方，这样我就可以经常向您致意；这样即便在我进进出出的时候，我，您的儿子，也会拜访您，父亲。"这样的风俗证明一个民族对那些躺在他们脚下——无论他们走到哪里——的逝去的先人并没有病态的恐惧，反倒给以亲切的尊重。他们喜欢那种他们的土地为温柔的魂灵所萦绕的感觉，这些魂灵在数量上远远超过活着的人。

而且在中国，就像在古希腊一样，死去就意味着拥有超人的力量——变得能够用超自然的手段来给予好处或降临灾祸。昨天一个男人只不过是一个普通的劳工，一个无足轻重的人，今天他去世了，就变成了一种神圣的力量。这就难怪活着的一代人会尊敬他们的逝者。祭祀鬼魂的活动植根于一个种族深刻的伦理情感之中，这个种族相信"热衷于对祖先的记忆乃是所有美德的主导部分。没有哪个尽到履行这些美德的责任的人会对神灵或他活着的父母表示不敬。这样的人会忠于他的王侯，忠于他的朋友，对他的妻子和孩子仁爱而温柔"[1]。

但是，对死者的崇拜某种程度上也是为了活人自己的利益。每一个鬼魂都必须依靠它活着的家属来求得慰藉，只有通过他们的敬拜才能得到安宁。若给它一座合适的坟墓和若干适当的祭品，它就会帮助维持它的供奉者的好运势。但如果拒绝给它阴宅、葬仪以及食物、燔祭和奠酒等供品，它就会遭受饥渴和寒冷之苦，

---

[1] 此处作者引用的是日本江户时代学者平田笃胤（Hirata Atsutane）的话，应转引自小泉八云《神国日本》一书，见 Lafcadio Hearn, *Japan: An Attempt at Interpretation* (New York: The MacMillan Company, 1904), p. 57.——译者注

变得愤怒，便会行歹毒之事，设计陷害那些一直忽视它的人。①

因而，这就是为什么在中国，最好和最可爱的地方会被选作墓地；为什么那些花得起钱的人会一掷千金来取悦他们的逝者；以及为什么不管在什么地方我们发现了一口从坟堆里半露出来的无人料理的棺材或一座破损的墓碑的时候，我们就会知道没有后人来继续敬拜祖先，而一个中国家族里所能发生的最大的悲剧就是让亡灵无依无靠。

在靠近跑马场的诸多著名墓地中，最有意思也是保存得最完好的是已经去世的慈禧太后父母的墓地。守墓人是一位老人，他仅剩的一颗牙从下颌往外如一座方尖碑般突起，用手骄傲地指着那尊贵的拱门和大理石碑。跟所有的东方人一样，慈禧也煞费苦心地彰显她的孝心。1900年逃离京师后，她拒绝乘坐京汉列车进入京城，因为那条铁路线从离她父母坟墓很近的地方穿过，若经过这个地方却不下车恭恭敬敬地祭拜，就是对被追怀的他们的大不敬。这件事又让她赢得了更多的赞誉。因为下车祭拜并不现实，她就改变了路线，从南边进了城，尽管非常不方便，却让她的人民大加赞赏。

另外一座漂亮的墓是肃武亲王墓②，位于沙窝门东2英里处，以一棵著名的松树而闻名。这棵树几乎有11英尺高，但其枝丫被修整得向外、向下伸展，下面有若干柱子构成的框架支撑，一直伸展到差不多覆盖20平方码的地方。树干完全被四处延展的树枝盖住了，看上去就像一顶农夫雨天戴的那种形状的巨大的绿帽子。③

---

① 参见小泉八云的《神国日本》(*Japan: An Attempt at Interpretation*)，又见斯宾塞（Herbert Spencer）的《祖先崇拜的起源》(*The Origins of Ancestor Worship*)。
② 肃武亲王即豪格，清太宗皇太极之长子。——译者注
③ 据相关文献，肃武亲王的墓地有六棵古松，而非一棵，"不甚高而偃蹇盘礴，横荫十亩，支以朱柱百许根"，故名架松。即今劲松。参见张振华《老北京城门胜景多》，胡玉远主编《燕都说故》，北京燕山出版社1996年版，第18页。——译者注

说到树，在内城东南角东便门与通惠河上的二闸之间，有一座奇特的摇摇欲坠的祠堂①，盖在一棵神树的树干上面，这棵树非常大，一个人骑在马背上都可以安全地隐藏在它后面。② 我们有一天在乡下闲逛的时候，无意中偶然发现了这个被遗忘的地方。一辆嘎吱作响的牛车停在外面，驾车人手里拿着一束香进来了。"老兄，这里显然不是庙，为什么你到这里来拜神？"我们问道。"我的孩子病了。"他不情愿地回答道。或许这种拒绝说实情的态度是出于那种古老的迷信，即若将有关你的家庭或生意的信息透露给陌生人——或政府官员——你就会倒霉。不过说几句同情的话，递一支香烟给他，就消除了他那种农民的矜持。幸运的是，他就来自附近的村子，知道关于这个地方的传说。

"这是一座供奉树神娘娘的庙。瞧，刻在木头上的铭文就是这么说的。以前，农历二月和八月，皇上会派一位王爷来这里敬拜，两年一次。"

"真有意思。但这跟你生病的小孩有什么关系呢？"

"咋没关系？人人都知道树神可以治病啊。"③ 他带着一种为我们的无知而感到遗憾的口气说道。

至于这位神秘的中国树神是怎样或什么时候进到她的树里面的，以及这棵树最初是什么时候变成神树的，他什么也说不上来。这个把一棵常见的遮阴树变成具有某种神奇魔力的仙女的传

---

① 关于这座祠堂非常全面而学术性的论述，参见莫里斯·亚当（Maurice Adam）《神木厂，木架精灵》（*Chen Mou Tch'ang, Le Hangar du Bois-Génie*），载《北京政闻报》合订本（*Collection de la Politique de Pékin*）。
② 当即神木厂。据《日下旧闻考》："神木厂在广渠门外二里许，有大木偃侧于地，可隐一人一骑，明初构宫殿遗材也，相传其木有神。"神木厂内尚有木神庙。参见白鹤群《京东镇物说"神木"》，《朝阳文史》第 6 辑，2006 年 10 月，第 256—257 页。——译者注
③ 这种迷信在全中国都存在，神树在中国并不鲜见。

说是怎么来的呢？我们猜年代是一个因素，而任何会激发乡民的想象力的特性也会起作用。

假如是这样，那么那棵如今已倒下的巨木的名字——"樟扁头"——就暗示了某个现在已无人再记得的奇妙故事。但它一定曾经不同凡响，因为乾隆皇帝写过一首关于这棵树的诗来称赞它，让我们模模糊糊地大致了解了它被崇拜的风水方面的原因，该诗将掌管这棵树的神灵与镇服"五方"的力量联系到了一起。① 实际上这块非同寻常的原木应该是永乐年间建造宫殿时剩下来的木头之一（由于它那与众不同的尺寸和形状，很可能是有意如此），因为我们从中国的历史文献中得知，修建紫禁城所需要的大量木材都堆积在这里。② 虽然其中一部分后来被用在别处，但这块引起当地人的迷信般的想象的木头，逐渐被赋予了神灵的性质，最终成为供奉的对象。

这座城市周围许多漂亮的墓地都位于外国人称之为"欢乐谷"（顺便说一下，它也是北京附近最好的骑马场地）的乡村地区，它从通惠河一直延伸到南海子（即"南边的围场"）。这是一片废弃的荒地，麋鹿长年在此成群地漫游。中国本地出产的这种珍稀动物的最后群落在1900年被义和团将军董福祥的穆斯林部队屠宰并吃掉了。③ 事实上，在这片围场已经没有狩猎活动了，

---

① 据《春明梦余录》："京师神木厂所积大木，皆永乐时物，其中最巨者曰'樟扁头'，二丈余。"乾隆所作诗题为《神木谣》。按照五行的理论，北京的东南西北中五个方位皆有镇物，这里说的神木即是镇东之物。参见白鹤群《京东镇物说"神木"》，《朝阳文史》第6辑，2006年10月，第256—257页。——译者注

② 因为用作宫殿的巨大木材是沿着运河用木筏运送的，它们被搬到并存放于这一带似乎是合乎常理的。

③ 据相关文献，南海子的麋鹿是被八国联军屠杀和掠夺从而惨遭灭绝的。参见李丙鑫《南海子麋鹿》，北京市政协文史资料委员会编《北京文史资料精选·大兴卷》，北京出版社2006年版，第41页。董福祥出身甘军，时为武卫后军统领，亦非"义和团将军"。——译者注

不过擅长徒步旅行和热衷于骑马的人喜欢去逛东北角永和宫的引人入胜的遗迹，以前皇帝打完猎后会去那里休息。不幸的是，那座美丽的明朝寺庙已经消失了，当地人称其为"青庙"，因为它的屋顶和地板都铺有青色琉璃瓦。围场的南端如今用于实用性的活动，里面有兵营、阅兵场和飞机库。有一段好玩的小铁路从永定门通到围场的南门。

在通惠河两岸的坟墓中，有一些是新墓，例如著名的荣禄的墓，他是慈禧太后的终生好友，也是她忠诚的家臣；也有旧墓，它们那残破的墙垣让我们得以一瞥掩映在庄重的成排柏树间的那些摇摇晃晃的墓碑。

外国人喜欢经常去的一个地方是可爱的"公主坟"，就在二闸下面。虽然我们可以走蜿蜒曲折的马路到那儿，为了运河所带来的联想的缘故，我们还是宁可选择走这条水路。谁不想沿着这条早在巴黎铺设街道或伦敦装上它第一盏路灯之前就已存在的13世纪的水道旅行一番呢？① 当然那些了解运河两岸令人着迷的生活——那些船上和岸上如画般（picturesque）的种种令人惊喜的事物——的人更不会。夏天，备有石头长椅和桌子的露天餐

---

① 别忘了这条运河是举世闻名的大运河的一个分支，它在天津汇入大运河，从而直接打通了北京和浙江杭州之间的水路——距离长达900英里，或者用马可·波罗的话来说，是"四十天的行程"。玉尔《华夏》（Cathay）第十三章称："中国的工程师和科学家报告说契丹（Cathay）省份〔此处指中国北方。——译者注〕的船只已经没法抵达大都，大汗命令他们挖一条大运河……连接汗八里和经常有船停靠的港口……这条运河上安装了许多水闸，目的是在全国范围内调配水量。当船只到达水闸时，无论它们有多大，都会有机器将它们抬升起来，然后在水闸的另一边放下到水里。运河宽度超过112英尺。忽必烈在运河堤岸都铺砌上石头……（沿着河岸）路的两边种着树，不管是军人还是其他什么人，都不允许砍折这些树的树枝。"——（第115页）如今大部分河段都已壅塞的大运河，过去经常得到修缮（即便是在清朝），只要它能起到它最初的作用——将漕粮运送到京城。

馆里坐满了乡民，他们提的鸟笼挂在盖着厚垫子的遮阳棚上。推着手推车的农夫把成车的蔬菜运到水边，蹚到水里好让它们变得新鲜以便出售。农民们在泥泞的村子里养的那些所有美食家都称赞不已的肥美的鸭子，从这些村子成群地一路摇摇摆摆地走过来，游到那些在各水闸间穿梭的行驶缓慢而沉重的客船中间。稍远处，在职业说书人那单调的调子里有某种浪漫的气息，他在拥挤的驳船上走来走去，用他无穷无尽的历史传奇给那些中国乘客的旅程增添了活力，给他的讲述伴奏的是他咔嗒咔嗒敲着的两根竹棍，就像游方艺人用的骨头一样——虽然在近距离听的时候，那没完没了的重复会让我们感到焦躁不安。而且在整个场景中，有一种令人们轻松地想起沙漠的魅力栖居其间。这是一种不同寻常的富于感染力的明晰，通过这种明晰，最辽远的事物似乎也以令人惊叹的鲜明的效果聚焦在我们眼前。它是把一幅风景画中的所有细节都照到的一束光，制造出壮丽的色块，让泥墙也发出绚烂的光芒。

到了冬天，风景就变换了。棕色的田野显得粗粝，蒙着沙尘，屈服于严寒。运河结了一层冰。船只无所事事地躺在岸边，用泥块锚定，受到荆棘丛树枝的保护。古朴的雪橇登场，一个人推一个人拉，而穿着原始的用铁做的冰鞋的小男孩们则像饥饿的麻雀一般绕着雪橇兜圈子，向乘客乞求铜板。这时候茶舍已无人问津。偶尔只会看到一位村民敲碎岸边的冰，好让鸭子能日常下水游动。当他把这些价值不菲的家禽赶回它们的棚舍时，饥渴的流浪狗聚到冰窟窿那儿喝水，并以某种神秘的方式把这个讯息传给远处的同类。

在这个荒凉的季节，公主坟上的松树优雅地打破了这片阴郁风景的单调——就像关于这位公主的浪漫故事与普通中国人生活的单调形成了愉快的对比一样。

一段乾隆时期的碑文赞扬了"佛手公主"的美德，也就是说，公主的手指间有蹼相连——这是佛陀的特征之一。

传说她是皇帝跟一位漂亮的婢女亲生的女儿，他是在中国南方的一次狩猎之旅中遇到并爱上这位婢女的。

当皇上把她安置在北京的皇宫中倍加宠爱的时候，他才发现这位婢女并非凡间女性，而是一位"神"，一到晚上就变成一只野鸭子，飞回她在南方湿地的家中。而她生的女婴也不是凡人，因为女婴的手指间有一层细细的薄膜般的皮肤把它们连在一起。

母亲去世后，宫里的星相师叫皇上保护好这个宝贵的孩子，神仙已经在她身上做了记号，把她当作他们自己的孩子了。但是，唉！这位精灵少女蔑视尘世间的清规戒律，忘记了等级尊卑之分，爱上了御马监里的一位马夫，因为"她野性十足，野得就像水鸭一样，中秋节一过，就像箭一般奔向南方……当受到爱情的召唤时，她变得毫不顾及礼仪，毫不在意皇室的牵挂，也不在乎圣人的教诲"。

当习惯于别人顺从的乾隆发现了这对被激情冲昏了头脑的爱人的阴谋时，便下令将他们处死。"但因为她是公主，是一位精灵的女儿，他下令建一座宏伟的坟墓来安葬这位犯错的少女，墓地里还建了一座大理石牌楼和一条两旁有与她地位相称的石兽的大道。

"然后，当一切准备就绪，送葬的队伍坐着驳船沿着运河顺流而下……但杠夫抬的不是棺材，而是一把挂着黄帝子的密封的椅子，椅子后面走着一个一身裹着骑手穿的那种长披风的人。

"他们说当公主的随从把她领到坟墓的入口处，举着火把站在一边的时候，公主并没有发出哭声。他们说那位情人跃过低矮的台阶，如飞蛾扑火一般跟随着她消失在黑暗中。他们说当手里拿着砖块和瓦刀的泥瓦匠在沉默中不情不愿地干活,封上月光由而斜射进去的入口的时候,从阴暗的深处传来的声音让他们加快了进度。"

他们还说有些农民的高曾祖父就住在附近,连着三天这对情人都阴魂不散,就像另外一对阿依达(Aida)和拉达梅斯(Radames)[①]一样,因为还能听到他们的喃喃情语。而且每年春天,树木继续在他们的石床上方低语,行人在枫叶的窸窸窣窣和龙爪松的颤动中能听到"修建逝者居所的工匠之歌"。[②]

我们从这位热恋的小公主的长眠之地转过身来,停下来朝门口的一群小孩看去。他们在玩葬礼的游戏,正把随着牵牛花的凋谢而死去的蟋蟀埋起来,假装在坟头反复念经。一个路过的男孩子唱着一支充满了奇特的哀伤曲调的歌,非常地好听。我们叫住他,问他唱的是什么。

"这是一首老歌,"他回答道,"是运河上船夫唱的歌。"

自从众神的时代以来,事情从未变过,
水的流淌,爱的方式。

我们难得在中国的传说中发现爱的主题,但关于古代坟墓的故事却经常有悲哀的调子,例如关于明朝两位被废黜的皇帝的陵

[①] 威尔第的歌剧《阿依达》中的一对情侣。——译者注
[②] 公主坟是乾隆皇帝第四女和硕和嘉公主与额驸福隆安的坟墓,"佛手公主"即和硕和嘉公主。参见任友《通惠河北岸的佛手公主坟》,《朝阳文史》第6辑,2006年10月,第235—236页。佛手公主之母是纯惠皇贵妃苏氏,福隆安是富察·傅恒之子,为清室贵胄。所谓"马夫"的说法当为对"驸马"的误解所致。关于佛手公主的母亲为野鸭所变的传说,张淑媛、张淑新《金銮殿朝夕:八旗·太狮·嚎丧鬼》(中国城市出版社1996年版)第227页有记载,但语焉不详。——译者注

墓的故事就是如此。

第一位是建文皇帝（1398—1402年间在位），在他的皇位被他那位可怕的叔父永乐夺走之后，在云南的一家寺院出家做了和尚。尽管人生发生了悲剧性的转变，他在那里却找到了幸福。最终，他的一首讲述他早年不幸命运的诗透露了他的身份。他被传到正统皇帝的宫中，以尊贵的身份被监禁起来，在对平静的退隐生活的渴念中于京城离世。

传说在他生命的末年，一口古井中喷涌出一股泉水，有将京城一带淹没的危险。这位圣洁的前皇帝自告奋勇地去弭除水患，他用的方法是自己坐在泉眼上。他的经过处理的遗体可能还放在那口如今位于"铁塔"内、已经用砖封上的井上，这座"铁塔"是东直门外一座半被遗忘的塔楼，顶上有座小铁塔，因此得名。不过这具遗体据说不仅仍旧控制着那股桀骜不驯的泉水，还应人们的祷告来调节降水。①

在离颐和园很近的一座小山的山脚下——因为在中国，墓地即便是在离皇帝的园囿很近的地方，也不会被认为有什么不吉利或不合适的——安放着另一位不幸的明朝皇帝景泰皇帝②（1449—1457年间在位）的陵墓。按照历史书上的记载，他统治的年代是一段空位期，他也不能安葬在明朝皇帝的正式陵区，即北京北边的皇陵内。慈禧太后嘲笑她那可怜的侄儿光绪继承皇位不合礼法（这是她自己的安排）的时候，曾经用类似的命运来让

---

① 关于建文皇帝的下落有很多传说，此处作者所述比较接近侯宜杰《建文帝出家为僧说》一文的说法，见侯宜杰《底色：侯宜杰读史随笔》，东方出版社2018年版，第255—259页。但其中未提及有关铁塔的故事。谷建华《图说老北京：京门九衢》（中国书店2010年版）一书提及"东直铁塔"，云"塔内供奉的神像是明朝第二位皇帝——朱允炆之肉身"（第62页），但语焉不详。——译者注

② 参见本书第十章。

他的记忆不得安宁。① 结果,由于两人共同面对的愁苦境遇,光绪一直都沉湎于对景泰皇帝的忧伤的记忆中。从颐和园的窗中,他会凝望他那位不幸的前辈的坟墓好几个小时。痛惜于它那无人照管的状态,他说服他的一位太监在墓地周围种上新的树木,对供奉逝者的正殿的柱子加以修缮,同时叮嘱他小心别让老佛爷知道是谁下令做的这些事,免得她生气。这样这座旧墓就不再荒凉,而光绪至少也从照料一位与他境遇相似的孤苦的亡灵中获得了安慰。

---

① 这位明朝皇帝的命运和他自己的命运之间确实有很多奇特的相似之处。景泰也是奉一位太后之令,代替他的哥哥而被扶上皇位的,他的哥哥被蒙古人俘虏,但后来又放了回来,住在我们现在称之为玛哈噶喇庙的建筑里。景泰在过了一段悲惨的生活后,在举行祭祀仪式的时候被背叛他的太监们杀害,他的年号被从明朝的编年史中除去,虽然最终又恢复了。

第十四章　圆明园、颐和园与玉泉山

在中国，修建夏宫和规划园囿的习惯可以追溯到最辽远的古代。辽朝和金朝（10世纪至13世纪）的史书都表明当时的统治者在现在颐和园附近的乡村建有宅邸。它们也记载了玉泉山的泉水，其新鲜的水源决定了在长达数百年的时间里宫廷会在这一带建立居所。

虽然某些遗迹被普遍认定属于这些早期的建筑，能确切证明为其残迹的却很少。甚至元明两代诸多君主都曾居住过的宏大建筑也已经消失了，但在1908年，两对16世纪的铜狮子在玉泉山附近被认为曾经有一座古代夏宫的地方发掘了出来。

我们不妨假定，当满人征服中原的时候，这一带不管有什么明代的建筑，到了清朝第二任皇帝康熙统治的年代，都没有什么值得修复的了，因为他在1709年就着手建了一座全新的乐园。苏格兰人约翰·贝尔（John Bell）是彼得大帝派往中国的俄国使团（1719年）的成员，他写到使臣伊兹迈洛夫（Izmailov）和他的随从受到"年迈的康熙皇帝"的邀请，去参观"一座叫畅春园的乡村别墅，在北京西边大概6英里的地方"。按照约翰·贝尔的描述，这座乡村别墅显然是新建的，是圆明园——即我们现在所说的旧夏宫——的一部分。[①] 这一点得到了下述事实的证实：

---

① 见《从俄国圣彼得堡到亚洲各地旅行记》（*Travels from St. Petersburg in Russia to Diverse Parts of Asia*），格拉斯哥（Glasgow）1763年出版。

下一任皇帝雍正居住在圆明园，并于 1735 年在那里去世。

他的继任者乾隆对这一带加以装饰和美化，把康熙兴建的各自独立的宫殿连成一片，形成一个和谐的整体。他看了耶稣会士带来的关于凡尔赛宫的图片与描述非常兴奋，计划以较中国之前所通行的远为复杂精美的规格修建园林和建筑，甚至要添加欧式馆舍的复制品。

唉，中国、意大利和法国的建筑师与艺术家在这片皇帝钟爱的居所倾泻的品味、天才和财富，他的后代注定享用不了多久！嘉庆更喜欢热河——他在那里遭遇雷击身亡，当时他正与一位亲幸寻欢作乐①，虽然我们知道他偶尔也住圆明园，因为他曾于 1816 年计划在那里接见英国使臣阿美士德勋爵（Lord Amherst）。② 道光一心只想着省钱，他那家庭主妇式的节俭到了晚年近乎吝啬，他不是那种享受维护起来如此昂贵的产业的人。不过，他也免受了他的儿子咸丰所受的屈辱，在咸丰统治时期，圆明园被英法联军付之一炬。

对任何有历史感的人来说，沿着通往颐和园的大路旅行，即便是坐着汽车，即便是匆匆忙忙——就像大多人那样——都有很大的吸引力。因为人们可以——只要他们愿意——把那些自遥远的过去以来从那儿经过的幽暗的人影召唤来做伴。在那个时候，这条路几乎就是一条乡间小径，早年皇帝骑着马从上面一路驰过。

---

① 正史对嘉庆帝的猝死及其原因记载较为简略，民间则有种种传说，较为流行的说法是他遭雷劈而暴亡，史学界则一般认为嘉庆帝是死于疾病。参见冯亚平《嘉庆帝之死》，《历史档案》1998 年第 1 期；耿左车、邢宏伟、那凤英《清西陵档案解密》，中国工人出版社 2015 年版，第 61—64 页。——译者注
② 阿美士德勋爵终究没见到圆明园的富丽堂皇。他拒绝前往比海淀村更远的地方，从而错过了受到天子接见的机会。因为中国人坚持他要向皇帝"叩头"，就像荷兰使臣之前那样。

在皇帝离开皇宫之前，这条御道一路上都竖着三角旗，警示民众这条路专供神圣的陛下通行。当他真正动身的时候，首先发出信号，叫他们退回到自己的房子里。每道门都必须关上，每扇窗户都必须遮挡住，在与横向街道相交的十字路口会悬挂丝帘来阻断交通。随着第二道和第三道信号的发出，王公和大臣会把那些沿着天子的御道一路上用黄沙平整和展布路面的家仆们叫回来。第四道信号一下，这些穿着华丽的朝服的贵族跪在路边，准备迎驾。在第五道也是最后一道信号发出后，骑在镫上钉满珠宝、盛装打扮的马上的皇帝本人驾到。一千名全副武装的士兵簇拥着他，腾起的尘云如金粉一般笼罩着整个队列。

两三百年后，变得越来越柔弱无力的皇帝们就不再在"金粉之云"中策马而来，而是被人抬着轿子，或者沿着为优雅的垂柳所荫庇的运河，坐着驳船慵懒地浮游而下。在高梁桥（西直门外的第一座桥）附近，现在还可以看到一座皇帝用的船屋，顺便说一句，关于高梁桥有一个奇特的传说。

永乐皇帝统治初年，种种荒淫无道的行径是典型现象，尽管他后来成了一个伟大的统治者。因此，一位拥有法力的、圣人一般的人决定给皇帝一个教训，如果可能的话，还要让皇帝为自己的罪孽悔过，他用的办法是切断北京的水源。他是这么做的：先灌满两桶水，一桶装的是甜水，一桶装的是苦水，来自京城两口不同的井，然后用手推车把它们推到城外。有一位睿智的贤士警告永乐皇帝有危险正威胁到他的城市，惊恐不已的皇帝吁请大家自告奋勇来挫败那位术士的阴谋。然而没有人响应，除了一位以其勇气和莽撞而闻名的叫高亮的士兵。高亮受命去追那位术士，用一支长矛刺破装着甜水的桶，然后全力往回跑，但无论如何他都不要转身回头，以免厄运降临到他身上，就像罗得的妻子那样①。他听从了，但他刚刚刺穿水桶，骑着马开始飞驰，在石头上溅起一阵火花，就听到身后传来浩大而急促的水流声。他跑得越快，那轰鸣声就越响。高亮差不多已经抵达城墙了，此时他身后那巨大的声音，以及那不断延展的、正没过马蹄的水面的景象让他的警觉心无法招架。怀疑战胜了信念。他鲁莽地转过身来，一这么做，潮水淹没了他，把他淹死在如今高梁桥所在的地方。后来永乐嫌恶地发现，这位勇士匆忙之下未能区分那位术士的两桶水，刺穿的是装着苦水的那一桶。水确实又回到了北京，但自那以后水就变得又苦又硬，于是很多不习惯这种苦水的旅行者就在他们剃须修面的时候大肆诅咒可怜的高亮和他出于好意而造成的失误。

以前当朝廷常驻颐和园的时候，海淀村是宫廷守卫的营地，也是一个繁忙的中心。一过了海淀村，我们一路上就看到了残垣断壁和荒烟蔓草的园子，这里一度是王公和高官的乡间宅邸。燕京大学和清华大学的现代建筑②坐落在某些这种旧庄园的旧址上。在朝东去往圆明园和朝西去往颐和园的两条路的交叉口的一角，是光绪皇帝的父亲七王爷以前的住宅③，它位于一座迷人的周围有高墙环绕的花园内，因为满族人总是唯恐暴露他们的隐私。

如今很少有游客不辞辛苦去游览圆明园，然而尽管会让观光客感到失望，这里却是适合对举行盛会和礼仪的过往时光进行沉思的地方。闭上你的眼睛，想象某个长长的队列从余音缭绕的过

---

① 耶和华派天使前来毁灭罪恶之城所多玛与蛾摩拉，罗得接待了天使，由此获得忠告，要他在毁城之前逃到山上避难。天使告诫罗得不可回头。罗得的妻子回头观看，结果变成了一根盐柱。事见《旧约·创世记》。——译者注
② 参见本书第二十一章。
③ 他是咸丰皇帝的七弟，因而他的头衔是七王爷。这座庄园如今无人居住，部分建筑已经沦为废墟。

去沿着那条空空荡荡的马路蜿蜒而来。人们举着"迎向太阳的丝绸旗子,上面有各种颜色的刺绣图样,代表皇帝和他的祖先的荣耀;圆的和方的旗子,蓝色和朱红色的旗子,白色的圆柱形的旗子,它们的故事永远讲不完,穿着如彩虹般熠熠发光的丝袍的斜眼男人们扛着这些旗子。这些带着礼物的人是谁?一个人手里拿着一只上过蓝釉的碗,那是被遗忘的大海的蓝色。另一个人高高地举着一只脖子很长的银天鹅,身量很高,透出骄傲的神气。第三个人抬着一只雕花盒子,里面放着一幅用孔雀石和天青石磨的粉末绘制的风景画卷轴,寄寓着千秋万代的梦想。第四个人带着一只绘有古代宫女的花瓶,她们身处搭着棚架的花园中,头上戴着翠鸟羽毛做的首饰,穿着把她们那行动缓慢的小脚紧紧裹住的华美的衣袍。其他人则带着用红宝石、紫水晶和翡翠雕制的寓意吉祥的珍贵饰物,或装在漆盒里的象牙制的圣人小雕像,或用精美的织锦做的丝绸一般的饰片,它们织成了有关凤凰的寓言故事的图案。还有一个人高高地举着一件令人惊叹的月白色的玉器,打造成……坐在莲花宝座中的佛祖的形象,佛祖的眼睛定格于欣悦的神情,他的右手伸出两只手指以降福于世界"。

"他们一定是前往强大的国王的宫殿,陪同这些搬运礼物的人有身着炫目的外套的太监,有披甲执剑、威严可怕的守卫,有敲钟打鼓的乐师,有一大群比太阳底下的罂粟花还要漂亮的家臣。他们从马路转入一条长廊,它那以柱子支撑的屋顶外面覆盖着琉璃瓦,里面则是彩绘,其五彩斑斓可与光线相媲美。镶金的旗子向六种颜色的神圣屋顶致敬,六种颜色分别是橙黄色、绿色、蓝绿色、淡紫色、孔雀绿和天蓝色。屋顶的角上有小小的充当守卫的动物雕像。他们开始沿着觐见大厅的低矮的白色台阶拾级而上。……他们为何停下来耽搁了一会儿,耽搁了一段祷告的时间,就这么一小时接着一小时地耽搁下去?廷臣们为何停下来一动不动,而他们华美的朝服和配饰则在阳光下熠熠生辉?天子为何在前厅独自逡巡,陷入沉思默想、全神贯注和心醉神迷的状态?天子散发着青春和权力的光辉,他的黄袍上织着勇武的象征,他的眉间装饰着珍贵的珍珠。① 他为何不起身走向他的宝座,骄傲地把他的国家抓在手中?而此时那些抬着贡物的人们正走上前来,一边俯伏在他面前,一边把他们的贡品堆在他脚下。

"天子一动不动地坐着,他穿的黄袍上有勇武的象征,他的眉间被那珍贵的珍珠的光芒所照亮。他就这么一个小时接着一个小时地坐在那里沉思,而队列等待着。因为天子正在作一首诗,一首四行的小诗,它将赋予这个世界以声音与形态。"②

当我们到达以前立着金狮子的大门口的时候,幻觉消失了。③ 在这里,那位沉默寡言的驼背守卫年幼时曾目睹宫苑被劫掠和焚毁,他似乎要领着我们去看那废墟,因为圆明园是一片巨大的围场。他沿着一条蜿蜒的小径,穿过深深的草丛,爬上顶上有被损毁的宝塔的假山,又下到被破损的亭阁的残片堵塞的小小谷地,走过几座横跨两岸长着野鸢尾的运河、由整齐的料石建造

---

① 一个月黑的夜晚,一位在宫殿区巡逻的哨兵突然注意到湖里有什么东西闪闪发光。他来到发出光亮的确切地点往下挖,发现了一只很大的牡蛎,里面含有两颗连在一起形成葫芦状的珍珠。这两颗珍珠被献给了康熙皇帝,皇帝说它们必定是上天特意送给他护身用的,于是他把它们做成顶戴戴在头上,并将其作为珍贵的传家宝传给他的子孙们。(见阿灵顿[L. C. Arlington]做的笔记,载《新中国评论》[The New China Review],1921 年。)
② 参见哈里特·门罗(Harriet Monroe)的《在华夏》(In Cathay)。
③ 1860 年加入英法联军来到北京的陆军上校吴士礼(Col. G. J. Wolseley)说,因为这些狮子"是铜色的,没有外国人不怕麻烦地去确定它们是由何种金属做的,以为它们就是通常用来铸造在中国极为普遍的青铜饰件的普通合金"。过了几个月,上海一个中国人问一个住在那里的英国人联军是否已将金狮子从圆明园的门口搬走了,被这么一问,这个英国人准确地描述了它们,说它们涂着一层铜色。参见吴士礼上校的《1860 年对华战争纪事》(Narrative of the War with China in 1860)。

的已经残破的桥,来到一座岛上。岛上有蔓生着灯芯草的扇形湖,湖上是破败不堪的栈桥和摇摇晃晃的栏杆。

那座岛曾经是这片区域的明珠。岛上那座有一百间房间的宫殿从未被超越也无法超越,它所闪耀的色彩眼睛能够欣赏,言语却无法命名——色调就如同中国音乐中音调的细微分支那般微妙。"这座宫殿有四面,"曾经去过那里的王致诚神父(Father Attiret)说,"它的优美和品味是我无法描述的。从它那里看到的景致秀丽宜人。构成这座岛本身的那些野生或自然形状的岩石边缘,是一座白色大理石平台,上面的栏杆雕刻成不同寻常的样子。栏杆上每隔二十步就放着精美的蓝色珐琅彩花瓶,里面插着用血石、红玛瑙、玉和其他珍贵的宝石做的人造花。"① 另一位耶稣会士② 则把这片皇室领地描绘成一个整体。"乾隆皇帝在他京城外的乡间行宫里度过一年中的大部分时光,为了进一步地美化它,他日以继夜地劳作着。要想对它有所了解,人们必须回想那些充满魔力的花园,富于想象力的作者已经以如此优美的文笔描述过它们。沟渠在假山间蜿蜒盘绕,穿过各庭院形成一个网络,在有些地方它们从岩石上流过,然后扩展开来,汇入以大理石平台为堤岸的可爱的湖泊中。曲曲折折的小径通向令人着迷的楼阁馆舍,有一些在水边,另一些则位于山坡上或宜人的谷地中。这些地方因为种着这里非常常见的花树而芳香四溢。每一座娱乐行宫(maison de plaisance)尽管比起整个园子而言很小,但要是招待我们欧洲的一位贵族连同他的所有随从却绰绰有余。而供

---

① 朝廷过去常常在这座平台上观看装有小铜炮的微型帆船之间的海战。〔王致诚这里描述的应是福海中的蓬岛瑶台,参见程龙主编《西洋影像中的"三山五园"》,首都师范大学出版社2018年版,第23页。——译者注〕
② 这位耶稣会士应该就是蒋友仁神父(Père Benoist),下文见于他1767年从北京写的信,参见 Mrs. Archibald Little, *Round About My Peking Garden* (Philadelphia: J. B. Lippincott Company, 1905), p. 169.——译者注

皇帝本人居住的宫殿则巨大无比,"——作者天真地补充说,跟他自己的家乡多勒(Dôle)镇(位于汝拉省[Jura])①一样大——"里面可以找到全世界所有的奇珍异宝——宏富的收藏包括家具、饰品、图画、贵重木材、瓷器、丝绸以及金银制品。"最后这位善人以下面的语句作结:"这些花园无与伦比,真是人间天堂。"

乾隆急于用喷泉装饰的正是这些花园。他羡慕法国国王寻欢作乐的宴会,命令蒋友仁神父(Father Benoist)制造喷泉,尽管后者一直说他自己"缺少知识"。所需要的水取自五六英里外的玉泉山,储存在一个大水库里,以供应层级瀑布的用水②,并用来运行一座著名的水钟,它由十二头每过两小时依次喷水的动物雕像组成③。

与此同时(大约1737年),皇帝令郎世宁神父修建外国式样的馆舍,中国的工匠以他们擅长复制的天才,成功地再现了大理石柱廊、凉廊和马蹄形楼梯上洛可可风格的饰件,耶稣会士则为它们提供设计。对乾隆来说,这些西洋宫殿极尽新奇之魅力。当法国宫廷送给他一套哥白林(Gobelin)挂毯④来装饰它们的墙面的时候,他欣喜不已。就像居住在特里阿农(Trianon)的玛丽·安托瓦内特⑤和居住在她的中国式楼阁中的叶卡捷琳娜二世一样,陌生的环境让他得以沉浸在人类古老的对乔装打扮的热爱之中。

---

① 多勒是法国东部城市,汝拉省的一个市镇,也是该省的一个副省会。——译者注
② 此处应指西洋楼大水法。——译者注
③ 此处指海晏堂阶前的大型水池,池左右排列着十二生肖兽面人身铜像。——译者注
④ 哥白林是法国巴黎的一家家族工厂,以生产挂毯而闻名。——译者注
⑤ 凡尔赛宫中有两座特里阿农宫,玛丽·安托瓦内特居住于其中较小的一座。——译者注

曾经矗立在这仙境中的那些宫殿——满意之宫、流云之宫和钟爱之殿①——如今在哪里呢？唉！砖块与大理石如今已堆成废墟。偶尔能看到一根柱子还矗立着，或躺在地上委身于蔓草。成簇的蓝色、黄色或紫色的马略尔卡（majolica）②陶制的花朵仿佛昨天刚做出来的那般鲜艳，环绕装饰着跌落的柱头。雕带与山形墙饰的片段掩埋在牵牛花藤下。太阳王（路易十四）的太阳徽章还附着在一堵摇摇欲坠的墙上。一条蜥蜴迅速地窜到一口被野草和杂草覆盖的喷泉那儿躲了起来。一派多么可悲的景象啊！而当所有意在供人玩乐的事物化为废墟时，它们又是多么让人觉得倍加悲哀啊！我们的导游理所应当地把圆明园描述为"一座失去了灵魂的宫殿"。③

当夕阳金黄的手指同时落在这些让人想起西方的古典物件与远处颐和园和玉泉山中那尖尖的屋顶和宝塔的时候，几乎没有哪两道风景能呈现出比这更鲜明的对比，在我们心中激起更强烈的悔恨之情了。每一位当代作家都悲伤地谈起圆明园以及它里面的珍宝的毁灭。甚至那些不得不点起火把和引爆引信的军官也为此感到惋惜。但是额尔金勋爵（Lord Elgin）和英军总司令④

---

① 此处据原文直译，考圆明园内各殿阁楼台之名，比较接近的地名为如意馆（或自得轩）、飞云轩和悦心园，但由上下文可知，此处应指西洋楼一带建筑，上述地点位置均不符合。作者所闻或有讹误，待考。——译者注
② "马略尔卡"源于意大利语，最初用来指称产自西班牙安达卢西亚地区的锡釉陶器。由于这些陶器大多经由位于地中海西部的马略卡岛（Mallorca）装船运往意大利，因而得名。——译者注
③ 意味深长的是，这些建筑或喷泉中没有一座装饰有雕像，所有北京的宫殿里都没有雕像，这一点值得注意。这是中国人的偏见所致。半身像被认为尤其不吉利。当光绪皇帝的头像破天荒地出现在西藏的货币上的时候，迷信的、反对这种做法的人们将他后来的不幸归于这一创新的举动。袁世凯刚允许他的肖像出现在金元上，同一批保守分子就立刻预言了他的倒台。
④ 指远征军司令格兰特（James Hope Grant）。——译者注

坚决认为应该对违反停战协议和虐待外国俘虏的行为给予某种有力的报复。他们提出,还有哪里比这些俘虏曾经遭受折磨的地方更适合用作严惩的对象呢?就让惩罚落在皇帝一人而不是他的长期受苦的百姓身上吧,因为不管皇帝是多么希望晚点再这么做,他都不能免除自己对这一罪行的责任。确实,他身边都是某个反对进步的党派的领袖,他们建议他可以忽略与西方国家签订的条约,对欧洲军队展开有效的抵抗。但他听信他们的意见,还发布了如下所述的傲慢的谕旨,就证明他有罪:"无论员弁兵民人等,如有能斩黑夷一级者,赏银五十两;斩白夷一级者,赏银一百两;拴斩夷酋一人者,赏银五百两;焚抢夷船一只者,五千两。①……并当谕令各海口一律闭关,绝其贸易。其余恭顺各国,各安生业,勿相惊扰。经此次剀切明谕,该夷倘能醒悟,悔罪输诚,所有从前通商各口,朕仍准其照常交易,以示宽大之仁。"②更重要的是,咸丰几乎没办法否认他直接参与到罪行之中,当时那些倒霉得差点就要被立刻斩首的囚犯,就光天化日之下躺在咸丰自己宫殿的庭院里,被剥夺了所有的日常必需品,遭到害虫的噬啮和监狱看守的残酷虐待,直到死神仁慈地将他们从他们所受的苦难中解放出来。

当联军到达圆明园的时候,皇室刚刚从一道侧门离开,皇帝一直在用的扇子、烟斗、帽子和纸张都还在他的私人房间里。这说明朝廷是多么突然地、在怎样的彻底混乱的状态下逃往热河的,尽管正史记载了一道保全颜面的谕旨,将皇帝的离开描述为"秋狩"。

"尽管严令禁止劫掠,因为他们战友的遇难而怒气冲天的外

---

① 当时一两银子大约值五先令,或一金元。
② 此为咸丰十年八月初五(1860年9月19日)谕旨,中文原文见齐思和等编《第二次鸦片战争》第二册,上海人民出版社1978年版,第48—49页。——译者注

国士兵还是抢走了大部分好拿的东西：寺院天花板上的金版、祭坛上的金像、玉器和珍珠。保存下来从而让这个世界更加丰富多彩的珍宝不到十分之一。有一半的珍贵而易碎的物品被毛瑟枪的枪柄捣毁，或者被嬉戏胡闹的士兵用力扔了出去，而剩下的则被最后的大火和爆炸吞噬，变成一堆碎片。"①

燃烧的宫殿点亮了两个晚上的夜空，放出的黑色烟云连着两天飘向惊恐不已的北京城，而毁坏的行为甚至殃及重重山峦中最远处的亭阁。如果说一座宝塔或祠庙偶尔在某个懊悔的军官手里幸免于难，那么时间——中国的砖木结构建筑几乎无能为力的时间——则带来了最终的毁灭。此外，当地的盗贼团伙也抓住机会拆掉了那些本来还可以修补的东西。他们搬走并卖掉了建筑材料，包括成千磅的涂在喷泉内部的铅。精美的旧琉璃瓦被以几分钱的价格处理给附近的农夫，用作烟囱的管帽。大理石柱子被打碎，为的是取下把它们焊接起来的铁夹子。壮丽的树木被无情地砍倒，劈为木柴。这个美丽的地方真的遭受了一场《旧约》式的复仇！

后来中国人运用他们保存面子的天赋（以牺牲外国人的面子为代价），解释说突然降临到皇帝头上的惩罚实际上根本不是联军所为，而是因为皇帝无视伟大的哲学家孟子在他生活的时代给一位封建王侯的警告。② 他对这位贵族说："你有一座园囿，方圆十里，人民抱怨你的奢侈。怀公有一座园囿，方圆二十里，他的人民都喜欢他，高兴地享用它。因为你把你的园子关了起来独

---

① 见施莫尔（E. R. Scidmore）的《中国，持久的帝国》（*China, the Long-lived Empire*）。两把金玉权杖、一套完整的皇帝朝服、几枚戒指、若干珍珠项链、几件漆器和瓷器保存了下来，被作为纪念品送给了拿破仑三世。
② 有人说这场毁灭乃是对乾隆皇帝掠夺部分明陵的行为的正当报应，乾隆用取自那里的材料来装修圆明园。

自享受，而怀公则把他的园子打开。这样他越让它讨人欢喜，他们从中感到的快乐就越多，他们也就越爱他。"① 自私确实是晚清皇帝的信条。甚至他们的最高级的官员也没见过圆明园里的任何东西，除了正式觐见的殿堂。所有奢华和美丽之物都只是供皇帝自己和他的宫廷享用的。"余一人"在这里过着纸醉金迷的生活，将所有苦恼和不快的事物都置之度外，直到战争的血爪打碎了他的美梦，抹去了他的珍宝。

在1860年的黑暗日子过去和咸丰去世之后，时运不济的圆明园被废弃了，再也没有重建。② 毫无疑问，对慈禧太后来说，这座宫苑充满了太多不愉快的记忆，她跟她的丈夫一道不光彩地逃走了，一直希望再回到这儿住下来。在她摄政的最初十几年，朝廷没有一处夏天的行宫。但当老佛爷发现自己年岁渐长的时候，她越来越渴望一块安静的退隐之地。此时她成为中华帝国事实上的统治者已经四分之一世纪了。她已经品尝过专制的甜蜜，已经满足了她所有的支配欲，急切地想用乡间生活的相对自由来取代紫禁城内的清规戒律。

一开始，她的计划遭到了反对，但反对的力量绝不会让她改弦易辙。她私人的腰包空空如也，但这也不是让这么一位意志坚定的女人退缩的充分理由。她解决这个问题的办法是挪用指定用

---

① 此处据原文直译，"怀公"云云原文如此。这段话大意源于《孟子·梁惠王下》，中文原文是："齐宣王问曰：'文王之囿方七十里，有诸？'孟子对曰：'于传有之。'曰：'若是其大乎？'曰：'民犹以为小也。'曰：'寡人之囿方四十里，民犹以为大，何也？'曰：'文王之囿方七十里，刍荛者往焉，雉兔者往焉，与民同之。民以为小，不亦宜乎？臣始至于境，问国之大禁，然后敢入。臣闻郊关之内有囿方四十里，杀其麋鹿者如杀人之罪。则是方四十里，为阱于国中。民以为大，不亦宜乎？'"——译者注
② 实际上，同治年间清政府曾尝试重修圆明园，后未果。参见刘敦桢《同治重修圆明园史料》,《中国营造学社汇刊》1933年第4卷第2期及第3、4期合刊。——译者注

于海军的二千四百万两白银，将其用于建设她的私人乐园。事实上，中国1894年屈辱地败在日本手里，很大程度上就是因为加强她的水师力量所需要的那笔钱被挪走了，一位美国作家恰如其分地将这种行为描述为"一个女人五千万美金的心血来潮"。

　　新的宫苑在她六十岁生日之际落成了。奇妙的巧合是，位于她选定地方的原来的建筑也是为一位皇后的六十岁生日[①]而建，她就是乾隆的母亲钮祜禄氏，这个女人在性格刚强方面与慈禧本人不无相似之处，而且和慈禧的母亲有着同样的姓氏[②]。乾隆的母亲对她儿子有很大的影响。有一次这位钮祜禄氏和他游览杭州的时候，喜欢上了那儿的一座游乐园，于是乾隆就萌生了在北京附近为她原样复建一座的念头。这就是颐和园——当时叫万寿山——灵感的由来。[③]

　　钮祜禄氏去世后，这座园子多年未经使用，在1860年英法联军之役中跟圆明园附近的所有皇家产业一样蒙受了劫掠。

　　当老佛爷决定重建万寿山——改名为颐和园——为她个人所用时，她将其建为一座真正精美绝伦的园林——当然，它只对她邀请的宾客开放。如今所有负担得起门票的人都可以进去。人们可以想象，当来自世界各地的"环球旅行"的人群把她的皇家园林的大门口团团围住的时候，专制独裁的太后在她的坟墓里要睡不着觉了。[④] 一个像肥胖的黄蜘蛛的导游暗中等候着上门的

[①] 按照中国人的观念，六十寿辰需要特别的礼物和尊崇来庆祝。
[②] 此说有误，慈禧母亲是富察氏。——译者注
[③] 清漪园（颐和园的前身）确实受到杭州西湖的启发，但并非为其母亲而建。乾隆十六年（1751年），乾隆母亲钮祜禄氏年届六十岁，为表示祝寿，乾隆皇帝此前一年已将园中的瓮山改名为万寿山，当年又选择在山上兴建大报恩延寿寺。——译者注
[④] 当朝廷驻在颐和园的时候，大门口左边的低矮建筑被外务部用作处理国务之地。

游客。他要领我们看所有的东西，给我们讲所有的事情，只要一元。我们明白告诉他，我们不需要他的介绍，因为我们已经来过这儿十几次了。他坚持说我们会迷路的，把价格放低到六毛。我们对他说，我们比他更了解这个地方。他又承诺说只要五毛。我们叫他走。最后，他身上带着一股大蒜味，摆出夸张的姿势，表示情愿陪我们整个下午，只要两毛钱。我们朝他大声说了一句很不客气的中国话。然后他终于放过我们了，把他的注意力转向一群他那尖利的眼睛远远地就发现了的游客。

  与紫禁城不同，颐和园并非一组引人注目的建筑的集合。这些建筑没有人情味，高高在上，几乎是冷冰冰的，似乎轻蔑地俯视着急匆匆地穿梭于它们之间渺小如蚂蚁一般的人们。但颐和园在雄伟壮丽方面所失去的东西，在同情心方面又弥补回来了。背景的如诗如画（picturesqueness）、寺庙和亭阁的选址上表现出的精准品味，以及中国风景园林的设计者在利用自然特征来突出他们想要达到的效果方面表现出的登峰造极的技巧，所有这些都构成了颐和园的魅力，形成了我们从这座"幽灵之园"中所获得的主导印象。

  凭借她对美的直觉，慈禧将那片可爱的湖泊、山上的铜亭[①]和"万佛寺"[②]——所有这些都是乾隆构思设计的——囊括到她自己的规划之中。她还决定保持园子北边的废墟原样不动。随着时间的流逝，它们逐渐与其周围的环境完美地融合为一体，赋予这片令她眉开眼笑的区域淡淡的忧郁气氛，要让这座园子的魅力令

[①] 应指佛香阁西侧的宝云阁，是一座仿木结构的铜建筑，俗称铜亭。——译者注

[②] 应指佛香阁，乾隆原计划在万寿山上建成九层宝塔，作为大报恩延寿寺的一部分，建至第八层突然停修，改建成三层阁式建筑。此阁于1860年被英法联军焚毁，光绪年间重建。——译者注

人印象更加深刻,这种气氛是需要的。

太后与她的侄子光绪皇帝实际居住的宫殿,聚集于湖的东南角。这组建筑还包括戏院和会客大厅①,后者就在大门口附近,这样前来处理公务的官员就可以避免穿过私人的房间。

沿着湖南岸的美丽的白色大理石平台对面是皇帝本人的亭阁,以及一座特别的码头②,它拳曲着伸入水波中,盘绕成龙的形状。

再往西是老佛爷的寓所③,由一系列带有走廊的厅堂组成,中间由开放的游廊连接,围着诸多开阔的庭院而建。在她那时候,这些庭院撑起蜂蜜色的垫子作为屋顶,从而形成了凉爽的户外客厅,就像西班牙的露台一般,院子里总是种满了稀有的灌木和盘曲的树木。两棵修建成不同寻常的形状的柏树是太后陛下的骄傲。她的随从说,她常常将它们那用大剪子和修枝刀修建而成的对称性与老派中国人的生活做比较,即用传统的规矩将它们矫正和约束成庄严而体面的形态。

在太后的一生中,颐和园中总有她喜爱的花四处盛放。她在假山间种上了那奇特的小小的绿色兰花,这种花经常原样复现在她的外衣上。会客厅的前面有海棠树,它们开花的时候就像新娘手捧的花束。这种树在人们的手里驯化和照料了如此长的时间,以至于中国人相信它们已经获得了灵魂,努力要通过让自己为了人而变得更美丽——就像被爱慕的女人那样——来表达它们的感激之情。有一座被称为"花山"的小山,整座山都是牡丹,各种颜色搭配得很是雅致,散发出淡淡的稍纵即逝的香气。还有一整片湖水都覆盖着荷花,流溢着热烈的芬芳,逗引着人们的感

---

① 戏院应指德和园大戏楼,会客大厅应指仁寿殿。——译者注
② "皇帝本人的亭阁"疑指玉澜堂,码头疑指水木自亲。——译者注
③ 这里老佛爷的寓所应指乐寿堂。——译者注

官。粉红如涂过口红的嘴唇一般的夹竹桃,红艳如伤口般的石榴,还有如成群盛装出场的使节一般的菊花,都生长在太后本人住的馆阁的格子窗外。

这些私人房间现在都关着门封上了,按照中国人的方式,贴着两片彼此交叉的封条。但我们还可以透过窗户看到老佛爷的床,挂着皇家所用的黄色帷幔,上面华丽地绣着飞舞的凤凰,还能看到一位荷兰艺术家①绘制的她的肖像。空空的架子上以前曾放着书和饰物,当然还有钟表——"美轮美奂的珠宝和金子做的钟表,所有种类的样本应有尽有。有一些发出报时的铃声,有一些发出公鸡的打鸣声和鸟儿的鸣叫声,有一些发出流水的声音。"

透过漆着大红"寿"字的平板玻璃门,我们也可以看到会客大厅里面的一间朴素而美丽的房间,装饰着稀有的手工艺品,它们是用精雕细刻的木头和极贵重的漆制作的。

在这座建筑里,各公使夫人端庄地站在一座饰有铜鸟和铜兽的平台后面,在一年一度的游园会上受到太后陛下的接见。在这样盛大的日子,露台上罩着丝制的遮阳棚,而顺着雅致的大理石台阶则铺着一张深红色的毯子,如一条血色的河流从上面流过。

"当宾客们到达只有几百码远的外务部公所的时候……她们首先被领到会客大厅右边的一座亭子处,在那里她们按照会见时的次序自己排列好……公主引领的两列宫中的女眷与她们在大理石平台处会合,然后转过身来,引她们走进会客大厅。她们在这里分开来,站在安置宝座的高台两侧,分别形成一组美丽如画(picturesque)的群像。太后坐在昏暗朦胧的光线中,皇帝在她的左边。太后陛下前面放着一张桌子,上面盖着一个皇室专用黄色的罩子,一直拖到地面上,还摆放着精美的瓷瓶,里面是芳香

---

① 即美籍荷兰画家胡博·华士(Hubert Vos,1855—1935)。——译者注

的水果和花朵。

"这些外国女士进来时敬了三次礼。正式的会见结束后,太后从高台上下来。有人拿来了她的一把垫着黄缎的椅子,放在会客大厅的右边,她坐了下来。然后太后陛下把这些女士集体引见给年轻的皇后和那位公主。宾客们围着太后的椅子站成一圈,太后跟她们分别随意交谈了几句(当然是通过翻译),此时茶水端了上来。喝完茶后,太监领着这些由宫中女眷陪同的女士,经过年轻的皇后的宫殿,穿过老佛爷的院子,来到举行午宴的馆阁。

"乘着朝廷的一艘游船在湖上划船,或在三层楼的戏楼里观看演出,这就消磨了整个下午。然后宾客们向太后陛下道别,离开宫苑前往外务部,在那里她们乘坐她们自己的轿子或四轮马车回到北京城。"①

狂热地争抢受邀参加这些皇家游园会的请柬的行为导致了多少争风吃醋的事情啊!而且尽管这些游园会确实令人愉快,懂行的游客一个人逛的时候兴致要高得多,他可以在他选择的地方流连徘徊,一路沿着湖滨的大理石平台往前走,在那些让湖岸的缺口显得更突出的亭阁处停留,停下来观赏那座装饰性的拱门旁边的著名的铜狮子②。

传说它们是由三国时期(220—280年)的君王之一孙权铸造的,他曾坐镇南京和汉阳统治其疆域,但它们的古老程度很有可能被夸大了。不过可以肯定的是,它们是由乾隆皇帝带到颐和园来的,他欣赏它们的"五彩铜锈"——这是金银与铜混合而形成的丰富色彩所致——并宣称它们是"无价之宝"。所以值得大

---

① 此处引文编写自凯瑟琳·卡尔(Katharine Carl)的《慈禧写照记》(*With the Empress Dowager of China*, New York: The Century Co., 1907),第166—169页。——译者注
② 此处应指东宫门外两侧的铜狮子。——译者注

书特书的是，满族皇室拒绝了北京古玩商会开价 200 万美元购买这些文物的要求，那时他们可是急需用钱！

长达 1 英里的长廊是颐和园的特色之一，也是炎炎夏日徜徉流连的宜人去处。右边我们可一窥以前等待进宫的宫女所居住的寓所前的树木与李连英寓所前树木之间的景致，李连英是遭人痛恨的太监总管，他将控制着宫廷木偶的舞步的线攥在他贪婪的手心里。

左边则是泛着魔幻般的蓝色的湖水。我们为它那迷人的美猛吸了一口气，朝着那座有寺庙的岛屿①凝神望去，那座庙似乎构成了它挺立于其上的岩石的一部分，这是供奉一位著名的龙王的庙②。

一座十七拱大理石桥将这颗漂浮的珍宝与一条仿造的沙滩连接起来，沙滩上那头乾隆时期的铜牛耐心地守护着宫苑，防止洪水的侵害。再往西是古色古香的"驼背桥"③，它只有一个桥拱，高达 30 英尺。再过去则是一座有屋顶的桥④，让人想起威尼斯的桥，它通向一半已成废墟的鱼藻轩。

真的，无论我们往何处望去，都会看到由如画般（picturesque）的挺翘的屋顶和大理石平台构成的幻境。我们猜许多阴谋就发生在那色彩斑斓、流光溢彩的自然中间；发生在似乎在树木间玩捉迷藏的蓝色与金色的凉亭里；那里曾有人轻柔地窃窃私语，谋划心存猜忌的复仇之计。

长廊的终点是山脚下，山顶是"万佛寺"。爬这座山需要勇

---

① 这座岛如今已经改成一座"天然疗养院"，而陆地上的部分建筑则用作避暑庄园。
② 即南湖岛与龙王庙。——译者注
③ 即玉带桥。——译者注
④ 应指豳风桥。——译者注

气与耐力，然而慈禧太后陛下却经常踩着她那高高的满式鞋跟，沿着陡峭的台阶拾级而上。这种鞋跟固定在鞋底的中央，即便在平地上行走也需要完美的平衡能力。我们为她的榜样作用所鼓舞，同时也因为瞥见五颜六色的琉璃瓦屋顶——它们昭示了我们不敢错过的美——而奋勇前进，辛辛苦苦地爬了上来，在乾隆的那一对姊妹铜亭①处停下来休息。就像称颂山下昆明湖的景致的那块石碑一样，这两座铜亭经受住了1860年的兵燹，因为它们的柱子、横梁和瓦片都是用耶稣会士锻造的金属浇铸的。

后面那群游客在这里追上了我们，原本要当我们导游的那个人在我身后催赶着他们。来自阿肯色的那个女孩立刻就询问她能否买下一座铜亭。她觉得它要是"放在家中的花园里就真是太棒了"。但是她的父亲不这么认为——它被破坏得太严重了。新东西装饰效果会更好些。

然后那位因为奇怪地着迷于这位极为入时的少女而跟他们一起游玩的教授，满腔热情地领着我们穿过两边都是石头的漫长而曲折的廊道往上攀登。而那位女孩则评论道：任何一个文明国家都会坚决要求装上电梯。教授虽然是一个古板的人，有点喘不上气来，还是对着我们俯瞰的这幅美丽的图景开始发表一番雄辩的言论："这片仙境就像《阿拉伯之夜》②里的一个场景一样，有形状古怪的避暑庄园，浅粉色的墙，彩虹般的屋顶，上过漆的柱子，白色大理石桥拱和骆驼背似的桥。亲爱的，自然和艺术到处都混为一体，以至于我们分不清两者中一个在哪里结束，另一个

---

① 万寿山只有一座铜亭，即宝云阁。不过乾隆年间确实还建了一座铜亭，造型几乎一模一样，但不在颐和园中，而是在承德避暑山庄的宗镜阁，作者当为误记。参见张剑葳《乾隆宫苑中的两座铜建筑——宝云阁与宗镜阁》，收入徐卉风主编《宫廷风：乾隆与圆明园》，上海社会科学院出版社2017年版。——译者注
② 即《一千零一夜》。——译者注

又在何处开始。年轻的小姐,'魔幻'是描述它的唯一的词。我们本能地感觉到被施了魔法的公主们就睡在这些树下,等着被童话中王子的触碰唤醒。我们知道得很清楚,任何时候都会有一个精灵从那边那口铜罐里冒出的浓浓的烟云中浮现出来。我们要做好准备,随便多少块魔毯或多少匹飞马都会从那墙上飘过来。"

教授在很大程度上自命为一个学者,他很喜欢围着"万佛寺"转来转去,它是由泛着光泽的黄琉璃瓦建成的,每片瓦都代表一个壁龛,里面有一尊坐着的佛像。"几乎跟芝加哥的牙科诊所一样多。"女孩评论道。

不过教授拒绝为她那失礼的比较所打扰。他发现了一块石板,上面有一首诗,坚持要把它翻译出来,从导游微笑的表情看来,很可能翻错了。不管怎么说,这是一首优美的诗:

> 影子沿着平台悄悄融入大块的浓荫里,
> 叫那男孩徒劳地将它们全扫开。
> 夕阳刚刚驱散了聚集着的那列荫翳,
> 瞧,此时月亮又会把它们拢合起来。①

他向我们保证,这首诗是一位深受皇帝宠幸的女性写的。"你难道想不出她的样子吗?她的头发是雷雨云的颜色,用发带和螺壳奇妙地梳拢起来,形成椭圆和盘曲的形状。绘有凤凰图案的珐琅簪子将这些发型固定好,又装饰了额头和耳朵上面的部分。她的眉毛如同柳叶,是新月的形状。她的眼睛清澈如秋水,黑白分明。金耳环拉长了她的脸庞,形成莲苞的形状。她的衣服很适合她柔软如幼竹的身姿。她穿着一件丝绸半截衫,上面绣着

---

① 此处据原文直译。——译者注

表明她的品级的圆补子，下摆是绿色的，碰着她的脚发出连绵不断的窸窸窣窣的声音。她的外衣上系着的扣子是纯玉的，她的手指上戴着镶嵌有五颜六色的珠宝的戒指。"

"某个女孩！"那位父亲漫不经心地评论道，他正在一小片纸上胡乱画着些人形。最后他说道："要是我们的公司签了为这个地方提供照明的合同就好了，女儿。我寻思山后面要是有一家小小的整洁的发电厂，那番景象怎么着也比他们在湖边上弄的那些小玩意儿强多了。我还猜如果太后陛下的用人都跟我们在宾馆里遇到的那些一样粗心的话，换掉这些破破的圆球一定有油水可捞。"

然后我们都又往下爬，膝盖抖得厉害。那个女孩到了底下，背靠着墙，纳闷到底值不值得爬这一趟，因为纽约有些建筑是这儿的两倍高。"是的，夫人，"她对我说，"两倍高，他们还有电梯把你送上去再放下来。我想这儿连冰水都没有！"

确实没有冰水，但我们说：你可以在石舫那里弄到温乎的柠檬水。于是我们都往那儿走，去找"一件有趣却并不美的东西"——颐和园里唯一令人失望之物！正如某个机智的人评论的："中国想要一支海军，但她得到的只是一艘石舫，上面是一间丑陋的船舱，漆成石头的样子，游客们可在那里买热啤酒或'冷饮'。"我们在那里与我们的同伴分手了。父亲还在对着一杯矿泉水琢磨着："是的，夫人，我戒酒两年了，这对提高效率有好处。"——教授则在反复思考旅行指南里面的事实，女孩则惊叫道："要是我没出生在上帝的国度里，我也许会考虑做一位中国的皇后，住在这座宫殿里。那太浪漫了，如果有暖气和电梯，我觉得就更好了。"

我们去看耶律楚材墓①，在宫墙外费了很大的工夫才找到，

---

① 参见本书第一章。

因为迄今为止，除了一位日本学者，还没有游客想到要去找它。这座宫苑的电灯厂就建在墓前的一座建筑内，这种不敬的行为让人无法原谅，而且人们必须穿过一间堆满了报废和生锈的机器的房间，才能对这样一位位居中国最伟大的帝国建立者之列的人物的遗迹表达敬意。他出生于1190年，是辽朝的皇室后裔，先是出仕金朝，后来又为成吉思汗效力。在历史记载中，他是一位多才多艺的人物——他是撒马尔罕的总督①、一部蒙古历法的编订者②、一部鞑靼王朝史的作者③以及中国纸币的创始者④。他极为公正无私，乃至说服皇帝赐予孔子的后裔以永久的爵位⑤。事实上，当时一位中国人就说："他因为罕见的无私而著称于世。"他所有关心和操劳的事情都是为了唯一的目标，即他服侍的主人的利益和光荣，不管他们是金朝人还是蒙古人。⑥

当成吉思汗占领北京的时候，他是这座城市的长官⑦，受到征服者的任用。他们肯定很信赖他，因为他于1224年跟随成吉思汗征服印度⑧。在喀拉塔克（Karatag）⑨，远征军遇到了一种动

---

① 耶律楚材曾随成吉思汗攻打花剌子模的国都寻思干（即今撒马尔罕），但未见有任总督的记载。——译者注
② 即《西征庚午元历》。——译者注
③ 不详，或指《西游录》。——译者注
④ 此说不确，中国纸币最早出现于北宋时期，即"交子"。窝阔台汗统治时期，有人提议大量印制交钞（即纸币），反遭到耶律楚材反对，提出印造交钞不应超过万锭。——译者注
⑤ 耶律楚材曾奏请窝阔台袭封孔子五十一世孙孔元措为"衍圣公"。——译者注
⑥ 见包罗杰的《中国简史》(*A Short History of China*)。
⑦ 1215年成吉思汗攻克燕京时，耶律楚材任左右司员外郎，协助金朝右丞相完颜承晖留守中都燕京。——译者注
⑧ 此说不确。1222年，成吉思汗曾派兵深入印度，追击花剌子模残部，但很快撤兵。——译者注
⑨ 流经塔吉克斯坦西北部和乌兹别克斯坦东部的一条河流。——译者注

物，它"像鹿，但它的头又像前额长着一只角的马头，身上的毛是绿色的"。这种怪物会说话，因为它对卫兵说："叫你的主人回到他自己的土地去。"成吉思汗因为这条信息而感到苦恼不安，就请教耶律楚材。耶律楚材回答说："这种动物叫角端，懂得每一门语言。它的出现意味着现在不必从事杀戮。大军四年来一直在西域征战。上天厌恶杀戮，故通过角端来给予警告。看在上天的分上保全帝国吧。节制会带来无穷的快乐。"①成吉思汗听从了他的大臣的劝告。② 他之所以是一位杰出的人物，人格方面的原因不亚于他的才能的因素。他身高八尺，留着长长的胡须，髭须长及膝盖，声若雷鸣，体格超出同侪之上。他在道德上富于智慧，制订计划时深谋远虑，根据历史文献，他几乎没有做过他有理由感到后悔的事情。对于那么多陵墓远比他那位于这间小小的到处都是蝙蝠、屋顶摇摇欲坠的房子里的简朴的坟墓宏伟得多的人们，我们能说同样的话吗？

离颐和园不远处是秀丽的玉泉山公园，当天就可以方便地过去游览，有一条运河将它和乾隆的那片湖连接在一起。因为这条水路如今已经关闭，游客不得不走陆路过去，这条路经过一座颐和园后面的大理石桥。途中有座寺庙很值得驻足停留，它的门口有两头可怕的石兽守卫着。它们不是常见的狮子，而是中国人称之为"犼"的一种有翼的野兽，它是"兽中之王"，能走能飞，力量超过所有生物。听到它们怪异恐怖的叫声，甚至老虎也会顺从，像它们较弱的同伙一样不可避免地加速走向灭亡，因为

---

① 见柯丁（J. Curtin）的《蒙古史》(The Mongols: A History)。
② 事见《元史·耶律楚材列传》："甲申，帝至东印度，驻铁门关，有一角兽，形如鹿而马尾，其色绿，作人言，谓侍卫者曰：'汝主宜早还。'帝以问楚材，对曰：'此瑞兽也，其名角端，能言四方语，好生恶杀，此天降符以告陛下。陛下天之元子，天下之人，皆陛下之子，愿承天心，以全民命。'帝即日班师。"——译者注

这些嗜血的野兽会吃掉它们看到的每一头动物,用它们前额上的角撕开它们的猎物,吸取它的血。这种饕餮的行为令神灵如此震惊,于是为了野生生物的安全,上帝命令它们的眼睛要朝上对着天空。①

这一对石兽守卫着功德寺,该寺由元朝的皇帝图帖睦尔②兴建。他和他的后继者显然经常来这儿,"不仅来祷告,还换了衣服寻欢作乐"。他们也从那曾经矗立在寺前的三座塔上欣赏池塘里的鱼和花,如今这里都是稻田。③明朝皇帝也来这一带"巡狩"。但其中一位皇帝嘉靖的来访结果却让寺院倒了霉。当他来拜谒他的先帝景泰皇帝的陵墓(就在附近)的时候,当地的官员拓宽了寺庙后面的金山口,好让皇帝的仪仗通过。然而根据星相师的说法,这一隘口象征了白虎口,当它被扩大时,虎口就张大到足以吞掉寺庙的程度——这是一个非常不好的兆头。而且,当皇帝拜谒完陵墓在隘口停留时,他看到守卫庙门的一位天王的可怖形象,感到惊恐不已。他因此恼羞成怒,以寺院建筑未严格符合规定的规模大小为借口,关闭了寺庙,并将僧侣押付审判。④

直到1770年,乾隆才对寺庙加以重修,赐予购买土地的经

---

① "犼"应该是一种凶狠的蒙古狼和一种有翼的虎杂交的产物。活的样本确实很罕见,它也很少按照实际大小被雕刻成石像。但是"犼"的小型雕像——白羊座星座的一种象征——能在守卫中国人屋顶的那排动物中看到,有时候它们也呈现为佛祖宝座的背负者的形象。
② 即元文宗。——译者注
③ 据《寺院册》:"(功德寺)前有古台三,相传元主行乐更衣处。或曰此看花钓鱼台也。"参见彭兴林《北京佛寺遗迹考》中册,宗教文化出版社2012年版,第574页。——译者注
④ 《长安客话》卷三:"嘉靖中,世庙谒景皇陵,有司以金山口路隘,镢阔数十尺,识者谓此功德寺白虎口也。虎口张将不利于寺。既而上驻跸寺中,中饭罢,周行廊庑,见金刚像狞恶,心忽悸而怒,因以宫殿僭逾,坐僧不法,撤去,寺遂废。"转引自彭兴林《北京佛寺遗迹考》中册,宗教文化出版社2012年版,第572页。——译者注

费,将其改成了一座喇嘛庙。那时该寺以保存着一颗神奇的木球而闻名。这颗球最初属于一位名叫板庵的著名和尚。870年,他住在功德寺的原址。这颗球被赋予运动的能力,它的主人可用它做各种各样的差事。例如,它过去经常在周边的村子里滚来滚去,为寺院化缘。它会跑去叫仆役,通报游客的到来,在重要的客人面前跳上跳下,好像对他们叩头似的。有一次发生火灾,它跳进了水池里,后来被毫发无损地救了上来。如此这般的机灵劲和自主性让这颗球备受尊崇。但乾隆当时提到它的存在时,却对它被赋予的能力表示了怀疑,同时又评论说它确实证明了板庵的不朽声名。① 如今这座寺庙已破败不堪,那颗球也已经消失了,没人知道是什么时候或在什么地方消失的,虽然留下来的喇嘛都坚信关于它的传说——中国民间故事中一个独一无二的传说。"现在什么都没给我们留下,"他们说,"除了一口铜钟,还有一块大理石碑,上面有一篇乾隆御书的碑文,记载了他游访该庙的经历。"也许那颗奇妙的球某一天会滚回到它的老家,再次化缘修复寺庙。但如果它不马上回来,很可能没有什么东西可修了。

离这座"奇球之庙"几百码远的地方就是玉泉山地界的入口。看一眼山顶上的古老宝塔,人们就会意识到比起玉泉山,颐和园——甚至它那些较老的传说——都还是昨天的事情。静明园这座小小的公园事实上作为北方统治者的游乐场已经七百年了,也许时间更长。据我们所知,最初这片场地和建筑是由金朝

---

① 《帝京景物略》《渌水亭杂识》均有关于此神奇木球的记载,乾隆《御制重修功德寺碑记》云:"《帝京景物略》谓寺僧板庵能役木球使者出外募金,直袭唐咸通中正觉禅师轶事,傅会其说。盖皆夸功德而涉思义,其义转堕,又奚足云!"见于敏中等编纂《日下旧闻考》第三册,北京古籍出版社1983年版,第1662页。——译者注

鞑靼人的君主明昌皇帝（1190—1208年在位）①规划的。接替其王朝的蒙古人将这项工作继续下去，明朝对其加以修缮。清朝的康熙皇帝在这里建了祠庙与宝塔，有一座庙供奉佛祖，还有一座供奉泉神，其他供奉的则是些被遗忘的神。最可爱的宝塔是一座实心大理石塔，如同一朵白百合花从地面上升起。底座雕刻成海波的形状，塔身有七层，但体量很小，矗立在巨大的莲花座上②。

更加引人注目的是最高峰山顶上的尖塔，即玉宸宝殿（或称妙峰塔）③，也是康熙建的。而按照中国人的品味，更美丽的是那座用绿色和金色的琉璃瓦建造的小一点的塔④，它位于西山坡上那片破败的建筑附近。⑤

这些建筑并不像第一眼看上去那样属于宫殿，因为这片区域没有住宿的馆舍。在皇家狩猎的黄金时代，其中的一些曾被用作老虎洞、犬舍和驯鹰场。当勇敢的猎手开始全副武装地捕猎的时候，约定的地方就在这座园子里。在这里，等到皇帝一声令下，大型猎物就被释放到邻近的猎苑里。

除了这些过去盛世的遗迹（如今它们都因兵燹而伤痕累累），玉泉山还因一个小湖和许多美丽的树而自豪。但它最大的荣耀还是那从山坡的岩石间喷涌而出的清澈而波光粼粼的泉水。泉水上方的诸多山洞周围装饰着芳香的藤萝花，里面满是雕像。我们细细地观赏一座可爱的娘娘像，她的一只大理石脚悬在半空中，另

---

① 即金章宗，1190—1208年在位，明昌是他1190—1196年间的年号。——译者注
② 此处应指玉泉山华藏海石塔。——译者注
③ 此处尖塔应指妙高塔，"妙峰塔"当为"妙高塔"之误。玉泉山北峰顶原有妙高寺，塔位于寺庙庭院正中。而玉宸宝殿则为别一建筑，位于玉泉山西麓东岳庙内。——译者注
④ 此处应指玉泉山西麓圣缘寺内的多宝琉璃塔。——译者注
⑤ 中国的作者宣称，在北京城及其周边存在过的一万座宝塔中，这一座是最美的。

一只搁在前面那条腿的膝盖上,露出了脚底板。她的脸转过来,目光越过左肩向远处望去,下巴抬起,嘴角张开,带着一丝轻蔑的微笑。我们又在乾隆那块写着"天下第一泉"①的石碑前停留了一会儿,然后向上面那间歇脚的屋子爬去,在那里可俯瞰全园。

这确实是一座泉山,当夏日的风抚弄水面如老乐师抚弄三弦的时候,它的绿意是如此葱郁,在它上面横移过的影子又是如此轻柔。宝塔投下它们那尖尖的剪影,小山②微笑着俯视它们的倒影。一艘古怪的、船首尖尖的维京式旧游船慵懒地在水草间划过,而一位中国诗人则在船尾书写赞美的字句,如湖面上的涟漪一般流畅。我们头上祠庙里的风铃永远在檐角窃窃私语,只要有能"吹动三根头发"的微风掠过。我们希望——我们多么希望——能听懂它们的闲言碎语,知道它们是如何议论那些曾经拥有这片玉器般可爱的园子、从万寿山坐着游船来欣赏它的皇后和皇帝的,以及那些将它比作他们从未见过的碧海或神秘生物的闪闪发光的眼睛——比作一千种现代诗人无暇想到的物件的宫廷诗人们,又说了些什么啊。

我们的冥想达到了极点,此时两个中国小男孩沿着小径一路急匆匆地跑过来。其中一个摔了一跤,结果鼻子流血了。他大哭起来,在脏兮兮的脸上抹着眼泪。我们对他表示同情,给了他一个硬币,他立刻就好了,跑去追赶另一个男孩,头撞上了那位慢悠悠地登山的中国绅士,他登上那间歇脚的屋子来完成他的颂诗。

---

① 之所以得此名,是因为它的泉水的比重低于中国境内的任何一种水,融化的雪水除外(《北京寺庙游记》["Visite aux temples de Pékin"],收入《北京政闻报》[*Politique de Pékin*],1921 年)。
② 泉水后面那座小山上的"窣堵波"的起源是一团迷雾,而且看样子会一直如此。每一位游客都对这么一座与其他宝塔如此不一样的古迹充满好奇,不过尽管它很可能是一位高僧的墓,任何中国文献都未提到它。〔此处应指前文提及的华藏海石塔。——译者注〕

彼此行礼致意之后，我们问起他写的东西，对那些雄劲的大字表示钦慕。

"不是，它不是诗，"他回答道，"只是尝试将有关御玺的古老传说记下来。你们注意到泉上面乾隆的碑文没有？这个传说解释了它是怎么写上去的。"

"跟我们讲讲这个故事吧。"

"好吧，很久很久以前，最初做这方玺的那块玉是被楚国的一个农民偶然发现的。这个乡下人如此坚信这块石头拥有神奇的品质，以至于他竭尽全力想让他的国君注意到它。他因为坚持不懈，两次被从宫中扔了出去，第二次两条腿都被砍断了，以防止他再进来。然而最终他还是成功地说服了国王。"这块石头经受住了检验，被剖成三片，它们都精美非凡，一片做成了御玺，另一片做成了道教的教长"天师"用的印，第三片做成了孔子用的砚台。

这方御玺显示了它神奇的品质，当时乾隆把它扔进了长江里，就平息了江上的风暴，但这块年代久远的法宝也就因此丢失了。最后，许多年之后，有一天乾隆坐在那里观赏从玉泉山的"龙口"喷出的水流的时候，他惊讶地看到泉水吐出了那块珍贵的文物。于是为了表示感谢，他立了一块刻有"天下第一泉"的题词的碑。[①]"也许外国人提到这个故事时会高高在上地认为它很愚蠢？"

"不会，先生，这个故事有一种超越真实的魅力。"

我们向我们的朋友道别，此时他已经开始沿着那条我们刚刚走下来的凹凸不平的石径向上攀爬。就一个东方人而言，这种努力不同寻常，但他解释说他的中文导游书将玉泉山列为著名的燕

---

① 这方御玺现在仍旧为清室所有。

京八景①之首，因而他必须完成这一任务。除了那最高的宝塔之外，没有什么地方能让游客更好地俯瞰颐和园全景了。没有什么地方如此适合于欣赏它的规划，它那如同一只展开其金色光芒的羽毛的蓝绿色孔雀的形态的湖泊，它的那些桥梁和宫殿的景点，而此处同时又能饱览西山的全貌——就像钉在天空上的大块云朵一样——连同碧云寺、卧佛寺以及依偎在它们的谷地之中的这座园囿的废墟。

---

① 根据中国人的品味，另外七景是：太液秋风、琼岛春荫、金台夕照、蓟门烟树、西山晴雪、卢沟晓月和居庸叠翠。〔玉泉山对应的"一景"是玉泉趵突。此处原文不尽符合"燕京八景"的标准名称，不再一一译出并订正。——译者注〕

第十五章　西山的寺庙

过了玉泉山，一路沿着通向西山的道路继续走，西山的山麓富于历史意味，寺院的钟声带来音乐般的享受。中国人总是喜爱这些顶峰，它们在阳光照射下金光闪闪，或在雪的映衬下泛着银光——这些是那"不朽的寺庙"的无瑕的装饰，"建殿的时候，锤子、斧子和别样铁器的响声都没有听见"。①

15世纪的时候，一股新的信仰的潮水浇灌了这片土地，一个兴建庙宇的新时代开始了，这可与席卷欧洲的那股建造大教堂的大潮相比，而且时间上也巧合。此时明朝的皇帝们以尊崇神祇为乐，把它们捧上了这些高处。在他们并未直接建造庙宇的地方，他们就修复、装饰和扩建唐代和元代等前朝修建的寺庙，几乎每一座重要的殿宇都坐落在另外一些早几百年的殿宇的原址上。因而要确定大部分庙宇的年代就很困难，里面保留下来的让人想起其创建者的往往只有一堵墙或一角屋檐。②但那些修复庙宇的人总是遵循最初的建筑师——他们的名字早就被人遗忘了——的规划，从而保证了设计上的连续性。

这些寺庙也不像我们的教堂那样是按照某种独立的神秘或

---

① 语出《旧约·列王纪上》6:7，此据和合本译文。原文所谓"不朽的寺庙"（the Eternal Temple）在《圣经》中指所罗门为耶和华建造的圣殿。——译者注
② 这是中国所有建筑的历史情况，其中很少是真正古老的建筑。我们的大教堂可经受数百年的风雨，但中国的寺庙是用较不耐久的材料建造的，兴盛一时后就会衰败，新的寺庙又会在同样的土壤上生长起来。

宗教风格建造的，而是以一种"共同的、所有人都熟悉的日常风格"修建的。它们中的大部分都有一系列常见的、朝南和朝北的长方形庭院，主建筑位于中间，次要建筑位于两边，就像一座大宅邸那样。大门有屋顶，形成一道门廊，"金刚王"（Diamond Kings）会站着守在那里。往里走，坐着受到供奉的要么是呈现为汉代勇士形象的关帝，要么是弥勒佛①，后者被想象为一个带着笑容的胖和尚。穿过这座小殿堂，我们就来到建有主殿的主院落，该殿通常供奉释迦牟尼佛，即历史上的佛祖，他是由三座安坐在莲花宝座上的庄严佛像构成的组合的中心。②

在大雄宝殿后面，也许还有一进或更多进的院子，建有或许供奉观音菩萨、或许供奉其他受民众欢迎的神祇的殿宇。侧翼的建筑里则有十八罗汉像③、寺庙的珍宝或以前住持的肖像和遗物。

我们也许会发现一座寺院附有一座图书馆或一家佛学院，也许还有风景如画（picturesque）的花园或一方满是鲤鱼的古老池塘，那里的池水在莲叶的阴影下面呈棕绿色。

永远有一道外墙环绕在寺庙的房屋及院落周围，里面有足够的土地容纳高僧大德的住处、厨房与马厩、储存燃料与粮食的仓库以及用来欣赏风景的开敞的亭阁。许多寺庙都有单独的钟楼和鼓楼，有固定在精雕细刻的石槽里的高高的木杆，用来在

---

① 参见本书第九章。
② 他的同伴可能是阿难尊者和迦叶尊者、佛陀钟爱的弟子或其他的佛，参见本书第十一章。
③ 这些都是佛的弟子（有时候又被称为佛教信仰的使徒），他们达到了从轮回中获得解脱的阶段，但由于某些个人的瑕疵，还没有达到涅槃——与神性完全融合的境界。因而他们还与凡人有接触，帮助尘世上的人们从地上的苦难中解放出来。

节日里升起旗子和灯笼，还有守门的石狮子。有一些还附设有被称为"行宫"的皇帝用的旅舍。所有的寺庙都有客人的房间，即"客堂"，招待陌生人或路上的朝圣者。在这片乡间宅邸很少见而客栈又很糟糕的国土上，本地的士绅会在寺庙里度假，而僧侣们——就像在中世纪的欧洲那样——也习惯于接待包括外国人在内的所有游客，并为他们提供住宿。事实上，旅客给的"茶钱"乃是他们主要的收入来源之一。

但凡环球旅行家们知道这些山丘——它们突然耸立于北京城外10英里的地方，就像奥尔本山（Alban Hills）崛起于罗马城外一般——里寺庙生活的魅力，他们就不会因为在其间远足所遇到的小困难和不便之处而气馁。比起美丽的景色、友好的人际交往和激发想象的联想——它们积累起来，以后仍可派上用场，这些小节就无足轻重了。除了空气的清新之外，树影的轻柔、念经声的悦耳以及静谧的山野景致——所有这些都是一种从20世纪之哀愁中获得救赎的慰藉。在这里就像在发明无线电之前的船上一样，人们有时间去思考和梦想，去治愈他们那陷入躁动不安的病症之中的灵魂，这种病症源于配备了"现代改良设施"的地铁和大型商队旅馆。①

当然，一些遵循了建议路线的人会对许多寺庙的污浊、贫困和破败不堪感到极为失望，就像莱斯利·斯蒂芬谈到约翰生博士

---

① 不过，旅行者在计划这类远足的时候应该记住，这些佛教殿宇的客房里只有一张木桌、一把长凳和一座当作床用的砖"炕"。要想有一个合情合理的舒适的环境，行军床连同寝具和折叠椅应该提前一天送过去，由一位能够准备简单的外国风味的饭菜的"伙计"负责。鸡肉和鸡蛋有可能在村子里买到，但像茶、咖啡、糖、面包和肉这样的奢侈品是找不到的，必须自己带上。那些不怕运送补给的麻烦的人会发现八大处（供应外国风格的膳食和床具，而且乘坐汽车很容易到达）是一个宜人的中心，从那里可以到附近几座寺庙做短途的旅行。

刺耳的格言的时候说的那样："在任何不辩解一通就无法欣赏它们的人面前替它们辩解是完全徒劳的。"[1]其他游客则会对时光暗淡了它们那明亮的色彩从而使其与周围的山峦协调起来而感到高兴,认为这些殿宇笼罩在过去的尘埃之中会更合适。一切取决于个人的品味和观点。

北京的居民在合适的季节会租住他们喜爱的寺庙,为的是享受佛教地区宿营与乡村生活的那种充满画意(picturesque)而又密切的结合。例如在卧佛寺,基督教青年会就有一个位于城外的总部。这是西山最古老的寺庙之一,年代可追溯至唐朝,跟大多数著名的寺庙一样,以拥有乾隆皇帝题词的石碑为荣。一条两旁种着古老柏树的大道因位于木材稀少的地区而倍受珍惜,它通向立有绿色和黄色琉璃瓦的牌楼的大门口,这座牌楼就像国子监那令人叹赏不止的牌坊一样漂亮。我们从它下方经过,穿过几进阳光和煦的院落,来到了供奉著名的卧佛像的大殿[2]。在7世纪、8世纪和9世纪,这位神祇[3]的这种造型在所有佛教信众当中都很普遍,无数尊表现人们喜爱的这尊佛睡觉样子的雕像在中国的各个地区都保存了下来,它们通常都是由改信佛教的鞑靼人敬献的。事实上,正是蒙古人用现在这座长达50英尺的模型代替了

---

[1] 莱斯利·斯蒂芬(Leslie Stephen,1832—1904)是英国作家和历史学家,作家弗吉尼亚·伍尔夫的父亲。约翰生博士指塞缪尔·约翰生(Samuel Johnson,1709—1784),英国18世纪著名文人。斯蒂芬著有《约翰生传》(*Samuel Johnson*)一书,这句话即引自该书,见 *Samuel Johnson* (London: MacMillan and Co., 1887), p. 121。——译者注
[2] 即卧佛殿。——译者注
[3] 这类"卧佛"显示的是贤者处于其尘世肉身的最后阶段、即将进入涅槃的极乐世界的状态,这一极乐世界只有这样的人才可企及:"他的感官变得像被骑手驯服得很温顺的马一般平静。他摆脱了骄傲、肉欲和无知之垢,甚至神也会羡慕他。这样的人像宽广的大地一般无忧无虑,像城门的柱子一般坚定,像澄澈的湖水一般沉静。"语见《法句经》(*Dhammapada*)。

先前的木像。

　　这尊面容平静毫无表情且双眼紧闭——这是无梦之睡眠的令人印象深刻的体现——的雕像全身都穿着正式的僧服，只有双脚是赤裸的。虔诚的信徒带来鞋作为供品[①]，根据他们的经济能力，它们有大有小，有丝绸的，也有纸做的，是他们的信仰奇特而令人感动的见证。熏香的浓重的香气，叮当作响的钟声，以及念经的深沉的低语声，与山坡上皈依者用尖利的嗓音唱的基督教圣歌混合在一起。但稍稍有点跑调的《金色的耶路撒冷》("Jerusalem the Golden")[②]似乎并没有打破佛酣睡的能力。或者说即便他听到了，他也不是一位嫉妒的神，不会介意这种打扰。

　　往西边的下一个谷地中坐落着碧云寺，它是西山最美丽的寺庙，也是中国最美丽的寺庙之一。在这里，我们看到了佛教僧侣高明地选取他们建庙的地址从而使得自然之美提升宗教建筑效果的典范。高耸的大理石"窣堵波"从谷底浮现，像一座幽灵般的古建筑，在清澈的空气中看起来比实际更近。然而我们沿着石头砌的步道攀爬了2英里，才刚刚抵达寺庙的外门。门口守着巨大的天神，它们是用上过漆的木头和石膏做的巨大塑像，手臂和腿肌肉强壮，就像亚述雕塑中英雄的四肢一般。我们不由自主地想到《大品》[③]中讲述的关于它们的显现的故事。"一个美丽的夜晚，四大天王进入神圣的树林中，树林里到处都

[①] 这些供品代表了关于佛陀之需要的一个纯粹中国的观念。除非万不得已，没有哪位汉人会赤脚走路。因此在佛陀旁边放一双睡鞋，方便他醒来时穿，是很有礼貌的行为。
[②] 英国牧师和圣歌作者尼尔（John Mason Neale, 1818—1866）创作的一首基督教圣歌。——译者注
[③] 《大品》(Mahavagga)是南传佛教巴利文《大藏经》中《律藏》的其中一篇。《律藏》集中讲述了戒律的制定，记述了佛教初创时佛陀的事迹。——译者注

充满了光明；他们在庄严地敬拜了佛陀后，如四柱大火炬般驻守在四方。"①

我们走进最外面的那个院子，发现那里的建筑都已开始朽败。就在弥勒佛这尊笑佛头顶上，供奉他的大殿②的屋顶已经坍塌了一部分，使得风雨剥蚀了他外面镀金的那层。但是他仍旧笑着，人们都羡慕他，因为他的肚子永远是鼓鼓的。这就是中国人理想中的幸福。在我们批评这种哲学的彻底的物质主义之前，让我们停下来回想一下，在这片拥挤不堪的土地上，有数百万人只有几分钱用来果腹而不至于挨饿。正如濮兰德所言："中国人出于祖先崇拜和儒教而无所顾忌地繁衍后代，由此他们就面临着长期为食物而挣扎的状况，这是世界上其他任何地区都看不到的。因而这种挣扎让这个民族在忙于生产人和喂养人的营生中陷入基本的物质主义，就不足为奇了。"③

侧殿里古怪的石膏壁画展示了天堂里的欢乐和地狱里的酷刑。天堂呈现的是佛经中如下精彩描述的一幅苍白的图景："往西方十万里，有一个地方叫极乐世界，它是阿弥陀的佛土，那里人不知有愁苦，也不知有饥渴或裸体。极乐世界里既没有死亡，也没有痛苦，也没有冬天。那里的花永不谢，果永不落，如果有人品尝这些果实，哪怕只有一次，就永不会再感到饥渴。住在那里的有福的人用很小很小的碗吃饭，但碗里的米饭永不减少——不论吃了多少，直到吃的人不想再吃了。他们用很小很小的杯子饮酒，但没有人能把杯子里的酒喝光，无论他喝得多么

---

① 这段文字引自小泉八云的散文《在诸神的薨色中》（"In the Twilight of the Gods"），见 Lafcadio Hearn, *Kokoro: Hints and Echoes of Japanese Inner Life* (Cambridge, Mass., Riverside Press, 1896), p. 216。——译者注
② 该殿即天王殿。——译者注
③ 见濮兰德《中国近事及当今政策》（*Recent Events and Present Policies in China*）。

用力,直到他感到那种愉快的微醺的感觉。……有七重微微发光的门户围合着这块地方,那里有七排栏杆、七排珍贵的树木和七个周围有金沙环绕的湖泊。那里的街道由银子、珍珠和水晶铺成。每昼夜各有六个小时下着花雨,每天早上那有福的人用他们的衣袍收集这些花朵,将它们携至千万佛处,并唱诵赞歌。……甚至极乐世界里的鸟也与尘世间见到的绝不相同,白鹤、金孔雀和紫鹦鹉全身羽毛比阳光还要灿烂。所有这些生灵永远齐声唱诵祷文,因为它们并无罪孽。"①

对地狱的再现则以其粗陋和残酷令我们不寒而栗,它描绘了人类命运最终和最严峻的真相、最后的审判以及对罪人施加的惩罚。死者——贵族、僧侣和农民——在同样的劫数中颤抖。但时间会对邪恶的刽子手实施报复,从他们那嗜血的双手中拿走斧头,敲掉长矛。

不过与其他众多寺庙相比,碧云寺并不是很古老的寺庙。它是元朝才建立的,一直都享有获得众多有钱人资助的有利条件。明朝一位著名的太监于经是正德皇帝的宠臣,他把他以精明的商业才干征税所挣的大笔钱财花在了这座寺院上。当他因压榨百姓

---

① 此处据原文直译,其中关于极乐世界的描述与《阿弥陀经》中关于西方净土的描写很相似,但不尽相同,录以备考:"从是西方过十万亿佛土,有世界名曰极乐,其土有佛,号阿弥陀,今现在说法。舍利弗,彼土何故名为极乐?其国众生,无有众苦,但受诸乐,故名极乐。又舍利弗,极乐国土,七重栏楯,七重罗网,七重行树,皆是四宝周匝围绕,是故彼国名曰极乐。又舍利弗,极乐国土有七宝池,八功德水充满其中,池底纯以金沙布地,四边阶道金银、琉璃、颇梨合成。……又舍利弗,彼佛国土常作天乐,黄金为地,昼夜六时天雨曼陀罗华,其国众生,常以清旦,各以衣裓,盛众妙华,供养他方十万亿佛。……彼国常有种种奇妙杂色之鸟,白鹤、孔雀、鹦鹉、舍利、迦陵频伽、共命之鸟。是诸众鸟,昼夜六时出和雅音,其音演畅五根、五力、七菩提分、八圣道分如是等法。其土众生闻是音已,皆悉念佛、念法、念僧。舍利弗,汝勿谓此鸟实是罪报所生。所以者何?彼佛国土无三恶趣。"——译者注

而受到下一任皇帝的惩罚（这位皇帝把他关进监狱，让他悲惨地死去）的时候，仆人们秘密地把他的官服和官帽埋在寺院的墓园里，他们不敢把他被遗弃的遗体安放在那里。

另外一些富有的廷臣也修缮和扩建了于经选定的这座庙，尤其是同样臭名昭著的太监魏忠贤①，"他的事迹到今天仍遭到中国人的唾骂"。魏忠贤的生平故事揭示了中国皇室朝政之图景的黑暗面。勇敢的谏官反复警告不要让太监干预政事，当时孱弱的天启皇帝对此漠不关心，自己沉溺于对木工的嗜好，任由魏忠贤大权在握，以至于后者实际上实行了独裁统治，而且由于他的罪恶行径，他所带来的灾祸比其他任何一个人都要多，这些灾祸最终导致了王朝的覆灭。

在遭到弹劾后，魏忠贤设法逃出皇宫，逃到了山东，"在那里，他所有的手下都视他为不法之徒，抛弃了他，于是他就在孔庙附近自杀了。按照皇帝的命令，他的遗体后来被肢解，他的首级在他的家乡河间府被当众展示"②。

碧云寺那座为他准备的、价值百万元如皇陵一般富丽的墓穴从未被使用，他赠送给寺庙的礼物成了他唯一的纪念品。然而，很大程度上正是由于他忠诚的友谊，碧云寺的诸多建筑现在还保存完好。复制自杭州同类建筑③的五百罗汉堂里有一排一排的比真人还大的坐像，令人印象非常深刻。供奉观音的殿阁④也很迷人，观音"居于祷告声之上，俯视下方"。几乎每天或每个时辰

---

① 明朝寺庙的修复或建造中有一半是太监所为，他们打着为他们的主公——皇帝——祈福的旗号修建了这些寺庙，但实际上是为了他们自身的荣耀，同时也是给他们自己提供应急的避难所。
② 参见巴格思和濮兰德合著的《北京宫廷年鉴与回忆录》（*Annals and Memoirs of the Court of Peking*）。
③ 此处指杭州净慈寺的五百罗汉堂。——译者注
④ 应为菩萨殿。——译者注

都会听到几位老太太在这里喃喃地念诵着经文里的诗篇:"风暴与憎恨让路于她的名字。火为她的名字所熄灭。妖魔听到她的名字便会消失。以她之名,人可如太阳般屹立于天空中。"①

乾隆也是碧云寺的施主之一。正是他修建了黄色屋顶的行宫,并下令建造了那座可爱的花园,花园里有一座位于泉水之上的高台②。经由寺僧打理、培土和种上草木的自然本身,经过数百年的经营,超越了尘世间的园丁所能梦想到的境界,用地衣柔化岩石的表面,把蕨草披挂在水面上,以青苔覆盖树干。

那座大理石的"窣堵波"③是寺庙的最高荣耀,它也是乾隆的馈赠,建于 1748 年。跟五塔寺一样,它是"金刚宝座"的复制品。穿过一道精美的大理石牌坊,七座白色尖塔④高高地耸立在面前。一段段台阶通向塔的高台,这些尖塔就从平台上拔地而起,高于地面 80 英尺,顶端是铜铸的。尖塔侧面覆盖的雕刻明白无误地显示了印度影响的痕迹,就像黄寺的雕刻一样。它们表现了国王和勇士、男神和女神的形象,他们似乎等待着另一部《摩诃婆罗多》或《罗摩衍那》中的诗人来讲述他们的爱与战争、神圣与复仇的史诗故事。

这些幸福的神祇被供奉在它们的大理石基座上,处于永久的平和之中,梦想着野桃花在崚嶒的灰色岩石旁轻柔地绽放娇红的充满诗意的春日,或山坡上每一处断壁残垣如花园般迸出绿叶

---

① 此处引文出自引自小泉八云的散文《在诸神的暮色中》,见 Lafcadio Hearn, *Kokoro: Hints and Echoes of Japanese Inner Life*, p. 214。——译者注
② 此处应指水泉院。——译者注
③ 孙中山的灵柩曾安放于这座"窣堵波"下的一座壁龛内达五年之久,壁龛前有一张以现代风格装饰的供桌,上面有银杯、刻有题词的纪念徽章和纸花。遇到重大的场合,灵柩会打开,让人们瞻仰中国最近的民族英雄的经过防腐处理的遗体。它最后移葬于南京紫金山。
④ 应指五座方形密檐塔和两座覆钵塔。——译者注

的慵懒的夏日,或枫树穿上它们那明艳的橙色和金色衣裳的华丽多彩的秋日。一位低垂着眼睛的圣洁形象——毫无疑问是观音——的目光掠过松树的树尖,凝视着下面的墓园,那儿的坟墓坐落在一片如厚厚的棕色皮毛般的、由落下的针叶铺就的地毯上;她又怜惜地凝视着那个脸色苍白的男孩,太阳底下的他坐在一块墓地上,在咳嗽中消耗着他的生命。①

在华丽的碧云寺附近,一座叫万花山的小山丘上,有一座很小的庙②。它只有一座殿堂,里面有三位娘娘的像,她们是小孩子的守护神。一位似乎是眼睛的保护者,因为代表眼睛的还愿物就放在她的祭坛上。但在那里看到的最古怪的东西是装在玻璃箱子里的一个小人儿,穿着黄缎礼服,戴着漂亮的蓝色头饰。那里的僧人解释说这是一个九岁大的女孩的干尸。我们走进去看她那尚未发育好的儿童体格和浅浅的微笑,这时候他给我们讲了她的故事。差不多两百年前,她住在附近的村子里。她还是幼儿时,就喜欢问那些除了神没有人知道答案的问题。当她年岁渐长,她爱爬上山到寺庙里来,当时庙里的老和尚非常虔诚地给她解释那些绝没有人能完全弄明白的事情。每天晚上,祭坛前的灯被点亮之后,他就教她念祷文中的字词。一开始她从家里跑出去时,她的父母经常担心她,但他们很快就弄明白了在哪里能找到她,然后她的父亲就会过来把她抱回家。她在庙里会打瞌睡,梦中带着微笑,于是他就知道了观音菩萨在和这个小小的灵

---

① 最近在碧云寺建了一座供肺结核病人疗养的疗养院,经常能看到病人在松树下面走路。
② 该庙应为天仙圣母庙(又称碧霞元君庙),"传说从前有一少女,来此进香时,坐于莲座之后,竟变为肉身菩萨,此神能解除同龄姐妹的痛苦,被尊为万花娘娘,山借此传说而得名"。所谓"万花娘娘",或即下文所述三位娘娘之一。见田建春主编《北京市海淀区地名志》,北京出版社1992年版,第279页。——译者注

魂玩神秘的游戏。但有一天，孩子的父母发现她睡得如此之沉，没有人能叫醒她。他们哭起来，难过不已，直到那位老和尚叫他们停下来。"哀悼死者并非仁慈之举。他们的寂静之路在泪川之上，当母亲们哭泣的时候，河水就会上涨，灵魂就没法通过，只得四处徘徊。"

虽然他们为她安排了葬礼，但这个孩子连着五天安详甜美地躺在那里，仿佛仍旧活着一样，他们就不忍心把她埋在田地里了。这个奇迹的消息广为流传，甚至传到了宫里，传到了乾隆皇帝本人的耳朵里。于是他下令把这个孩子的身体加以防腐处理，供奉在她如此深爱的庙中。①

其他游客来了，僧人恳求告辞一会儿，这样他就可以照料他们的需要。我们给他们腾出地方，他们走了进来——这是些穷苦的乡民，很友好地向我们施礼。一位焦急的母亲急切地要僧人给她生病的儿子念诵祷文，一位父亲求神帮助他找回饥荒年岁卖到很远的地方的女儿，一位年轻的妻子渴望得到观音对她失明的男孩的同情。僧人轻柔地跟所有人讲话，他为那位父亲烧了些小小的用来还愿的面具，为那位母亲在"明目娘娘"前放了一对"眼睛"，又为每一个人准备了经文。在摇摇欲坠的寺庙里，每天因而会制作出多少纯真的祷文啊！又有多少恐惧、希望和卑微的哀愁倾泻而出，除了神再没有人听到啊！

穿过山谷就是香山，即北苑②，一片可追溯至金朝的林木繁茂的围场。当晚清的皇帝们放弃了打猎的活动——他们的冒险

---

① 这个故事应改编自小泉八云《阿弥陀的比丘尼》（"The Nun of the Temple of Amida"），上一段中的引文亦引自该文，见 Lafcadio Hearn, *Kokoro: Hints and Echoes of Japanese Inner Life*, p. 80。——译者注
② 此处有误，金中都的北苑位于今北海公园一带，元明清时期北京北郊亦有"北苑"，为皇族游猎之地，清末逐渐衰落。——译者注

精神被数百年的循规蹈矩消磨殆尽——的时候,皇家蓄养猎物的猎场也就消失了。但在他们国力鼎盛的时期,中国的君主经常带着大批随从出来打猎。例如,康熙就是一位兴致勃勃的猎手,彼得大帝的使臣伊兹迈洛夫——就是那位受邀参观圆明园的伊兹迈洛夫——曾与康熙陛下一起狩猎鹿、野鸡甚至老虎,据说他曾猎杀了一只老虎。乾隆在其漫长的一生中,也保留了对打猎这项使得他的先人成为他们之所为的那种坚强勇武之人的活动的热爱。自嘉庆起,体格和道德上的衰败过程就已经开始了。尽管道光断断续续地遵循了他的祖先的狩猎习惯,但他已经是最后一个这么做的皇帝了。

这片苑囿里有金朝(1115—1234年)一座夏宫的遗址① 和辽代末代皇帝的陵墓②。这里还有一座喇嘛庙和一座精美牌楼的遗迹。最近在苑囿的一角兴建了一座孤儿院和一座疗养院③,但这片区域的大部分仍旧荒芜,是学习冥想、回忆昨日和忘怀今日的去处。

事实上,要从西山的远足中获得最大限度的快乐,应该无视一位中国朋友所说的"那个手腕上的小小的时间恶魔"。把它放在家里,然后漫无目的地游逛,只要一直有光线,就像本地的旅行者悠然从容地做的那样。拾起一路闲逛的习惯,让慵懒的眼睛追随云影或农夫的一头肋骨如锋利肘部要刺穿其两胁的驴子的慢吞吞脚步,翻越已不再像宋人所熟悉的那样林木葱郁,而是光秃秃的透着荒凉的棕褐色的山丘。这种将以前的森林漫不经心地变

---

① 应指金世宗营造的香山行宫,见《金史·巨构传》。——译者注
② 应指北辽宣宗耶律淳(1063—1122)的陵墓,1122年,金军攻辽,末代皇帝辽天祚帝逃亡,音讯断绝,辽大臣拥立耶律淳为帝,史称北辽。其在位三个月后即病逝,葬于香山永安陵,俗称"辽王坟"。——译者注
③ 应指香山慈幼院和香山疗养院。——译者注

成燃料的过程所导致的植被损失对农民产生了影响，因为它造成了降水减少的悲剧。这些被烧光的山坡——正午时分当烈日炙烤着它们的时候，徒步穿过这些山坡乃是一桩酷刑——到了晚上就变成了最细腻的紫色和淡紫色的色带。在它们那树木织就的帷幕被剥去之后，它们线条的纯粹就清晰地显现出来了。更重要的是，干燥的空气产生了一种充满活力的美的光效，那种美令我们屏住了呼吸。

一路步行穿越这些山丘吧，如果上帝让你成为一个好的行路者的话。或者——如果他没有赋予你那种品质——坐轿子或骑驴随意地从一座祠庙去往另一座祠庙。任何行人都可以在路上指引你，也许并不总是很准确，但他们一定会很乐意这么做。即便没人对距离有精确的概念，你遇到的大多数中国人都会以愉快的肯定句回答你的问题，只是为了让你高兴，如果它们并不离谱的话。

给宝藏寺留出一个长长的上午，包括寺庙和颐和园附近的太监别墅。但也许你并不喜欢早上的时光。有些人是这样。有些人觉得过了午后他们的状态才最好。那么就用上这惬意而懒洋洋的时辰游访这座小庙，1439 年一位西藏僧人最初建造它的时候，它被称为"苍雪庵"。① 在这座小小的庙里，有一片神奇的地砖拒绝跟它旁边的砖黏合在一起，每次把它安在地板上的时候都会松动。僧人解释说寺庙所在的地方以前是一块坟地，死去的和尚会撬动这块砖，这样他们的魂灵就会不受阻碍地漫游。

在寺庙旁修建其隐居之所的太监对他服侍的皇后爱慕有加。当然传统习俗不允许他把他愚蠢的心事讲给她听，但却允许他请

---

① 据相关文献，宝藏寺最初由僧人道深与太监王贵于宣德九年（1434 年）兴建，初名苍雪庵，明英宗正统三年（1438 年）赐名宝藏寺。清吴长元《宸垣识略》称道深为"西域僧"。——译者注

他仁慈的娘娘赏光——赏光来游玩。她爽快地答应了,就像女人们会做的那样。他半生中都在梦想着能取悦她的建筑,规划讨她欢心的花园,想要用每一块石头和每一朵花来讲述或许不能用言辞讲述的事情。然后他就等着——一直等到一个夏日,他累得等不下去,就睡着了。他被放在山坡上一张软软的床上,野草在他上面支起了一顶小小的绿色帐篷。他们告诉了皇后,她哭了,因为她是一个好心肠的人,希望能让她忠实的仆人高兴。但她这些年太忙了,忙着那些女人们忙的无关紧要的事情。当她终于兑现她的诺言的时候,她只看到了——他的坟墓。

狮子窝是另外一处怡人的夏日避暑之地(也是一位太监所建),它位于香山那边一座小山的夕照一侧高高的山坡上。从通往那儿的陡峭的山径上,可俯瞰先前一座著名的喇嘛庙[①]的黄色琉璃瓦屋顶,这座庙是1860年被毁的行宫的一部分;还可俯瞰令人想起中世纪的报警系统的瞭望塔以及乾隆的"缩微北京"("唐厂")。这里有尺寸缩小的故都城墙,城墙上有相应比例的门楼——整个结构形成一个负责守卫京城的士兵用的训练场的模型;这里还有皇帝本人落座观看攻防演练的亭阁,如果士兵犯错的话,他会命令演习重新来过。[②]

乾隆显然相信军队已准备就绪,因为他还在山坡的更东边建造了看起来很古怪的建筑,像是牢不可破的石头箱子。它们当时有两重功用,一是模拟坚固的要塞(实际上它们不是)来吓唬入侵者,二是用来训练他的士兵攀爬西藏的堡垒(它们是这些堡垒

---

① 应指青龙山上的福惠寺。——译者注
② 这片区域已被当局接收,种上果树,成为一个模范的果园。那座被废弃的喇嘛庙以及邻近的一处因其漂亮的两旁种着白松的大道而引人注目的墓园,也同样被用于与农业实验相关的事业。

的复制品），当时中原与西藏处于交战状态。①

攀登狮子窝的旅程要比狮子窝这个既无传统又缺乏诗意的地方本身有趣得多。但从盘绕着山坡的长廊（仿照颐和园的长廊而建）看去，景色优美而宁静。下面的平原一片青翠地延展到远方的城市，看上去就像某本中国古代画册中的一页。近处的前景——就在英国公使馆避暑寓所②的废墟下方，一座往外突出的土墩上——是一个农夫和他的骡子在用远古诸神时期的犁耕作布满石头的土地，妻子则用一把甚至比中华帝国还要古老的锄头帮忙。他们三个严肃而诚挚地劳作着，就好像被"劳动是生命的代价"这个知识无情地驱策着一般。

"我们以前在另一个世纪的绘画中见过那个人。我们在一个更古老的雕刻上见过他。完全是一样的。其他无数的衣服样式都已成为过去，农民的蓝色长衫和草帽却存留了下来。他自己更老，比他的衣着还老得多。他耕作的大地实际上已经吞没他一千次，但每一次它都以更新了的力量把生命回报给他。他满足于这种永

---

① 查相关历史文献，并未见到关于乾隆在香山地区建造缩微北京模型以演练城墙攻防的记载。"唐厂"（原书作 T'ang Chang）可能是"藏寨"之音讹，即本段提及的西藏堡垒的复制品。乾隆年间，香山地区依山势建有模拟藏地防御工事的种种建筑结构，包括演武厅和碉楼等，供训练健锐营士兵之用，称为藏寨。参见田会鹏、孙汉卿《〈西山名胜全图〉上的昌华景区古迹景点》，收入香山街道办事处主编《香山旧影与传说：第八届香山文化论坛文集》上册，新华出版社2016年版，第11页。文中所谓"看起来很古怪的建筑"应即碉楼。又庄俞《京华续记》一文云："狮子窝在卢师山之麓，西山诸胜之一也。自香山静宜园而来，道经健锐工厂及织布厂数所，又小学校三所，进门头村八旗校阅场，将台巍然在望，规制之宏，内地罕见。凡越二三岭，與夫喘声大作，即达狮子窝。"所谓"八旗校阅场"当即藏寨遗址之一部分。见庄俞《我一游记》，商务印书馆1936年版，第131页。——译者注
② 1900年义和团团民焚毁这些建筑的时候，它们几乎就要完工了。公使一家差点就没能及时逃到城里，他们直到最后一刻才意识到这些平静的山丘正是义和团运动的温床。

恒的更新，他别无所求。山脉改变了它们的形态，河流变换了它们的河道，星星移动了它们在天空中的位置，他从未改变。然而，尽管他永远不变，他却制造了改变。从他全部的劳作中铸造出了铁的轮船、钢的道路和石头的宫殿。他的劳作成就了新的大学和新的学问，成就了电报、电灯和连发步枪，成就了科学机器、商业机器和外交或战争的机器。他是一切的给予者。作为回报，他被给予永远劳动的权利，以及在劳动中找到满足的权利。"①

从狮子窝可信步下山到八大处所在的谷地，八大处因八座寺庙而得名，这些寺庙从上到下依次坐落于两座小山之间的峡谷间。

最高的一座庙叫宝珠洞，它之所以引人注目是因为从其平台上可见的雄伟壮观的全景，以及那座漂亮的刻有乾隆司空见惯的题诗的花岗岩石碑。这首诗由资深的汉学家和传教士丁韪良博士（Dr. Martin）译出，他曾多年租住这处僻静的寓所。乾隆在他漫长的统治时期写了超过三万首诗，毫无疑问，他从未拥有过比他在这里题诗时更好的灵感了：

在我的脚下我看到了我的国土，
如地图般铺展开来；
我的头上有一片苍穹，
点缀着金色的云朵。②

---

① 此处引文出自小泉八云的散文《石佛》（"The Stone Buddha"），略有改动。见 Lafcadio Hearn, *"Out of the East": Reveries and Studies in New Japan* (London: Osgood, McIlvaine & Co., 1895), pp. 163-164。——译者注
② 此处译诗出自丁韪良（William Alexander Parsons Martin）的回忆录《花甲忆往》，见 *A Cycle of Cathy, or China, South and North* (New York: Fleming H. Revell Company), p. 225。此处据原文直译，查乾隆十三年（1748年）御制宝珠洞三首诗，均与此诗文义不合。乾隆御制诗见彭兴林《北京佛寺遗迹考》下册，宗教文化出版社2012年版，第900—901页。——译者注

这座寺庙因一个过去朝圣者喜欢去的山洞而得名。它的名气源于曾住在这个即便在最亮的正午也黑黢黢的洞穴里的僧人,经过四十年的诵经和斋戒,他变得如此德高望重,以至于康熙召他进宫,赠予他一件紫袍和一首题诗:"甚至屋顶上的鸽子也(因为他的榜样)皈依了真正的教义,连泉口悬垂的花儿下面的鱼也遵从正法之言。"①

最古老的那组祠庙是香界寺(建于公元 8 世纪)、龙王堂和三山庵,它们都可追溯到宋代。② 三山庵据说闹鬼。最漂亮的是灵光寺,它建于金朝(时在 1162 年),建在比它还要古老的一座寺庙的原址上。明朝人对它们进行了日常性的修缮,持续不断地尽力要让古人那种忠于神灵的感觉保持鲜活。他们还与这片山谷有着特殊的联系,因为有一位明朝公主翠微就安葬在灵光寺,上面的那座山就以她命名,名为翠微山。她的墓已经消失了,同样消失的还有那座精美的白塔③,它是乡间一座醒目的地标,也是灵光寺的骄傲,1900 年后毁于印度军队之手,为的是惩戒庇护义和团团民的僧人。

山脚下是长安寺,这是一座明代寺院,在历史上并不起眼,却异常地优美如画(picturesque)。附于寺庙的那块小小的墓地埋着前代住持,这里是一间枝繁叶茂的昆虫音乐家的演奏室。

---

① 《北京寺庙游记》("Visite aux temples de Pékin"),收入《北京政闻报》(*Politique de Pékin*),1921 年。〔这位僧人法号海岫,此处康熙所赠诗据原文直译,中文原文略有出入:"驯鸽檐前应受戒,游鳞花下亦参禅。"见王仲奋编著《中国名窟名洞辞典》,中国旅游出版社 2002 年版,第 2 页。——译者注〕
② 此说有误,龙王堂建于康熙十一年(1672 年),三山庵则创建于金天德三年(1151 年)。——译者注
③ 此处所指应为原先位于灵光寺东南角的招仙塔,建于辽咸雍七年(1071 年)。因义和团曾在灵光寺设坛,寺与塔均毁于八国联军的炮火。见彭兴林《北京佛寺遗迹考》下册,宗教文化出版社 2012 年版,第 866—867 页。——译者注

那儿有一尊一半都隐藏在高高的野草里的佛像,安坐在他的莲花石座上,就像他在永乐年间一样。他那沉思的目光从半开半闭的眼睑间斜着向下投向不远处的那座小火车站(黄村),他的微笑是那种受了伤却不怨恨的人的微笑。尘土和石屑让他的表情失真变形了。我们很难过,一边想要把他额头上那具有象征意义的小小的凸起上的污垢刮掉,一边记起《妙法莲华经》的经文:

(佛陀)眉间光明,照于东方,万八千土,皆如金色,从阿鼻狱,上至有顶。诸世界中,六道众生,生死所趣、善恶业缘、受报好丑,于此悉见。①

每天有两班火车经过这里,几乎要把他从他的基座上震下来,"无眼无耳"的怪物像呼风唤雨的龙一般咆哮着,大地为之颤抖。西方由此闯入到佛教的和平之中。然而无所不知的佛陀知道痛惜是徒劳的。于是他微笑了。

秘魔崖作为义和团的另一处据点,轻易地逃脱了惩罚。它位于山谷更远的那一边,与其他寺院隔得有点远。在观念层面上也是如此,因为它像是一座古代的城堡,而不是一座寺庙,洞窟和用岩石建造的小禅房都是在悬崖上凿出来的。它所在的卢师山,因隋朝(大约 6 世纪末)一位著名的姓卢的和尚而得名。他在附近建造了一座寺院(后来荒废了),在唐代和金代都很有名,不过他却经常到秘魔崖来。有一天他在那儿遇到了两个小男孩,很殷勤地服侍他。刚巧那是一个大旱的季节,卢和尚代表民众祈

---

① 中文原文见《妙法莲华经》卷一"序品第一",英文译文微有出入,这里不一一标出。——译者注

雨,此时这两个孩子主动提出要回应他的祷告。于是让他惊异的事情发生了,他们两个都跳进一口井里,变成了龙,此时天空开了口子,雨露降临到这片饥渴的土地上。因为这件事,他们在明朝被封了王侯,井旁还立了一座小小的祭坛供奉他们,上面有垂柳飘拂。人们将灵魂比作这种柳树的毛絮,相信灵魂在地面游荡就像柳絮在水面漂荡一样,当它们从地上得到滋养时,就会再次升天,向天公行礼致敬。这个优美的神话是对在坟墓边死者的灵前供献饮食这一祖先崇拜的主要仪式的一种流行的解释。

八大处寺庙的这些祭坛建于很久很久以前,当玫瑰战争在英格兰肆虐时达到了它们荣耀的顶峰,今天仍保存完好,中国的香客每年都会来进香。坐在一座庙里某个昏暗的角落的一把长椅上敬拜一尊美丽的佛像或一幅圣像的时候,西方人的感性会为僧人懒懒散散的无动于衷的态度所震动,为仪式做好准备正是这人的职责。但敬拜者随随便便在寺庙的地板上吐痰的景象,则带来一种更粗鲁的冒犯,不仅是宗教上的冒犯,同时也是美学情感上的冒犯。这种令人恶心的习惯是中国的痼疾之一,很少有农民似乎能够在总共几分钟多的时间里忍住不吐痰。不过,它并没有不敬或不够虔诚的意味,而只是一种完全被视为司空见惯和容许做的习俗。

即便在八大处盘桓了很久,还是要抽出时间绕着从西边封住山谷的那座山的底部转一转,去看一下安坐在两座林木葱葱的山脊之间的山坳里小小的法海寺。这里饶有趣味的主要是环境而非建筑。古老的石墙上的缝隙里长着蒲公英和野草,从一块裂开的岩石里冒出一棵拳曲臃肿的树来。像这样的不起眼的景物——如果人们敢说它们不起眼的话——表明大自然是一位愿意帮助人来美化他的理想的艺术家,而不只是"一头拖着生命之犁的巨大的公牛"①。

　　在这座门口有两棵白松守护的寺庙的昏暗的内室里，有一系列妙趣横生的明代壁画，很值得一看，却很难看见。

　　在这座游人罕至的安静庙宇里，鸽子自由自在地在屋檐上做窝。我们的出现惊吓到了它们，它们腾空而起，在天上盘旋，随着它们迎向灿烂的阳光或停留在阴影里，一会儿显得雪白，一会儿则是柔和的灰色。在翅膀拍动发出的悦耳的呼呼声中，我们听到掺杂着一种哀怨的调子，就像一架伊奥利亚竖琴②的咏叹一样，它是气流通过系在它们尾巴上的竹哨时产生的。③

　　法海寺距离经由平则门回到北京城的主干道只有很短的路程。让我们走慢一点，以免我们的汽车惊吓到农民和他们背负着蔬菜去市场出售的驴子。即便如此，当我们在显应寺前停下的时候，一队骆驼还是被汽车喇叭声吓到了，惊慌中跟跟跄跄地踩到了麦田上。显应寺是西黄村附近的一组建筑，它们构成了北京地区最有名的那座尼姑庵的全部遗迹，因其中间的高塔而引人注目。明朝年间，一位姓吕的尼姑住在这里，她是一个聪明的女人，也是一位预言家，曾眼含热泪地恳求正统皇帝（英宗）④不要出师远征蒙古人，这场征战最终会以惨败收场。皇帝忽视了她的警告，结果是沦为敌人的俘虏，直到七年后才重登皇位。于是他想起了吕尼姑的忠告，封她为"御妹"，并敕赐她居住的寺

---

① 此处引文出自 George Sylvester Viereck, *My First Two Thousand Years: the Autobiography of the Wandering Jew* (New York: The Macaulay Company, 1928), p. 123。——译者注
② 一种风吹而自然奏鸣的竖琴。——译者注
③ 北京人制作的这些竹哨有十一种不同的声调，这样几群鸽子彼此飞近的时候，就几乎能产生一套编钟奏鸣的效果。在这座鸽子容易飞迷路而被邻居捕捉的城市里，房主只在特定的时辰放他的鸟群出去活动。挥舞一面红旗是叫它们回来的信号。
④ 参见本书第十章。

庙以尊贵的门额①。1527年,因为尼姑庵中盛行有伤风化的行为,嘉靖皇帝下旨将它们全部关闭,他认为这座寺庙——当时称为"皇姑寺"——也不能例外,尽管庙里最著名的尼姑曾经为国家立过功劳。不过一些不知名的施主得到了皇太后的协助,皇帝终于在附带某些条件的情况下,答应了她们保全这座寺庙的请求。这种来自女性的呼吁典型地体现了利害相关人施加的影响,目的是保护由尼姑庵演变而来的游乐场所。尽管君主完全了解它们的恶名,但所有勒令它们关闭的圣旨都变成了一纸空文,这让嘉靖皇帝懊恼不已。不过,虽然享有这么高级别的保护,皇姑寺还是逐渐荒废了,只是在康熙年间得到修缮②,后来又再次陷入物质实体和道德上的败落中。如今这座尼姑庵一贫如洗,规模缩小了,处于破烂不堪的状态。只剩下一位女住持,身边围着一些年幼的新尼姑,她们靠少得可怜的施舍过活,生活在那座曾经是藏经楼的高塔的阴影之下。

拐过另一个弯,我们就到了皇陵,这是一组覆有黄色琉璃瓦的建筑(已不存),清朝皇帝的灵柩就停放在这里,与此同时会准备复杂的葬礼仪式,然后从这里它们被运往西陵安葬。③

上面那一小列山丘上有一个高尔夫球场,可看到周围乡村的漂亮景致。从山脊的一侧我们回望八大处和玉泉山,从另一侧可看到八宝山。这座小山的顶上是一座小小的佛寺,其创建可追溯到金代(1194年),金朝皇帝④无数别墅中的一座就在这里。虽然这座小丘的真名叫"双泉寺"——得名于其脚下的两股泉水,

---

① 明英宗敕赐的寺名是"顺天保明寺"。——译者注
② 清初皇姑寺毁于大火,康熙五十八年(1719年)重建后改名为显应寺。——译者注
③ 有一座类似的建筑是为那些安葬在东陵的皇帝而建的,它至今仍在北京城东北角附近。
④ 指金章宗。——译者注

八宝山这个通行的名称据说源于在它里面找到的八种土壤,代表了山的"八宝"(八种珍奇或神奇的特性)。

八宝山稍往东北方向一点的地方有一座护国寺。它很值得一去,因为它与著名的太监刚公(刚铁)有关,他的墓就在寺庙后面。刚铁在明太祖年间开始当太监,曾英勇地参加伟大的永乐皇帝的军事远征。他是一位可敬的勇士,面对危险永远一马当先。他是如此地令人敬畏,以至于他赢得了"铁"或者说"钢"的绰号,虽然他的真名是"炳"。[①] 那把重达100斤[②]的叉据说是他使过的,但任何现代士兵都拿不动,在他墓旁供奉他的祠庙里还可以见到这把叉,此外还有根据真人绘制的他的肖像以及一系列图画(可追溯至同治年间)。在这些图画里,他和他的兵器几乎显得跟驮着他无畏地"奋勇杀敌"的马一样大。[③]

护国寺是为太监而建的寺庙的一个有趣的实例,所有的僧人都是太监,他们选择在他们显赫的祖师爷的墓地附近出家。与许多寺院不同,它的香火很盛,这要归功于其主人的财富,也许在很多情况下都是不义之财。直至清朝末年,护国寺都享有皇室的恩惠和荣宠,现在仍旧保存得很好,以其耕作得力的良田和充盈的粮仓与马厩而夸耀于世。成排的马和骡子站在院子里,空气中弥漫着它们暖烘烘的好闻的气味,工人忙着用连枷打谷子,或忙着把金黄色的玉米放到浅浅的筐里晾晒。

再远一点,一座保存完好的关帝庙的漂亮红墙和门洞吸引了

---

① 据《帝京景物略》:"铁本名炳,长陵每呼以铁,刚铁遂名。"见刘侗、于奕正《帝京景物略》,上海古籍出版社2001年版,第408页。——译者注
② 1斤约等于1.333磅。
③ 刚铁的祠庙称为褒忠祠,殿中供桌前竖有铁叉,东西山墙上有六幅题为"刚炳成圣图"的连环壁画,当即此处所描述的图画。见陈康《刚炳祠与刚炳墓》,北京市石景山区地方志办公室编《名人墓葬》,中央文献出版社2008年版,第160—161页。——译者注

我们的注意。旁边有一座墓园，但被一排高大的树木遮挡住了。这里埋葬着许多清朝甚至明朝的太监。① 大部分的墓在形式上都是一样的。品级较高的那些墓在它们的坟头前立着一组精雕细刻的石头祭器，以此夸耀于世人。在一个独立的围合区域里，有一座王公的墓，就其历史而言，是另一位跟他同族的王公建了这座墓，作为他的长眠之地。这里还安葬着臭名昭著的李连英②，在四十年的时间里，他在中国政府里扮演着至关重要的角色，提拔和罢黜了帝国最高级的官员，并向十八行省征收大量贡物。他性格中的可取之处是他对他的皇室女主人慈禧太后忠贞不渝。她去世时，他高傲的精神就崩溃了，也没有比她多活很久，他死于1911年，享年六十九岁。

　　八里庄那座十三层的宝塔③是北京一带最高大的塔，塔影就落在他的墓地旁，这是一个吉兆。虽然这类宝塔最初的目的是存放佛陀的遗物，但许多中国人如今则认为它们可调节风水，觉得它们会给城市和寺庙带来繁荣，给落在它们阴影范围内的坟墓带来和谐。

　　在最近这半个世纪的时间里，八里庄已经沦为废墟，那座由一位明代皇后虔诚供奉的观音金像已经不在祭坛上了，她建造了那优雅的塔尖（于16世纪），并留下了一篇她自己写的记录事实

---

① 在中国，不同姓氏和宗族的人埋葬在一处墓地并不常见，但"出家"的太监和僧人（"出家"是同样用于这两个阶层的隐晦的说法）是例外。
② 他的绰号"皮削李"更有名。他之所以得此名是因为在十六岁成为太监之前，他是他老家直隶河间府——大多数太监都来自此地——一家修鞋匠的学徒。〔此说不准确。李连英幼时，全家即从河间移居北京，在海淀大有村定居。其父李玉以修鞋手艺维持全家生活，李连英与兄弟们常帮助父亲削皮头，故他家被人称为"皮削李"。见曹子西主编《北京历史人物传》下册，北京燕山出版社2014年版，第645页。可见"皮削李"是他家而并非他本人的绰号。一作"皮硝李"，误。后文"享年六十九岁"亦不确，李连英生于1848年，卒年六十三岁。——译者注〕
③ 即慈寿寺塔。——译者注

的铭文①。随着香客的减少以及随之而来的附近寺庙收入的减少，寺僧卖掉了仅存的几件宝贝，包括庙里精雕细刻的木器——邻人买去当柴火了。当僧人发现这些牺牲还不够让他们活命的时候，他们就伙同两个主动帮忙的村民，花钱雇一个小贩传播消息，说塔第十二层上的一位坐佛每天晚上都从他的佛龛上下来，降福于乡民。于是那些听说这一奇迹的人们立刻涌到寺里，把大量供品倾倒到空空的功德箱里，乞求那尊作法显灵的佛像的恩惠。商人祈祷苛捐杂税被废除，农夫乞求好收成，姑娘祈求富有的丈夫，母亲祈求多生儿子。奇怪的是，不仅穷苦无知的人前来上香，坐着他们自己的豪华的轿子，全身丝罗绸缎的穿着入时的富人也来了。尊敬的长者、留着短发的时髦女郎以及衣着褴褛的苦力肩并肩地敬拜，希望他们心中的愿望能够实现。而在这各个年纪和阶层的人都有的、前来祈求此世的财富和来世的拯救的一大群人中间，有一个街头小贩以几分钱的价格出租小型望远镜，以便善男信女可以更近距离地观看那座奇迹般的雕像。

不幸的是，正当和尚们庆祝他们聪明的筹款计谋的时候，警察赶到了现场，逮捕了同谋者，指控他们故意欺骗民众，揭穿了既简单又巧妙的骗局。他们把那尊安放在塔上看上去高不可攀的壁龛里的坐着的佛像换了下来，代之以一尊立像。剩下的就是民众轻信的心理——加上良好的宣传的推动作用——做的事情了。唉，僧人们为他们的奇迹付出了坐牢的代价，如今八里庄的塔孤零零而荒凉地立在那儿。

---

① 这里说的"明代皇后"即明穆宗贵妃、明神宗之母慈圣皇太后。慈寿寺即神宗为其母后而建。所谓"观音金像"当指慈寿寺后殿供奉的九莲菩萨，《帝京景物略》云："后殿奉九莲菩萨，七宝冠帔，坐一金凤，九首。太后梦中，菩萨现敕，授太后经，曰九莲经，觉而记忆，无所遗忘，乃入经大藏，乃审厥象，范金祀之。"见刘侗、于奕正《帝京景物略》，上海古籍出版社2001年版，第318页。——译者注

过了八里庄,离平则门大概 1 英里的地方坐落着慈慧寺,俗称"倒影庙",因为主殿后面的门洞里有一个窟窿,光通过它照进来的时候,物体的影子就会颠倒过来。这座庙是明朝万历年间一个太监建的,就跟这一带大多数其他寺庙一样。它一开始是为了向穷人免费发放茶水而兴建的,寺庙的墙由不规则的石头砌成,形状像虎皮。庙里原有一座"窣堵波",称为蜘蛛塔。据塔上的铭文说,建塔者是一个耽于沉思的人,常常与一位僧人研读经文,以此消磨时光。1601 年农历七月的一个清晨,他们正开始一起读《金刚经》的时候,一只蜘蛛爬到祭坛上,面对佛像,俯身而伏。他们驱赶这个小生灵的时候,它又爬了回来。他们问它是不是来听圣言的,它表示同意地点了点头,继续留在祭坛上。经文读完以后,这只蜘蛛在佛陀脚下蜕去了它的肉身,羽化了。于是这只具有神性的昆虫的躯体就被僧人们虔敬地安葬在一个小棺材里,塔就立在棺材上面。①

这座庙附近是城市与乡村会合的地方。安静的马路变成了郊区的街道,店铺和祠庙古怪而令人困惑地混合在一起,这些店铺和祠庙挂着深蓝色的帘幌,因上面的汉字而显得美丽和神秘。每一步都有小孩、小狗和小鸡挡着我们的道。光着膀子的农民在阳光和风雨的作用下皮肤变得黝黑,把他们的农产品运到商业区。马车夫、街头小贩和骆驼商队堵塞了城门,做买卖的诱惑把他们吸引到城里。

还在不久以前,当城门在太阳落山后很快就关上的时候,对

---

① 慈慧寺建成于万历三十年(1602 年)。作者提及的建塔者指黄辉(1554—?),四川南充人。《帝京景物略》云:"蜘蛛塔者,南充诵金刚经次,一蜘蛛缘案上,正中立,向佛而伏。驱之,盘跚复来,就前位伏。南充曰:'听经来者。'为诵经终卷,为说情想因缘竟,蜘蛛寂然矣。举之而轻,视之,遗蜕耳。以沙门法,龛之,塔之,碑之。"见刘侗、于奕正《帝京景物略》,上海古籍出版社 2001 年版,第 306 页。——译者注

任何去乡村远足回来晚了的人来说,看着人群涌向城门,唯恐被关在城里或城外,都是一幅饶有趣味的景象。那时狭窄的城门口乃是一片车水马龙,包括满载货物的马车、轿子、骆驼队、背着货物的苦力和行人。

就在天黑前,城门一半已关上了,交通堵塞大部分得到了缓解,只有迟来的马车、骑马的人或行人偶尔穿过,匆匆忙忙地赶在另一半木门牢牢闩上之前进城或出城。"当这一半的城门也关上,钥匙被送到皇城里的时候,迟到的人就只能在城墙下条件恶劣的小旅馆里过夜了。或者,如果他们碰巧没有骑马或带着很多行李的话,他们可以跟城楼上的人达成协议,被用篮子拉上去(照圣保罗的法子),然后在另一边放下来,这笔不合法的交易的花费是1美元。"①

必须在不引起守卫注意的情况下做这件事。对那些拖拖拉拉的人来说,幸运的是,这些老爷到了关门的时间就退回他们的哨所里(在城门的两侧),躲在那些放着成套旧式武器的架子后面玩点赌博游戏。人们会觉得这些武器中一部分的形状足够吓人,给那些有意为非作歹的人的心中注入一种神圣的恐惧。但可叹的是,并非总是如此,不像那些经常悬在门楼上的被砍头的罪犯的首级。1890年代成群的马车和驴子如今正迅速被汽车和人力车取代,有一些城门会整夜开着。②

---

① 此处引文出自维纳的《秋叶》(*Autumn Leaves*),见 *Autumn Leaves: An Autobiography with a Sheaf of Papers, Sociological & Sinological, Philosophical & Metaphysical* (Shanghai: Kelly and Walsh, Limited, 1928), p. 166。传说圣保罗被基督教的敌人追逐时,他被教友放在篮子里,从大马士革的城堡上降落到凯桑门,从而逃出大马士革。事见《新约圣经·使徒行传》9:25。——译者注
② 这一时期引入人力车的最初尝试受到马车行会的阻挠,他们"把这些将人贬低到动物水平的可怕的外国玩意儿扔到了护城河里"。〔此处引文出自维纳的《秋叶》,见 *Autumn Leaves: An Autobiography with a Sheaf of Papers, Sociological & Sinological, Philosophical & Metaphysical* (Shanghai: Kelly and Walsh, Limited, 1928), p. 167。——译者注〕

第十六章　西山的寺庙（续完）

通向开有煤矿的门头沟①的铁路可以将游客中途送往西山的另一组寺庙。黄村（八大处的车站）过去5英里远的地方有一座孤零零的山，即石景山，其悬崖上刻有佛教经文。约定好的话，火车会停在山脚下，从那里就必须沿着巨石间的石径徒步上山，这些巨石隐隐地发出红色和金色的火光。刺猬躲在石头下面。全身焦叶颜色的蚂蚱从我们爬山时投下的影子旁嗡嗡地跳开。一只甲虫嗖地飞过，展开蓝色的翅膀，就好像一小块蓝天被撕了下来，而且因为抛光而变得更加鲜亮。

从下面往上看，那座寺庙像是某个古老的意大利城堡，也许就是利琴扎（Licenza）②本身。当我们在残破的塔楼下面奋力攀爬，或者探索从坚固的岩石上开凿出来的山洞和预示着浪漫奇遇的昏暗通道的时候，这种印象变得愈发深刻了。这座堡垒般的寺庙建于16世纪，那时候这类景象在这里确实很见。明代正德年间（1506—1522年），刘瑾作为大太监和一位太后的养子③，受

---

① 西山及其西南方向更远的山脉储藏有珍贵的煤炭资源，马可·波罗称其为"可燃的黑石"。但尽管伟大的地质学家如庞佩利（Pumpelly）和李希霍芬（Richthofen）五十年前就进行了勘测并报道了这里煤储量之丰富，中国人仍然用原始的工具开采某些煤矿，用系在本地矿工脖子上的滑筐将煤拖到地面，这些矿工在靠近矿脉边缘的巷道里四肢并用地爬行。
② 利琴扎是意大利罗马省的一个市镇。——译者注
③ 刘瑾本姓谈，入宫后被一刘姓太监收为养子，未见其被某太后收养的记载。——译者注

到与夏洛克不相上下的贪婪和超过沃尔西的勃勃野心的驱使①,与他的太监同伙形成了一个阴谋集团,目标是夺取最高权力。他的阴谋之一是挖开浑河的"北梁"堤坝②,这样河水就会淹没京城。与此同时,他还在石景山上建了这座堡垒,作为他起事和最后避难(如果最糟糕的情况发生的话)的基地。这一阴谋由于太监的内讧而失败了,刘瑾撤退到了石景山,他在那里埋藏了大量武器,最近才挖掘出来。③ 他的许多忠诚的追随者最后也埋在这座山下。山旁还可以看到一段有围墙的通道,传说它通往一条地下水道,那里浮着一艘石舫,上面载着死去的叛贼所变的全体幽灵船员。每当有活人撞进山洞的时候,这艘鬼帆船就会沉到水底,不管是谁看到它都会立刻死去。

城堡如今是一片古色古香的中世纪废墟,但山顶上的那座小庙还保存得比较好。它所在的环境非常优美如画(pictureque),庙墙立在浑河环绕的一处陡峭的悬崖的边缘上。从据说是刘瑾下令建造的舍利塔的平台上,我们看到了群山的青色臂膀环绕的山

---

① 此处夏洛克(Shylock)指莎士比亚《威尼斯商人》中的角色,沃尔西指托马斯·沃尔西(Thomas Wolsey,1473—1530),英国政治家,亨利八世的重臣,权倾一时。——译者注
② 此处"北梁"为音译,据有关刘瑾挖河传说的记载,或为"北辛安"。见马燕晖编著《老北京的传说大全集》,武汉大学出版社2013年版,第242页。又传说中刘瑾挖河的地方即古金口河遗址,而刘瑾墓即位于此处,墓碑立于峡口脊部,因峡梁上有碑,俗称"碑梁",见《北京百科全书·石景山卷》,奥林匹克出版社2001年版,第184页。故"北梁"也可能作"碑梁"。该传说为民间故事,不见正史记载。——译者注
③ 这里提到的堡垒般的寺庙当指承恩寺,位于石景山模式口,庙四角分布着四座碉楼。传说承恩寺是刘瑾演兵习武的大本营,但该寺动工兴建于正德五年(1510年),当年刘瑾即以谋反的罪名被处决,此寺由他所建的可能性很小,且此事亦不见正史记载。但该寺位于西山进入北京平原的重要通道,应当有军事意义。参见韩扬主编《寺观》,北京美术摄影出版社2014年版,112—116页。——译者注

谷的上方无与伦比的景色。

差不多在石景山的正北方（大约4英里远），坐落着隆恩寺的王爷坟，之前这里有精雕细刻的大理石牌坊，以及北京附近最漂亮的白松大道。① 白松是高大宏伟的树种，拥有巨型植物的力量与高度，它们的树冠在风中抖动，如同胜利进军的兵士的羽饰头盔一般。坟墓本身位于一座金朝公主兴建的寺院的地址上，是曾经服侍过清朝开国皇帝的一位显赫贵族的长眠之所。② 作为前朝皇室的产业，这座坟墓最近刚惨遭劫掠。

隆恩寺距离三家店车站大约只有1英里，以这座车站为起点去天太山——外国人称之为"肉身庙"（Mummy Temple）——也很方便，步行一个多小时就可以轻松抵达。根据一个广为流传的民间传说（"得到一系列乍看上去很有力的确凿证据的证实"），清朝第一位皇帝顺治并不是如正史所记载的死于1661年，而是在他的大臣的安排下，放弃了皇位，隐姓埋名地做了天太山的住持。他做此决定据说是出于失去他的爱妃董贵妃的悲伤之情。当时本地的史家天真地评论说，这种悲伤"似乎是真诚的，由此他就在那些通常对他们嫔妃的去世感到高兴的帝王中间显得鹤立鸡群"。董贵妃似乎"既贤淑，又美丽，完全配得上皇帝的爱。当他们刚出生的儿子夭折的时候，她勇敢地努力克制自己的悲伤，

---

① 这种松树（学名白皮松［Pinus bungeana］）是华北本地的物种，在华北地区，它那巨大的树形和白色的树皮让它成为坟墓和寺庙的装饰物。见诺曼·肖（Norman Shaw）的《中国的森林树种和木材供应》（Chinese Forest Trees and Timber Supply）。

② 此处"金朝公主"指金世宗的秦越公主，金大定四年（1164年）秦越公主在此建昊天寺。清初，隆恩寺及其附近山场成为清太祖努尔哈赤第七子饶余敏亲王阿巴泰（即此处所说的"显赫贵族"）的产业，饶余敏亲王府在隆恩寺陆续建立了王爷坟。参见《北京百科全书·石景山卷》，奥林匹克出版社2001年版，第186页。——译者注

并且安慰了皇帝;皇后严重违反礼仪引得龙颜不悦时,她仗义地出来为皇后说情;她不知疲倦地、无私地代表她的手下奔走活动——所有这些都足以说明为何不仅皇帝爱她,皇帝的母亲和宫中的嫔妃也都喜爱她"。一位温文尔雅、富于灵性的皇帝对国事感到厌倦,渴望僧人的宁静生活,特别是董贵妃的去世摧毁了把他与尘世维系在一起的最坚固的纽带的时候,这并不奇怪。但是庄士敦①在以学者的精神深入彻底地检视了证据之后,令人信服地证明这个如此富于感染力和浪漫色彩的美丽故事是虚假的。②

天太山确实有一具肉身,或者说寺僧声称是肉身的塑像。与一般的和尚肉身不同的是,它裹在皇家的黄袍里,而非通常的红色袈裟里。这具肉身是放在"缸"——或者说陶制的罐——里风干的。那座内有同一个人的雕像的舍利石塔为了信众的利益仍然每年开放一次,这就证明那个原先如此受尊崇的人如果确实不是顺治皇帝的话,仍然是一位重要人物。庄士敦暂时确认他是某位疯疯癫癫的高僧,隐居在这座光秃秃的天太山上,很快他的声名就从这里传到四方,这是因为那些求告于他的人的祈求即刻就应验了。"1710年他去世后,很有可能是他的弟子——就像这种情况下经常发生的那样——对他的遗体进行了防腐处理,然后将其供在龛中。而且有关这位圣僧的非凡之处的描述经由相应的机构被汇报到朝廷,乾隆皇帝依据众多先例,赐予他'魔王和

---

① 参见其《皇帝的罗曼史》("The Romance of an Emperor")一文,载《新中国评论》(*The New China Review*),1920年。
② 这里天太山实际上指的是天太山慈善寺,关于顺治皇帝在这里出家的传说,参见包世轩《北京西山寺院佛教史事钩沉》,载《西山问道集》,北京燕山出版社2011年版,第28—29页。——译者注

尚'的称号。"①

过了门头沟，在浑河两岸的山脉里，坐落着两座著名的寺庙：戒台寺和潭柘寺。后者是北京附近最富庶的寺庙，也是管理最严格的寺院之一，是一个挑选成员非常严格的高等宗教团体。

民间认为戒台寺的基址是公元前3世纪秦始皇赐给一位计划建造该寺的圣师的。它依偎在一个林木葱郁的溪谷里，环境充满了浪漫的色彩。离开门头沟，我们沿着平缓的山路攀爬了两个小时，一开始走在靠近河床的花园般的小农场间，后来走了一段长长的上坡的石板路，路面被无数人和载货牲畜的蹄子磨得平整光亮。犁成精细的条纹状的田地如一把打开的扇子的扇骨般从山脚下铺展开来，远远看去，茅草屋组成的小小村落整洁有序，不断变幻的云影落在我们的脚下。在经受了城市的风尘后，呼吸这样纯净的空气是多么惬意啊！从软软的土壤和坚硬的岩石中长出来的绿植的气味——奇特的植物汁液的味道、霉菌的古怪的香料味、看上去像粉色和白色蝴蝶的野秋海棠的芳香——是多么芬芳馥郁啊！

寺院位于一座高高的平台上，可追溯到唐代（7世纪）。在辽代，它是著名高僧法均的驻锡之地，他就安葬在那座从庙门口右边还可以看到的墓塔（建于1075年）下面。明人从一片废墟中重建了这座寺庙，有一个奇怪的传说将它与这个朝代联系在一起。② 成化年间，住持道孚圣师③从韦陀菩萨——佛教的护法勇

---

① 从上下文语境来看，此处引文应该也是出自前引庄士敦《皇帝的罗曼史》一文，其中若干史实不准确。"魔王和尚"圆寂于康熙十七年（1678年），该称号是康熙皇帝而非乾隆皇帝敕赐的。见包世轩《北京西山寺院佛教史事钩沉》，载《西山问道集》，北京燕山出版社2011年版，第32页。——译者注
② 见普意雅（G. Bouillard）的《北京的郊区》（Envirous de Pékin）。
③ 道孚去世于景泰七年（1456年），距离成化元年（1465年）尚有九年。——译者注

士——那里获得了神奇的力量。他的化缘钵每天由神力从庙里运到宫中，宫里的李太后在里面装满珍贵的供品，然后它又回到它的主人那里。有一天，这口钵一大早就出现了，太后还在床上，开玩笑地说："为什么这么早？你是要给庙里的五百个和尚娶五百个媳妇吗？"听到这些不恭敬的话，这口钵就消失了，再也没有回来。太后害怕菩萨发怒，就问住持怎样才能弥补她的罪愆。道孚回答说没有别的办法，只有采用她的提议，送五百个姑娘过来。于是就精挑细选了五百个姑娘，在庙附近叫石佛的小村子给她们安排了住处。然而，事实证明她们的出现对这些出家人的诱惑太大了，所有人都为之神魂颠倒。这种违背誓约的行为导致了很大的丑闻，住持被迫以最严厉的态度来实行寺院的戒律，判决将这五百个和尚和他们的情人都烧死。原本确实要在无数民众面前执行死刑，但想不到的是，火苗刚碰到犯人身上，就有一股看不见的力量将他们送到天上，每个和尚都抱着他的伴侣。菩萨不仅原谅了这些犯错的和尚，还将他们收入罗汉之列。庙里有一间殿堂供奉着五百罗汉，据说它们就代表了这些如此神奇地获得拯救的佛家弟子。[①] 寺院内还可以看到道孚的钵的复制品，以及如今被用作祭坛的李太后的床。有一座当代的石碑记载着道孚的生平事迹。[②] 他的墓在戒台寺南边的一座塔下。

这座寺院是乾隆特别喜欢的去处，他在这里留下了很多记述他印象的刻在石头上的题词，还有表明他的虔诚的同样漂亮的礼物——这些礼物使得该庙能在很大程度上保持它古时的兴旺。作为一个佛教宗教与学术中心，这座寺庙也保持了它的重要地

[①] 以上传说未见中文历史文献记载，戒台寺的五百罗汉堂建于乾隆年间，与道孚无关。——译者注
[②] 即戒坛殿前的道孚大师行实碑，立于成化九年（1473年），见包世轩《北京佛教人物考》，金城出版社2014年版，第215页。——译者注

位,仅次于潭柘寺。一百多位僧人仍旧每天举行宗教仪式,每年六月初六,来访的佛教徒来此参加"晾经"活动。珍贵的写本保存在特别的仓库里,发生火灾的情况下,将仓库里的经文立刻搬走乃是寺僧的首要任务。

在我们参观这间仓库、藏经阁以及会议厅的时候,我们的"伙计"跟我们讲了关于一个奇特的仪式的故事,寺僧很少提及这个仪式。这就是"莲花降临",让人想起耶路撒冷的"圣火降临"①。一朵完美的、纯白无瑕的夏日莲花在仲冬时节降落到僧人中间,他们已经祈祷和斋戒了十八个小时,以此来做好迎接这个神圣的征兆的准备。虽然我们很难接受说明这个现象的超自然理论,但要找到一个更合理的理论来代替它也不容易。住持显然是一个真诚的值得尊敬的人物,他宣布每一位信徒在进入寺庙前都要被仔细检查。我们自己就能看到,要通过某道暗门走进如今空空荡荡的大厅是不可能的,而瞥一眼就足以让我们相信,天花板或光秃秃的墙壁上都不可能安着变戏法的装置。而且,在漫长的等待时间里,任何人不得离开这座建筑,即便他因为筋疲力尽而晕倒或病倒了也不行。但假如有人与同谋者里应外合把莲花偷偷运进寺庙呢?那是有可能的。然而,若是这种情况,这朵花又怎么能在差不多十八个小时的时间里完全保持其新鲜和完整无损的状态呢?显然还是必须要有信仰的力量来创造奇迹。

最后我们被领到了戒坛殿,年轻的志愿出家者在这里发愿受戒。我们约好时间来观看这一仪式。在等待仪式开始的间隙,我们信步于平台上,上面有奇特的姿态偃蹇的白松,有一棵紧靠地

---

① 每年复活节前一天在耶路撒冷圣墓大教堂举行的基督教仪式,象征性地再现耶稣受难、安葬和复活的过程。——译者注

面,另一棵"凤巢松"像一列绿色火车在栏杆上方伸展开去。暑日的气息,夹杂着尘土的暖风的呼啸,都在这里的空气中消亡了。太阳落山了,紫水晶色的光线在余晖消失的地方铺展开来。夜色很快笼罩了平原,就好像佛陀正给他爱的世界盖上一层面纱。头顶上,天空是一片黑色的丝绒幕布,远处的东方升起了新月,仿佛一个巨大的涂上蓝色的指甲。这是僧人走进戒坛殿的信号。他们跪下来,像木雕的人物般一动不动。自清晨起他们就粒米未沾,滴水未进。这是戒律的要求,教他们节制欲望,忍受饥饿,通过煎熬数小时的斋戒来培养自我控制的能力,他们须毫无怨言,只向慈悲的佛祖念诵表示感谢的祷文。

  午夜时分,一位侍僧从他的位置上起身,走近那面鼓——一件拥有言说的威力的巨大物件。"他轻轻地拍了拍那古老的鼓面,它啜泣起来,仿佛潮水拍打着布满卵石的沙滩一般。他哼着一种奇特的单调韵律又拍了拍它,它呜咽起来,仿佛风吹过松林一般。它又吼叫起来,又啜泣起来,一会儿如雷霆滚过深渊般发出巨响,一会儿如悸动的心跳般低诉私语。"年轻的僧人头往后仰,沉醉于巨大的喜悦中,好像他的灵魂已臣服于鼓声带来的迷醉。那声响不断改变,起伏不定,里面有某种古怪的有催眠作用的东西。它突然停了下来,僧人们沉默着弯下腰来,在如此嘈杂的声音之后,这种沉默让人不寒而栗。然后那神秘的带着压迫性的声音又响了起来。在丝绒般的黑暗中,这座寺庙成了一处可怖的所在。然后突然间,一种奇异的感觉涌过我们全身,一种梦幻与疑惑的感觉,仿佛那些屋顶和布满星星的天空的紫幕,那如成群的龙飞动的屋檐,即刻就要全部消失。这些有奇怪的尖顶的山墙和中国式的怪异的雕刻似乎都太不真实了,无法一直存在下去,直到如人的脉搏一般规律的鼓点最终停了下来,"现实的传奇"又回来了。

现在黎明的风吹拂着脸庞,轻柔如一位温柔女人的手指。佛教徒念经和祈祷的忧郁而又悦耳的声音休止了。这场非常庄严和神圣的仪式结束了,参加者从殿里鱼贯而出,开了他们的斋戒。他们的脸上浮现出欣喜的光彩。我们没有打扰他们就溜走了,虽然住持传信说他会过来跟我们道别。但从他疲惫的眼神看来,这位老人需要休息,于是在请求他不要为我们劳神之后,我们就动身前往辽代修建的极乐峰寺这座山中的隐修之所。有人提醒我们说那里没有什么可看的,景色跟下面山谷的一样。然而,它既然叫"极乐峰",每个人一生中至少应该爬上去一次。① 极乐峰寺的创建者据说就是制造看守戒台寺的那两座石狮子的人。在完成工程后,他出家当了和尚,退隐到这座山上。在那里他发誓十年不语,成功地克服了可以说类似于圣安东尼所面对的那些诱惑。②

我们决定从戒台寺出发,翻过群山,沿着一条长长的曲折山径,走上三个小时艰难的上坡路,前往潭柘寺。

山门牌坊的牌额上有富于诗意的题词——"翠嶂丹泉"和"香林净土",都是康熙皇帝御笔。他把这座寺庙修缮得富丽堂皇。但潭柘寺比他统治的年代要古老得多。文献称它可追溯到公元400年。这些文献将它确定为西山最古老的寺庙,这方面的记载很可能是可信的,因为那句著名的俗语就说"先有潭柘,后有幽州"(幽州是北京的古称)。寺庙名字里第二个字"柘"是一种橡树,可用来喂蚕。③ 传说在遥远的古代,在寺庙今址有一方周围种着

---

① 极乐峰位于戒台寺西约五里处,但峰顶并无寺庙。——译者注
② 圣安东尼(St. Anthony)是罗马帝国时期的埃及基督徒,基督徒隐修生活的先驱。另郭嵩焘《记戒坛僧》一文记一寺僧:"故长安市上石工也。三十六五时入某寺为僧,所师僧死,守塔三年,遂蓄发。忽立戒戒不语,十年矣。"或许即作者提及的和尚,但未云其与极乐峰有关。见《郭嵩焘诗文集》,岳麓书社1984年版,第532页。——译者注
③ 柘树是落叶灌木或乔木,树皮有长刺,叶卵形,可以喂蚕。——译者注

一千棵柘树的池塘,里面住着两条龙。寺庙建成的时候,池水消失了,那两条龙变成了大蛇,分别叫"大青"和"小青"。于是有这样的说法:"龙走了,但它的子孙还在,是黑色的,像碗那么粗。"

这两条蛇栖身于一个红色漆盒里,盒盖上刻着"护法龙王"几个字,但它们完全自由自在,有时候爬到祭坛上在各香炉间休息,想离开寺院就离开寺院,听到晚上的钟声就回来。它们是天地精气的化身,有随意变化其形态和大小的能力。乾隆皇帝有一次游访潭柘寺,对它们超自然的属性表示怀疑,此时它们就显现出这种能力。不恭敬的话刚从他的嘴里说出来,他就惊愕地看到那条小一点的蛇怒火中烧,开始变大。它的尾巴还在祭坛上,但盘绕的身体不断展开来,从山门伸出去,沿着山谷翻过山岭,头则奔向颐和园。皇帝大惊失色,下令依照安抚蛇精的仪式来作法,乞求蛇的原谅。经过了长长的一番祷告,这条蛇开始缩小身体,最终恢复到它正常的大小。于是,出于对僧人出手相助的认可,皇帝下令发放钱财给僧人。但那时候寺里僧人是如此众多,虽然皇帝在约定的那天从早到晚都在给每一个出现的人发一枚钱币,等到夜幕降临的时候,等待施舍的人的队伍还看不到头。那条小蛇或许还能看到,但游客被警告要恭恭敬敬地接近它,以免大祸降临到他们头上。①

我们还参观了寺庙西边的龙王殿和一泓神圣的清澈潭水②。

---

① 潭柘寺中两条大蛇的传说,各类文献记载颇多,不尽相同。《日下旧闻考》卷一百五:"西山潭柘寺殿中二蛇,长五尺余,名大青、小青,藏红箧中,箧标护法龙王。蛇无定止,或自逸野中,鸣钟则至。恒自箧穿炉足,交蟠供桌上。"见于敏中等编纂《日下旧闻考》第三册,北京古籍出版社1983年版,第1745页。又见郭则沄《洞灵小志》"潭柘寺义蛇"条,见郭则沄《洞灵小志·续志·补志》,东方出版社2010年版,68—69页。——译者注
② 龙通常跟水联系在一起,连同与其同类的蛇,在发生旱涝灾害的时候就经常成为人们崇拜的对象。

然后我们游览了那些开阔的庭院,它们都种植着美丽的树木,打理得整洁干净。古老的柘树都已经消失了,只剩下几个树桩。不过这里有三棵著名的银杏树①,长得非常神奇。根据僧人的说法,有一棵是在康熙来访的时候突然一下子长成大树的,另外两棵是在乾隆停留在这里的时候长起来的。② 还有一些树则据说是废帝宣统和袁世凯种的。

寺庙本身由诸多殿堂组成,至少有十座大殿,康熙给每一座都题写了匾额。观音殿里有一幅忽必烈的女儿妙严公主的肖像。厌倦了宫廷生活的她在此剃度为尼,日夜敬拜观音,她是如此诚心,以至于在她虔诚叩头的地方,地砖上都留下了她的额头和双脚的痕迹。万历年间(1573—1620年),孝定太后看到了这块砖和庙里的其他遗物。她将它们包好放在一个珍贵的木盒里,带到了紫禁城中,不过后来它们又被送还给寺院。为了对它们的归还表示感谢,住持下令制作了忽必烈以及他所有家族成员的雕像,将其供放在他女儿曾经拜过的殿里。

许多君主和著名人物都做过潭柘寺的资助者,身后留下了证明他们慷慨和虔信的物件。那座有五座舍利塔的古建筑(塔院)是公元600年某位已被遗忘的施主的礼物。延寿塔是一座高50多英尺的建筑,为明代一位叫朱瞻墡的王爷所建。金元时期的石碑和辽代的壁画曾为这座寺庙增光添彩,但它们都已经消失了。不过,寺里的僧人还是很友好地给我们展示了康熙御笔书写的

---

① 银杏(学名 *Salisburia adiantifolia*)通常也称为"鸭掌树",是中国——如果说不是世界上——最有趣的树,因为它代表了现存唯一一种种子植物与蕨类之间的过渡物种。

② 《日下旧闻考》卷一百五:"惟殿左银杏大者一株,高十丈余,围约二丈余,其旁复生小者三株,高数丈。寺僧云,前一株生,适当圣祖(按:即康熙)临幸时;后二株生,适当皇上(按:即乾隆)临幸时。"见于敏中等编纂《日下旧闻考》第三册,北京古籍出版社1983年版,第1744页。——译者注

《心经》的复制品,以及他居停于此的时候写的一篇写景散文和画的一幅风景画。

对我们来说,这座寺院最引人注目的地方——甚至比它的珍宝还要罕见——乃是僧人的虔诚信仰,他们不仅定期举行宗教仪式,看上去还按照他们的方式过着圣洁的生活。也许他们对其礼仪虔敬而一丝不苟的遵守是因为大型宗教社团的影响,它使得某种规则和秩序成为必需,并促使其成员活跃起来,以免他们在彼此面前丢脸,那些孤独的僧人是没有这种激励因素的。但毫无疑问,这部分也归因于这样一个事实,即这座寺庙获得的捐助很丰厚,必须给它那些世俗的赞助人树立一个榜样。因为潭柘寺跟戒台寺一样,仍旧享有富人的资助和恭亲王一家的恩惠。

我们在那里的时候,这个王公家族的成员占据了宽敞的客房,它们最初是康熙皇帝行宫的一部分。族里有一个人去世了,亲属来请寺僧做法事,超度他的魂灵。悼念仪式上,大钟缓慢而有规律地鸣响了。它那低沉的青铜声在大悲坛的屋顶上回响,在环绕寺庙的绿色群山的阻挡下形成深沉的声波。

这是一场动人的仪式,也是一场昂贵的仪式,因为有许多僧人参加,他们念着经,敲着木鱼来计时。诵的经是向观音的吁求,文辞华丽:

> 哦,您啊!您的眼睛清澈,您的眼睛善良,您的眼睛充满怜悯和芬芳——哦,唯一可敬爱的、拥有美丽的脸庞和眼睛的您:
>
> 哦,唯一纯洁的您,您的光明无瑕,您的知识没有暗影——哦,您啊!永远像太阳一样照耀,它的光荣没有什么力量可以抵挡——哦,您啊,在您慈航普度的过程中就

如太阳一般,庄严地允诺接纳这个灵魂。

在祭坛前,一百支细长蜡烛的烛火很深地俯向一边,熏香从漂亮的火盆上袅袅升起,这些火盆放在那些水果、糕饼、米和花的供品旁边。在祭坛的两侧,僧人们排成队面对面地跪着,只见一排排油光发亮的头和织锦做的华美的僧服。诵经持续了数个小时,然后突然停了下来。片刻间寂静无声,接着便爆发了一阵哭泣。但这阵啜泣的声音很快就在最后一段木鱼的敲击声中被淹没了,此时领头念经的僧人的尖厉的声音开始唱诵结尾宏大的《涅槃经》,这是胜利地渡过生死大海的旅途的歌,而迅速升高的低音部分则重复着浑厚的唱辞:"一切都转瞬即逝。那些出生的必然死去。生即死。已死的他们欣然获得解脱。"①

"已死的他们欣然获得解脱",一直到信仰或爱再次唤醒他们。这是我们对潭柘寺最后也最可爱的记忆。

过了这座寺院,走上一段路程便是良乡。这是一座古城,很少有游客从那里去不远处金朝皇帝废弃的陵墓旅行。明人出于一种对被征服的敌人的狭隘的报复心理,毁掉了这些陵墓,康熙皇帝又花费重资修复了它们,因为它们属于他自己的族人,这些人曾经坐在他自己如今占有的皇位上。他还允许他们的直系后裔去祭拜这些坟墓。这支古代皇族的一个年轻的后代有一次去扫墓时,看到一只老虎盯着他,吓了一跳。"别害怕,"老虎说道,"你可能不知道,我是被派来守护这些坟墓的。所以别想着伤害我,我会继续保护你和你的先人。"这个年轻人于是跪下来给这

---

① 见小泉八云的《感悟陌生的日本》(*Glimpses of Unfamiliar Japan*)。〔原文不可考,《大般涅槃经》卷二中"一切诸世间,生者皆归死,寿命虽无量,要必当有尽。……我度有彼岸,已得过诸苦,是故于今者,纯受上妙乐"等偈语与此处引文语意相近。——译者注〕

只神兽磕头，并命令他的仆从永远不得骚扰它。①

距离良乡 11 英里的地方，从琉璃河（在京汉铁路上）分出一小段铁路，从那里可以启程前往上方山那边的云水洞。这是一段漫长而艰难的旅程，需要内陆旅行通常用到的全套用具，诸如床、几天的食物，等等，还有供应充足的用来探测洞穴的灯和蜡烛。从琉璃河一直到西域寺（一座可追溯至 6 世纪的美丽寺庙）可以乘坐马车，但从西域寺到上方山就要艰难跋涉了。然而，旅程本身就是回报。山洞里的钟乳石和石笋精美壮丽，最大一座洞穴的地面让人想起一条盘曲扭动的龙，伸向那看起来像巨大的佛祖宝座的东西。

此外，沿着浑河河谷也有几条宜人的旅游路线，尤其是那条通往某座娘娘庙的路线，这座庙离三家店有三个小时的路程。②不过最有名的毫无疑问是通向妙峰山的路线，也许是西山最美丽的旅程。可以走五条不同的山路中的任何一条，它们都穿过崎岖的山区。最容易走的是经过三家店的那条，但只有最出色、最有耐力的徒步旅行者才应该尝试这条步行线路。③

这条路起初上坡平缓，它沿着河流的方向，反复跨过那些支流的河床，这些支流在雨季就变成汹涌的激流。而在其他时节，它们不过是成堆的干燥石头，时不时可见浅浅的水坑，下面的泥

---

① 老虎守护坟墓的观点流传甚广。有一种神秘的动物据说会在坟墓旁逡巡，意在吃死人的脑子，但它害怕两种敌人：老虎和松树。因而在一座重要的墓旁种至少一棵松树就成了通行的风俗，而在活的老虎的原型没有实用价值或不流行的地方，在墓旁安放老虎的石像的习惯则没有那么常见。
② 娘娘菩萨——或者说"圣母"——是一位道教的神，她在某些特征方面大体上对应佛教中的观音。有几百座庙供奉她。
③ 如果适当加以注意的话，可以弄到轿子，它们一般比较舒服。陡峭的山路上，轿子是唯一的交通工具，但除此之外，小毛驴普遍用于山里的交通。它的优点是几乎在每个村子都可以用合理的租金租到。它不知疲倦、任劳任怨，步履稳健，能驮着骑它的人走马走不了的石头路，速度保持在每小时 4 英里。

土会防止水慢慢流走。这些水坑是乡村妇女洗衣服的地方。

我们穿过桃园村,村里有这么多玩具娃娃似的婴儿——鼻子留着鼻涕,苍蝇在他们的眼睛上打转,以至于一想到这么大规模的生育现象就会感到震惊。在这里我们还碰到众多乞丐的围堵,他们躺在那里等着香客。每一个乞丐都在山路上占了一块几十码大的地方。这条蜿蜒曲折、崎岖不平的路升到海拔2500英尺的地方。在两个多小时的路程中,左右两边的山交替着后退和靠近。它们那蓝色的形状悄然移向我们,在近景中就变成绿色,然后缓慢地从我们身旁掠过,又再次变成蓝色,在它们向阳的一侧显示出一块块浓重的阴影。然后整个景色逐渐地改变。从东方升起一团白雾,越来越浓,吞噬了万物。远山变得暗淡,轮廓若隐若现,模模糊糊,然后消失了。我们完全孤零零地置身于一片苍白潮湿的虚无之中——一种奇怪的感觉,在这片西山里非常罕见。

它只持续了片刻。然后随着雾的消散,那片冷冷的、白色的顶部也消融了。我们头顶上出现了一束光,新的峰顶显现出来,与絮状的流云玩着捉迷藏。一缕阳光和整个山麓"都从永恒中恢复了过来"。因为太阳正是这片山区以及它缺陷与魅力的关键所在,若没有在华北地区人们所习惯的那种灿烂的金色光芒,人们就会觉得在那其视为理所当然的事情上受到了欺骗。

我们走了一点下坡路,来到了涧口。这是山谷中一个风景如画(picturesque)的村子,果树正绽放着鲜艳的花朵。而在我们正前方耸立着我们的目的地,那是一块巨大的黑黢黢的岩石,顶上是灵感宫,神圣的妙峰山就矗立在它的后面,在深蓝色天空的映衬下,显出如标志着世界尽头的庞大的里程碑般的轮廓。我们继续一路艰难前行,曲曲折折地又爬了1000英尺。然后是最后一段粗糙不平的石头台阶,它通向上面盖着庙的山顶。

我们在那座庙住了下来，它的平台完完全全地悬在山谷之上。在我们脚下展开的是周围整个山区的一览无余的景色，绵延至100英里，包括浑河谷地、百花山、南口和遥远的北京——一幅浩大的全景图。

要想看到这片风景最美的样子，我们必须在日出时来观赏，这段时间被恰如其分地称为"幻觉时光"。哦，那一开始瞥见黎明幽灵般色彩的魅力！此时山坡上玫瑰花丛微弱的香气正飘荡下来。在白天的薄雾升起之前，河流如镀了金的蜘蛛丝般闪烁，而仍处在阴影之中的村落是一片尘灰色，紧紧依偎着灰蓝色的山谷，城市则只是山脉和平原那淡淡的彩梦中的一个针点。当太阳像一块金色铁饼照耀在地平线上的时候，心醉神迷的感觉大多也消逝了。在粗犷而晴朗的光线中，我们失掉了碧玉般的宫殿和银色的船帆，只看到简陋的泥屋和草棚，以及未上漆的古怪的平底渡船。"所以也许所有土地上让生活变得美丽的东西都是如此。要带着喜悦的心情看待人与自然，我们必须透过幻觉——主观的幻觉或客观的幻觉——来看它们。那些从生到死都是透过某种理想的灵魂之雾来看的人是最幸福的人，这种雾就像黎明的雾气那样美化了普通的事物。"[1]

妙峰山的每座寺庙都没有任何艺术价值。但是它们供着三位女性道教神祇，其中一位给那些无儿无女的送去子女，她们都非常神圣庄严。[2] 从四月初一到四月十八，数以千计的香客去敬

---

[1] 此处引文出自小泉八云《京都旅行笔记》（"Notes of A Trip to Kyoto"）一文，见 Lafcadio Hearn, *Gleanings in Buddha-Fields: Studies of Hand and Soul in the Far East* (Boston and New York: Houghton, Mifflin and Company, 1897), pp. 82-83. ——译者注

[2] 妙峰山顶的灵感宫即碧霞元君祠，正殿中供奉碧霞元君、眼光、子孙、斑疹和送子五位娘娘，故俗称娘娘庙。参见北京市古代建筑研究所编《寺观》，北京美术摄影出版社2014年版，第218页。——译者注

拜她们。① 这段时间那些渴望有一个儿子的中国女人会一路跪着上山，走几步就俯伏在地，到这位娘娘面前祈祷。完成这一切之后，她们对她们会如愿以偿充满信心。

我们经由大觉寺返程，沿着由采自山涧河床的巨大而平整的圆石铺砌的滑溜溜的石板路一路前行，我们遇到了这些单个或成群的香客，他们手里拿着旗子和钟鼓。我们再次穿过涧口，如今这里挤满了小贩和食品摊主，一片欢腾景象。然后我们又爬上了3000英尺高的仰山。从那里开始，下坡路陡峭得吓人，而且沿着悬崖绝壁的边缘。按照习俗坐在轿子上被抬着倒退着走的感觉一点儿也不舒服。重重地滑上一跤就意味着从悬崖上摔下去，生还的可能性极小。但我们很快就发现轿夫脚下绝不会出错，看上去一点也不比他们走平地的时候更紧张。他们的双脚总是准确地以垂直的角度踩在石头上，步伐如鸟儿般轻盈。

到大觉寺三个小时足够了，这是坐落在山坡上的一组构成平行四边形的建筑群。经过清早以来一路上的旅行，能在这座平静而古老的寺庙休息真是太好了，这个安宁静谧的地方也许比其他任何地方都更典型地体现了西山的特点。外面，轿夫在喧哗欢笑，但这里一切都是静悄悄的，除了清澈小溪的潺潺水声（这是整个山里面最珍贵的恩惠）和松间喜鹊的唧啾声。从前大觉寺必定是一座壮丽的寺院，也许可与戒台寺相媲美。它建在辽代一座古庙的废墟上，12世纪末成了金朝一位皇帝②在

---

① 计划去妙峰山旅行时，最好避开举行香会的（五月）那两周，因为那时寺庙很拥挤，轿夫也很难雇到。就通常情况下山间旅行最好的季节而言，九月和十月大体上是最宜人的月份。果树开花的四月和五月，可能也同样令人愉快，只要没有狂风掀起令人窒息的滚滚沙尘，这种沙尘在华北地区让旅行变得无法忍受。冬天，缺少植被会让乡野看上去光秃秃的，而且在没有取暖设备的寺院过夜也太冷了。而在仲夏时节，雨季会让道路无法通行，还有一大堆蚊虫。
② 即金章宗。——译者注

西山的"八院"之一。在明朝（从几处碑文来看）和清朝初年，寺院香火极盛，每天斋堂要供应两百个僧人的伙食。寺院的客房则为前往妙峰山进香的数千名香客提供住宿，巨大的炉灶炊烟不断，为他们提供饭食。

今天只有很少的几处炉火还点着，皇家的赞助者也不再住到这座小小的"行宫"里来了。但康熙御用的房间的那种忧郁之美还是非常动人。它位于一处庭院里，院子在木兰树的荫庇下，弥漫着牡丹花的芳香。要感受它那抚慰人心的氛围，必须带着孤独的心情在这里流连盘桓，周围是旧木头那美丽的素淡的色调，墙面上暗淡的阴影，还有屋檐下古色古香的雕刻——它们曾经华丽地上着漆，如今褪成了烟灰色，看上去似乎马上就会像烟一样袅袅升起，消失不见。

有两座漂亮的殿堂状况良好，因为几年前有一些富有的中国银行家对它们进行了大修，它们给人的印象最为深刻。第一座黑黢黢的内室似乎是由于某种原因被挡在了院子里明媚的阳光之外，里面有一组精美的三世佛像，还有装饰着漂亮的、道光皇帝赐的锡镴香炉和烛台的祭坛。[①] 沿着侧墙放着比真人大的塑像，代表了二十八星宿中各星宿的神灵，它们呈现为被中国神殿接纳的印度神祇的人格化的形象。[②] 正对着后门的第二座殿里是扮演着水手保护神角色的观音的塑像，后门必须开着，这样才能完整地看到她。[③] 她坐在海波中间的一块岩石上，周围有鱼游来游去。龙王从云上向她行礼。她的鸽子栖息在她头上的一条柳枝上。她

[①] 此处描绘的应为大雄宝殿。——译者注
[②] 这类塑像极为罕见，因为这些星宿神最初是低于人类的生灵，通常是用半人半兽的复合体来表现的。〔此处应指大觉寺大雄宝殿里分列东西的各十尊二十诸天像，二十诸天是护持佛教的二十位天神。——译者注〕
[③] 第二座殿应为无量寿佛殿。——译者注

手里拿着她象征永生的宝瓶,两位弟子恭敬而笔直地站立着,等待她的指令。

寺僧骄傲地指给我们看一棵极美的银杏树,据说它有一千多年的树龄。以前是两棵,如今一棵已在时间的风吹雨打下枯萎了。不过,当秋天把它的树叶染黄,让它看上去就像一个把自己所有的金币都挂出来在阳光下闪耀的千万富翁的时候,北京的市民会专门过来观赏这个孤独的幸存者。五月,游客会再来观赏寺庙园林里的紫藤,因为那时候壮观的老藤都被花的重量压弯了。在它们花期持续的当儿,蜜蜂就来欢庆它们的节日。往昔曾有多少尊贵的香客一边在那泉水边流连——那泉水从龙口喷涌出来,流到一个边上长着野鸢尾、紫罗兰和蕨的石盆里——或在泉水上方的亭子里盘桓沉思,一边听着树木发出的轻轻的"寂静之声"呢?踏在尘土上的脚步与那被踩的尘土并不像它们看上去那样不同。"从山脚下,"一位中国诗人说,"有许多条路在阴影中上升,许多双脚——穿着缎鞋或光着脚——跟随着它们。但从高台上,所有爬上来的人都看着那完全一样的月亮,去往同样的最终的目标。"①

在这座花园里,如画般(picturesque)的松树那臃肿的枝条盘绕着一座古老的"窣堵波"。它是康熙年间为纪念一位著名僧人而由其弟子而建的。然而,传说却说它与乾隆有关。据说,数百年来确保这座寺院的声望和繁荣的风水就体现在"窣堵波"后面的山上,人们认为这座山像一头蹲伏的狮子。而对其他人来说太好的运势却总是会让专横的君主感到害怕,他怕上天或许正在帮助一个对他皇位构成挑战的对手。因此对他来说,这头强有力

---

① 此处引用的是小泉八云翻译的一首佛教诗歌,见 Nina H. Kennard, *Lafcadio Hearn* (New York: D. Appleton and Company, 1912), p. 286. 中文原文待考。——译者注

的狮子看上去很危险。于是他就应该在那个地方建起那座"窣堵波",风水师说在那里,"窣堵波"会夺走百兽之王为非作歹的能力,破除它落在这座行宫上的影子的咒语。在防止清室受到坏风水影响方面,这个策略成功了,但自从这座纪念建筑落成之后,这座寺院的情形便每况愈下。住持并未掩饰他对那位让他寺庙香火日稀的统治者的怨恨之情。①

在大觉寺停留一段时间是值得的,哪怕只是"感受一下"这个地方,只是无所事事地花上几天时间在周边逛逛。在大觉寺东边的一处风景如画(picturesque)的悬崖上,有一座供奉关帝的小庙。以前有一位姓王的老太太诚心诚意地努力修复了这座庙,她通过年复一年地卖灯和香给香客,攒下了修缮所需要的钱。在达到目的后,她就安顿在这里,得到理所应当的休息,并享有美好的圣洁名声。庙旁边的路上还可以看到她的墓,上面刻着"王奶奶"的字样。她被称为香客的女守护者。

顺着山路朝同一个方向继续往前走,我们经过一个山坡,上面密密麻麻地分布着佛教的"窣堵波"——那些当时有名的僧人的纪念碑。这个地方叫西峰寺,是根据之前当地一座寺庙的名字命名的。如今这里作为佛教组织里的高僧大德——不管他们属于哪个宗派——的墓地而被奉为圣地。

这些墓里面有一座上面孤零零地立着一座塔,装饰着浅浮雕,被称为"大工",意为"伟大的工程",有时候也称为"玄同宝塔"。这是太监刘瑾的墓,前面讲过有关他跟石景山的那座

---

① 关于乾隆与大觉寺的传说有不同记载。一种说法是乾隆下令在大觉寺东面山门口建了一道厚厚的影壁,作为镇物,以阻挡狮子山的紫气。见马燕晖编著《老北京的传说大全集》,武汉大学出版社2013年版,第201—203页。另一种说法是乾隆看重大觉寺的风水,要在此为自己建皇陵,后被寺庙方丈设计阻止。见苗地、潘永卫主编《阳台山的传说》,北京燕山出版社2016年版,第192—198页。——译者注

城堡的故事。有可靠的传说断言,明陵动工的那一年,大工这个地方也在规划一座巨大的坟墓,它是如此之大,以至于当永乐皇帝的陵墓完工的时候,后者才建了一半。当刘瑾的叛乱失败,他本人也被御林军猝然处死的时候,这个"伟大的工程"就被废弃了。然而乡民仍旧相信大工下面是一个巨大的——即便是尚未完工的——墓穴,里面有结构复杂的坛庙,因为这个工程里与塔相连的更大也更困难的部分据说就是在地下。还能看到墓穴的入口塞满了荆棘,但没有人敢走进这个黑暗的门洞,因为害怕那种人们认为保护着这个地方的神秘的力量。①

在大工上方还有另外一座塔,在天空的映衬下显得轮廓非常鲜明。有人说它是金朝明昌皇帝在翻越山岭前往山脉另一侧他喜欢的幽静之地途中的一个休息处。但乡下人则称它为"六郎塔",因为传说——历史事实变得模糊以后,传说就是这样经常持久不衰——把它跟著名将军杨继业②的第六个儿子联系在一起。在宋朝与北方蛮族入侵者的持续争战中,杨继业是宋朝的一位热诚而深受器重的支持者。他所有的儿子都以堪与他本人媲美的勇猛而闻名于世,因而他们的绰号里都有"狼"字③。六郎尤为有名,曾一度控制北京周边地区。这座塔据说是他在公元 1000 年左右建的瞭望台,他从那里检阅他的部队的调动。有一次他骑着马一路上坡来到塔处,感到口渴,于是他的聪明而又忠心耿耿的坐骑就用蹄子踢脚下的石头,一股泉水涌流出来。对今天在山坡上放

---

① 关于"大工"和刘瑾墓,参见奉宽《妙峰山琐记》中的记述,其中云:"大工为刘瑾生冢,本土人所传,不见载籍。并有石船自动,内伏机械,如曹操疑冢等事,语多不经。"见门学文、李新乐整理《潭柘山岫云寺志·妙峰山志(外二种)》,北京燕山出版社 2007 年版,第 191—192 页。——译者注
② 参见本书第十八章。
③ 此处作者显然将"郎"与"狼"弄混了。——译者注

羊的愚笨牧羊童来说，这股泉水就成了福音。①

在这个懒散的年代，很少有人会尝试沿着那条狭窄的、布满巨石的小径，去追随六郎和他那匹英勇机智的军马的脚步。在那条小径上，那穿过由岩石做成的伊奥利亚竖琴呼啸而下的风将人们的呼吸从唇边吹散。但是当浓重的阴影笼罩住这片周围壁立千仞的山谷——这里太阳比在下面开阔的平原要晚升起数个小时，也早落山数个小时——使得野飞燕草灼灼的蓝色也变得暗淡的时候，能听到鬼魅般的尖叫声，乡民是这么说的。那是粗犷的契丹人作战时的喊杀声，他们只知道剑不知道法律，只知道马鞍不知道家，除了他们萨满教巫师的巫术外没有信仰。

在从大觉寺出发步行轻松可及的距离内，有许多令人着迷的地方。有一座风景如画（picturesque）且香火很盛的太监的寺庙离大觉寺的门很近，看上去是关着的，已被废弃，但敲门的话，很可能会有一位身材庞大的人来开门。他得了象皮病，脸很大，呈土黄色，鼻子皱皱巴巴，就像大象的鼻子一样。在九月下旬的晚上，从山坡上那些可爱的亭子上观赏锦绣般的秋色，在里面有一听到木头的动静就浮上来等着喂食的温顺金鱼的池塘边流连，与那些因其职业的性质而斩断自己与家庭生活的联系、但又服侍过太后和妃嫔并记得许多事情的孤独老人们闲谈，都是很让人愉快的。

有些人跟清朝王公贵族的家庭有关系，这些人家的产业和墓地就在这一带。他们仍然每年去祭扫两座他们之前主人的墓，一

---

① 奉宽《妙峰山琐记》云："东岭之尊胜塔，土名六郎塔，今尚存。塔下有水一泓，曰马刨泉。又有溜马亭旧基。俗并以宋杨延昭事迹实之。"尊胜塔为元武宗为栖隐寺行满禅师建，实与杨延昭（杨六郎）无关。见门学文、李新乐整理《潭柘山岫云寺志·妙峰山志（外二种）》，北京燕山出版社2007年版，第207、219页。——译者注

座是七王爷的墓,位于东边的平原上;一座是废帝的父亲、前摄政王醇亲王的墓,位于高高的山坡上。① 按照中国人的习惯,后者这处产业包括一座主人生前就准备好的精美的陵墓以及供他一家享用的避暑别墅。② 整个墓园有皇家的气派。供家臣和看守——他们仍旧将醇亲王视为某种封建领主——居住的有围墙的村落正对着一条宽阔的古树庇荫的大道,它通向一座大理石桥。再过去是一段逐级抬升的宏伟的花岗岩台阶,还有一系列一个比一个高的松树荫庇的平台。墓在一个单独的围着围墙的院子里,后面有一片树林和一股泉水,就像远方遮挡的山脉一样,这些风水很好的地形特点有助于灵魂的安息。西面山坡上的行宫是园子里一处小小的胜地,它是以中国最好的人工方式布置的。一座亭子里放了一把用拳曲的树根做的龙椅,它是乾隆留下来的传家宝。另一座是"诗亭",一条溪流涓涓地穿过其中,流经在石头地面上凿挖出来的、形成"福"字的水道。③ 旧制度也许犯下了渎职和舞弊的罪行,但它显然也培养了精致的趣味。唉,这些满族王公如此典型地体现了过去的缺陷和优点,对新世界没有任何贡献,除了一种令人惊叹而又毫无用处的雅致生活,不过这种雅致倒是能让他们以平静的尊严接受失败的命运。

　　从上面的一个平台上我们可以辨认出金山寺,这是去往妙峰山的路上的一座喷涌着泉水的寺庙④,也是周围一带最优美的野餐地点之一。还有消债寺,像一个鹰巢那样立在附近一处悬崖

---

① 　此处有误。溥仪的父亲醇亲王载沣其时仍在世,这里应在指载沣之父醇亲王奕譞的墓。奕譞为道光皇帝第七子,故醇亲王墓俗称七王坟,应该就是作者这里所说的"七王爷的墓"。两座墓实为一处。——译者注
② 　即阴宅和阳宅。——译者注
③ 　即中国园林中常见的流杯亭。——译者注
④ 　一座汽水厂占用了该寺的部分土地,不过寺庙的其他部分尚完好无损。

上，周边的环境雄伟而险峻。

从大觉寺朝着相反的方向——往东——走上约一个小时的路程，有一座叫城子山的山岭，山顶上是古老的道观东岳庙。没有什么比山巅上这座孤零零的祠庙更浪漫的了。传说——尽管并未得到证实——明朝有个人在秘密誓约的驱使下，出现在附近一带。这个人的名字实际上是有记载的，他选定了寺庙的地址，不仅准备好了建筑的材料，而且据说还亲自将它们运上山，孤身一人建起了这座庙。我们出于对不仅是他的虔诚还有他的精力的钦慕，追随他的脚步沿着陡峭的小径爬到山顶，那儿有一段倾斜的残破的石头台阶通向两座荒芜的庭院。建筑都废弃了，除了一年中有一天，附近的村民还会在它们残存的遗迹上举行一种烧香的仪式。我们同情那些失去了鼻子、腿在膝盖处被砍断的神祇。"狐狸都有它们的洞，天空的飞鸟有它们栖息的地方，但这些神头上却没有遮风避雨的东西。"① 时间并不总是善待神——或人。自然孤独地抵抗着它的肆虐，而在所有其他的事物都沦落为废墟的这里，风景却依旧永远新鲜，那棵悬空的松树的树枝像一只弯曲的手臂般优雅地划过一道曲线，为这片风景提供了画框。长长的山嘴模印在天空上，让人们想起古代的中国艺术家笔下最美的景致，他们以爽利而沉稳的笔触将它们那错落有致的宏伟壮丽呈现了出来。

靠近城子山脚下，是另一位满族王公侗王爷的宜人的庄园，侗王爷作为一位业余演员非常有名。像这样的乡村别墅在北京一带很罕见。其院落充满了中国园林的奇思妙想以及拳曲的树木和石头，它们的形状在西方闻所未闻。它那漂亮的露台悬于平原之

---

① 此语化自《新约·马太福音》8:20，和合本译文原文作"狐狸有洞，天空的飞鸟有窝，人子却没有枕头的地方"。——译者注

上,能友好地照看到村落的情况。①

回北京城的路绕着一座低矮山丘的山脚,山顶的石头上刻着一段出自一位中国记者之手的碑文,是题献给明朝的道观温泉寺的。②该寺以其硫黄泉而闻名,这些泉水能治愈风湿病、痛风等疾病。1700年,康熙皇帝将它们封存在一处花岗岩石盆中。可以说,是现代的医师重新发现了它们,在泉水附近建起了一座带有浴室的小型疗养院。过去五月份会在这里举行纪念娘娘菩萨的乡村节日,还有集市,小贩们在那里卖手镯、头饰和犁,生意红火。半山腰开阔的楼阁里会上演戏剧,甚至穿着脏兮兮的俗气戏服的村里的哑剧团在这样的背景下也制造出一种生动(picturesque)的效果。庙本身根本没有太大的意思,除了供奉钟离权的神龛以外——他是八仙中最老且神圣的一位,是在全中国普遍受到尊崇的人物。

钟离权从前是一位勇猛的武士。在二十年的时间里,他打了许多仗,只是最后才沦为皇帝的猜疑的牺牲品,这种猜疑是宫里那些嫉妒他的敌人有意引起的。他的家被满门抄斩,财产被没收。随着时间的推移,皇帝对他的忠诚的怀疑消散了。当这位勇武的将军凯旋时,皇帝远远地来迎接他,解释自己的错误,并让皇后亲自来招待这位客人。钟离权为她那不同寻常的美所打动,在回家的路上就相思成疾。当他病弱在床,感到说不出的悲伤时,他恳求皇后来看他,随后便吐露了他刻骨铭心的情愫。她在温柔地照料病人的时候,问他她在朝廷上给他倒酒的那个大杯子

---

① 此处伺王爷指溥伺(1876—1950),别号红豆馆主,雅好昆曲与京剧。这里的别墅是指他的水塔园。——译者注
② 此处指温泉寺旁显龙山顶一块巨大石壁上镌刻的英敛之于1913年手书的"水流云在"四个大字,被誉为北京地区最大的摩崖石刻。英敛之《大公报》的创办者。参见常华《英敛之在西山》,北京市政协文史资料委员会编《北京文史资料精选·海淀卷》,北京出版社2006年版,第84—85页。——译者注

是用什么材料做的。他正确地回答道:"金子。""那么我在你自己的宅子里给你倒酒的那个大杯子又是用什么材料做的?"她问道。他又回答对了:"银子。"然后她问了他最后一个问题:"不管用的是什么容器,酒不是一样好吗?"这位武士悟到了她话里的隐秘含义。他的苦闷一下子消失了。他从榻上起身向皇后道别,离开了家,走上了"圣道"。

如今温泉村已经非常现代化了。庙产已经被改造成北京中法大学附属的一所女子学校①,戏楼变成了一间避暑屋,它是供那些想使用温泉疗法的客人租用的几座宜人的别墅之一。当地一家"发展公司"——它主要归功于一位在法国受过教育的中国绅士——负责监管浴池的卫生状况,并在山坡上种植树木,还创建了一家模范农场,栽种从欧洲进口的葡萄。②

山脚下那座奇特的半现代的建筑总是会激起过路人的好奇心。它是冯玉祥将军为纪念他的朋友和战友孙岳将军而建的一座纪念堂。③

沿着穿过这座纪念堂的公路,过了那座周围居民引以为傲的新石桥,我们来到了钟楼面前,它标志着"三里村"(又称白家滩)的起点。该村得此名是因为它唯一的那条两旁都是草屋的街道展布开来有1英里(三里)长。④原先,这个村子号称拥有北

---

① 即温泉女子中学,建于1924年。——译者注
② 这里提到的中国绅士指李石曾,他也是温泉女子中学的创立者。1920年代,李石曾在温泉村兴建了一系列现代化事业,包括温泉疗养院、第二农林试验场等,参见许睢宁、张文大、端木美《历史上的中法大学(1920—1950)》,华文出版社2015年版,第77—96页。——译者注
③ 孙岳(1878—1928),字禹行,以字行。此处指的是显龙山下的孙禹行墓及陵园,参见韩杰《孙禹行将军墓》一文,载北京市政协文史资料委员会编《北京文史资料精选·海淀卷》,北京出版社2006年版。——译者注
④ 白家滩,又作白家疃或白家潭,然相关文献中并没有它又称"三里村"或"三里庄"的记载,待考。——译者注

京一带最古老的寺庙之一开元寺。该寺建于唐开元年间,是一个太监于公元700年左右建的。它后来年久失修,不过永乐年间一位来自大觉寺的僧人又重建该寺,他是一个退隐此地"来享受和煦的空气、甘甜的水和平静的田野风光"的佛教隐士。如今这座富于历史意义的寺庙已经什么也不剩了,除了一块碑文几乎无法辨识的石碑和一头外形很可惜地被损坏的石狮子。①

如今白家滩引人兴味的地方在于那座为雍正的弟弟怡亲王②而建的祠堂③,周围一带怡亲王的佃户的后代还怀着感激之情记得他的慷慨大方。后院里有四棵壮丽的白松,它们也许会让白居易诗兴大发,写出那首秀丽的《庭松》:

堂下何所有?十松当我阶。……不知何人栽……朝昏有风月,燥湿无尘泥。疏韵秋械械,凉阴夏凄凄。春深微雨夕,满叶珠濉濉。岁暮大雪天,压枝玉皑皑。四时各有趣,万木非其侪。④

过了这个村子,就是孤松山这个显著的地标,中国人称其为

---

① 《日下旧闻考》卷一百六称"白家滩有开元寺",该书引李纶《重修开元禅寺碑略》:"旧传唐开元年所建,基址尚存。永乐中,西天佛子大通法王智光上师遭际列圣,赐予甚厚。宣德戊申,奉命兼住大觉禅寺。往来憩息此地,爱其土厚水甘,风气攸萃,意图兴创,出己资,命工市材建立,仍请额为开元禅寺。"见于敏中等编纂《日下旧闻考》第三册,北京古籍出版社1983年版,第1764页。——译者注
② 参见本书第十八章。
③ 怡亲王允祥在白家滩建有别业,雍正八年(1730年)允祥病逝,遂令将别墅改建为祠堂,1732年祠堂竣工。见赤飞《曹雪芹与白家疃》,新华出版社2008年版,第30页。——译者注
④ 更多译文可见阿瑟·韦利的《中国文学译作续编》(*More Translations from the Chinese*)。

"蜘蛛山",因为它看上去像一只蹲着的蜘蛛,脚收在身体下面。从前这里住着两条龙,各住在山的一侧,白龙住在白家滩河谷里一座叫"白家水"的隐蔽的小庙里,黑龙住在黑龙潭。于是这座山的名字的发音以及它居于两条龙之间的位置,便让人们想起中国有名的"二龙戏珠"的图案。这一图案是皇帝专用的,用在宫殿等地方的装饰上。流行的传说总是将围绕伟大的乾隆皇帝名字的传奇故事编织在一起,说这位皇帝因为这座山的形胜以及这些巧合而大受震动,就像他为大觉寺上面的狮子山所震动一样。"当然,"他说,"这里又有一个关系重大的预兆,一个真龙天子迟早要出现在这里!"按照这个推断,乾隆预见到他的王朝的覆灭和新的君主世系的建立。于是他决定将祸害拒之门外,通过将山砍成两半,来驱散统治着蜘蛛山的不吉利的风水或者说是神秘的影响。皇帝达到了他的目的,但这座至今还被一条狭窄的沟壑分开的受伤的山,仍旧在山顶上那棵古老的孤零零的松树身上留下了其屈辱与悲伤的一个见证。据说被砍的时候,树根上还滴着血。①

蜘蛛山把我们引到了黑龙潭,它那金色的屋顶像擦亮的镜子一般捕捉和反射着从画眉山(或花眉山)峰顶射来的阳光。② 有人说这座小山得名于出没于山林中的花眉鸟③,另一些人则认为它来自山上发现的黑色石头,金朝的宫女用这些黑石来画她们的眉毛。不管是哪种情况,1486 年明朝的成化皇帝在这里兴建土

---

① 奉宽《妙峰山琐记》云:"蜘蛛山不甚高大,山巅有松一株,婆娑多致。"但未提及相关传说。见门学文、李新乐整理《潭柘山岫云寺志·妙峰山志(外二种)》,北京燕山出版社 2007 年版,第 184 页。——译者注
② 作者此处将"潭"误译为 altar("坛")。其应指黑龙潭龙王庙。——译者注
③ 这是一种独特的画眉,在中国备受推崇,它被称为"花眉"是因为眼睛上长的羽毛真的很像花瓣。

木都是一个聪明的选择。①

在我们靠近寺庙的时候,我们的轿夫念诵着一首有韵律的歌谣,它是对一首汉朝诗歌的戏仿:

神之来兮风飘飘,纸钱动兮锦伞摇。神之去兮风亦静,香火灭兮杯盘冷。②

进入寺庙的地界,我们就直奔涌泉,去找龙居住的那泓优美的水潭。古树悬于水面之上,看上去岌岌可危,而下面的水潭光亮如镜,泛着粼粼波光,以猫一般的耐心等待着掉落的紫藤花和梓花。难怪几百年间这里一直是一处备受青睐的幽静胜地——无数的皇帝和廷臣都曾经漫步于那条俯瞰碧绿潭水的游廊。

因为我们又热又渴,便喝了点东西,洗了澡,尽管有人警告说这样可能会触怒那条龙。潭水以一种极其特别的方式令我们精神一振,我们没看到黑龙的迹象,便斗胆怀疑他的存在。"这样说是不明智的,"有人反驳我们,"恐怕会倒霉。记得乾隆皇帝大胆怀疑的时候发生了什么吧。"我们不记得,因为从没有听说过,于是出于好意,那个人给我们讲了这个故事。

皇帝陛下有一次打猎归来,在这座庙里待了一天。他已经休息了,又吃了点心。这时他把他的两名官员叫来,对他们说:"我们想跟黑龙说话。告诉他我们乐意如此!"两位官员在他面前躬下身来,赶快跑到水潭边上,对龙说了下面这番话。按照宫

---

① 《帝京景物略》载:"西堂村而北,曰画眉山。产石,墨色,浮质而腻理,入金宫为眉石,亦曰黛石也。"见刘侗、于奕正《帝京景物略》,上海古籍出版社 2001 年版,第 329—330 页。这里提到的成化皇帝兴建的工程,当指成化二十二年(1486 年)敕建的黑龙潭龙王庙。——译者注
② 阿瑟·韦利译。〔这是白居易的新乐府诗《黑潭龙》中的诗句,作者称其为"汉朝诗歌的戏仿",当就其乐府诗的性质而言。——译者注〕

廷的礼节,两人轮流说:"我们现在有责任通知你,我们的皇上主子想见你。"他们说完后,从石头里传来一个声音,回答道:"告诉皇上,我会在这里等着欢迎他。"当皇帝来到泉水边,说了一番恭维的话,俯下身来接见这个怪兽的时候,一只还没他的手指长的小家伙从银色的水沫里浮现出来,说道:"我就是您要找的人。有何贵干?"皇帝一时惊住了。他大惑不解地盯着龙,大叫道:"太奇怪了!我以为会见到一个庞然大物,某个令人敬畏和害怕的家伙。但是看啊!这不是一条龙,只是一个没用的小玩意儿。"这些话刚从他的嘴里说出来,小家伙就消失了。然后泉水剧烈地沸腾起来,一个低沉的声音雷鸣般地响起:"咳,你想看到的是不是这样的?"与此同时,从岩石下面出现了一只巨大的有五个尖角的爪子。它变得越来越大,直到达到树的尖梢,像一只魔掌张开在皇帝和他身边一大帮达官贵人的头顶上。它变得越来越大,直到最后碰到天,这些可怕的爪子的影子尖尖的、阴森森的,落在寺庙和上面的山上,所有的鸟儿和虫子都噤若寒蝉,如置身于暴风雨前的寂静一般。皇帝于是知道他犯了多大的以貌取人的错误,他在龙面前俯下身来,连声叹惋表示后悔。直到后来,黑龙平息了怒气,爪子慢慢缩了回来,太阳又普照大地。不过自那以后,这位泉神获得了他应得的尊重,这尊重不仅来自皇帝,也来自附近所有的普通人。一年中附近的农民会敬拜他两次,他们跪在水潭边,乞求潭水充足以保证好的收成。旱季村里会为了表示崇敬他而敲起鼓来。听,你会听到它们——附近的鼓声,从干枯的田地那边看不到的村子里传来的鼓声,还有另一些鼓声,像是回音似的在应和。①

---

① 关于乾隆见黑龙的传说,见吴梅梅《记黑龙潭》一文,但所记较为简略。见丛宏业等编《北京风物散记》第一集,科学普及出版社1981年版,第102页。——译者注

天气很热，我们妒忌永远住在这泓神奇的水潭里的龙王陛下，有两只乌龟服侍他，还有小虾做他的廷臣，它们自己排成护卫的队列，他一出现就俯下身来。龙王同时听到一百个村子里恳求他的声音，吸着一百种供品的潮气，懂得他那些忠诚的崇拜者祈祷的唇语——"哦，伟大的龙王，我们已经点上了香，我们已经念诵了祷文，但土地还是焦渴，庄稼还是歉收。求您发发慈悲，赐予我们雨水吧！"

一位仁慈的神会听从人民的请求。但有一次这位黑龙对他们的希冀充耳不闻。后来他明白了即便神的力量和乐趣也取决于良好的行为。而那个给他这个教训的人不是别人，正是乾隆。

乾隆年间发生了一场可怕的旱灾。皇帝为田地干旱深感悲伤，来到黑龙潭上供。但龙王对他的恳求充耳不闻。于是皇帝义愤之下，以他作为至尊真龙天子的身份给龙王下了最后通牒——要么降雨，要么黑龙的神灵就会被从庙里驱逐出去，流放到极北的不毛之地。当龙仍然违抗他的命令的时候，乾隆就开始把牌位往城里搬。但队伍刚抵达寺庙地界外的一个村子①，黑龙就思忖起他的清凉的潭水、诚心奉给他的供品，想起所有神喜欢听和乐于看到的事物。他就下令降起雨来，雨量如此丰沛，以前从未见过。于是乾隆把神像又护送了回来。自那以后，黑龙就一直住在他的可爱的水潭里，尽职尽责，没有再碰到多大的麻烦，最多也就是一个偶尔来的无礼的外国人在他那清澈透明的潭水里游泳而已。

为了昭示龙的悔过，乾隆下令给庙顶装上黄色琉璃瓦，并命令一位画家以一系列壁画来记述这个事件。这些还可以在山顶上

---

① 现在还被称为"因洪水而被迫搬迁的村子"。〔或指温泉村附近的汪庄（今名王庄），待考。——译者注〕

最高的那座神殿①里看到。尽管在透视法方面有某些粗糙之处，精神饱满的图画和强有力的着色还是产生了精彩绝伦的效果。殿旁的两块明朝石碑和两块清朝石碑记录了其他时候祈雨成功的史事。

有一组奇特的半人半兽的石膏像，他们均听从黑龙——或曰雨神——的号令，这是该庙的一个罕见的特色。雷公可以从他手里的木槌和斜挎肩上的一串连鼓辨认出来，电母则是穿着杂色袍子的女性形象，手里拿着两面镜子。各种各样的助手帮助倾倒雨水，或控制风向。他们长着隼嘴猪头，或一对印度迦楼罗鸟（Garuda bird）②般的翅膀。

下面一座小小的院子有独立的门，这些门通向水潭和山上的神殿（当皇帝下榻的时候，这个院子可与庙的主体部分隔开），院子里是一间皇帝专用的小阁楼，乾隆习惯住在这里。它最后一次被光绪皇帝和慈禧太后使用是在1892年，那年他们在告别西山之旅的途中来到这里。自那以后，这个地方就被现代重建的郊区别墅风格的建筑弄得面目全非了。一群欢快的蓝鸟仍旧在竹林里安家。这些竹子种在门旁边，是用来阻挡地震灾害的。一只鲜艳夺目的啄木鸟在屋檐里秘密储藏了一些浆果。室内花园里的那口水池遍布着昆虫，无害的蛇泰然自若地在石头上晒太阳。中国人没想过要杀掉它们，部分是因为佛教不赞成杀生，部分是因为蛇经常是龙王派来宣告神祇降临的。黑龙潭就有这种神奇的蛇，虽然它们的家在画眉山上，它们却自由地在庙里穿行。常人很少看到它们。但我们确信，这些上天派来的信使拥有"古人的面孔，眉毛是白色的，头上有像是王冠的红色标记"。

---

① 即龙王殿。——译者注
② "迦楼罗"为梵语，意译为金翅鸟、妙翅鸟，佛家谓为天龙八部之一。——译者注

我们依依不舍地告别黑龙潭，穿过寺庙外的那个村子继续赶我们的路。这时身后传来一阵冒泡的声音，像是土地自己发出的声响，还有龙的泉水浇灌的稻田里的蛙鸣声。

继续向西走约3英里，就在西山的东北最高峰百望山（又叫望儿山）投下它影子的拐角处，我们走到了通往汤山的碎石路上。借由山顶上那座古庙的废墟，这座百望山几英里外就很容易认出来。那是一处荒凉之地，一座已遭受灭顶之灾的圣地，徒具寺庙的空壳。我们猜想它有一段诗意的历史，我们猜对了。

公元1000年，当时统治中国南方的宋朝与统治北方诸省的辽朝处于交战状态。宋朝的政治家肯定谈起过帝国的扩张，以及年轻人在富庶的直隶平原上所享有的建功立业的大好机会。于是他们派出一支大军攻打燕京（北京）。当时辽朝的皇后——即著名的睿智皇后——是一位拥有许多爱慕者的女子，她的名字至今仍在歌曲和故事中流传。这位皇后命令军队越过城市向前进发，她自己也参与到这场以进攻方的惨败告终的战役中。胜利后，她在百望山上建立祠庙纪念她的六个儿子。在她如此英明指挥的这场激烈的战斗中，他们就战死在她的眼前。[1]

辽朝和宋朝早就消失了。金朝击败了他们。[2] 蒙古人横扫了这片土地，明朝又把这些北方的"胡虏"驱逐了出去。满人向明朝宣战，使其落得个可耻的下场。但这座祠庙的荒凉的废墟作为一位母亲的爱与牺牲的象征仍旧矗立着，仿佛在挑战数百年的时间所带来的最坏的结果，挑战那遗忘了不可遗忘之事的人类。

---

[1] 这里提的睿智皇后是辽景宗的皇后，即著名的萧太后（953—1009），名萧绰。但作者显然把她与佘太君弄混了。传说杨六郎跟辽军作战，佘太君在百望山顶上观战，为其助威，故百望山又名望儿山，百望山顶上的庙即佘太君庙。——译者注

[2] 原文如此，但不确切。辽朝与北宋亡于金朝之手，金朝后又在南宋和蒙古的夹击中灭亡，南宋亡于元朝之手。——译者注

通向汤山的路向北伸入平原之中。虽然田地单调而整齐，它们却反映了天时的每一个面向，应答了四季的每一次脉动，包括从酷暑到严寒的剧烈对比。实际上，终年在司空见惯的太阳底下保持温暖的南方，不如这些北方的平原让人舒服，因为它们终究能在它们的血管里感受到不断加快的脉搏。它们既然冬天寒冷，夏天就炙热。它们既在白雪覆盖下纯洁无瑕，在它们那短暂的生长季节也同样地激情四溢。

我们在沙河穿过那条通往明陵的老路。一座建于15世纪的精美桥梁①横跨于河上，为适应现代交通而做了改建。而在我们的右边，倾颓的城墙后面，就是沙城以及明朝行宫的废墟，皇帝会在此中途停留。沙城（又叫"平安"，因为传说唐太宗在一次北方征战途中染病，曾在这里休养）②过去是一个繁忙的枢纽，因为所有用来建造明陵的原材料都由水路运到这里，然后再装车送往建筑工地。③

明朝人和清朝初期的人们也从沙城出发前往汤山（距离北京22英里）的温泉。这些温泉位于一座遍布石头的小山的背风面，山上有风景如画（picturesque）的三座古庙的遗迹，在天际线映衬下显得轮廓分明。康熙特别喜爱这个地方，那些大理石砌的露天汤池也要归功于他，每一个差不多有一个网球场那么大。关于这个拥有有益健康的浴池的可爱地方为什么被遗弃了，有一个传

---

① 应即北沙河上的朝宗桥。——译者注
② 此处"沙城"应为"沙河城"，即巩华城，永乐皇帝在此建有行宫。至于"平安"之称与唐太宗传说，则不见于历史记载，待考。——译者注
③ 现代的旅行者发现"河"这样夸大其词的名称用于沙河和浑河这样的小溪时会感到震惊，如今在一年中的大部分时间里，它们不过是涓涓细流。然而，交通上的传统似乎表明它们曾经是重要的水道，由于对周围山岭上森林的砍伐，它们已经干枯了。这种森林砍伐活动严重地影响了气候条件，并且有导致"持续不断的干燥和戈壁荒漠上的沙子的逐渐侵蚀"的危险。

说值得讲述。

  清朝后期的皇帝们在其衰败的过程中变得迷信起来，他们形成了无论何时出行都要向算命者求神问卜的习惯。有一次，某个星相师毫无疑问出于他自己某种隐秘的动机，告诉皇帝说经过沙城前往汤山很危险，因为帝王与龙是一体的。而"沙"——沙河和沙城这两个地名中的第一个字——对龙是有害的，表示沸水的"汤"——汤山这个地名的第一个字——对龙来说同样有害。龙会沉到沙里面，煮烂在汤里面。当这种象形文字的不愉快的字义融合现象被指出来的时候，康熙和乾隆的这些迷信的后继者就不再光顾汤山了，于是它便陷入年久失修的状态中。

  不过，直到今天，温泉所在的地方还是属于清室，它现在租给了"汤山改良公司"，前财政总长曹汝霖是该公司的主要人物。属于他以及其他成员——如陆宗舆、孙宝琦和靳云鹏等——的还有在旧园子里建造的那些新的俗艳的平房。一座带有上等浴室的外国样式的新旅馆①吸引着游客，尤其是在晚秋时候，那是汤山的最佳季节，它是刚好在严寒天气来临之前北京城外适宜出行的几个地方之一。而且，对短途旅行来说，它是一个很方便的中转站。

  周围一带还有几座风景如画的古墓。现任恭亲王的父亲钟贝勒的墓保存完好，修建得很漂亮，尽管不能与他著名的祖先（历史上的恭亲王）那座富丽堂皇的陵墓相比。那位恭亲王的墓位于更北一点的山岭脚下，这些山岭横亘于北方的地平线，保护着汤

---

① 新旅馆当即汤山饭店。《旧都文物略》载："民国七年，徐总统世昌偕陆宗舆、曹汝霖二氏往游，以其地弃之可惜，商于清室，以岁纳八百金，向其永租。重加整理，添构房宇。古迹胜地，得以重光。……民国以来，辟前宫为旅馆，所谓汤山饭店。馆内设有浴池，引泉入池，以供游人之洗濯。"但未提及公司之建制。见汤用彬等编《旧都文物略》，华文出版社2003年版，第180页。——译者注

山免受冬季寒风的侵袭。① 作为道光皇帝的第六子,他在西陵的皇家墓地还有一座规模与壮丽程度相仿的墓,不同之处在于屋顶的琉璃瓦是绿色而非黄色的。②

可追溯至公元10世纪的破败的龙泉寺及其被风雨侵蚀的宝塔也值得一看。除了一座其地面之下隐藏着一股泉水的亭子以外,几乎没什么建筑保留下来。看门人想让游客相信,水源下面埋着一把金茶壶,"大到可以供九个人用的程度",还说寺庙上方的山里还掩埋着一头金驴,但它们之间有什么联系没有,他也说不上来。没人见过这些由神圣的禁忌守卫着的奇妙物件。但那从小水塘里一路声势浩大地汩汩地涌流上来又在空中消散的银泉,那看上去似乎解决了永动难题的摇曳的水草,还有那飞来飞去追逐捕食的蜻蜓,这些才是所有人都可以享用的真正的珍宝。

---

① 这里提到的"现任恭亲王"指恭亲王溥伟,但他的生父载滢的墓地位于门头沟西峰寺。这里提到的所谓"钟贝勒"应为钟郡王奕詥,其墓位于小汤山东南五六里远的葫芦河村北。奕詥是清宣宗道光皇帝第八子,故该墓又称小八爷坟。钟郡王无子,后曾以恭亲王奕䜣第二子载滢为后,作者可能因此弄混了。参见冯其利《清代王爷坟》,紫禁城出版社1996年版,第242页。另外,钟郡王最后是以醇亲王奕譞第七子载涛贝勒为嗣。民国初年,载涛曾对墓地加以修缮,参见庄士敦《紫禁城的黄昏》,惠春琳等译,紫禁城出版社2010年版,第273页。恭亲王奕䜣的墓(恭亲王墓)则位于昌平区崔村镇麻峪东北。——译者注
② 此处有误,恭亲王奕䜣只有一处墓地。——译者注

第十七章　长城与明陵

从北京出发最经典的短途旅游线路是经由南口去往长城。无论多么匆忙，旅行者都不应该错过。还有许多其他的地方可以看到这条壮观的屏障（据说它是火星上能看见的唯一的人手建造的工程），因为它从山海关的海岸一直延展到西藏地区，有将近2000英里长。但在这里，这座古代的防御工事比在其他哪里都要保存得更好，显得更宏伟。南口还有容易到达的好处（沿着京张铁路坐火车约25英里的路程），且有干净和足够舒适的旅馆。

从北京往返长城的旅行一天内就可完成。若将前往明陵的行程包括在内，在南口脚下住一晚的话，赶一赶三十六个小时也够了。但那些有时间的人不会后悔抽出两个整天来完成旅程，还能额外留出一个下午在南口本地漫游一番。

这座古朴的城镇是跨越远处狭窄的关隘而建的一连串旨在阻挡蛮族入侵的防卫要塞中的第一环。它也一度是去往蒙古的商队旅行路线上的重要驿站，现在某种程度上依旧如此。过了南口往上走不远，群山便汇拢起来，我们就到了由四座瞭望台守卫的峡谷入口处。这里就是中国诗人所说的游客应该在暮色中沉思的地方，因为"光线落在翠色的石头上"乃是"周边八景"之一①。只有非常伟大的艺术家的笔触才能再现这里的景致：荒凉粗犷的关隘的狭窄入口经受了风与水的侵蚀，像是被墨盖住一般栖息在

---

① 此处应指燕京八景之一"居庸叠翠"。——译者注

黑暗中；它那阴冷的城墙慢慢地从火红色变成宝蓝色，然后又在一片浸染着柔和的紫色和蓝色的前景映衬下变成最热烈的紫罗兰色。

可以坐火车前往关城顶上的长城。外地人惊呼，从车窗里观赏如此著名的景色是多么乏味啊！但铁路线本身也是很有趣的。所有这一切都要归功于那位克服了巨大困难来修建它的中国工程师①，那陡峭的坡度、无数的隧道（事实上其中有一条就是在长城下面穿过的）以及精巧的石头护墙工程，都证明了这一点。

当火车头喷着烟在狭窄的谷地里缓慢地爬升的时候，陡峭的、光秃秃的山岭升得更高了。我们把最后那些小农场留在了身后，它们上面布满了如此多的石头，看上去靠勤勉的劳动不可能从如此贫瘠的土壤里谋取生计。沿着曲线往下伸入峡谷的长城和如哨兵般笔直耸立的瞭望台为山脉的轮廓添加了一条风景如画（picturesque）的天际线。这座关隘的这些辅助性的防御工事上面满是中国人与游牧民族间诸多战役的瘢痕，它们如今看上去毫无意义，互不相关，却让想象的思绪回到了它们在抵挡突厥、匈奴、契丹、女真和蒙古以及其他蛮族的祖先方面发挥至关重要的作用的时代。这些部族想要挥师进入垂涎已久的富饶的华北平原。

南口被人比作开伯尔（Khyber）山口②，南口镇被比作贾姆鲁德（Jamrud）③，居庸关中间的城堡④则被比作阿里·马斯吉德（Ali Masjid）⑤。就其更荒凉的部分而言，这座通向中原的关隘也

---

① 指詹天佑。——译者注
② 兴都库什山脉最大和最重要的山口，位于巴基斯坦与阿富汗之间，历史上为连接南亚与西亚、中亚的最重要通道。——译者注
③ 巴基斯坦开伯尔特区的城镇，是通向位于该城西部的开伯尔山口的门户。——译者注
④ 应指过街塔的基座"云台"。——译者注
⑤ 开伯尔山口的最狭隘处。——译者注

确实让人们想起那座通向印度的关隘。虽然前者风景不如后者雄浑壮丽，但在历史地位上与后者旗鼓相当。成吉思汗和他的游牧部落经由前者找到了前往富庶的中央王国的路，而希腊人、波斯人、阿富汗人和蒙古人则经由后者势不可挡地进入了印度河和恒河的谷地。

经过一个小时的攀爬，火车在青龙桥这座小小的车站停了下来。后面就是一段半个小时的轻松路程，沿着过去的马路通向居庸关峰顶的八达岭（海拔 2000 英尺）。长城正是在这里跨越居庸关的。通过那巨大的拱道（布满铁钉的拱门已经消失了），我们可以眺望直隶平原和远处山顶覆有积雪的山脉的壮丽景致。

长城两侧都沿着山脊蜿蜒行进，升至人靠徒步似乎都不可能抵达的峰顶。重重叠叠的巨大的具有历史意义的砖石结构由古人规整地安排妥当，构成了一道世界奇观，它们在这些孤寂的群山间显得倍加引人瞩目。一个人也看不到，除了一位赶驴人——他将他的牲口系在那台躺在荒草里的老旧大炮上（这是在一座瞭望台上发现的最后的古代武器和盔甲皮藏）——还有一位从村子里上来找牧草的牧羊人，他坐在那里，看着他的羊群在残砖断瓦间吃力地爬上来——多优美的风景！母羊后面跟着小精灵般跳跃着的小羊，而那些长着胡子的领头的老公羊则喜欢登到最不容易到达的高处，在明净的天空的映衬下，如浮雕般得意而又安静地站在那里。打破这片寂静的只有偶尔响起的、因距离而变得柔和的火车的汽笛声，或被一头高高地盘旋的雕追赶的鹰发出的尖锐的叫声。

为了完整地领略长城庄严宏伟的景色，我们沿着它一路爬到东边山嘴上最高的那座烽火台。这段长城是如此陡峭，以至于垒道采取了爬起来非常费力的台阶形式。但从这个巨大的石头岗哨上那些炮台上的炮孔看去，另外二十八座碉堡——每一座与其相邻的碉堡间隔三分之一英里——都可以看到。无论我们转向哪个方向，长城本身似乎都在后面追赶着我们，如一条巨龙扭动着，一直伸向远方目力所及之处。

那位在凉爽的夜晚沉思的中国哲人，是否就是从这座瞭望台上，沿着月光银梯攀爬到月亮上的呢？传说是如此，这是诸多在漫长的岁月中像苔藓般积累起来的附着在长城上的传说中的一个。当然，当他到达月球的时候，他会有奇妙的体验。首先他穿过一系列闪闪发光的殿堂，然后他会看到一位老人坐在桌子旁，全神贯注地读着一本叫"姻缘簿"的大书。因为在中国，据说所有的婚姻都是上天安排的，于是这位老人就非常忙碌。不过他彬彬有礼地停下手头的工作，陪伴这位来自地球的陌生人游历了月亮上的仙宫，它们都是用银子和珍珠母建造的。"它们高高地耸立在云和雨之上，也高高地耸立在悲伤的风与死亡的寒意之上。它们里面到处都是漂亮的女子，她们在金色的织布机上织出星星的图案，其长裙如同花瓣衬托花朵一般把她们衬托得美丽动人。"

这位圣哲对他所看到的一切惊叹不已，但这里魔幻的氛围太珍奇太精致了，凡人不宜逗留。因此，在黎明来临之前，他向那位值得尊敬的古人道别，感谢他友善的指引，又从月光梯子上下去了。当他回到地面，告诉邻居他所见到的奇观的时候，他们只是笑话他。"如果你真的在高高的云雨之上发现了一个国度，那里悲伤的风从不吹拂，死亡的寒意也从不降临大地，你为什么要回来呢？"他们问道。圣哲没法回答他们的问题，因为他自己也并不十分明白，于是所有的人都嘲笑他——只有一位明智的老人猜到了未说出口的原因。他解释道："这位圣哲是被对熟悉事物的回忆拉回来的，因为比完美还要珍贵的是心灵所习惯的东西。"

让我们在这雄伟的高处徘徊，让想象力唤回往昔年代的卫士重新镇守这些成行的废弃的瞭望台。让心灵玩一下拍电影的游戏，把这巨大堡垒的历史的活动影像呈现给我们。中国人对建墙的那种热情——任何人哪怕在这个国家只待上几天都会注意到这种热情——在这里得到了最为宏大的表达。

公元前两百年，秦始皇——汉尼拔的同时代人——设想出这个伟大的计划来阻挡鞑靼人，想让他们留在原地。[①] 为了修建他要建的那一部分长城，同时延长某些之前已经完工的壁垒并将它们连接起来，他动用了七十万犯人和战俘。困难一度看上去是如此地难以克服，以至于秦始皇不得不向一位卜者求教。卜者回答说："只有等到一万个人被埋在城墙下面的时候，它才会大功告成。"而即便是这么一位大独裁者也会犹豫是不是要活埋他的一万个臣民来推进他的计划。于是他就埋了一个名字里有"万"这个字的人，以此来与上天达成妥协，此后这项工程就顺利进行下去了。[②]

其他朝代的其他皇帝继续完成秦始皇的任务，或对其加以修改。例如，有记载称一位金朝皇帝在十天内动用了不下于一百万

[①] 有趣的是，根据中国历史学家的说法，在更远古的年代，北方农民经常在与外族入侵的线路相垂直的方向——即东西方向——上耕种田地。对一心想着征战并且用马车来运输的敌人来说，这是一种严阵以待的威慑。这个习惯今天在某些地区仍然很盛行。其他一些地方则种上成排的柳树来阻挡骑兵的进犯，这就是著名的"柳条边"的起源，它曾经是长城向东北地区的延伸。这一类的预防措施让我们想到那句"战争在持续，但中国的农民始终在干他们自己的活儿"，这句话在今天跟在过去一样真实。

[②] 这里提到的姓万的人，显然指孟姜女传说中的万喜良，在较早的记载中，故事主人公姓范，后讹为万。据顾颉刚《孟姜女故事研究》，《孟姜仙女宝卷》上说秦始皇筑长城，太白星降童谣，说"姑苏有个万喜良，一人能抵万民亡。后封长城做大王，万里长城永坚刚"，"于是秦皇下令捉他，筑在城内。这是江苏的传说，为的是太湖一带'范'和'万'的音不分，范姓转而为万，又加上厌胜的信仰，以为造长城要伤一万生民，只有用了姓万的人葬在城内才可替代"。与这里提到的传说若合符节。参见顾颉刚《走在历史的路上——顾颉刚自述》，江苏教育出版社 2005 年版，第 124 页。——译者注

人修建一段长城,其中许多人死于强迫劳动。还有一些历史时期什么也没做,这道屏障处于废弃不用的状态。在本身就来自长城外的蒙古人的统治下,长城无须充当防御工事,它就放在那里无人照管,似乎也没引起多少兴趣。马可·波罗甚至从未提及它。① 然而一旦明朝将鞑靼人驱逐出去,长城就再次获得了重要性。15世纪,这个新朝代用花岗岩和砖块重建了拱卫南口的这段长城,它是五大关城中最靠近腹地的一座②,最初是555年北齐修建的土城。有两座关城还可以完整地追溯其历史,其中一座是穿过张家口的那段长城。有关外长城的历史记载很少,它们如今只是一些土丘。

事实上,尽管有长城,在持续了两千年的摧毁亚洲甚至时不时地侵扰到欧洲的大规模的种族迁徙的过程中,中原一次又一次地被征服。然而,作为抵御小型袭扰的堡垒,长城通常还是有价值的,它对未来的征服者士气上的影响肯定非同小可。要入侵有这样一道屏障来守护的国家,特别是以骑兵为兵力的话,要求意志坚毅果决,准备极为充分。而且,出其不意地溜进来的希望非常渺茫,因为在重要的关口,每一百码就有一座瞭望台。甚至在不受游牧民族长期袭扰的遥远的地区,瞭望台之间的距离也绝不会超过1英里。所有这些瞭望台都有小规模的驻防部队守卫,他们有出色的烽火信号系统,由此信息可在相当短的时间内在瞭望台之间传递数千英里。③ 通过这种方式,在某个

---

① 关于全部长城的详细历史,参见盖尔(William Edgar Geil)的《中国的长城》(*The Great Wall of China*),又见海斯(L. Newton Hayes)的《中国的长城》(*The Great Wall of China*)。
② 另外四座关城应是张家口、喜峰口、冷口和山海关。——译者注
③ 这正是明朝修建的遍布北京平原的无数瞭望台的目的所在,它们只能从外面架梯子进去,就像土耳其语中的kulehs〔意为"堡垒式的房子",一般用石头建造,墙壁上有很小的窗户,是阿尔巴尼亚的一种传统建筑。——译者注〕一样。

遥远的地点受到袭击的消息能在一夜之间传到大本营,大股军队得以集结,以跟上沿着这道屏障外侧来侦查寻找薄弱环节的蛮族的动向。

如今鞑靼人的威胁早已消失,巨大的堡垒已经没有用了,数百英里内也看不到一个守卫的身影,虽然张家口、古北口[①]和其他地方的关口仍旧警戒森严,每天晚上日落时都会关闭。需要指出的是,这主要是为了保护附近的城市免受土匪的侵袭。所有那些抵抗成吉思汗的骁勇的武士都一去不复返了。古物学家从堡垒中挖掘出来的他们的兵器锈迹斑斑,这些堡垒本身也摇摇欲坠了。甚至某些地方的长城也一块石头接着一块石头地滑落到山谷里,而那些很聪明地放置在屏障内侧的排水口——这样干渴就会让入侵者攻城更加困难——也已经坍塌于荆棘之中。但至少这巨大的防御工事并未在人类敌人面前屈服。只有时间,这最有力最不可战胜的敌人,才能将世间的征服者无法毁灭的事物化为废墟。

如果你坐火车一路上坡来到长城,一定要沿着穿过关口的下坡路回来。然后你就会对边境地带的古老生活获得一个真实的印象,完全理解这道屏障本身的意义。这段路程要花费约四小时,而且一定要骑驴、步行或坐轿子,在狭窄的山路的最高处拐一个急弯,穿过弹琴峡往前走,那里有一条小溪终日叮咚作响。任何走过这条道的人都会觉得他已经退回到几个世纪以前,因为与这条路(在两千多年的时间里,它是汉人与北方民族之间商业往来及军事交锋的要道)一样古老的是旅行方式、运输工具和牲畜的配饰。人们看到跟为忽必烈运送货物的驼队一样的一长串轻声轻脚的驼队,驼铃发出哐啷哐啷的声音;一样的"来自鞑靼地区"

[①] "口"在中文里意指嘴巴。

经过这里的羊群；一样的由载着煤的驴子组成的商队；一样的由新奇的蒙古人驱赶着的、毛发蓬松的成群矮马，全身包裹着灰尘；一样的骑着马的旅行者，他们坐在自己高高堆起的行李上，脚踏着短马镫。除了由全身披挂的弓箭手和巡逻城墙的看守组成的驻防官兵或信号塔上点燃的烽火以外，我们看到的是完全跟几百年前一样的关口生活的图景。

当明朝皇帝将中国的首都迁到北方的时候，之前走南线的大量贸易就转到了这条路上来。17世纪开始与西伯利亚的俄国前哨站通商，这又大大地增加了经由这条狭小山路的商队的流量。如今这些贸易大部分由京张铁路承担。经由其他路线，皮毛运往南方，茶叶发到北方和西部。但仍旧有一批人和牲畜沿着这条足够重要的狭窄谷地翻山越岭，他们给我们呈现了许多如画般（picturesque）的印象与记忆。

在居庸关附近我们赶上了一次山间的葬礼，棺材悬在放在骡背上的竿子上。为什么公鸡要放在篮子里系在上面？经过一番询问，我们得知这位逝者一直在牧民的土地上从事贸易活动，这些牧民差不多跟他们那些挪亚时代的先祖一样地生活、放牧和思考。每个中原人都不喜欢——哪怕只是临时地——住在长城外。如果他能办到的话，他总是会叮嘱，假如他死在"口外"，他的遗体要被运回来，安葬在关内。因此，为了防止灵魂迷路，要有一只公鸡来陪伴尸体，这样公鸡早晚的鸣叫就可以引导魂灵一路跟随逝者的遗体。

居庸关设有防御工事的村落一直都是军事前哨，而非贸易中心，因而随着驻防军队的撤离，它就没剩下什么了。然而，它的防御工事仍是古人军事天才的卓越纪念碑，建得跟长城本身一样牢固。它们将当时的金朝鞑靼人拒之门外，居庸关的守卫两次抵挡住了蒙古人，其中一次这些蒙古人还是成吉思汗亲自率领的。

然而，其他地段的疏漏让长城内的民族付出了一个帝国的代价，因为这位伟大的蒙古统帅选择了另外一处防守更松懈的关口，出现在北京的平原上，而此时居庸关的军队还在等着第二次袭击。有人说那个门洞就是为纪念这一时期而建的；另外一些人则认为它只是蒙古大汗建造的一座佛教纪念性建筑，他们是喇嘛教的庇护者。①

这座建筑建于1345年，它是由巨大的大理石块建造的，上面雕刻着佛教图案和符号。在拱顶石上以显豁的浮雕形式刻着一只迦楼罗鸟，两边是一对那伽王，分别长着七个眼镜蛇头，其蛇形的躯体迷失在繁复的卷叶花中。在周长50英尺的八角形门洞里，有四大天王像和以六种不同的文字写的六篇铭文，它们一直是考古学家热烈讨论的话题。这些语言分别是：汉文、蒙古文（八思巴字体）②、维吾尔文（从古叙利亚文演变而来，是现代蒙古文和满文的源头）、藏文、梵文（天城体）③和罕见的西夏文。最后这门语言最有趣，既是因为它留下来的文本很少，也是因为长期以来它对学者来说都是一个谜。其铭文像是显微镜下看到的杆菌，它是汉字的一种变体。1903年北京法国公使馆的毛利瑟④

---

① 此处及下文描述的是云台下的券门和券洞。云台是过街塔（建于1342—1345年间）的基座，台上原有三座"窣堵波"，元末明初三塔尽毁，明正统十三年（1448年）在台上建一殿宇，明朝文人称石台与殿宇为"石阁云台"，云台以此得名。康熙四十一年（1702年）台上殿宇毁于火灾，只剩下台基。——译者注

② 八思巴是一位西藏喇嘛，他于1260年被封为国师，大汗承认他是佛教最高领袖。他模拟藏文创制了这套字母，用来转写忽必烈治下的所有语言。

③ 印度和尼泊尔的一种文字，用来书写印地语、梵语、尼泊尔语等语言。——译者注

④ 毛利瑟（G. Morisse），法国驻华公使馆翻译，曾对西夏文做过早期研究，撰有《西夏语言文字初探》（*Contribution Préliminaire à l'Étude de l'Écriture et de la Langue Si-hia*. Paris: Inprimerie Nationale, 1904）一书。——译者注

最终破解了这种文字，证明它是西夏王国（11—13 世纪）的字母，该王国是黄河上游的藏族国家[①]。其他的铭文提供了 1445 年修复这条拱道的人的名字，清朝又增添了一块匾额，把居庸关描述为"天下第一雄关"。

北方的部族必定会频繁地从这崎岖不平的坡道成群结队地奔泻而下，毫无管束而贪婪地焚毁长城内的村庄、洗劫城镇、偷盗和屠杀！而这里又肯定发生过什么可怕的战斗，直到征服成性的蛮族击败了守卫，略做停顿只为将他们战胜了的敌人的头颅系在他们的马鞍头上，然后驰入山谷中。但永远有"仁慈的雨水降下，洗刷掉石头上的血迹，阳光又把它们晒得干干净净。羞涩的青青野草把它们的叶子编织成环状，隐藏了污渍和伤口。透过拱道，山峦庄严地若隐若现，透露出云雾和流浪不定的风的迹象，还有它们那令人惊异的细腻的色调——直到看上去仿佛悲伤和死亡绝不可能那样发生过"。

* * *

与大自然在南口所显示的那种荒凉野蛮的气氛形成鲜明对比的，是往东大概 7 英里明陵所在的那片宁静的峡谷。[②]

最后的汉族王朝的十三座陵墓的位置是永乐皇帝选定的，当时他已将帝国的首都从南京迁到了北京。因为他个人在南京并不受欢迎，他甚至拒绝遵循传统的要求埋在他父亲洪武皇帝的旁边。但自幼年起，永乐就表现出强有力而又残暴的性格以及自行其是的决心。洪武是明朝的创建者，永乐则是真正巩固洪武

[①] 西夏为党项族（羌族的一支）建立的王朝。——译者注
[②] 时间紧张的游客现在可以直接从北京乘坐汽车前往明陵，当天即可返回。经由可通行的马路，单程约需三个小时。

基业的人。据说洪武做过一个梦,梦里他看见一条黑龙从大殿的一根柱子那里向他发出威胁。星相师被问及此事时,拒绝解释这个梦,只是建议洪武严密看管他自己的家庭。然后有一天,当他的二十三个儿子在他身边玩耍时,他注意到未来的永乐皇帝并没有加入游戏中,只是阴沉着脸站在旁边看着,两只手抱着一根柱子。他最不喜欢永乐,因为永乐性情倔强,而且肤色异常黝黑,与众不同。他心头立刻闪现出那场梦。过了不久,这位年轻的藩王就被送到遥远的燕地(北京),他在那里装疯卖傻,很可能是为了打消他那专横的性情所引起的猜疑。

洪武要维持他希望能建立起来的长子继承的原则[①],当他将皇位传给他的长子(已经去世了)的长子的时候,这位被指定的继承者发现,要先发制人地阻止叔父的嫉恨行为并非他所能胜任之事。在一场艰难的战役中,后者彻底击败了他的军队,占领了南京。皇位争夺中的落败者逃了出去,出家当了和尚,这正是洪武起家时的身份。[②]

永乐登临皇位之际,对他侄子的追随者施加了极为残忍的暴行。传说一个大胆抗议的人当着年轻皇帝的面被砍了头,从他脖子里喷出的血在沙上形成了一个"贼"字,这是对这位专制暴君最后的报复性影射。另一位拒绝向他磕头的人被扔到一口滚沸的油锅里,但即便在他临死时的痛苦中,他还是背对着皇帝。第三位被活活剥皮,他空荡荡的皮囊被用钉子挂在南京的一座城门上。当永乐在一个刮风的日子骑着马穿过城门的时候,干枯的人

---

① 他的后继者并未遵循这项原则。后来的皇帝宣称他们有权利选择继承人,不一定把皇位传给他们的长子,而是选择看上去最适合这个尊贵宝座的儿子。这一制度理论上虽然很合理,但在实践中却导致了皇室内部的纷争。康熙对皇储的选择就是一个恰当的例子。
② 参见本书第十三章。

皮像小丑的气囊般随风而下，正巧刮到他的脸上，于是旁观者都笑了起来。① 这件令他不快的事情是驱使皇帝下定决心离开南京的最后一根稻草。在这里他如此遭人恨，有如此多不愉快的回忆。但他后来的生涯证明他是一个成功的统治者。他的军事远征不仅统一了中原，还将蒙古和中南半岛② 置于统治之下。帖木儿的去世使得他免于遭遇"可怕的跛子"的考验，与此同时中国舰队还主宰了南海和印度洋。③ 冠以"永乐"之名的法典和大百科全书以及他统治时期留下的文学和艺术作品，完满地构成了他留给后人的光辉史册。④

* * *

在为他自己和他的后代设计陵墓的时候，永乐遵循了通常的帝陵规划。自从原始的锥形土坟——诸如周朝和汉朝帝王的坟地——被放弃以来，这种规划就一直没发生过变化。唐人和宋人有昭示其凯旋的附带雕像的道路⑤，有在里面敬拜神灵的立着碑的祠庙，有四季常青的树林，有在山坡上凿刻出来的掩蔽着塔楼的墓室。永乐的陵墓也有这些，只是更大、更精致。事实上，在明朝覆灭之前，明朝皇帝的陵墓毫无疑问构成了历史上由人工设计的最宏大也最华丽的皇家墓葬之一。它们就体量而言不如埃及的金字塔，但在风格或宏伟方面显然并不逊色。

---

① 此处提及的三位受害者应分别为方孝孺、铁铉和景清，相关记载见谷应泰《明史纪事本末》卷十八《壬午殉难》。——译者注
② 此处中南半岛应指安南。——译者注
③ 帖木儿于1405年在进攻明朝的途中去世。"中国舰队"显然指郑和下西洋的船队。——译者注
④ 参见本书第一章。
⑤ 应指神道。——译者注

有一条共同的道路——即历史文献中所称的"总神道"[①]——是山谷中分布的所有陵墓共用的。这些陵墓并非依年代顺序排列,但不管是在哪里,每个皇帝都找到了适合于他生辰八字的地址。神道以一座壮丽的五间大理石牌楼(建于1541年)为起点,它是中国最精美的牌楼[②],通过其门洞,我们可总览整条大道,背景是守护着逝者之山谷的群山。而在前景,领着两头灰色的驴子的古铜肤色的农夫带来一丝人的气息,驴子驮着的篮子里满是柿子,一片金红和橙黄色,"比传说中赫斯珀里得斯的金苹果还要浓郁和成熟"[③]。

如果我们回到明代,我们应该会被迫在大红门(中国所有的帝陵都有这样的建筑)前下马,就像陪同葬礼或祭祀队伍的仆役那样。如今我们要选择的话,可以大不敬地一直骑到叫碑亭的第二座殿阁前。在那里,华北最大的石龟背负着整块巨石,这块巨石是明仁宗为纪念他的父亲而立的(时在1425年)[④],上面刻着乾隆皇帝题写的纪念明朝皇帝的"三十首挽歌"[⑤],由四根雕刻着云朵的柱子拱卫,它们被典雅地称为"擎天柱"。

从这里我们就步入了"凯旋之路"[⑥],长0.66英里,全程都是铺砌的路面,两旁排列着十八对人和动物的雕像——两头坐着

[①] 在明朝被推翻前,这条神道甚至比现在还要壮观,因为它两旁种植着雄伟高大的常青树。碑亭则位于一座园子的中央。但尽管清初的皇帝下令保护明陵,乡民一旦开始大胆砍伐这些树,很快就会砍掉它们用作燃料和木材了。
[②] 从其耸立于其上的平台算起,这座壮观的牌坊的高度略低于9米,整体的长度为21米多一点。
[③] 赫斯珀里得斯(Hesperides)是希腊神话中的一群仙女,在龙的帮助下看守金苹果园。此处引文出自 Eliza Ruhamah Scidmore, *China, the Long-lived Empire* (New York: The Century Co., 1900), p. 251。——译者注
[④] 即"大明长陵神功圣德碑"。——译者注
[⑤] 即乾隆御制诗《哀明陵三十韵》。——译者注
[⑥] 即神道。——译者注

的狮子、两头立着的狮子、两头狂野的独角兽、两头蹲伏的独角兽①、两头跪着的骆驼、两头立着的骆驼、四头麒麟、四匹马、四头大象、四位身着长袍的文官、四位身披铠甲的武将，还有四位双手执笏的功臣。

那些灰石雕制的穿着朴素军服的庄严武士令人印象深刻。我们从他们脸上严峻的表情猜想他们该是多么英勇的人啊！但是，他们身上的所有东西当然都已经过时而毫无用处了，从他们那奇异的头盔到他们那笨重的靴子，都太过沉重而让他们无法行进或进行侦查活动，或者完成任何现代军人必须完成的复杂任务。他们是他们那个野蛮而严酷的时代——暴君统治的时代——的残存者，岿然不动地站在那里，守卫着他们曾服侍过的主人，让我们想起那句古老的格言："日照于昼，月照于夜，甲兵照军。"②

"像他们这样的忠实家臣拥有的一切都归于他们那具有神圣血统的主人。理论上如此，事实上同样如此——包括财产、自由乃至生命本身。为了主人，他们要毫无怨言地交出所有这些或其中的任何一项。而对他负有的义务——就像对家里的祖先负有的义务一样——并不随着死亡而终止。这些在主人生前直接顺从于他的人们必须继续以崇敬的态度服侍主人的灵魂，而且不能允许出现主人进入冥界无人随同的情况。"③因而早期就出现了在墓葬中进行人祭的习俗。但是最后，按照史书记载，一位富于同情心的皇帝说："强迫或甚至允许一个人生前所爱的人们为他

---

① 此处"独角兽"即獬豸。——译者注
② 原文出自《法句经》二十六"婆罗门品"，见黄宝生《巴汉对勘〈法句经〉》，中西书局 2015 年版，第 192 页。——译者注
③ 此处引文出自 Lafcadio Hearn, *Japan: An Attempt at Interpretation* (New York: The MacMillan Company, 1904), p. 312。——译者注

殉葬，这是一件非常痛苦的事情。虽然它是古老的风俗，如果它很恶劣，为什么还要继续呢？"从此时起，一位宫廷贵族（显然是利益相关方）提出的用人和动物的塑像（以石头、泥土和木头制作，如今则用纸）来代替人祭的建议就得到了认可。① 这些塑像有时候立在墓地的入口处，有时候则放在墓室内，有时候则在葬礼进行过程中烧掉。

过了最后一对雕像，神道穿过三座并联的龙凤门，从这里我们就能辨认出十三陵中的大部分陵墓，它们位于群山包围而成的圆形盆地中，其中最明显的是永乐皇帝的坟墓长陵，它比所有其他的陵墓都更为突出地凸显出来。

这条大道接着越过几座横跨山中激流的河床（它们都是干的，除了在雨季）之上的残破桥梁，缓缓地沿着山坡爬升。永乐的魂灵就安息在这块风水宝地，他的遗体躺在一座比这片广阔的国土上任何一座陵墓都要美丽的陵墓之中。

三座券门耸立在他的墓地的入口，通向里面一座种着盘曲的树木的外院。第二道门通往一座内院，里面有纪念性的石碑和琉璃砖砌的炉子②。人们的感想会在那座宏伟的祭殿③达到顶点。这里是举行纪念他祖先的崇拜仪式的地方，主持仪式的不仅有他自己的后裔④，还包括一些消灭了明朝末代帝统的清朝的君主。

---

① 一般认为，公元前384年，秦献公下令废止人殉，改以陶俑。——译者注
② 即焚帛炉。——译者注
③ 即祾恩殿。——译者注
④ 令人感到好奇的是，有一位姓朱的明朝皇室直系后裔在京城里做小官，过去每年都会恳求清朝皇帝允许他去明陵祭拜祖先的神灵。于是朝报上刊载了一道谕旨，允准了他的请求，并且还给他一定的礼金用作路费和开恩举行的典礼。〔此人应即朱之琏，时任直隶正定府知府，雍正二年（1724年）被封为一等侯，后追封为延恩侯。但他是清帝访求所得，并未主动提出祭拜明陵的要求。——译者注〕

好好留意这座殿堂——它是中国最大的建筑①——的雄伟庄严之处，它充满了某种宏大的静谧和内敛的气息。为了它那非同寻常的比例，它也值得被研究一番。三段大理石台阶通向它矗立于其上的台基。三座装有折叠门的巨大门庑通向广大的内室，长70码，深30码，比威斯敏斯特教堂的十字形耳堂还要长，大概是科隆大教堂长度与宽度的一半。四十根由樟科楠属的树干②加工而成的柱子支撑着实际的屋顶，每一根周长超过12英尺，高达60英尺，屋顶下面有一层距地面大概35英尺的低一点的天花板。除了一张简单的摆放供品的桌子和安放神位的台子外，这座祠庙显得空空荡荡。它所有的壮丽之处都在于这些闪耀着朱红色和金色光芒的圆柱，它们在用了差不多五百年后依旧完好无损，如此恰到好处地支撑着屋顶上的沉重的横梁。天花板则分隔成几何形状的凹陷的隔板，每一块都如浮雕一般，漆着龙的图案。③

但墓本身并不在这里。它位于庙的远处和上方的位置。我们还要穿过后面的另一座庭院——跟之前的院子一样，里面种着金钟柏树和大叶的橡树——才能来到优雅的明楼，内有刻着永乐谥号的石碑。从这里开始，一条长40码的拱道通达宝顶，墓门用砖石封上了。一段灰石台阶在黑暗的树丛间往上通向俯瞰封土的墓台，它被典雅地称为宝城，是一座周长超过半英里的假

---

① 长陵棱恩殿是除故宫太和殿之外最大的木结构建筑。——译者注
② 卜士礼称："楠木（一种桂树）是中国最高大最笔直的树木。其纹理年代越长越细腻，木料逐渐形成一种落叶的色调，同时还保存着它那芳香的气味。因而永乐祠庙里这些可追溯至15世纪早期的精美绝伦的柱子至今仍散发着某种氤氲的香气。"
③ 这座壮丽的殿堂的屋顶如今正在坍塌脱落，如果不加以修缮的话，这座建筑几年内肯定就会垮塌。

山,种着阴郁的松树。① 这下面就是巨大的半球形的墓室,永乐那漆绘得富丽堂皇且刻着佛经的棺椁就安放在它的宝床上,周围环绕着珍贵的宝石和金属。尽管墓地建筑壮丽而精致,大部分钱和劳力却是花费在墓室上(记住,这是中国皇帝墓室的最佳样本)。顶部和侧面都铺着一层石块,它们如此严丝合缝,据说一滴水都进不去。"在门的后面,"伯恩(Bourne)写道,"里头的石头地面上挖了一个圆孔,当门关上的时候,一个很大的石球跟着动起来,掉进孔里,这样通过它突出的顶部,门就再也不会开了。它也不可能打开,除非用足够的外力将它撞成碎片。当这扇门被关上时,人们相信这位逝去的皇帝就永久地安息了。"②

躁动不安的魂灵安歇了,结束了那些让永乐闻名于世的各种各样的功业。但对这位北京所有宏伟壮观的事物的创建者而言,我们想象不出更高贵或更合适的陵墓了。我们深深地感谢他在京城为中国创造的这一切:他为它建造的壮丽的城墙,他所建立的神圣的宫殿,还有他创建的天坛!看着他的坟墓,我们会这样想:他在某种程度上甚至已经战胜了死亡,因为除了那"创造了如此之美以至于不朽的美的事物的人"③,谁会在智力上胜过死亡呢?

我们的幻想猛然被一个衣衫褴褛的苦力打破了,他问我们要不要买苏打水或柠檬水。在外门的遮蔽下,他经营着一个售卖饮料和香烟的小摊子。它让我们想起欧洲某个小火车站上的小卖

---

① 此处"假山"应指封土。宝城是环绕封土以砖砌筑的城垣,并非封土本身。——译者注

② 见《皇家地理学会学报》(*Proceedings of the Royal Geographical Society*)第5卷,关于帝陵的详细描述,见高延(J. J. M. de Groot)的《中国的宗教体系》(*The Religious System of China*)。尽管有这些警告,当明朝被推翻时,明陵还是遭到了李自成叛军的劫掠。

③ 此处引文出自 Harriet Monroe, "In Cathay", in Harriet Monroe ed., *Poetry: A Magazine of Verse* Vol. VI (April-September, 1915), p. 244. ——译者注

部，假使我们忽略了那些熟悉的矿泉水广告、轮船（你可以乘着它去美国）和旅馆（你待在巴黎的时候可以住在里面）的图片。老实说它有一点不协调。但我们还是买了柠檬水，因为我们觉得热，还为这个非常穷的苦力感到一点儿难过——明陵穷困潦倒的主人们已经不再付给他守门的津贴了。但是当他要卖给我们一片屋顶上的琉璃瓦的时候，我们拒绝了，这让他很是惊讶。也许我们是想要比那些由于野草把屋顶挤开而像金叶一样掉落的瓦片更完好的一片？如果是这样的话，长长的竹竿已经准备好了，可以从屋檐上撬一片下来。不，当然不是。如果过去一定会崩塌的话，就让它平静地崩塌吧，尽管我们对它所遭受的漠不关心不寒而栗。

十三陵中的其他陵墓比永乐的墓差得太远——除了它们所处环境的优美之外，几乎不值得一游。

这些陵墓是：

献陵，洪熙（庙号仁宗）在统治了短短的十个月后，于1426年埋葬于此。

景陵，宣德（庙号宣宗）于1435年安葬于此。他是一位公正温和的皇帝，他统治的安宁而繁荣的年代以青铜器的铸造而闻名[1]。

裕陵是正统（庙号英宗）的陵墓，他葬于1465年。这位皇帝在经历了一段长长的太监专权之后，被蒙古人俘虏。他被释放后，发现自己的弟弟已经篡夺了他的皇位[2]，又夺了回来，又堕落到他统治初年的那种罪恶的影响之下。[3]

---

[1] 此指宣德年间宫廷铸造的铜制香炉，号称宣德炉。——译者注
[2] 参见本书第十章和第十三章。
[3] 据历史记载，英宗夺回皇位后，改年号为天顺，除清洗土木堡之变中保卫京师有功的朝臣外，统治尚算清明。——译者注

茂陵是成化（庙号宪宗）的陵墓，他葬于1488年，正是明朝鼎盛的时期。成化抚爱民众，但缺乏足够的远见，未能遏制宫廷中太监日益增强的势力。

泰陵是弘治（庙号孝宗）的安息之地，他葬于1506年。他是一位仁慈的皇帝，但能力庸常，对决策漠不关心。

康陵是正德（庙号武宗）的安息之地，他葬于1522年。在后人的记忆中，他是一位放荡的享乐主义者，荒废国事，但又富有才具，是著名的通晓数种语言者、旅行家和猎人。①

永陵是嘉靖（庙号世宗）的陵墓，他葬于1567年。他是一位固执偏狭的道教徒和佛教寺庙的毁灭者，他那漫长却不幸的统治因蒙古人和日本人的袭扰而动荡不安。

昭陵是隆庆（庙号穆宗）于1573年安葬的地方。他是一位有为的君主，却英年早逝。②

定陵是万历（庙号神宗）的安息之地，他葬于1620年。这位和蔼可亲的人物统治多年，其间他见证了与日本首领丰臣秀吉断断续续的战争、欧洲势力令人生畏的增强以及满洲的崛起。外国人记得他主要是因为他统治时期生产的著名的瓷器。历史学家则注意到他去世时明朝的衰败。

庆陵是仁厚的泰昌（庙号光宗）的陵墓，他即位仅一月后即去世（1620年），很可能是被毒杀的。

德陵是天启（庙号熹宗）的陵墓，他葬于1628年，被称为"不快乐的皇帝"③。他主要作为一个狂热的业余木匠而闻名。他

---

① 正德皇帝喜欢异域文化，曾修习蒙古语。——译者注
② 隆庆皇帝虽有肃清吏治、开关通商等改革举措，然长年纵情声色，荒废朝政，难称有为。——译者注
③ 未见相关历史记载，不知作者何据。或因熹宗谥号"悊皇帝"，作者望文生义，以为"悊"义为"不快乐"，实际上"悊"通"哲"。——译者注

将实际的权力留给腐败的太监魏忠贤①和他的乳母掌管,盲目地宠信两人,而自己却以斧头和锯子消磨时光。他们如何滥用权力,可以从明朝的迅速覆灭以及康熙的评判中看出来,康熙公允地归咎于这位荒废朝政的皇帝,并从帝王庙中迁走了他的神位。

思陵是清朝顺治皇帝营建的,是明朝末代皇帝崇祯(庙号怀宗)的安息之地,他葬于1645年。他付出英勇的努力来净化宫廷和政府的风气。但尽管他雄心勃勃,精力充沛,要补救他前面的统治者造成的伤害已经太晚了,他极为绝望地发现了这一点。他就是那位当叛军攻进来时在煤山上自缢的皇帝,这些叛军推翻了明朝,也间接地导致了清朝的建立。②

或许是为了补偿他的士兵失控时对皇陵的玷污,李自成这位胜利者下令拿来两块门板,将皇帝连同他那位忠心耿耿的侍从太监的遗体运往东华门内的一家店铺。"这些遗体在这里存放了三天,其间允许人们来吊唁,之后令太监给末代皇帝穿好龙袍,整理好头发,然后放进棺材里……"

"四月初三,皇帝和皇后被临时安葬在田贵妃的墓里,但只有太监和农民见证了葬礼。后来,当李自成落败,满人进入北京的时候,他们的摄政王睿亲王③下令修建一座皇陵,并规定举哀三天。但在当时,明朝的末代皇帝是在未享受哀荣的情况下入的土……"④

有一段对葬礼的记述因为描写了墓室的情况,引在这里会很

---

① 参见本书第十五章。
② 参见本书第二章和第六章。
③ 参见本书第十章。〔摄政王睿亲王即多尔衮。——译者注〕
④ 此处引文出自 E. Backhouse & J. O. P. Bland, *Annals and Memoirs of the Court of Peking* (London: William Heinemann, 1914), p. 104。——译者注

有趣味,它是后来由遵叛军的顺天府之令而主持这一仪式的低级官员呈报给清朝的摄政王的①:

"北京被攻占七天之后,我接到命令,要我们将他们去世的皇上葬在已故的田贵妃的墓室里,叫我去雇佣人手来开辟通往那里的道路,他们的工钱从公帑里出。我因此找了三十位杠夫来抬皇上的棺材,十六位杠夫抬皇后的棺材,安排将它们运往昌平州。州库空空如也,因为李自成的礼部主事拒绝提供承诺过的资金,我只好从善人那里筹集款项。多亏两位名士的慷慨解囊,我筹得了三百四十吊(当时合 6 英镑)。于是我着手开辟墓道,其长度为一百三十五尺。我们费了三天三夜的工夫,才抵达通向墓室前厅的石门。我们在里面发现一间高敞的殿堂,其中有祭器和

---

① 见巴恪思和濮兰德合著的《北京宫廷年鉴与回忆录》(*Annals and Memoirs of the Court of Peking*)。〔此处巴恪思和濮兰德所引的文献出自赵一桂之手,即文中所说的"低级官员"。其自述见凌雪《思陵改葬事》,原文与巴氏和濮氏的译文有所出入,如下:"赵一桂者,不知其邑里。崇祯甲申三月,以省祭官署昌平州吏目,营葬思陵事竣,列其状申州,略曰:'职于三月二十五日,奉顺天府伪官李檄昌平州官吏,即动帑银,雇夫穿田妃圹,葬先帝及周后。四月戊午朔,贼用夫三十六名,举先帝梓宫至州,越三日庚申发引,翌日辛酉下窆。时会州库如洗,又葬日促,监葬官伪礼部主事许作梅束手无策。职与义士孙繁祉、刘汝朴等十人,敛钱三百四十千,雇夫穿故妃圹。方中美道,长十三丈五尺,广一丈,深三丈五尺。督工四昼夜,至四日寅时,美道开通,始见圹宫石门。工匠以拐丁钥匙启门入,享殿三间,陈祭器。中设石案一,悬万寿灯二,旁立红紫锦绮绉帛五色具,左右列侍宫嫔生存所用器物,裛衣奁具,皆贮以木笥,朱红之。左旁石床,床上叠氍毹五彩龙凤衾褥龙枕。又启中美门,内大殿九间,其中石床高一尺五寸,阔一丈,陈设衾褥如前殿,田妃棺椁厝其上。申时,帝、后梓宫至陵,停席棚,陈牲牷粢盛、金银纸币、祭品。率众伏唁,哭尽哀,奉梓宫下。职躬领夫役奉移田妃柩于石床右次,奉周后梓宫石床左,然后奉先帝梓宫居中。田妃葬于无事之日,棺椁如制,职见先帝有棺无椁,遂移田妃椁用之。梓宫前设香案祭器,职手燃万年灯,度不灭,久之乃事毕,掩中美门、外美门,复土与地平。初六日癸亥,又率诸人祭奠,号哭震天。移时呼集西山口居民百余人,舂土起冢,又筑冢墙,高尺有奇。……'"见姜泣群辑《虞初广志》上册,上海书店 1986 年版,第 49—50 页。——译者注〕

许多饰品。中央是一座石案，上面放着巨大的以海象脂肪为燃料的灯烛，即所谓的'万寿灯'。接着我们又打开中央隧道的门，发现自己置身于一间要大得多的殿堂中，里面有一张石床，高一尺五寸，宽一丈，上面放着覆有丝绸布料的田贵妃的棺椁。

"第二天，皇帝与皇后的两具棺材经由隧道被抬到墓室内。我们献上一头小公牛、金银纸、粮食和水果等祭品。我率领在场的几位官员，向我们去世的皇帝致以哀礼，我们都在皇上的灵柩前痛哭了一场。然后我们将棺材停放在石床上，陛下的棺材在中间，皇后的在左边，田贵妃的在右边。田贵妃是在和平年代去世的，因而按照礼制，她的棺材外面有椁。因为当时没办法为陛下准备椁，我就将田贵妃的椁挪下来，套在皇帝的棺材外面。葬礼结束后，我们重新把隧道填上，堆上土把隧道掩埋起来。第二天早晨，我们举行了祭奠，我让周围的农民在墓上筑起坟冢，此外又环绕四周建起高五尺的土墙。"①

这就是明朝最后一位皇帝丢了皇位后的归宿，找不到比包罗杰（Boulger）独特的描述更加好的这个朝代的墓志铭了：

"在他们赶走了蒙古人以后，明朝似乎已经安定了下来，进入了一个日常的、民族性很强的统治世系之中。……中国人默默地接受了他们的统治，甚至表现得对它有一种特别的尊重与爱戴。"然而除了永乐以外，"洪武的继承者们没有做出任何伟大或显著的功绩"。②就这些皇帝中的多数而言，我们可以说他们的陵墓比他们的人生要更宏伟。

---

① 那位追随皇帝至死的忠心的太监〔即王承恩。——译者注〕就埋葬在他的皇上主公的陵墓的大门外。
② 此处引文出自 D. C. Boulger, *A Short History of China* (London: W. H. Allen & Co Limited, 1893), p. 96。——译者注

第十八章　西陵与东陵

除了明陵，北京附近还有两块皇家墓地，它们在其环境之优美和其建筑之豪奢华丽方面不相上下。这就是西陵和东陵，前者安葬着一部分清朝皇帝，后者则是清朝的其他皇帝——只有最初两位葬在奉天的皇帝除外——的陵墓。两者都比明陵更难到达，因而也较少为外国人所知。但在几年前中国的铁路交通普遍改善的时候，去西陵至少还不算太远或者说太困难。

第一站远至高碑店（84 千米远）。那时候还可以指望坐着京汉铁路上的定时列车去。靠近良乡县的时候，从车窗往外望去，一座矗立在红土丘上的宝塔（多宝塔）映入眼帘。这座塔可追溯至宋朝，关于它有一个有趣的传说。当宋朝初年的几位皇帝在开封府站稳脚跟的时候，他们发现了一位一开始是危险对手、后来却变成强有力支持者的人物，即杨继业。他是八个英勇的青年的父亲，他们是他那同样英勇的妻子为他生的，这位夫人曾不止一次担当她丈夫军队的统帅。这一时期（公元 1000 年左右）正是辽朝在勇敢的睿智皇后萧氏的领导下在北京崛起壮大的年代，她就是百望山上纪念她的六位在战斗中牺牲的儿子的祠庙的建立者。[①] 在与老将杨继业的一场战役中，她看到他失去了除了一个儿子之外的其他所有儿子。虽然她从悲伤中走了出来，这位老将却悲痛而绝。是不是某种同情心，即一个母亲对一个父亲的哀痛

---

① 参见本书第十六章。

的怜悯——比战争中的敌意更强大的一种人类的情感——促使她将落在她手上的他的遗体掩埋在多宝塔下,以此来表示对他的敬意与怀念呢?然而,他那唯一幸存下来的后代无法坐视他父亲的遗体此时还在征服者的手里。他没办法用武力从皇后那里夺回这位老英雄的遗骸,便向一位英勇的将军求助。这个人有神奇的法力,能从一件法器中掷出火来。他们用超自然的手段点燃了那座塔所在的山丘,找到了通往坟墓的通道。杨继业的骨殖被运到了开封府,从那以后塔周围的土就一直是红色,像是着了火一样。不用说,这个关于孝亲的故事对中国人有很大的吸引力。[①]

在离北京40英里远、靠近涿州的地方,我们经过一个立有几座很大的石碑的村子。其中一座石碑的碑文告诉我们,这里是蜀汉王朝(公元221年建立)创建者刘备的家乡。稍远处有一块碑,是为了纪念喜欢喝酒的勇士张飞而立的。[②]对中国人来说,这两个名字都会引起丰富多彩的联想。《三国志》是他们的《伊利亚特》,记述了这些英雄的冒险经历。要想看一场不曾上演与他们生活有关的某个情节的戏剧演出几乎是不可能的。这个著名的三人组合的第三位成员是后来被神化为爱国战士的关帝,他通过著名的"桃园结义"与刘备和张飞结拜为兄弟。

高碑店位于公元前3世纪燕国与周国的分界线上。慈禧太后下令建一条小的支线将它与主干线连接起来,供皇帝祭扫其祖先

[①] 多宝塔即昊天塔。据《辽史·圣宗本纪》,杨继业在与辽军作战中,"中流矢,堕马被擒,疮发不食,三日死。遂函其首以献"。其尸身下落不明,故引来诸多传说。明释镇澄《清凉山志》卷二有"宋杨业忠死,子五郎收骨建塔"的记载。杨五郎应即文中所说的杨继业唯一幸存的儿子,实则在历史文献和杨家将故事中,杨继业的七个儿子中,当时牺牲的只有杨延玉。又文中提及的"英勇的将军",应指孟良,有孟良盗骨的传说流传于世。有关多宝塔与杨家将的传说,参见郭延生编著《杨家将传说调查报告》上册,群言出版社2018年版,第178—183页。但其中未提及萧太后。——译者注

[②] 参见本书第二章和第十一章。

的陵墓时使用。这条铁路线一直通到梁格庄,从那里还要骑一个多小时的驴才能到达西陵。

西陵的位置是根据雍正皇帝的命令选定的,他于1730年派怡亲王①和两江总督为他的长眠之地寻找合适的地点。他们选得不错。还有哪里比前景中这片连绵起伏的山丘——它们时而掩盖又时而显露出与世隔绝的山谷——或比背景中紫色山峦环抱的圆形谷地更秀丽动人呢?这里没有任何悲伤肃穆的东西,没有让人想到墓地的不愉快的事物。它看上去更像是某片壮丽的私人领地——作为清室的产业,它确实就是这样的领地。在精心保护了数百年——尽管如今正被无情地砍伐——的松树林中间,保存完好的马路不断地延展开来,它们时不时地从长长的林荫大道下面浮现出来,伸向阳光明媚的开阔空地。大理石桥横跨在一条蜿蜒流淌的河上,河面上星星点点散布着小小的黄色睡莲。一只鹤栖息在一根悬在空中的树枝上,让人想起日本的一种割绒布。一只闪闪发光的蜻蜓停在水面上,可以用作扇子的设计图案。

我们爬到低矮的山脊上,整个陵区可一览无余。绿色的森林如一股巨大的静止的波浪,一直涌到这些陵墓的神殿的门口。头顶上的蓝天不着一丝纤翳,而"神所赐出人意外的平安"②如树梢上方的手掌铺展开来。

虽然在规划上类似于明陵,这些清朝的陵墓的不同之处在于,每一座都有它自己的神道、它自己的龙凤门以及它自己的碑亭——所有这些都比长陵那条总神道的规模要小。之所以有必要如此,是由于整个陵区面积要大得多,周长超过20英里,而且大多数陵墓都彼此相隔很远。将它们连接在一起的纽带是一堵环绕

---

① 参见本书第十六章。
② 语出《新约·腓立比书》4:7,此据和合本译文。——译者注

整个陵区的墙,辟有典雅的大红门,门前是美丽的大理石牌楼。

让所有的后继者都安息在自己附近是雍正的意思。但当他的儿子和继承人乾隆考虑给自己的墓选址的时候,他决定选择东陵而非西陵,因为他认为如果他安葬在他父亲的旁边,那么后面每个皇帝都会仿效他,这样顺治和康熙的皇陵就会孤零零地留在东陵。因此他表达了这样一个想法,即两地应该轮流充当他的继任者的墓地,他的直接继承人用西陵,接下来的皇帝用东陵,后面依例类推。但道光皇帝并没有遵守这条定下来的规则,他的墓在西陵而非东陵,因为即便在去世以后,他也无法忍受与他的父亲分开。

西陵的皇陵有:

泰陵,雍正(庙号世宗)的陵墓,他葬于1736年。这位皇帝是康熙从他的诸多儿子中选出的最能干的一位,继承皇位的时候已经45岁了。尽管无论是在才智还是性格方面他都不能与他卓越的父亲或他甚至更卓越的儿子相提并论,史书却将他描写为一位严峻、果决且受到高度赞扬的皇帝,称职尽责,无愧于他的民族——简而言之,他有资格跻身于有功于国家的中国君主之列。①

昌陵,嘉庆(庙号仁宗)的陵墓,他葬于1821年。他是在清朝盛世达到其顶峰的时候登上皇位的。然而,需要一位铁腕人物来遏制潜在的崩溃因素,而嘉庆既无法胜任这一任务,又不够格来实现他父亲乾隆的期望,乾隆是为他考虑而退位的。他统治的年代是一段长长的充满了叛乱、边境骚乱以及秘密革命会社的阴谋的时期。他在位年间有什么宏伟辉煌的东西留下来的话,都要归功于乾隆的伟大成就。乾隆给他的时代打下了如此深刻的印

---

① 关于这些性格,参见包罗杰的《中国简史》(*A Short History of China*)。

记,甚至在欧洲人看来,在他去世将近二十年后,中国看上去还是一个令人生畏的帝国。"不管中国的皇帝对普世霸权的标榜有多么荒谬,"一位外国观察者写道,"漫游他的领土就不可能不感到他在世界皇权体系中拥有着最美丽的国家。"[①]嘉庆61岁去世,这位中国的路易十五留下的是衰退的权威、孱弱的权力和心怀不满的民众。他的前任已经为他铺平了道路,而他本人的冷漠,他那间歇发作而又反复无常的精力——几乎跟他那习惯性的冷淡一样不幸——所带来的后果,加上过分沉湎于享乐,都造成了他的困境。包罗杰恰如其分地总结了他的性格与统治:"在二十五年的时间里,他对他的国家造成的伤害,与他父亲在其六十年的盛世之治中给国家带来的好处一样多。"[②]

慕陵是道光(庙号宣宗)的陵墓,他葬于1852年。虽然在任何意义上他都是一个比他父亲更值得尊敬的君主,但他还是承担了他父亲的疏忽大意的统治的后果。弊病已经发展了太长时间,在嘉庆去世时貌似公平繁荣的表面上开始显现出来。年轻的时候,道光看到他的国家处于他祖父贤明的统治之下,但随后逆境的磨炼让他形成了能承受灾难却没有精力去应对它的性情。值得肯定的是,据历史记载,他意识到了国家衰败的程度,避免了不必要的开销,且从未将公款浪费在他的享乐或他自己身上——这些美德因为道光生来就是一个吝啬鬼这一事实而有点黯然失色了。尽管他终生都保持着简朴和富于男性气概的习惯,他在70岁去世时却饱受身体上的痛苦和心智上的犹豫不决的折

[①] 这里提到的外国观察家即亨利·埃利斯爵士(Sir Henry Ellis),他是1816年来华的英国阿美士德使团中的副使。这句话很有名,被早期汉学著作多次引用。作者可能引自 D. C. Boulger, *A Short History of China* (London: W. H. Allen & Co Limited, 1893), p. 183。——译者注

[②] 此处引文出自 D. C. Boulger, *A Short History of China* (London: W. H. Allen & Co Limited, 1893), p. 194。——译者注

磨，但他仍旧相信他已撑过和克服了最严重的危机——下一任皇帝的统治证明这种希望乃是徒劳的幻觉。

崇陵是光绪（庙号德宗）的陵墓，他葬于1914年。作为道光的孙子，他还是三岁小孩时就被扶上了皇位。他是历史上最可怜最无助但又最仁爱的人物之一，是他那强硬的姨母慈禧手中的傀儡。慈禧维持了清帝国最后五十年的时间。

所有陵墓中最美丽的一座是泰陵——"一个华丽的红、橙和黄色的梦，曾经在冷杉林中接受人们的敬奉，在层峦叠嶂的映衬下显出鲜明的轮廓。这些山脉孤绝险峻，当一束束阳光落在突兀岩石上的时候如银子一般明亮，但又逐渐暗下来，变成柔和的蓝色，像是某种美丽鸟儿胸部的羽毛。在前景中泛着红光的祠庙像是一队金色的雉鸡，在它们与观看者之间是若干大理石桥和直直的石板路，它们通向墓的神圣区域，守护着这些区域的是很大的闪耀着朱红色光芒的方门，它们包着黄铜，上面布满了镀金的门钉。就其四角的严正而言，它们充满威严；就其轮廓的简单而言，又显得质朴无华。"深红色——那是一种在松树做的深色柱子表层下面呈现得鲜艳富丽的红色①——的围墙环绕着一座陵墓，这里自然的美对最为纯粹的中国建筑起到了提升的作用，在游客的记忆里留下了对伟大逝者的一种庄严却并不压抑的回想。

"饗殿"坐落在一座装饰有雕刻着鹤与雄鹿形状的铜香炉的台基上，它在色彩和壮丽方面已臻极致。②这座庙里装的是什么呢？彬彬有礼的接待员用形状古怪的钥匙打开四重门，爬着楼

---

① 见立德夫人（Mrs. A. Little）的《我的北京花园》(*Round About My Peking Garden*)。〔前面的引文亦出自该书，见 Mrs. A. Little, *Round About My Peking Garden* (London: T. Fisher Unwin, 1905), p. 173。——译者注〕
② 这里指泰陵的隆恩殿，殿前的月台上设有两座鼎式铜炉和铜鹤、铜鹿各一对，作者的描述不尽准确。——译者注

梯来打开高高地位于头顶上方的那把最高的锁。于是我们走进一间似乎较之永乐的大殿而言微不足道的房间，但作为补偿，它的优点是修缮得更好。高高的天花板由漆金柱子支撑着。黄色绣帘遮盖住了存放牌位的壁龛，以这些绣帘为背景，前面有三个披着黄色锦缎的宝座。中央的宝座上放着神位架。另外一道三重门通向封土前的那座种有树木的院子以及掩盖墓室入口的楼。明楼和宝顶也是仿照永乐的陵墓，只是要小一些，但是封闭墓室的厚板是用精雕细刻的地砖而非石头做的。这些清朝的陵墓几乎在所有的方面都确实很像明朝皇帝的陵墓。这里有一样的用彩砖建的焚帛炉，一样的位于内院的肃穆的小树林，一样的置于墓前的石制的祭器复制品——只是它们远远地安放在树丛中的低矮处。不过，明陵的一切都破败不堪，而在这里，所有的东西都保存得相对完好。

在泰陵后面不远的地方坐落着泰东陵，这是雍正的皇后、乾隆的母亲孝圣（钮祜禄氏）的优美的陵墓。除了祭殿里的雕刻和刺绣图案是凤而非龙之外，它实际上就是她丈夫陵墓的复制品。

昌陵离泰陵建筑群很近，它是嘉庆的安息之地。与它连在一块儿的同样是他的皇后、道光皇帝母亲的陵墓（昌西陵）。① 昌陵与泰陵一模一样，只是宏伟程度上略有不及，所有的东西规模上都要稍微小一点。正是在这里透露出时代在走下坡路，表明嘉庆无论是生前还是死后，都不享有他的祖先的权力和荣华。

入口的牌楼不在了，通道几乎是不合礼仪地从墓旁绕了过去。一条两旁排列着动物石像——每一种只有一对——的小路构成了神道。它们也是古朴有趣的生物。雕刻狮子的人显然从未见过活物；他从文字说明入手，用目空一切的微笑表情制造了百

---

① 此处有误。昌西陵是嘉庆帝第二位皇后孝和睿皇后的陵墓，道光帝的生母则是嘉庆帝的第一位皇后孝淑睿皇后。——译者注

兽之王的漫画式形象。至于骆驼，人们也许会像班迪路的邦吉（Bungay of Bandiloo）那样说："那些肿块对我来说真像是某种装饰的玩意儿，像是精心算计得叫人们觉得毛骨悚然。"① 照例有一座碑楼，周围环绕着四根高高的石柱，柱子上盘着龙，顶上是半狮半鹫的怪兽。一座嵌有漂亮的琉璃瓦件的龙凤门面对着陵区建筑。② 在充满了诗意和安谧的树林的环绕下，屋顶总能比这些建筑更好地显示它们那辉煌的色彩吧？

慕陵与其他陵墓却有所不同。它远远地坐落于南边一座它自己的山谷里，显示出某种原创的意味来，人们会认为这是出于建造者对通常的那种亦步亦趋的模仿的反抗。实话说，完全不是这么回事。我们知道，安葬在这里的道光非常俭省。为了省钱，他舍弃了两旁立有动物石像的道路。对于陵墓本身他也草草从事，他拒绝修建通常造价昂贵的宝顶，而代之以混凝土覆盖的封土，它呈圆形，隆起于月台之上。③ 然后，就像许多小心翼翼花钱的人一样，他突然开始在他的祭殿——题名为"隆恩殿"④——上挥金如土，整个都用芳香馥郁的檀木建成⑤，这些木料就其精雅的朴素而言，比华丽的漆绘还要令人印象深刻。

从这座陵墓附近出发，可以安排一段非常惬意但却很长的

---

① 《班迪路的邦吉》（Bungay of Bandiloo）是苏格兰小说家库蒂斯·约克（Curtis Yorke）的一部小说，出版于 1903 年，是当时的畅销书，以生动有趣的笔法描写一个叫邦吉的小贩冒险和受难的经历。——译者注
② 此处作者描述有误，按照清朝皇后陵寝的规制，所有皇后陵均无神功圣德碑楼、石像生、龙凤门或牌楼门，除昭西陵和两座定东陵以外，也都没有神道碑和神道碑亭。参见刘毅《中国古代物质文化史·陵墓》，开明出版社 2016 年版，第 369 页。——译者注
③ 这是皇室家族中非统治阶层的成员的墓葬的通常形式。
④ 隆恩殿实为清代皇帝陵寝正殿的通用名。——译者注
⑤ 慕陵隆恩殿和东西配殿的木架构件均为名贵的金丝楠木而非檀木，楠木亦散发清香。——译者注

行程，前往我们从泰陵和昌陵那里看到的山麓。这里矗立着三座旧塔，它们是比陵墓还要古老的寺庙的遗迹。攀爬到位于半山腰的两座塔的艰难路程，会以壮丽的景色来回报我们。但山谷里的农民则建议我们不要尝试登山。他们说暴风雨就要来了，然后说中了。我们刚登到山顶，大风暴便猝然降临。在超过一个小时的时间里，我们置身于阵阵的暴风云中，身边全是轰隆隆的滚滚雷声。然后它就像它突然来临一样突然消失了。此时我们已经开始往山下走。透过正在消散的薄雾，我们模模糊糊地看见一块块的绿地像深深水底长满苔藓的石头一般浮现出来。

沿着山谷往下走，一路上都有成群的小小绿色青蛙顺着路线在我们前面跳来跳去。它们受了惊吓而跳回某条溪流时发出的溅起水花的声音清脆而响亮。石头仍旧是湿的，闪闪发光。大块的雨滴还在农舍的茅草屋檐上抖动。庄稼平躺着，仿佛在这些小块的田地里感到疲惫不堪。农民在风水墙内垦殖这些田地并未受到责难，尽管理论上说，他们是被禁止耕作这块神圣的土地的。

但是等到我们又走进森林的时候，阳光明晃晃地照射进来，每一片湿淋淋的树叶都变成了珠宝。鲜艳的啄木鸟已经在湿漉漉的深褐色的树干上恢复工作了。金色的黄鹂飞速掠过，寻找着它们的食物。鸽子在陵墓的檐上咕咕地叫着。燕子大胆地栖息在纪念逝者的石碑上，晾晒它们的翅膀——成群的燕子，它们都把脑袋转向路这边，像是好奇的观众。它们似乎绝不会因为我们的到来而受到惊扰，而是始终一动不动俯视着我们，把我们仅仅当作不必认真对待的擦身而过的现象。

光绪的陵墓崇陵实际上在陵区之外，也许在回车站的路上看起来最方便。远远地看去，它那些一尘不染的纪念性建筑整体上令人印象深刻。但走近仔细一看，我们发现大理石质量粗劣，建筑的工艺也很差，或许是因为这座陵墓到了民国政府的治下才完工，不能指望这个政府会对一位皇帝的陵寝有多大兴趣，虽然它确实特别拨付了三百万两银子来完成这一工程。隆裕皇后安葬在她丈夫的身边①，考虑到他们生前彼此憎恶，尽可能地远离对方，这其实很可悲。他真正爱的女人——不幸的珍妃②——安息在对面山坡上一座很小的无人照管的坟墓里，只有一棵孤零零的白杨树长在小小的宝顶上。

前皇帝宣统虽然还是一个年轻人，但已经在准备他的陵墓了，地址在光绪墓地东边几里路的地方。③ 作为末代皇帝，他被命运的玩笑所剥夺，失去了那些贪婪之人梦寐以求的世俗财富，连他那位于一片干枯的褐色山坡上的坟墓，也无法享有垂丝柏的慈悲投下的荫庇。

* * *

东陵曾经比西陵还要精美。它的陵区更大……森林更古老更壮丽，环境更优美如画（picturesque），因为长城本身就构成了它北边的边界，建在形成屏障的山脉的顶部，这些山岭——

像巨人般耸立

---

① 死在丈夫前头的皇后或皇妃要葬在总是于皇帝生前就建好的皇帝陵墓里，这是惯例。但在皇帝下葬以后，他的墓室的门就会永远封上，因而他的遗孀就必须有她自己的陵墓，这是礼俗所要求的非常昂贵的奢侈之举，因为中国人不喜欢"尊者"（男性）长眠时被"卑者"（女性）打扰。〔这种未亡皇后以"卑不动尊"为由在帝陵左右另建陵寝的做法乃是清朝的制度，明陵并不如此。参见王其亨《清代后陵建筑制度沿革》，载清代宫史研究会编《清代皇宫陵寝》，紫禁城出版社1995年版。——译者注〕
② 参见本书第五章和第十一章。
③ 这种在墓主生前就修建陵墓的传统可追溯至上古时期，至今仍旧盛行，预备好的墓地地址有一个专门的名称，称为"寿域"。

　　　　守卫着一片迷人的土地。①

　　1928 年发生的对这些陵墓的亵渎是一场国家级灾难。但那种毁坏其环境——华北最后也是最大的一片森林——的不以为意的摧残行为几乎是同样严重的悲剧。

　　五位皇帝——包括最有名的清朝君主——安葬在这座宏伟的陵园，它过去林木繁茂，到处生活着珍稀的野生动物。②

　　孝陵里埋着顺治的遗体。他葬于 1662 年，庙号世祖，跟忽必烈的庙号完全一样。在经过了他著名的叔父睿亲王多尔衮③巩固满洲权力的最初几年之后，顺治于十四岁开始亲政，构建并调整了新政权，编纂了法令，加强了中原与信奉喇嘛教的西藏之间的联系。他的宗教倾向是如此明显，以至于给他放弃皇位去寺院出家的传说提供了根据。"他体质的纤弱很可能在养成他对君主生活中那种令人厌倦的繁文缛节和徒劳无功的厌恶方面起到了某种作用。但姑且撇开这一点不谈，他似乎天生就是要做一个沉郁的学者，也许甚至是一个宗教隐士。"庄士敦在他的《皇帝的罗曼史》（*The Romance of an Emperor*）中如是写道。尽管有这个传说，却并没有确凿的证据表明他曾放弃他的职责。在清朝盛世的奠定者中，他完全配得上他所受到的称赞，因为他诚挚地对待目标，做事稳健，充满智慧，对待被征服的民族富于远见，从

---

①　此处引用了苏格兰小说家、诗人司各特爵士（Sir Walter Scott）的诗歌《湖上夫人》("The Lady of the Lake: The Western Waves of Ebbing Day"）中的诗句。——译者注

②　迪布勒伊上尉（Captain Dubreuil）的《东陵游访记》（*Voyage d'Etude aux Tongs Lings*）里有一幅很好的东陵地区的地图，并对前往东陵旅程的各个阶段做了准确的描述，可参看。不幸的是，眼下旅行的条件很困难，路况很差，盗匪盛行，因而只建议吃苦耐劳且富于冒险精神的人尝试这趟前往距离北京 100 多英里的东陵的探险之旅。

③　参见本书第十章、第十五章和第二十一章。

而为康熙铺平了道路,后者通过其臣民的爱戴和尊敬,获得了他本人通过军事才能和幸运的时势才取得的忠诚。

景陵是康熙(庙号圣祖)最后的安息之地,他葬于 1723 年。康熙是顺治的第三子,在所有方面都是一个最为杰出的人物。十几岁的时候,他就镇压了一场可怕的叛乱。在他漫长统治的大部分时间里,他都在计划或实行针对蒙古和中亚的不同方略。然而他还是抽出时间在内政上取得了巨大的成就,他大兴土木,鼓励文学和艺术,自己写书,赢得了那些其才艺让他的宫廷熠熠生辉的耶稣会士的钦仰,以及他的同时代人、具有相似精神气度的俄国伟大君主彼得大帝的友谊。包罗杰的赞语生动地刻画了这位历史人物,他写道:"康熙在中国君主中的地位是很明确的。他差不多与其中最伟大的两位——唐太宗和他自己的孙子乾隆——平起平坐。"[1] "公正的后人毫无疑问会把这位君王放在所有国家的君主当中的一个突出的位置上。……勇敢,慷慨,明智,推行政策时活跃而机警,具有精深而广泛的才能,毫无亚洲宫廷中那种浮华和懒惰的习气,尽管他的权力和财富都是巨大的……"冯秉正如此描述他。[2] 在文学成就方面,事实证明他可与当时博学的中国学者相匹敌,如果不是比他们更高一等的话。除此之外,他还懂得拉丁语、蒙古语和藏语。但这位伟大而善良的人的暮年却被皇室的动荡和纷争损害了。然而他还是带着至高无上的尊严和勇气,在光辉和不幸的顶点去世。

裕陵是乾隆(庙号高宗)的陵墓,他葬于 1799 年。他是雍

---

[1] 此处引文出自 D. C. Boulger, *A Short History of China* (London: W. H. Allen & Co Limited, 1893), p. 153。——译者注
[2] 冯秉正(J. de Moyriac de Mailla,1669—1748)是法国耶稣会士来华传教士。他的这段话亦引自包罗杰的《中国简史》,参见 D. C. Boulger, *A Short History of China*, p. 152。——译者注

正的第四子,常常被称为"中国最伟大的君主"。我们站在他的墓边,他在位期间整个光辉灿烂的时代——中国中世纪历史上最重要的时代——回到我们的脑海中。这一时期无比卓越的军功和无可企及的文学、艺术与行政上的成就表明它是一个在任何国家都史无前例的繁荣时代。这位君王是多么出色地建立起他所在的种族的霸业,多么出色地争取到了一个伟大民族的协作,多么出色地运用他的资源将他的控制范围从暹罗扩展到了西伯利亚、尼泊尔和朝鲜!康熙完成了很多功业,但他也留下了许多未竟的事业。乾隆在他从事的所有方面都取得了成功,而且是完全的成功,如此彻底以至于从军事的观点来看,当他最后偃旗息鼓退回到私人生活的时候,即便对最雄心勃勃的人来说也没有什么征服的目标可以实现了。然而他的梦想并不是作为军人被纪念,而是作为仁爱的慈父般的统治者、作为他的人民的君父被纪念,这是中国皇帝的最高理想。通过不懈地关注国家的需要,以及在推进他认为最有利于国家的事情上的热情,这个理想他也实现了,而且实现得如此之好,以至于大家一致同意赋予他统治的年代以"盛世"的称号。他去世后,中国的活力开始衰竭。盲目的愚蠢、优柔寡断的摇摆和可鄙的诡计——这份辉煌的遗产就是因为这些而被挥霍殆尽——乃是各国历史中最可悲的悲剧之一。

定陵是道光的第四子咸丰(庙号文宗)的安息之地,他葬于1865年,是一位不幸父亲的放荡、顽固且心胸狭隘的继承人。尽管在执政一开始,他就在一份正式的谕旨中,将突然降临到中国头上的灾难的所有罪责都揽到自己身上,可私下里还是过分傲慢地看待自己的重要地位,却无力去保持它。灾难性的太平天国叛乱和第二次鸦片战争很快就证明了这些自负标榜的空洞。他在三十岁的时候,以逃避国际法审判的流亡者身份死在热河行宫①，把皇位传给了他唯一的儿子。

惠陵是同治（庙号穆宗）的陵墓，他葬于1879年。在他未成年时，在两宫皇太后的联合摄政下，曾国藩、左宗棠和李鸿章等人做了一些改革尝试。当他十七岁开始亲政的时候，所有人都说他是一个希望人们过得好的人。但他执政两年后就死于天花，和他的妻子阿鲁特氏葬在一起，后者据说是慈禧太后残忍的复仇心理的受害者。她是一个甜美的年轻女性，"所有时代的同情都萃于她一身"。

除了皇帝，其他许多皇室成员也安葬在西陵：皇后与嫔妃②——这些没有皇冠的受宠者有时对事情的发展起到了很大作用，尽管西方人认为妇女在中国没有权力；还有像康熙和乾隆这样的生养众多的君主的子女。③这些坟墓，尤其是那些还在幼年就夭折的儿童的坟墓，往往都平淡无奇，且总是非常相似，以至于详细的描述就显得多余。然而倘若我们有耐心去寻访每一座墓，了解墓主的故事的话，它都构成了清朝政府体制中的一块拼图，构成了整幅图景的一部分。在这幅图景中，伟大与苛政是绘制在一起的。

就在专为皇室而保留的空间之外，还有两座坟墓。一座是康熙的老师傅的安息之地，皇帝非常敬爱他，以至于允许他葬在礼俗允许范围内尽可能离皇室成员近的地方。关于这位值得尊敬的

---

① 参见本书第十四章。
② 光在裕陵妃园寝的绿色琉璃瓦建筑中就埋葬了乾隆皇帝的三十九名贵妃，而在景陵的妃园寝中则安葬了三十名皇妃。〔此说不确。裕陵妃园寝葬有皇后及各类嫔妃共三十六人，其中贵妃五人。而在景陵妃园寝中，安葬着各类嫔妃四十八位。所谓"绿色琉璃瓦建筑"，是指妃园寝的配殿。参见唐山市政协文史资料委员会编《清东陵》，社会科学文献出版社1995年版，第44、70页。——译者注〕
③ 在清朝的君主当中，生殖力和伟大程度这两个特征总是紧密地联系在一起的。

人物对至高无上的皇帝的影响的故事里面，有一些非常动人的情节，他能用一句话就让年轻气盛的皇帝的愤怒平息下来，能用一个微笑就让皇帝的慷慨之举备受鼓励。因为他代表了旧事物的秩序中所有勇敢、真实和高贵的成分，他们之间是东方特有的那种师生关系的典范，这种关系经常可以在两个人的生活中都持续终身之久，即便是在学生的地位升到远远超过其师傅的位置的时候。①

陵区外的第二座墓是正直而无畏的御史吴可读的坟墓。他以在同治陵墓附近自杀的方式，抗议光绪皇帝入嗣皇位的不合法，同治的魂灵被这一新的皇位指派制度剥夺了被继承权。②

皇陵如此频繁地成为抗议和不得体的争吵的现场，宫中长期郁积的怨恨与激愤在这里找到了表达的出口，这是一件反常的事。③这方面的一个例子发生在1909年安葬慈禧的场合，当时同治和光绪还健在的妃嫔就先后次序问题与新成为太后的隆裕发生了争吵，她们拒绝回到城里，"一直愤愤然留在墓旁，直到摄政王派来的一个特别代表团低声下气地央求她们回去，在正统人士中间引起了一场不小的丑闻"④。

甚至在东陵修建一座皇陵，通常也牵涉到有关负责其事的不

---

① 查历史文献，康熙的帝师中并无这一人物。作者提到的这位"老师傅"疑指苏麻喇姑，她是康熙祖母孝庄文皇后的侍女，曾担任康熙的满文发蒙塾师，与康熙感情甚笃。去世后葬于昭西陵（孝庄文皇后的陵墓）东侧，风水墙之外。——译者注
② 此说不确。1879年4月，吴可读自请护送同治帝后归葬惠陵，典礼结束后回京途中，吴可读留宿蓟州某寺庙，写下请求为同治帝立嗣的遗疏，旋即服毒自杀，史称"吴可读尸谏"。吴可读后即葬于蓟州。——译者注
③ 参见巴恪思和濮兰德合著的《慈禧统治下的中国》(*China Under the Empress Dowager*)。
④ 此处引文出自 E. Backhouse & J. O. P. Bland, *China Under the Empress Dowager* (Philadelphia: J. B. Lippincott Company, 1910), p. 150。——译者注

同官员会拿到多少提成的争吵。这当然是一项巨大的工程。以运输用来建造神道两旁骆驼与大象的雕像的大块大理石所涉及的准备工作和劳力为例，英国公使馆的外科医生雷尼（Rennie）在他的书《北京与北京人》（Peking and Pekinese）中，饶有趣味地描述了像这样的一大块巨石是怎样被运到指定位置雕刻成形的。"1862年，"他写道，"我听说一个巨大的重达60吨的大理石块当时正放在一辆六百匹马和骡子拉的六轮大车上穿过北京城。这块大理石是从离京城大约100英里的一个采石场中采出来的，正在运往东陵的途中，它在那里会被雕刻成大象，构成去世的咸丰皇帝陵墓的装饰物之一。它的尺寸是长15英尺，厚12英尺，宽12英尺。马和骡子被套上两条很粗的缰绳，它们被并排地系在大车上，每一条缰绳的长度都接近0.25英里。石块上升起帝国的旗帜，大车上则坐着一位高级官员和几个随从。其中有一个随从拿着一面锣，每次停顿后，所有人都准备出发时，他会敲响这面锣，然后队伍中其他的锣也会敲响。当发出特定的信号的时候，马车夫们会同时抽响他们的鞭子，那些拉着它们那笨重的辎重的马就开始奔跑起来。一个举着旗子的人领着整个队伍，所有的命令都是通过旗子做出的信号发出的。"

关于1865年咸丰下葬的过程有一段描述，典型地体现了皇室葬礼的特点，或许也会引起读者的兴趣：

"这一年的秋天举行了咸丰的葬礼，他的陵墓的建造工程已经进行了四年之久。与他合葬的还有他的皇后萨克达氏，她去世于1850年，就在她丈夫登基前一个月，其遗体在一座乡村寺庙里存放了十五年，等待下葬……"① 通常，葬仪和陵墓的建造要花费大量钱财。光是皇陵名义上就耗费了一千万两银子，当然，

---

① 参见第429页的注释。〔即本书第349页注1。——译者注〕

其中一大笔都落到了皇室和其他人的手里。

"年轻的皇帝和摄政的两位太后前往东陵参加葬礼,这是他们的义务。五年来一直在为他去世的陛下筹备后事的恭亲王也出席了。

"皇帝的遗体放在漆绘得很华丽的梓宫中,被抬到巨大的有穹顶的地宫里,在那里当着送葬者的面安放在宝床——用珍贵的金属做成的承接梓宫的基座——之上。用木头和纸做的真人大小的模型代替了过去经常生殉去世君主的嫔妃和奴仆,它们放在棺椁旁边。粗大的蜡烛点亮了,祝文也念诵了,墓室里布置了价值连城的珍贵的饰物——金杵、玉杵和一串珍珠项链都放在棺椁里。当所有的礼仪都妥当地完成后,墓室的大门就慢慢地放下来,原地封上。"① 继他不幸的妻子之后,长眠于永夜的咸丰平静地安息了,空享着他的荣华富贵。

慈禧太后的葬礼甚至还要更令人印象深刻。超过一百名杠夫花了四天时间,才沿着一条专门铺设的道路把她的梓宫抬到背后是永恒的山岭、周边环绕着原始森林的寂静的墓地。对她忠心耿耿的荣禄花费了官方文献所记载的八百万两银子②,为他的太后女主建造了陵墓。在经历了她那显赫而又动荡的一生后,慈禧就安息在这座陵墓里。

谁会想到若干年后,太后陛下会被从她的棺材里拖出来,剥去她的御服,赤身裸体地躺在她那遭到亵渎的墓室里?虽然盗窃帝陵并不是罕见的破坏行为——因为中国历代的陵墓都曾在

---

① 此处引文出自 E. Backhouse & J. O. P. Bland, *China Under the Empress Dowager* (Philadelphia: J. B. Lippincott Company, 1910), pp. 61-62.——译者注
② 慈禧的陵墓在规制上与她丈夫的陵墓定陵一样,但规模要小一些,它的建造用了三十多年的时间。在慈禧整个一生中,特别是在她的晚年,她都对她的长眠之地怀有浓厚的兴趣,且深深地引以为傲。她时不时就去监工,要求那些负责修建和装修陵墓的人对这项工程给以最严格细致的关注。有一次在1897年,当工程实际上已经完工的时候,她又下令重建,因为用柚木做的柱子不够结实厚重。

不同的时期遭到劫掠①，但历史上从未记载过如此有组织的盗墓活动。更重要的是，这次大不敬的行为竟发生在现代时期，用的是包括炸药在内的现代手段，让舆论大为震惊。

按照中国人的记述，是一位师长在一位将军的命令下，强行破开了东陵。②他手下的士兵用斧头和炸药敲打和轰击陵墓，闯了进去。他们不仅偷走了墓室里一切有价值的东西——这些墓室如此坚固，他们花了几天时间才得逞——还恣意损毁建筑，剥取柱漆，破坏石碑。

没有人能查清楚所有确实被盗的财宝的下落，不过中国的报纸估计它们的价值——包括珠宝、玉器和四枚据说是从乾隆墓中盗走的、用珍贵的宝石做成的甜瓜③——在500万到5000万美元（按黄金计）之间。虽然这些数字在当时听起来难以置信，但它们后来已经被大太监李连英的私人日记证实了，他记述了慈禧太后的葬礼，列出了她棺材中安放的物品名单：

"在太后被放进棺材之前，"日记写道，"底部铺上了一层金丝垫子，厚七英寸，垫子里还织进去一件珍珠绣成的刺绣。垫子顶上放着一片珍珠蕾丝，上面有一尊佛像。佛头上有莲叶形状的玉饰，脚上则放着类似莲花形状的玉饰。这些都安放好后，遗体就被抬进棺材里。太后的头垫在叶子上，她的脚则放在莲花上。她穿着一件礼服，上面用金线绣着珍珠。礼服外面还有一件刺绣夹衫，上面有一串珍珠。还有一串珍珠在她的身上绕了九圈。她的胳膊上还放着十八颗做成佛像的珍珠。所有这些私人为皇家葬

---

① 参见本内特（Moore Bennett）先生收集的有关中国帝陵的珍贵报告，维纳的《秋叶》（*Autumn Leaves*）一书有引用，见该书第248—258页。
② 这里师长指谭温江，将军指孙殿英。——译者注
③ 这里应指慈禧棺中的四枚翡翠甜瓜，此外还有两枚翡翠西瓜，都安放在慈禧的足旁。参见河北人民出版社编《河北风物志》，河北人民出版社1985年版，第85页。——译者注

礼而赠送的礼物,并不包括在正式的贵重物品的名单里。

"这些礼物都放好以后,太后身上盖上了神圣的陀罗经被,上面写有满文祝文。她的手上拿着一串珍珠念珠,头上和身旁放着用金、玉和宝石做的佛像,总数达一百零八尊。双脚两侧各放着一枚翡翠西瓜和两枚翡翠甜瓜,还有雕刻成桃、梨、杏和枣子等形状的珠宝,总数达两百颗。在太后的左侧,放着一颗形似莲藕的宝石,顶上长着花和叶子。右边是一棵珊瑚树。缝隙里塞满散落的珍珠和宝石,直到把里面全填平,然后整个铺上一层珍珠网。当侍从安装棺材的内盖的时候,某位嫔妃走了进来,从一个小箱子里拿出一件饰有八匹飞马的宝石和另一件饰有十八罗汉的宝石。她挪开盖子,将这些物品放在遗体旁。然后她更换了珍珠被,于是'老佛爷'的入殓仪式便到此结束。"①

根据一些被警察当场抓获的抢劫犯的供述,连这些恣意破坏文物的人第一次看到太后安详地躺在她的"宝床"上的时候也被惊呆了,在他们看来,她仿佛还活着,"甚至她的头发都非常整洁。"

是不是她那复仇的灵魂在这些盗墓者中间激起了关于分赃的争斗——一场导致他们中好几人死亡的争斗?

---

① 此处引文出自《北华捷报》(*The North-China Daily News*) 1928 年 10 月 6 日的报道《太后的陪葬财产:著名宦官李连英的记录》("Wealth That was Buried with the Empress Dowager: Record Kept by Famous Eunuch Li Lien-ying: Treasure Recalling Fables of Arabian Nights")。该报道称,李连英的日记由其侄孙李瀛洲 (Li Ying-chou) 保存,在东陵盗墓案发生后,李瀛洲出于义愤,写信给《北华捷报》,将日记中关于慈禧陵墓和葬礼的部分公布于世。事实上,所谓"李连英日记"乃子虚乌有。《北华捷报》的报道很可能出自巴恪思之手,他在 1915 年就提及李连英的日记,后来又声称已译出日记大部分,但在 1932 年又说该日记一直在李连英"也姓李"的"外侄孙"(其原文如此,当亦指李瀛洲)手中,表示自己有意收购这部手稿并将其翻译整理出版。参见〔英〕特雷弗-罗珀(H. Trevor-Roper)著,胡滨、吴乃华译《北京的隐士——巴克斯爵士的隐蔽生活》,齐鲁书社 1986 年版,第 203—208 页。——译者注

第十九章　北京——老古玩店

在看了所有的宫殿，参观了所有的寺庙和陵墓之后，还有一件永远不会让人失望的、带给人们趣味和快乐的事情：购物。遍布这座城市的古玩店是寻求珍稀或迷人的中国玩意儿的收藏家大展身手的地方，世界上其他任何地方都找不到如此丰富多样的这类物品。很少有外地人能抵挡廉价购入古代瓷器、铜器、刺绣或任何迎合个人品味的东西的诱惑。对住在这里的人而言，这种习惯早晚会发展成一种特别的心态。我们厚着脸皮地审视各自墙上的图画，把我们的主人放在桌子上的碗碟翻过来找能证明其源头的标识，饭后拿起他的漆器掂量它的重量，冒失地询问他刚刚买到的东西的价格。这种做派在巴黎或伦敦会被认为没有教养，在"老古玩店"[①]——一位机智的旅行者曾如此称呼北京——却会被容忍和理解，如果你待的时间够长，你自己也会养成这种做派。

这里有两种购物的方式：在家里，或者在店里。选择前者的话，商人会带着蓝布包裹来找你，你舒舒服服地靠坐在扶手椅上的时候，他们会不嫌麻烦地打开这些包裹。这种购买方式对那些完全不懂和非常识货的人都有利：对前者有利是因为任何东西在他们看来都说不出地诱人，对后者有利是因为作为老主顾，精明的商人了解他们，带来的是他们想要的东西，这样就省了他们披

[①] 此处借用狄更斯的小说《老古玩店》的标题。——译者注

沙拣金的麻烦。但许多游客足迹不出旅馆大厅,他们在那里徘徊于售卖小摆设的货摊之间,或者也挡不住一个"穿着非常漂亮又极其便宜的旗袍"的推销员的哄诱。

然而要是仅仅因为这些店铺古里古怪且跟我们的店铺不一样就不亲自去店里的话,就很可惜了。一些店铺的门脸是用金漆木头做的,它们雕刻得如此精致,以至于我们觉得应该罩上玻璃以抵挡灰尘,但没有一家有橱窗。实际上,很少有店铺有窗户,黑暗而低矮的门洞几乎没透露出里面能找到财宝的迹象。像我们在家里那样以外观来判断是要犯致命错误的。在北京,最大和最干净的店铺不一定有最好的货。藏身于一条死胡同里的商人经常有着最珍稀的宝贝,就像他那小小的店铺有着最冠冕堂皇的名号一样。一座只有一个房间的棚屋叫"福智斋",藏有一架出价3000美元的欧洲古钟。一个极小的地下室被称为"万荣馆",出售一件极可歆羡的雍正朝珐琅盒。在前门大街东面,当地那脏兮兮的"神仙阁"里,收集了许多上等物件。[①]

对那些没有专业知识却喜好真实而又昂贵的物件的外地人来说,强烈推荐已建立起信誉的外国古董商,对那些时间紧迫的人来说更是如此。但若有闲散的时间可供打发,中国的店铺是最有趣味的,有一些实际上很可信赖,尽管为另一些打包票必须要有所保留。当庞大的游船抵达的时候,"环球旅行家"的队伍穿过所见之处都令人心醉神迷的街道,疯狂地从一家店铺冲向另一家。这些街道闪耀着五颜六色的"诱人的招牌",黑色或朱红色的底子上显示着镀金的汉字。这些表意的中文字符为了装饰的目的做了调整,它们比我们那平淡无奇的字母组合要远为引人注

---

① 以上古玩店的名号无从查考,均据原文直译。——译者注

目。①它们是生动的图画,似乎是活的,在说话,在打手势。商业区的地方色彩很大程度上要归功于它们,归功于小店主仍旧遵循的那种把他们货物的形象或象征放在门上方的古老习俗。鞋匠的适合征服群山王者的大纸靴,适合他同伴的巨大烟斗,货币兑换商的镀金大硬币,悬挂在屋檐上的制袜商的毛毡袜子,还有毛刷店外的羽毛掸子,这些符号总是会吸引路过的外地人的注意,他们以为自己置身于某个颠倒了的奇妙国度。

他们来往于花市大街,进出于驴市胡同,此时黄包车队、忙着讨价还价的声音和"最低价"的报价跟在身后纠缠着他们。有一群人停下来买假花、绣盒,或者是半宝石(这个"半"经常是大打折扣的)做的粗糙的珠宝;另一群人则停下来打量他们拿不定主意是否要买的宝贝——比如说,18世纪欧洲制造的钟表,上面有很华丽的珐琅,环以珍珠,嵌着钻石;装在拇指环上的很小的计时器,大一点的则像中国的王公喜欢挂在他们腰带上的那种,那时候腰带松松地套在缎袍外面,正合适。对那些还记得几年前这些珠宝是多么便宜就可以弄到的人们来说,它们的要价高得离谱。但新手会买,他们先是小心翼翼地细品一番,然后就像饥不择食的鱼一样,吞下令人垂涎的诱饵,连同整个鱼钩,此后便去夸耀他们享用的美味佳肴。关于手表,有一个精彩的故事,讲的是一件可爱的计时器是如何毁掉一份友谊的。两个使馆区的秘书是形影不离的朋友,两人都是狂热的收藏家,一起搜寻手表。他们发现了一件两人都非常想要的宝贝。然而,其中一人认为这

---

① 卜士礼称:"中文书写那种生动如画(picturesque)的特色……要求那些想写得出色的人们接受一种眼和手的训练,就像制图员要接受的那种训练那样。普通汉字的笔法确实充满了轻盈柔和的笔触、突然的停顿和优雅的弯折、积蓄起来的笔势和逐渐减弱的线条,这些只有长期练习毛笔才能写出来。中国文人坚信,一位优秀作家的字能将其形象之美传达给它们表达的思想,从而赋予它们蕴含的思想以一种优雅而内在的意味。"

件珍品太贵了,他完全放弃了自己买它的打算,但他表示第二天会回来,为他的朋友买下它。两人达成了一致,于是到了晚上,即将拥有这件玩意儿的那个人在俱乐部里焦急地等着取货。"对不起,亲爱的朋友,"那个一直负责买东西的人说,"手表今天早上被一位游客买走了。"这边表示慰问,那边徒有悔恨!但过了几个星期,有人在那个承诺为他的同伴买下手表的秘书的橱柜里看到完全一样的手表。中国的"伙计"有一种爱管闲事的习惯,即把主人赏玩时细心藏好的东西摆出来,目的是尽可能给主人的宾客留下最好的印象。这则小故事的教训就是:"永远不要跟你哪怕是最好的朋友去古玩店。他可能想要你想要的东西。你没法体面地出比他更高的价,因此你就有失去你的宝贝和你的朋友的双重风险。"

在前门外的琉璃厂地区能找到相当多的中国最好的古董商。这里有许多店铺,售卖的物件从像玉街、绣街、银街、灯街等这样的街名就可以看出来。在过去,属于同一个行会的商人或工匠都住在同一个区域,这是不变的规矩。这一习俗之所以发展起来,部分是为了购买者的方便,但主要是为了落实相互间的保护。不到二十年前,在售卖贵重物品的地方,若出现暴动或骚乱,还会用顶上安着铁刺的木门来封锁街区。

这种聚在一处的习惯很快就消失了。现在全北京都能找到古玩店,不管是在宽阔的主干道上,在狭窄的曲里拐弯的胡同里,还是在"特色街"上。狂热的收藏家搜罗这座城市的大道和偏僻小路,投入最为激动人心的探险之旅。有时候他会搜寻数日,却没发现值得买的东西,但那种买艺术彩票中奖的希望却让他一直兴致盎然。

他的知识也许有缺陷且不准确,但他用热爱弥补了学问上的不足。冬天店铺的石头地面是冰冷的,他没注意到;夏天狭小的展室很闷热,经常有难闻的气味,他也不在乎。散落在欧美和日本的博物馆与各类收藏中的中国艺术奇观,促使人们期待北京会是个取之不竭的宝库,在这里优美且价格低廉的艺术品还会很容易找到。他们认为,肯定有些东西被漏掉了,或者被从宫里偷出来了,也许1860年或1900年抢劫的赃物中有些东西还在。

唉,那个不可思议地发现并低价购入真的古代青铜器、更知名的瓷器和最精美的画作(至少在这几个方面)的时代已经过去了。不要想着碰巧有一件好东西出现在市场上,随便哪个陌生人都能很便宜地买下它。不管它是出现在北京还是别的地方,一件值钱的古董都会首先落到有名的古董商的手里,他们就等待这样的机会,而且是拿着充足的资金等待机会。例如,日本的大经销商山中①全年都在中国养着专家。这些人自然占尽优势,因为经销商认识他们。很难欺骗他们,因为他们有多年的经验,对中国评论家的著作极其熟悉,这些评论家几百年来都在对所有的杰作按照其出现时的情况进行编目和描述,包含的细节和鉴识之丰富,在世界上其他地方闻所未闻。同时,这些公认的买家构成了一个永久的市场,他们了解商品的价格,而且通常愿意出这样的价。

这是通过对新手的警告来实现的,新手很容易幻想他在短时间内就变成专家,认为他会发现其他那些一直而且总是在玩这一行当的人们漏掉的东西。打个比方,一位真正的瓷器鉴赏家——因为外国人一般都会对瓷器感兴趣②——有一种得到长期

---

① 应指山中定次郎(1866—1936),日本大古董商,所创山中商会为横跨欧美的东亚文物买卖机构。——译者注
② 瓷器在中国早期的对外关系中扮演了很重要的角色。在埃及发现的中国花瓶上面有唐朝和宋朝的标记(见玉尔的《华夏及前往华夏之路》[*Cathay and the Way Thither*])。阿拉伯与"中央王国"的贸易兴盛于8世纪和9世纪,当时一位阿拉伯旅行家提到来自"秦国"(Land of Sinim)〔"秦国"一词语出《旧约·以赛亚书》49:12,后来人们即用其指称中国。——译者注〕的瓷瓶是如此透明,【接下页】

经验滋养的自然禀赋。在买入贵重物件之前，花点时间研究博物馆或私家收藏里的艺术真品来形成趣味和眼光，这是一个很好的做法。但同样要紧的是读这方面权威作者的著作，学会区分不同的黏土、釉和朝代的标记，等等。不幸的是，不像在日本，中国陶匠的名字很少标在他的作品上。中国艺术家必须不厌其烦地精益求精，传统要求他自律，这种自律强大到足以让他将他的个性融入一个"学派"中的程度。作为一个整体，"学派"是通过其风格、传统和倾向来加以确认的。

过不了多久，这个人如果还不能完全变成专家的话，至少也变得足够明智，能绕开一些显而易见的陷阱了。不过，千万不要过分依赖日期（经常是伪造的）或装饰物，它们有可能是后来添加上去的。收藏家必须主要依靠眼光的培养来判断某一类物件的一般特质。没有什么训练比得上把玩（真正经过鉴定属于真品的）上品了，在这种训练中，能够对瓷器的纹理、颜色和样式从容地加以研究。由此得到的知识就成为经验，对任何收集古旧瓷器的人来说，这种经验是比其他任何东西都重要的必备之物。

当某个充满吸引力的样品打动你的时候，在头脑发热的那一刻，永远不要忘记西方古董商的每一个伎俩和他们自己发明的

【接上页】以至于"透过它们能看到水"。埃及和叙利亚的苏丹、守卫阿卡（Acre）抵抗十字军的萨拉丁（1137—1193），曾送给努尔丁（Nur ad-Din Mahmud）四十件精美的中国瓷器，后者从入侵者手中收复了叙利亚。马可·波罗在1280年描写了他探访一座中国工场的经历，说那里制作的瓷器出口到全世界。后来，明永乐、宣德年间，一位著名的太监海将〔即郑和。——译者注〕率领一支帆船舰队前往印度、锡兰和阿拉伯，沿着红海一直到达麦加的港口吉达，他携带的货物名单中也有瓷器。也许正是他的远航带去了青瓷瓶，1487年埃及苏丹又将这些花瓶送给了洛伦佐·德·美第奇（Lorenzo de' Medici）〔意大利政治家，文艺复兴时期佛罗伦萨共和国的实际统治者。——译者注〕（见布莱克［J. F. Blacker］的《闲话中国》[Chats on Oriental China]）。

一千种伎俩，这些都是中国商人熟悉的。他们剥去珍珠的外层，将铜器埋起来让它们生出漂亮的铜绿，给毛皮染色，用烟去熏刺绣和象牙，仿造玉器并给它们上色，给水晶淡淡地着色，伪造日期的标记，巧妙地将旧瓶底装在新瓶子下面。欺骗新手的诱惑通常来说是无法抵挡的，不管是在质量还是在价格方面，或者两者兼具。最阿谀奉承和言之凿凿的推销员经常也是最坏的犯罪分子。

修复过的瓷器——如今市场上的许多真品都是用能骗过眼睛的高超技艺修补过的——经常能用以硬币轻轻敲击它们的方法检测出来，此时完整的部分和被替换过的部分发出的声音之间的差别很容易辨别出来。

对待所有的古玩和大部分经销商都要小心。一个贼在被证明有罪之前也许可以被认为是无辜的，但一件上等的康熙花瓶（按照经销商的说法）应该预设有假，直到某个知道它且没有利害关系的人证明它没有疑点。这样的瓷器如果是真的又没有损坏的话，是如此罕见以至于有充分的理由加以怀疑。但如果除此之外，经销商又把它当作一件急于出手的便宜货，讲述了一个关于亏本的倒霉故事，那还是少安毋躁、小心为上。每当中国人折本给出一个优惠的价格的时候，都会确保吃亏的是买家这方，是顾客而非店主蒙受损失。只有一个时节可以指望大减价，那就是临近中国新年的时候。在这个重要的结算期，每家店主都必须偿还他的债务。为了得到对维持他来年的信誉来说绝对必要的现款，他经常会把东西便宜地卖给第一个出价的人。

现在北京还能找到的少数精美的瓷器都索价高昂。然而，对那些见多识广不会上当的人——不幸的是，即便专家有时候也争执不下——而言，它们仍是极好的投资。唉！要找到一件真正的宝贝是多么难得啊！比如说，一件完美的郎窑红瓷器（*sang de* boeuf)①,有一个奇特的传说解释了它那鲜亮的红色。

　　古时候有一位著名的陶匠接到皇帝的命令,要制造出血红色的花瓶。怀着坚定的决心,他试了四十九次,想要完成皇帝的任务。他白白地用光了原料,白白地耗费了精力,白白地绞尽了脑汁。连续七天七夜,他把他所有的财产都扔进了窑炉里,就像另一位伯纳德·帕里西②似的,此时他的工人跟他一起看到了奇妙的花瓶开始结晶成型,在火焰的拂动中发出玫瑰色的光芒。"现在是第八个夜晚,"旧的历史文献写道,"陶匠叫他所有筋疲力尽的同伴去休息,因为大功即将告成,工程必胜无疑。'如果天亮时你们发现我没在这儿,'他提醒他们说,'只管去拿走瓶子好了,因为我知道任务肯定能按照皇上的要求完成。'于是他们离开了。但就在那第八个晚上,陶匠走进炉火里,交出他的魂魄来拥抱炉神,放弃他的生命来赋予他的作品以生命,献出自己的灵魂来换取花瓶的灵魂。当第九天早上工人过来的时候,陶匠的骨殖都已荡然无存。但看哪!花瓶活了,发出血红色的光芒。"③

　　漂亮的窑变(flambé)同样罕见,它的美依赖于烧制与重新烧制的复杂过程,这样只有少数陶匠能成功地将他们的色彩和谐地融为一体。"一开始的结果毫无疑问是偶然的,不过此后的经验让匠人中的大师有了把握,于是他们就能确定和估量能精确地产生出他们想要的色泽的不同金属氧化物的组合。"中国人把这

---

①　原文为法语,意为"牛血"。用来指称康熙年间郎廷极为督陶官署理景德镇窑场窑务时烧制的一种高温铜红釉,因其姓氏而被称为"郎窑红"。这种瓷器釉色如初凝牛血一般鲜红浓艳,且有强烈的玻璃光泽,光亮夺目,故在西方如此得名。参见蔡毅编著《明清单色釉瓷识真》,江西美术出版社2004年版,第5页。——译者注

②　伯纳德·帕里西(Bernard de Palissy,约1510—约1589),法国胡格诺派陶艺家,他为了仿制中国瓷器努力了十六年,并以此闻名。——译者注

③　见小泉八云的《中国怪谈》(Some Chinese Ghosts)。

些不同的斑驳或杂色的釉称为"窑变",但更为人熟知的法语词 flammé 或 flambé 则源自奇特而又非常美丽的火焰般纹理。①

所有宋瓷中最珍稀的是定窑,产于直隶省的定州。这种瓷器有着精妙的共鸣腔体,表面覆有柔和流畅的象牙白色调的釉(称为"白定")或黏土般淡黄色的釉(在同系列中称为"土定"),它以其肃穆和严格古典的气质而闻名。"碗和碟子,"卜士礼写道,"经常是从底部往上烧制的,脆弱的边缘不上釉,过后会镶上铜防止它们受损。有一些全体都是纯白色,釉在外面汇聚成泪滴状;另一些则在尚未成型时雕刻上装饰图案;第三类则从里面印上复杂精美的图样,做成明显的浮雕,主要的装饰主题有牡丹、百合花和飞翔的凤凰。"

更精美的、"薄如纸明如镜"的柴窑早就已经消失了,因而我们只能满足于用皇帝诏书的文献证据来证明它们的存在。②

甚至那些源于清初皇帝治下发生的艺术复兴的优质单色瓷器也很难找到了。小心青瓷的复制品——青瓷是最早制造的单色瓷器。这种瓷器据说在1500年左右达到发展的巅峰,当时土耳其人和波斯人大量购入,他们推崇这种原色不仅因为其内在的美,还因为他们认为它可以绝对可靠地测出食物中的毒药。

"月光"(clair de lune)或半透明的、据说模仿象牙的"中国白"(blanc de Chine)或著名的"豇豆红"(peach-bloom)实际上都很难弄到。最后这个名目会误导业余人士,他们以为是桃花的那种雅致的粉红色,实际上"豇豆红"乃是"一种不同寻常却又很美的暗红棕色,透过其表面能看到绿斑和粉红点,它们让我们想起第一缕春风的吹拂将其从深色紧闭的花萼中唤醒的蓓

---

① 见布莱克(J. F. Blacker)的《闲话中国》(Chats on Oriental China)。
② 柴窑是五代后周皇帝周世宗柴荣的御窑,所谓"皇帝诏书"当指此。窑址迄今未发现,其名最早见于明曹昭《格古要论》。——译者注

蕾"①，而不是盛开的玫瑰色的桃花。

如今中等的中国瓷器在北京经常比在巴黎、纽约、伦敦或东京还要贵。算上正常的运费，在西方收集它们再把它们运回来卖给中国的环球旅行家也是划算的，就像已经发生的那样。而且，东方瓷器的漂亮的欧洲仿制品——例如那些在西班牙托莱多（Toledo）制作的瓷器——也已经运出来送到本地市场上来欺骗游客。

古代青铜器跟瓷器一样美丽和贵重，但它们对西方人的吸引力要小一些。不过中国人自己就是很好的青铜器收藏家。端方的收藏很有名，他去世后其藏品就流散了，它们的出售引来了本地各省的竞价者，在远东艺术世界引发的巨大轰动堪比古希腊大理石制品在欧洲的拍卖。

这种金属实际上是不会朽坏的，它拥有古老的魅力。在公元前数百年时的中国，制作和装饰青铜器的技艺就已为人所知。早期器皿铸成的形状让人们想起原始人制造的最早的陶罐。首先有一种更接近幽冥世界的价值附着在精美的青铜器上，即对它们与之相连的半被遗忘的生活和正在消逝的信仰的模糊记忆。有时候它们会让人们心里产生关于灵魂——或至少是通灵的直觉——之残损的古怪幻想。很难让一个人自己确信，在铜镜曾经反射过的所有动作和面孔中，在用过那些香炉和盛酒器的所有仪式中，如今已经没有什么困扰他们的了。"人们忍不住想象，已经存在过的任何事物都必定在某个地方继续存在——通过非常隐秘地接近这些古老的物件，通过突然间将它们中某一些翻转到朝向光

---

① 上文中，"月白"应指宋代钧窑月白釉瓷器；"中国白"指德化白瓷；"豇豆红"又称"桃花片"，清康熙年间烧制的铜红釉名贵品种之一。此处引文出自 J. F. Blacker, *Chats on Oriental China* (New York: Frederick A. Stokes Company, 1908), p. 113. ——译者注

亮的一面，人们有可能正是在这种退缩和颤抖的行为中捕捉到了'过去'。"①

虽然本土的业余爱好者承认精美的制品产生于较晚的时期，他们仍认为那些属于通常所说的"三代"（夏朝、商朝和周朝，公元前2205—前256年）的青铜器才是第一流的。秦始皇（公元前259—前210年）焚书的时代，有如此多的青铜器皿被埋了起来，以至于它们现在还在不断地出土，真品仍旧可以得到，尽管价格也自然很高。价值上次一等的是秦汉时期的青铜器，而那些唐人和宋人制作的铜器则开始表现出较次的品质。至于明代，当佛教的影响使得中国的艺术家用铜来铸造男女神祇的时候，其工艺明显就很粗劣了。实际上，后来的青铜器没有能跟三代制品那肃穆的形式与简朴的装饰相媲美的。后者可由它们朴素的外形、它们的设计、它们的铭文（要解读它们，汉学家的帮助是至关重要的）和它们美丽的铜绿辨识出来。不过，要小心太过倚仗最后一条来当作年代的证据。真正的铜绿来自这种金属的内部，部分依赖于青铜器中金或银的存在，部分依赖于器件埋藏于其中的土壤——它是潮湿、干燥还是多沙的。但人工的铜绿能用蜡涂在上面，涂得如此巧妙以至于根本看不出来，直到用刀刮开或者泡在沸水里才能揭穿骗局。

古代中国的白镴②和黄铜虽然价值远低于青铜，但也很有趣味。过去屠户用的黄铜平盘变得越来越少见了，它们可用作茶盘、香炉和炭盆，如果显出浓重的金色，则说明合金里混有某种珍贵的金属。做成古怪的动物形状的白镴碟子让人们想起祭器的原始形态，它们作为古玩是很好玩的。不过如果是新物件的话，

---

① 此处引文出自 Lafcadio Hearn, *"Out of the East": Reveries and Studies in New Japan* (London: Osgood, McIlvanie & Co., 1895), p. 79。——译者注
② 锡铅合金，可以焊接金属，亦可制造器物。——译者注

用来装食物要小心，因为它们可能会导致中毒。

但在北京，没有比中国古画收藏起来更令人着迷——或找起来更难，找到的时候更贵——的艺术珍品了。然而，很少有外国人喜欢它们，因为东方艺术家的技法与我们自己的太不一样了。正如一位批评家公正地评论的那样，要正确地欣赏中国绘画，西方人必须把他的艺术教育、他的批评传统以及从文艺复兴直至当下所积累起来的所有的美学包袱都扔到脑后。尤其是他必须忍住不去比较中国画家的作品和西方收藏中任何著名的油画。这样——只有这样——他才能逃脱那种让他对东方绘画的意义视而不见的影响。①

也许在我们对中国绘画略知皮毛之后，首先会吸引我们的画作是花果题材的作品。不正是惠斯勒②坦白地表示，比起东方的大师，最伟大的欧洲人在表现这类主题时也笨手笨脚的吗？不正是惠斯勒，就像比亚兹莱③、格拉塞④、切雷⑤和洛特雷克⑥一样，承认了中国人的方法对他本人作品的影响吗？阿尔弗雷

---

① 卜士礼称："中国人对绘画艺术的观点与西方人根本不同，两者之间的巨大鸿沟可由两位耶稣会士王致诚和郎世宁的生涯得到证明。他们是18世纪隶属于皇宫的画家，曾试图让中国人接受欧洲艺术及其解剖学、立体感、光影效果等，但并不成功……五十年后，马戛尔尼勋爵来访，随身带来了几幅乔治三世作为礼品赠送的画作，此时中国人震惊于其中的阴影，很严肃地问这些肖像原本是否真的一边脸比另一边要暗。在他们看来，画着阴影的鼻子是一个严重的缺陷，一些人认定它是不小心画成那样的。"
② 詹姆斯·惠斯勒（James Whistler，1834—1903），美国画家、蚀刻家，深受东方绘画艺术影响。——译者注
③ 奥伯利·比亚兹莱（Aubrey Beardsley，1872—1898），英国插画艺术家，唯美主义运动的先驱。——译者注
④ 尤金·格拉塞（Eugène Grasset，1845—1917），瑞士装饰艺术家。——译者注
⑤ 朱尔·切雷（Jules Chéret，1836—1932），法国画家和石版画家，被称为现代海报之父。——译者注
⑥ 亨利·德图卢兹-洛特雷克（Henri de Toulouse-Lautrec，1864—1901），法国后印象派画家。——译者注

德·拉塞尔·华莱士①谈及一组描绘植物的东方速写,说它们是他曾见过的"技艺最精湛的事物"。他宣称:"每一根茎,每一片叶子,每一根枝条,都单单是用毛笔的笔触画出来的。非常复杂的植物的特性和全景被令人惊叹地呈现了出来,茎与叶连接的地方是以科学的方式来表现的。"所有这一切都出自"一位控制手腕的天才,我们古代的大师不仅无法匹敌,甚至做梦也想不到"。②

后来,我们开始欣赏风景画,它们描绘的似乎不只是一个美丽的世界,还是一个理想的幸福的世界。我们回想起西山,意识到中国的风景画只在符号的意义上是墨守成规的,它们一经阐释,就揭示出比我们的画作所能表达的更多的东西——尽管它们一开始给人一种奇异的非现实的古怪印象,但它们仍旧是对实际存在事物的真实反映。

一些西方评论家也许会认为,任何真实的艺术的意义都无须阐释,承认中国艺术不能即刻且普遍地辨认出来就证明了它品质低劣。"任何提出这一批评的人,"小泉八云说,"必然都以为西方艺术在所有地方都是同样可以理解的……但我敢向读者保证,情况并非如此。"事实上,我们大部分的绘画对中国人来说,就像中国画对从未到过中国的欧洲人来说那样难懂。"一个西方人要体会中国画的真实、美或幽默,他必须懂得这些画作反映的场景。"它们与其说是对自然的模仿,不如说是对带有艺

---

① 华莱士(Alfred Russel Wallace, 1823—1913),英国博物学者、探险家、地理学家和生物学家。——译者注
② 此处引文出自华莱士的《马来群岛》(*The Malay Archipelago*)第二十章,作者当转引自小泉八云《两个奇怪的节日》("Two Strange Festivals")一文,见 Lafcadio Hearn, *Glimpses of Unfamiliar Japan* Vol. II (Cambridge, Mass.: The Riverside Press, 1895), p. 492。——译者注

术家心灵之印迹的自然的再现。伯恩-琼斯①说出下面这番话的时候，无意中触及了中国绘画："我认为一幅图画就是——从一个比以往更明亮的视角——对某种从未存在之物的美丽而浪漫的梦想。"②

最后，我们要理解中国人对人脸和形象的再现。特别是在肖像画中，我们必须习惯于细节的缺失。当画作的尺寸很小时，人们并不认为有必要详细描绘面部特征，年龄或身体状况是通过发型或衣服的样式来说明的。在这里，"值得注意的是，"小泉八云写道，"中国艺术在面部表情方面的含蓄是符合东方社会的伦理的。在很长一段时间里，行为规范一直都要求尽可能地掩盖所有的个人感情——把痛苦和激情隐藏在微笑的友善或不动声色的顺从的外在表象下面。无论是在生活中还是在艺术中，这种对个体的压抑都让我们通过类型来辨认个性变得困难重重。"③

因为日本人远比我们更好地理解中国艺术中隐含的主观性和暗示性的原则，他们就成了北京好画的最大买家。而且，他们还享有能最早看到将在市场上出售的所有上等画作的优势。在伦敦或巴黎，一个有钱人因为有钱，就会马上看到所有的好东西。在

---

① 爱德华·伯恩-琼斯（Edward Burne-Jones，1833—1898），英国艺术家和设计师。——译者注
② 这是伯恩-琼斯的一句名言，被广为引用。可参见《大英百科全书》（The Encyclopaedia Britannica）1910 年版伯恩-琼斯的词条。——译者注
③ 新到的西方人经常抱怨他没办法区分不同的中国人，把这种困难归因于中国人缺乏轮廓分明的面容。然而我们西方人更鲜明突出的面部特征对中国人也恰恰产生了同样的印象。很多中国人都对我说过："很长时间里，我都发现要区分不同的外国人非常困难：对我来说他们似乎都是一样的。"〔此处引文出自 Lafcadio Hearn, *Gleanings in Buddha-Fields: Studies of Hand and Soul in the Far East* (Cambridge, Mass.: The Riverside Press, 1897), p. 113。需要指出的是，在小泉八云的原文中并无"中国艺术"（Chinese art）的表述，取而代之的是"日本艺术"（Japanese art）。——译者注〕

东方可不是这样。中国的商人有一句谚语："别在人前露富。"如果不认识买家，他永远也看不到真正一流的画作。同样的规矩也适用于所有的古玩，尽管程度上要轻一些，因为经销商不喜欢冒他最好的货不受赏识的风险。只有对懂行的人，他才会爱惜地翻开他那漂亮的册页，它们精心刻画了鸟儿、昆虫、植物和树的生命，其中每一个从画家笔下跳脱出来的形象对那些见识不受偏见蒙蔽的人来说都是一种启示，对那些会看的人来说都是一种眼界的打开，尽管它可能"只是一只坐在被风吹得摇摇晃晃的网中的蜘蛛，一只在阳光下飘荡的蜻蜓，一对在莎草里穿梭的螃蟹，一条鱼的鱼鳍在清澈的水波中的摆荡，一只飞行的黄蜂的轻快舞步，一只飞翔的野鸭的颠簸摇摆，一只摆出打架阵势的螳螂，或者一只颤巍巍地抱着雪松树枝鸣唱的蝉"①。只有对喜欢的人，鉴赏家才会打开他的手卷，即那些长长的以水平方向展示的卷轴，它们意在慢慢地被展开，一点一点地供人欣赏——一幅场景接着另一幅场景，完成和收束刚刚过去的部分。

区分原本与摹本、真品与赝品的困难，在中国画中跟在瓷器或青铜器中一样大。色泽、风格、绢或纸张的品质、艺术家的印章乃是买家仅有的可以凭借的依据。与签名不同，中国的印章——尤其是水晶印章——永远不可能被仿造得一模一样，因为它是手工雕刻的，只有同一个刻工能——其实他自己也很少——刻出两枚完全一样的印章。因此，如果我们仔细地审视真印，通过训练是可以轻松地区分出仿品的。此外还可以从一幅经典画作连续传承的拥有者都在上面盖上印章——经常达到让画面变得模糊不清的程度——这个中国人的习惯上，得到一个

---

① 此处引文出自 Lafcadio Hearn, *"Out of the East": Reveries and Studies in New Japan* (London: Osgood, McIlvanie & Co., 1895), p. 118。——译者注

识别赝品的辅助性办法。无数手写的诗句也像画作一样被装裱起来，它们在本地人看来有着同样的艺术价值，这也是中国人的独特之处。

除了这些常见而昂贵的古玩之外，外地人经常会问："北京有什么值得买的？"这个问题很难回答，因为市场总在变化。几年前，一位一贫如洗的满族王公卖了几件非常好的旧漆木家具。如今要找到一件真货可就难了。再者，有大量宝贝来自蒙古的寺庙。它们出来得如此之快，以至于一位有魄力的经销商在曼彻斯特制造了其中许多的仿制品，再把它们运过来满足北京的需求。因而市场不断地变动，取决于许多条件——如一份上佳的中国私家收藏是否散失了，或僧人与太监是否迫于贫困而出卖财物。

一般来说，任何投买家所好的东西都是值得买的，只要他买到的东西物有所值，而非"新灯换旧灯"[①]。那些吸引专家而非普通收藏者的物件包括珐琅器、景泰蓝、玉器、漆器、织物、花灯、毛皮、地毯、家具、原始珠宝、铁画、玻璃器皿、刺绣亚麻布，当然还有各种各样的小摆设。

珐琅技术似乎是很久以前在西亚发明的，公元最初几百年它从那里传入欧洲，但直到很久以后才有证据显示它传播到了中国。最好的珐琅器是雍正和乾隆年间生产的，它们自从这种工艺在西方成为时尚以后就很稀少了。小心那些现代仿制品，它们毫无价值，常常粗俗不堪。与珐琅器类似的是景泰蓝[②]，它是最具有北京特色的工艺之一，而且非常富于装饰性。

漆器以多种颜色、品质和样式留存于世，有一些可追溯到宋

---

① 典出《一千零一夜》中的故事《阿拉丁与神灯》。——译者注
② 景泰蓝实际上也是一种珐琅器，属于铜胎掐丝珐琅，它源于波斯，约在元代传至中国，明代开始大量烧制，并于景泰年间达到了一个高峰，故后世称其为景泰蓝。——译者注

朝，一些可追溯到元朝。因为容易腐烂，难得找到一件保存完好的真正的古代漆器，尽管还可以买到漂亮的明代漆器。如今被大量仿制的红漆器，可从其颜色、雕漆的深度和重量上来评估其价值。一般来说，越重年代越久。金漆器不如日本的同类制品，我们看到的最好的典范是宫廷里的家具、屏风等。这是这些学生超过他们的师父并且达到了中国人从未达到过的完美高度的唯一一门技艺。

古代玉器既贵重又很罕见。跟青铜器一样，它们也是本土收藏家追求的对象，因为它们与中国文化有着紧密的联系，而且被认为具有神奇的品性。在周朝（公元前1122—前256年），仪式性的玉饰是国君穿戴的，他也使用以这种珍贵的石头制成的用来记事的版片①。玉印制作于汉代②，玉饰会随死者埋葬于地下（小心这些墓葬物件的新的仿制品）。用玉制成的天文仪器③、腰带扣④、剑柄、镜子在古代亦为人所知。在更晚近的时期，玉已被用于香炉、茶壶、指环、手镯、耳环、笔搁、祭器等物品。

尽管最古老的玉器并不一定总是很漂亮——因为它们因年深月久而失去了光泽，对理解中国人的心理和中国习俗的历史而言，研究它们还是非常有趣和有价值的。即便看着保存完好的上等玉器，也会给人一种神清气爽的清凉柔滑的感受。中国鉴赏家能够闭上眼睛，从触觉和温度上来判断一件玉器是否古老。指尖极其敏感的东方人发展出了一种很少有外国人掌握的新的艺术感，即如同凭借视觉一般凭借触觉来判断和欣赏的能力。就像福开森（J. C. Ferguson）在他的《中国艺术大纲》(*Outlines of*

---

① 此处应指玉笏。——译者注
② 战国时即有玉印。——译者注
③ 应指玉璇玑。——译者注
④ 即玉带钩。——译者注

Chinese Art)一书中指出的,关于这种细腻敏锐的感知力,我们所能知道的,几乎不比我们对那些人眼看不见而无法想象的、却由分光镜证明其实际存在的色彩了解得多。我们笨拙的手和未经训练的眼光在辨认玉器中的仿制品时犹豫不决——就像在辨认其他古玩中的仿制品时一样,而中国人却会准确无误地将它们找出来。不过,一些简单的规则也许可以在业余爱好者选择这种半宝石时帮上忙:

在买有颜色的玉,特别是贵重的深绿色珠玉、黄玉或黑玉的时候,记住它们经常会用玻璃来仿制。选那些颜色半透明的——注意,已经发现了一种新的、可做出那种流行的翡翠色的工艺流程——要咨询一位可靠的公正无私的专家再购买。

白色或"羊脂"色的玉常常是用皂石来仿造的。这些假货通常可由它们的柔软而辨认出来,指尖会在大部分劣品上留下划痕。中国人还有一种用蜡填充和抛光有瑕疵的玉器来欺骗买家的伎俩,因此每一件样品都要极其仔细地查验。

外地人——不是古玩收藏家,而只是漂亮或轻便物件的爱好者——经常会询问,是不是北京没有什么他不需要技术而只"凭他还算是一个真正的人"(如豪威尔斯所言)[1]就可以购买和欣赏的东西?

当然有。为什么不买刺绣或毛皮呢?

在北京的特产里面,刺绣一直都很有名——如此有名,乃至一种特定的针法就叫"北京针脚"("*point de Pékin*")。自从帝国解体以来,精美的宝座盖毯、挂毯图样、织锦、割绒和朝服都被从宫里偷了出来或卖掉,或被穷困的满人典到当铺里

---

[1] 豪威尔斯(William Dean Howells, 1837—1920),美国小说家和批评家。此语出自其 *Tuscan Cities* (Boston: Ticknor and Company, 1886), p. 118。——译者注

赎不出来。① 但这些织物是如此广受青睐，而且又很容易打包，以至于它们被买光的速度跟它们上市的速度一样快，最后只剩下很少的几件。真正古老的织锦是缂丝②，它们很罕见且极其昂贵。不过很有装饰效果的仿制品是今天在杭州生产的，经常被以假乱真地当作"真的乾隆货"卖给粗心大意的人。它们用作防火帘、垫子和灯罩看上去也很好，炉烟使它们的颜色变得柔和，形成安宁静谧的色调。真正明代的红色和蓝色旧缂丝是无法仿造的，因为这些染料的秘诀已经失传了。不过要特别小心避开用苯胺染料做出来的亮色——很容易区分开来——和明晃晃的会变暗的现代制造的金线。一定要在光线良好的环境下购买织物。

宝座上的垫具通常都有龙形图案，但光宋代就记录了超过五十种不同的花卉和几何图样。就像唐朝的斜纹、菱形和圆形式样一样，这些图样通过后来的制品而让我们感到熟悉，甚至到今天，它们还会出现在丝锦缎子上。

朝服可以通过衣服底部波浪形的绲边图案来识别，通常镶边的色调越丰富，这件外衣就越贵重。还可以通过马靴状的袖口来辨认。而就皇帝穿的衣服而言，则通过一系列神秘的符号来认

---

① 中国的当铺是很奇特的机构，它们因其顶上镀金的木头柱子而很容易看出来，这种柱子让人们想起阿拉斯加印第安人的某种图腾柱。与西方的当铺不同，中国的当铺不是接受稀罕的贵重物品的地方，而只是存放物品的店铺。很少有中国人夏天把他们的冬衣放在家里，反之亦然。换季的时候，应季的衣服就会赎出来，要当的衣服则取而代之存进去。通常收取的利息是每月两到三分。对富人来说，当铺是一种很受欢迎的投资。
② 制造缂丝的过程跟生产欧洲挂毯的过程是一样的，不过中国的纺织工艺更精细，且设计的细节是用画笔添加上去的。"使用的是细细的木针或骨针而非大的绕线筒，有时候纬线是用手梳梳进去的。线料总是用丝，通常会加上金线……且有时候整个图案的底子都是用金线织的。"

定。① 锦袍比缎子的价格要高,黄袍——不管是什么材质——是最贵的,因为这种颜色只能皇帝或皇后穿。五爪龙表示它们是皇帝穿的,凤凰则是皇后穿的。

价值次一等的是王公及其夫人穿的橙色长袍,然后是官员穿的红色或蓝色礼服。中国女士在节庆场合(婚礼、生日宴会等)时穿的绣着花或蝴蝶的女式短上衣,尤其适合改成茶会女礼服或赴剧院穿的女大衣。寺庙的帷幔和僧服上经常有很有趣的宗教图案,包括"八宝纹"②,即1. 法轮;2. 法螺;3. 宝伞;4. 白盖;5. 宝瓶;6. 金鱼;7. 莲花;8. 盘长,或称吉祥结。大多数寺庙的祭坛上都可以看到它们。

好些年来,北京的毛皮市场已经萎缩到相比而言无足轻重的程度了。在帝国时期,当朝臣用貂皮、银狐皮、白鼬皮和白狐皮(后两种用于丧期)给他们的礼服做衬里的时候,大量的上等皮货被从西伯利亚、满洲和萨哈林岛运来,在露天的市场上出售,或者作为贡物献给皇帝。新的旅游业带来的需求有望增加市场供应,而当民国的简朴成为规矩的时候,这一供应几乎就停止了。如今俄国和中国的貂皮还能在北京弄到,买起来往往很合算,价值是欧洲或美国同样价格的貂皮的好几倍。不过,买貂皮时要非常小心。最好的中国毛皮是金褐色的,深色的品种如此受西方人青睐,以至于它们通常都是染过的。还要当心买到旧的毛皮。它

---

① 皇帝穿的礼服上的"十二章"属于中国最古老的图样。它们是:1. 带有三足鸟的太阳;2. 带有玉兔的月亮;3. 星辰;4. 粉米;5. 黻,一种让人想起乐器上的品格的双重图案〔即"亚"形的黻。——译者注〕;6. 一只或一对雉鸡〔即"华虫"。——译者注〕;7. 水草〔即"藻"。——译者注〕;8. 斧头的头部〔即斧形的黼。——译者注〕;9. 火;10. 山;11. 一对龙;12. 两只圣殿杯,一只上面饰有猴形,一只上面饰有虎形〔即"宗彝",古代祭器,杯行,一只杯上画有虎纹,一只杯上画有蜼纹,即长尾猴。——译者注〕。
② 这些纹样可以在大多数中国的祭坛上找到,它们用木头、白镴或漆等制成。它

们已经承受极端的气候条件很多年了，毛很容易脱落。白狐、火狐、银狐（如果确实好的话）、白鼬、紫崖燕、水獭、东北虎、豹子、野猫、兔子和松鼠，这些动物的毛皮都相对便宜，如果质量好的话都值得购买。

北京地毯正变得全世界有名。在过去的几年里，这个行业从小小的本土手工业成长到如此大的规模，以至于每年都有几千张中国毛毯运到欧洲和美国。按照订单，这些现代地毯可制作成任何式样，西方的样式能够令人满意地得到仿制。但因为它们都是手工编织的（哈达门外任何一家小店铺里都可以看到奇特的制作过程），而且生产商通常都会忙着应付订单，所以对过路的游客来说，是没法匆匆忙忙地赶出成品的。这些毛毯是按照线脚的数量来出售的，由于毛线成本的增加，价格也上涨了。然而，品质好的（线脚数量至少在一百至二百之间）还是值得买的，因为薄的织得很松的地毯几个月时间里就会软塌塌的，第一次拍打就会崩出孔来。用骆驼毛和牦牛尾做成的毛毯很有吸引力，缺点是会有难闻的商队的气味，好几个月都散不掉，潮湿的天气里更无法忍受。小心别选择太过复杂的图案，它们得使用会褪色的人工染料。好的不易褪色的颜料是从中国的植物染料中提取的，最好的面料是用蓝色、浅黄、粉红和砖红等不同的色调做的。

仅存的少数几件康熙和乾隆朝的地毯以及用西藏山羊的内层羊毛做的蒙古拜毯，如今都非常昂贵，但有时候最好的样品很像波斯的地毯。它们可以由羊毛的光泽、色彩的柔和以及久而久之会变成黄棕色的棉线（这种色调是没法用染色来复制的）来识别出来。旧的丝毯虽然极为精美和贵重（如果是真货的话），却只应该在专家的建议下购买，因为如今有几百件现代的复制品投放在市场上。

没有比在前门和哈达门之间的"家具街"上闲逛来搜寻"中

国的奇彭代尔"①更惬意的打发下午时光的方式了。在这里，人们经常可以找到很好的二手家具。但最好的便宜货常常要早在它们送到商人的展室之前到木匠的院子里去提。不过，在它们尚未抛光或正在修理的时候，要判断它们的价值是需要一些经验的。一张乍一看只适合当柴火的桌子，也许事实上是用珍贵的紫檀做的。这是一种玫瑰木，并不是许多人以为的黑檀木。它有一种淡红的色调，在光照之下年深月久会变暗。旧的紫檀家具颜色很黑，非常沉。最好的是用这种树最靠近地面的部分制成的。树枝和上面的树干也可提供坚硬的木料，但品质要差一些。一点点经验就能让人们很快地鉴定出紫檀的纹理，将其与红木区分开来，用后者也可做出许多精美的橱柜、桌子、椅子、长椅和箱子。偶尔还可找到一件用樟木、胡桃木、梨木或者好看的褐色楠木做的漂亮家具，后面这种楠木不仅用作家具，中国的富人还极力搜求它来做棺材。还有鸡翅木（以其奇特的木纹而得名），它很像我们的枫树，但实际上是一种黄杨木。②

较为简朴的装饰形式显示了对木器朴素表面的理所应当的欣赏，且容许所有这些上等木材的优美之处充分地展露出来，它们比繁复的雕刻、铺天盖地的龙形以及祥云、火焰与花卉图案——就像人们在过于雕饰的广式黑木家具那里看到的那样——要迷人得多。真正的"中国的奇彭代尔"跟西方的奇彭代尔家具一样沉稳朴素，有着在任何环境中都不会显得不协调的优点。

在中国，我们经常惊讶地发现受到艺术家精神激发的底层

---

① "奇彭代尔"指的是一种英国家具，以其设计者、英国著名家具工匠托马斯·奇彭代尔（Thomas Chippendale）而得名。其基本风格是将法国洛可可、中国风和哥特式等元素融入新古典主义样式中，特点是结构稳固、线条细腻优雅。——译者注
② 此说不确，紫檀木属于豆科紫檀属，与桃金娘科玫瑰木属不同；鸡翅木是一种热带常绿乔木，与黄杨木属于不同的树种。——译者注

工匠的手艺。甚至一般人用的普通物件也常常可圈可点。普通物件！也许比起其他年代的宝贝来说是普通的，就其现代和普遍而言是普通的，但对第一次来这儿的我们西方人来说却很奇特，令人兴奋不已。

谁能忘记他第一次逛中国的街道时的那种令人愉快的惊喜呢？他除了用手势没办法让人力车夫明白他的任何意思，他用忙乱的手势示意停在任何地方，哪个地方都行，因为所有的一切都无可名状地有趣和新鲜。他千万不要错过那个面容消瘦的小贩，他在面前的地上摆放着他的货物，如此古怪的成套骨牌、水烟和黄铜挂锁。他能发现旁边巷子里那一排小银店吗？我们在那里可以买到各种模型，有用作小盐瓶的宝塔、北京马车、手推车和带着搪瓷把儿的勺子。他能带我们去看看加工翠鸟羽毛的工人吗？这些羽毛如此可爱地镶嵌在梳子和头饰上。他能带我们去看看本地的珠宝商吗？珠宝商将他的店铺的名字印在用软金或金银丝做的戒指或手镯内侧，这样依照行会的规矩和习俗，自己就必须任何时候都可以按其重量将其买回来，而不问其材料的质量如何。他能带我们去看看景泰蓝店吗？他们会仿制和设计我们喜欢的东西，甚至包括显示出纹章色彩的盾徽。他一定要去被有些人当作非同寻常的奇观来推荐的大市场。他们说是在前门外对吗？是的，不是一处市场而是好几处。青云阁离"鼻烟壶胡同"① 不远，位于观音寺街上（挨着大栅栏，即"北京的第五大道"②）。它是一座三层楼的建筑，里面有几十家摊位，还有一座非常有名的茶馆，一毛钱一位，顾客可在里面坐着闲聊一整天。位于同一街区的另外一处集市有一圈外墙，一扇装饰俗丽的

---

① 此处据原文直译，北京当时实无叫这个名字的胡同。大栅栏所设天蕙斋鼻烟铺在当时享有盛名，此或为西方人对其地的俗称。——译者注
② 第五大道是美国纽约重要的南北干道，繁华商业区。——译者注

大门，还有一个小院子，院子前面摆着一辆原始的水车和配套的唧筒。它们没法把水柱喷到二层楼那么高的地方，但四周却环绕着精心制作的旗子，上面有向火神祈告的符咒。① 这是中国人的老套路，对咒语比对水龙带更有信心。在这里这种信心得到了回报，因为商户骄傲地夸口说，他们这块场地从未像大多数其他市场那样惹恼过火神。

上面两层租给了牙医、照相师、理发匠和茶馆，而楼下的货摊则出售各种各样稀奇古怪和小巧玲珑的玩意儿，有北京特产红骨筷，几乎让人甘心于近视的绣花的眼镜盒，供缠足妇女穿的女鞋，还有珐琅扣子、丝绸、彩绘的鱼缸、鼻烟壶和陶器。

看着汉人妇女跐着"金莲"蹒跚而行，看着戴着饰有花和金簪的头饰的满族太太精挑细选以后要用的精致华美的饰物，或选择华而不实的便宜货，很容易让人走神儿，而一台吱吱呀呀的留声机正演奏着给她们以精神熏陶的中国曲调。我们厚着脸皮地盯着陪同她们的男佣和女仆，盯着那些在他们奶妈怀中睡着的或毫不在意地喝着奶的小孩子，盯着在整个人群面前摆开的茶水和糕点——因为在中国，没有茶水的话，什么生意也做不成，时间则不是问题。看样子这些妇女打算花上几个小时来买东西，因为这种出门的活动是她们难得的消遣之一。

我们可以尽情地随便看，看买东西的顾客或那些被买的东西。店主不会催我们买。因为这些市场或百货商店在北京还是相对现代的新事物，他们以他们的现代方法而自豪。为了做广告，他们对待观光客跟对待顾客一样，都是鼓励的态度。他们真要卖的时候，是按照"固定价格"来卖——"跟美国的价格完全一

---

① 店铺的墙面上贴着防火的符咒的情况并不罕见。有一些店铺在圆圈里面写上"水"字，还有一个便条，告诉火神这个地方他已经光临过了，由此推断以后他就不会来了。北京城里有好几座火神庙（参见本书第十章）。

样。"一位店员骄傲地告诉我们。

这座城市最著名的市场——也是最大、最繁忙和最老的市场——是东安市场,它在莫理循大街①上辟有四座门,在金鱼胡同上有一座门。任何游客都不应错过游览这座由许多建筑组成、甚至有它自己街道的"城中的小城"。人们想要的任何东西,这里差不多都卖:丝绸、牛奶、书籍、帽子、金鱼、古玩、珠宝,甚至还有外国的袜子和衬衫。

这片场地上有一家外币兑换处,一家定期开放的戏院,还有一些茶馆,业余和职业的艺人——包括像梅兰芳这样的演员——会时不时地在里面演出。

除此之外,这座市场还因为一个算命先生而闻名,他把他的办公室叫作"问心处"。这位老人的声望很高,他通过其成功的专业建议积累了巨大的财富,甚至外国人也来向他求教。传言他的财富是如此之巨大,他会开着汽车在城里兜风,还养着二十名妻妾。

虽然所有的市场都以固定价格出售货物,但在古玩店,大多数经销商开出比他们希望拿到的多出四分之一到三分之二的价格是很正常的。有时候他们敢开多高的价就开多高的价,或者说他们相信顾客会被说服来花这笔钱。一般来说,出的钱要比要价的一半多一点,然后,当商家慢慢降价的时候,再一点一点地加钱,直到达到中间价位。最后各让一步,货就是你的了。如果很着急或者表现出对看中的古玩的任何兴趣的话,就不可能以便宜的价格买下来。要指出想买的那件物品的缺陷,记住那句老话:买物的说,"不好,不好";及至买去,他便自夸。②好的

---

① 即王府井大街。——译者注
② 语出《旧约·箴言》20:14,此据和合本译文。——译者注

策略是离开这家店铺，此时店主害怕失去这个顾客，就会跑出来跟着你，给出他打算接受的最后的开价——最低价，或者接近最低价。

中国的古玩商并不指望每天的成交额。由于这个行当的暴利，一年做上几笔买卖就足够了。

我们为某件东西讨价还价了好几天乃至数周之久，经常光顾那家店铺。"还没卖出去？"我们冷冷地问道。"还没呢。"店主同样冷冷地回答道。而当我们心急火燎地要拿下心仪之物，生怕其他人捷足先登的时候，他却几乎跟享受出货一样享受这种讨价还价的过程。事实上，只有当你知道如何促成一笔好交易的时候，中国人才会重视你作为买家的身份，而我们不耐烦的西方人会觉得花费的时间可以用在更有益的事情上。

中国人自己中间曾经有一种袖中交易的规矩。按照这种奇特的习俗，买家和卖家求助于一位共同的熟人，后者将手各放在双方的袖子上，"交易达成的时候，用特定的手势来表示"。另一种方法是卖家通过按压藏在买家袖口里的手指，直接将价格报给买家，这样就能保证不让总是充满好奇的旁观者知道秘密。①

后面这种习俗现在偶尔还会在哈达门外天亮前举办的鬼市②上用到，但时代的变化已经使它远不如过去兴盛和激动人心。因为"以前它黎明即闭市，买卖双方彼此讨价还价的时候，都在黑暗里认不出来"，如今警察局规定，天亮之前不允许做买卖。这就给当地的小偷造成了很大的不便，他们发现处理他们的赃

---

① 老北京人称这一习俗为"袖中拉手"，主要指后者。参见金受申《老北京的生活》，北京出版社2016年版，第488页。——译者注

② 原文直译应作"贼市"，实际上即夜市，"夜市因主要时间在天未明时，并因所销售的物品，常有来路不正，也时常发现珍奇物品，所以又称'鬼市'"。参见金受申《老北京的生活》，北京出版社2016年版，第482页。——译者注

物很困难。在过去,"可以很便宜地弄到真正值钱的东西,但还是有很多大失所望的情形。事实证明,对那些买任何便宜的东西良心上都过得去的人而言,小偷或他们的代理人实在是太聪明了"①。

另外一个有趣的景象——唉,可惜再也看不到了——是在靠近英国公使馆的旧达子馆附近的一个地方,确定每天本地的汇率。在这里,凌晨4点30分左右,汇率一旦宣布,"无数的信鸽就被放到空中,它们的腿上系着纸片,上面写着汇率。这些鸽子一个接一个地弄清自己的方位,各自径直飞向自己的银行"②。当然,这是电报、电话乃至中文报纸——除了官方的旧《京报》,里面主要是官员的奏折和朝廷的谕旨——出现以前的时代,是可以廉价买到现代游客只能在梦中想见的美丽物件的时代。

---

① 见燕瑞博(R. W. Swallow)的《北京生活侧影》(*Sidelights on Peking Life*)。
② 见维纳的《秋叶》(*Autumn Leaves*)。

第二十章　游乐之趣

北京是一座有一千种活动和行当的城市，尽管它在历史上的地位远比其作为制造业中心的地位要重要。然而，在许多人家里，全家人长时间从事于不同手工艺品的制作，数百家小店铺就是繁忙的营业场所的缩影。不过，我们千万不要得出结论，说中国人"生活全是工作，没有娱乐"，或认为他们对休闲娱乐漠不关心。穷困的店员或工匠或许娱乐活动很不够，那是因为他没有闲暇——除了必要的睡眠之外，没有他自己的时间。他得辛辛苦苦地从清晨一直干到深夜。他抽不出空离开店铺或工作台，除了难得碰到假日——几个月里有一次，白天或者晚上。不是有句谚语说"聪明人只有在他的米仓满的时候才去寻欢作乐"吗（意思当然是说，只有当他全家都过得很好使他完全负担得起的时候）？但是生意兴旺的商人和富有的官员却一直都在自娱自乐，在茶馆、戏院和前门外的饭馆里恣意挥霍。

在朝廷下令内城禁止开设戏院的时候，它们就在刚越过规定边界的天桥附近涌现了出来。①很快最好的饭馆也就近建了起来，旅店也开了，都是为了照顾有钱的游客的方便。接下来是招徕他

---

① 前门外的天桥是每个前往天坛的游客都得经过的一座旧大理石桥，经过修缮和改造。它跨过一条既不好闻也不干净的运河，过去是令人讨厌的乞丐经常出没的地方。因而，在中国人的心目中，它是跟偷窃、乞讨和道德腐败联系在一起的。叫一个中国人去天桥是典型的辱骂行为。

的商铺,给他治病的药房①,让他洗澡的澡堂②。这些构成了这座城市的"娱乐区"的核心。

奇怪的是,富人经常去的地方与这座城市最糟糕的贫民窟近在咫尺。早在富人开门之前,位于他们东边一点点的那些狭窄的污水横流的巷子里已经挤满了人,其贫困因为毗邻豪门而更加令人同情。破晓之前,靠着火把的亮光,这一带会开办跳蚤市场。货物就铺放在街上,但通常它们的特点是粘上脏东西也于它们无损。旧瓶子、坏的门把手、弯的钉子,与磨损的外国衣领、破旧的网球拍、生锈的紧身内衣乃至磨破了的晚拖鞋并排放在一起,这些东西是被扔到一些欧洲人住的房子的垃圾桶里的,勤劳的拾荒者把它们收集起来,他们把北京的废品分门别类,送到这个集市上来。卖旧衣服的货摊很多,人们在那里拼命地讨价还价,为的是买些破布来遮挡他们赤裸的身体。可租的屋子也很多,可怜的衣衫褴褛的人们花上一个铜板,就睡在散发难闻气味的陋室里

---

① 在这里,最古怪的药方都能在保守的阶层里面找到买家——磨成粉的鹿角和虎须、碾碎的鱼骨和牡蛎壳、晒干的竹沥和蝉蜕、捣碎的化石,还有一些可怕得难以描述的东西。药物无效的时候,老派的医师就求助于针灸。这家药房的橱窗会展示满是孔洞的人体模型,它们用作示意图,说明从哪里给病人扎针不会导致致命的后果,且经常会有令人惊讶的奇效。这些模型的模板是一尊著名的铜人雕像,可追溯到宋朝,之前供奉在位于俄国公使馆地界的一座药王庙内。1900年后,这尊铜像被乌赫托姆斯基王子(Prince Ukhtomsky)运到了圣彼得堡。〔这具铜人的原型是宋代医官王惟一于天圣五年(1027年)设计铸造的,故史称"宋天圣针灸铜人"。于明代正统年间新铸,清朝存放于太医院药王庙内,八国联军入侵时为俄军掠走,今存于俄罗斯圣彼得堡艾尔米塔什博物馆。——译者注〕另外一种医师用的奇特的辅助工具是一个用骨头或象牙做的裸体女人小雕像,这是诊治女病人的时候用的,她是不能被男医师看见或触碰的。这个工具隔着床帘来递送,生病的妇女在它上面记下自己病痛的位置,然后将雕像递回来,给她看病的大夫由此做出诊断。
② 这些澡堂白天可通过挂在高杆顶部的用来取水的篮子而辨认出来,晚上用的则是一个吊起来的红灯笼,表示洗澡水是热的。档次较高的澡堂(只服务男性)还是相当干净的。除了一小部分能用得起私人浴室的人之外,所有人都是在一个很大的下沉浴池内洗澡,里面的水几乎达到了沸点,空气里充满了水蒸气。

的鸭毛堆上。古伯察神父（The Abbé Huc）[1]描述过一处这样的地方。他告诉我们当有客人偷用来蔽体的私人棉被的时候，某些人如何发明了一种公用的床罩——尺寸有地板那么大，上面有睡觉时把头放进去的孔洞。它用钓具来升降，有一面锣夜里和早上会发出警报来警告房客。

对外地人来说，这两个世界都极有兴味，能帮助他理解中国的真实情形。现在让我们从贫穷和悲惨——唉，它们在每一个大城市里都能看到——转到娱乐区吧，人群开始在这些地方聚集。

太阳一落山，人们称之为"前门外"的这一块城区就挤满了人，一片极其生气勃勃的景象。实际上"对于这里狭窄的巷子而言，交通太过繁忙了。无数的车辆就停在人行道上，而它们的主人则走到各色的建筑里去怡然自得地享乐了，这又加重了人满为患的情形"[2]。但东方人从不着急，过了一段时间拥堵就得到了缓解，交通又恢复正常了。

一位有名的歌女过来了，她坐在一辆亮着半打车灯、车铃叮当作响的黄铜包边的人力车里，属于那种打扮妖冶的交际花，要去给一场宴会助兴。许多男人为她的微笑神魂颠倒，这些人年纪够大了，应该有更好的品味。一辆昂贵的汽车里坐着一位将军，身边有士兵保卫，他是他自己省里的独裁者。我们还认出一位活佛坐着马车经过这里，传闻他热衷于看戏。那边，在一辆车身由镜子制成的四轮马车里，安安静静地坐着两位妇女，是那种既不年轻也不十分漂亮，但熟知男人的手段、谙悉诸多秘密的妇女。

---

[1] 古伯察（Évariste Régis Huc, 1813—1860），法国来华传教士、旅游作家、天主教遣使会神父，1844—1846年在清朝游历，其著作《鞑靼西藏旅行记》在欧洲风行一时。——译者注

[2] 此处引文出自 R. W. Swallow, *Sidelights on Peking Life* (Peking: China Booksellers, 1927), p. 8. ——译者注

她们会告诉你——她们简直太聪明了——这座城市所有的八卦。那个走进一家商店的胖胖的商人是中国的利普顿①。他那看起来很有教养的同伴最近刚进入内阁。两个人都停下来迎接那个有着女孩子的优雅和身段的瘦瘦的年轻人——他是当红的演员梅兰芳，正在去戏院的路上。他们就像布置得很鲜亮的舞台上的人物一样走过去——商人和部长，士兵和妓女，他们都是演员，不管是在政治、戏剧还是情感中。

过去，甚至皇帝也微服加入欢快的人群中。明朝的正德皇帝最喜欢逛附近琉璃厂的书摊了，买北京那些风流放荡的贵族总是特别爱看的那种故事书和图画。乾隆不止一次私自跑到娱乐区里的某位佳丽那里，而慈禧太后那位不成器的儿子同治则经常溜出宫去，穿过特地在宫墙上开辟的一个门洞，流连于"花街柳巷"。一辆跑得很快的骡子拉的大车会在那里等他，于是流言蜚语就传播开来，说天子经常掺和到醉酒后不光彩的喧闹斗殴中去，甚至在他恢复清醒、早过了上朝的时辰之后，才回到他的御座上。

年轻的满族王公在追随这个坏榜样方面自然不会落后。大阿哥是义和团首领端郡王的儿子②，在很短的一段时间里曾经是皇位的继承人，他在前门外的勋绩比他宫里的勤勉还要有名。饭馆和戏院里发生的纨绔子弟之间的口角是常有的事，而刚成立的巡警部的尚书这一职位，在与皇族成员打交道的时候也绝不是一份好差事。后者不容许他们的突发奇想受到干涉，尽管其中某些念头愚蠢而又不得体。比如说他们那种通过把自己打扮成乞丐在街上

---

① 托马斯·利普顿（Thomas Lipton，1848—1931），苏格兰茶商，立顿公司的创始人。——译者注
② 此指溥伟（1880—1936），端郡王载漪之子，1898 年袭封恭亲王爵位。曾被列为光绪皇帝继嗣人选。其父载漪于庚子事变时以罪革爵，但称其为义和团首领未确。——译者注

招摇过市来自娱自乐的习惯。巴恪思和濮兰德在《北京宫廷年鉴与回忆录》(Annals and Memoirs of the Court of Peking)一书中引述一位满族官员的话:"我特别记得1892年的三伏天发生的一件事。那天非常热,一些朋友邀请我和他们一道,去南城城门外的叫作'锦秋墩'的花园和亭台游玩。①这个地方绿树成荫,中间有一方池塘,种着睡莲和灯芯草。游客可在露天的饭馆安静地饮茶。

"邻桌坐着一位年轻人。他的脸如烟灰一般黑,看起来很疲惫,营养不良。他的辫子盘在头上,头发上插着一根骨簪,一副夏天北京流氓阶层的做派。他没穿袜子,光着身子,唯一一件衣服是一条非常破旧的短裤,几乎还不到膝盖,上面全是油和土。他确实很难说是个体面人。

"奇怪的是,这个看上去很可怜的乞丐戴着一枚翡翠扳指,至少值500两银子(当时约合80英镑),他还拿着一把漂亮而又非常昂贵的玉柄的扇子。他的话里满是粗俗的咒骂和最低级的北京俚语。不过,我注意到侍者对他特别地竭力关照,几乎从不离开他身边。我迷惑不已,思忖着这是怎么回事,此时突然间一辆高档的官家马车和一队衣着光鲜的侍从出现了。这些仆从向年轻

---

① 最热的时节,娱乐区的常客经常在午后到这样的园子里,享受一丝清凉的空气。西直门外的"蒋家芳园"、前门与顺治门之间的"顾尔园",以及平则门外的"一丈花园",都是有名的夏日傍晚的去处。〔此处提到的几处园林,均据原文音译。查吴承忠《北京城市史·明清休闲地理》、焦雄《北京西郊宅园记》、赵兴华编著《北京园林史话》、李淮临编著《北京古典园林史》等文献,均未找到音近的园林名称,待考。——译者注〕"中央公园的木樨、北海的'会议室'〔此处应指静心斋,当时为中央研究院历史语言研究所的办公地点。——译者注〕、先农坛公园里一座新修缮的餐厅,以及动物园中的几座茶馆,乃是本地最受欢迎的招待客人的地方。任何愿意支付一笔合理的租金并且提前做好必要的安排的人,都可以整天或整个晚上享用这几处房子中的一处。他甚至能请一支管弦乐队来演奏,如果花得起这笔钱的话。"见林志宏(Jermyn Chi-Hung Lynn)的《中国人的社会生活》(Social Life of the Chinese in Peking)。

的乞丐走来,手里拿着一个帽盒和一包衣服。

"'殿下的马车已经备好了,'他们跟他说,'您今晚约好了要去恭王府吃饭。我们该动身了。'于是这位英姿飒爽的年轻人站了起来,拿起一条毛巾洗了洗脸。我们被他的转变惊呆了。精致白净的面孔取代了脏兮兮的黑色,他尽管很瘦,却有着满族王公独特的面容。他穿着官服乘车离开后,领班低声跟我说:'那是载王爷。'我吃惊地回答道:'他这么做是什么意思?''唉!'那人说道,'您不知道北京城里我们年轻的王爷最近时兴的东西?'他接下来就跟我讲述了庄亲王、克郡王、端郡王、载濂贝勒、载瀛贝勒、庆亲王的儿子载振,还有其他许多人都怎样做起这种乔装易服的事情来,引起骚乱和街头斗殴,因为警察都怕碰他们……我听到这里吓坏了,说道:'这对我们的帝国绝对是个很坏的兆头!宋朝被蒙古彻底击败之前,还有唐朝灭亡的时候,就发生过这种事情。历史上到处都是类似的例子。记住我的话,十年不到,中国就会大祸临头了。'"①

---

① 李孟符《春冰室野乘》八三"服妖"一条载:"光绪中叶,辇下王公贝勒,暨贵游子弟,皆好作乞丐装。余尝亲见之,不知其所自始,而一国若狂,争以寒乞相尚。初仅见诸满洲巨室,继而汉大臣之子孙亦争效之。淄川毕东河尚书之诸孙,盖无人不作此装也,今其家已式微矣。犹忆壬辰夏六月,京师燠暑特盛,偶登锦秋墩逭暑。(锦秋墩者,在南西门内,直陶然亭之北,都人呼之曰窑台。崔然小阜,高不及二丈,顶平宽可亩许,杂树环之,四围皆苇塘,无人家烟火,故盛夏无暑气。每岁午节后,辄有人设茶肆于此。陈百戏杂耍,兼沽村酒,竹篱茅棚,颇有村落间气象也。)邻座一少年,面黧黑枯瘠如赶,盘辫发于顶,以骨簪贯之。(京师无赖子,夏间皆作是装。)袒裼赤足,仅着一挨鼻裈,长不及膝,秽黑破碎,几不能蔽其私。脚蹑草履,破旧亦如之。最奇者,右拇指穿一汉玉班指,数百金物也。雕羽扇一,碧玉为之柄,价亦不下百金,箕踞而饮酒。聆所谈,皆市井秽亵语。然酒家佣奔走其侧无停晷,趋事惟谨,不类侍他客,方深异之。俄而夕阳在山,游人络绎归,忽见台下一朱轮后档车,行马二十余拥之。众皆大诧,因驻足观其竟。则见有冠三品冠拖花翎者两人,作侍卫状,一捧帽盒衣包,一持盥盘、漱盂之属,诣少年侧,鹄立启曰:'大爷,舆已驾矣。傍晚尚有某王府饭局,须早去也。'少年辣然起,取巾帻面讫,【接下页】

八年后，义和团事件爆发了，大多数王公沦落到流落街头的程度，成了不是假的而是真正的乞丐了。

"他们活该。他们本不应该嘲笑我们。""缠住脚"（Tanglefoot）[①]说道。他有用旧麻布包裹下肢的习惯，故而得此绰号。"缠住脚"是一个职业乞丐，一位衣着褴褛的哲学家。通常你会在娱乐区看到他追着富人的四轮马车跑，哼哼唧唧地求他们的施舍。正如中国的俗语所言："肚子空空的时候，腰杆也硬不起来。"[②]或者他会径直站在一家店铺外面，让自己看起来、听起来和闻起来如此讨厌，以至于店主没法再忍受下去，就给他点东西把他打发走。"商人为何不叫警察来把你弄走？"我们问道。我们给他铜板已经好多年，尽可以开诚布公。"他不敢，"他回答道，"也许我看上去破衣烂衫，微不足道，但我属于丐帮，这是一个很有势力的

【接上页】一举首，观者愈惊愕，几失声。盖向之鬓黑者，忽变而白如冠玉也，然后悟其以煤灰涂面耳。盥漱既竟，徐徐着衣冠，则宝石顶而三眼翎者。两侍卫拥以下，既登车，游龙流水，顷刻渺矣。佣保乃耳语余曰：'此某贝勒也。'余益骇曰：'何至是？'友人哂曰：'君岂不知辇下贵人之风气乎？'乃屈指为述某王、某公、某都统、某公子，皆作是时世妆。若此贝勒者，犹其稍守绳检者耳。因慨然曰：'不及十年，其将有神州陆沉之变乎？'友人故旗籍，官内务府，故知之如此其悉也。"见李孟符《春冰室野乘》，张继红点校，山西古籍出版社1995年版，第129—130页。本书所引巴恪思和濮兰德的书中记述当从此条笔记翻译而来。——译者注

[①] "缠住脚"是个非常聪明的人，跟他交谈是很值得的。他高兴的时候，能讲出关于人性的最不同凡响的故事。有一些很恐怖，有一些会让你发笑，有一些则会让你沉思。他本人跟其他乞丐的不同之处在于他出身于士绅阶层。他生于一个良好的家庭，还没来得及学做一门买卖时，家里就突然陷入贫困之中。如今在中国，行乞已经是一个受到承认的有组织的活动，被包括在赚钱行业的日常名单中，向步入生活的贫穷的年轻人开放。因此他说："妈妈，我知道现在只有一件事可以做，让我当一名乞丐吧。"他的母亲默默地流泪了。于是他就开始了他的职业生涯。不幸中还算幸运，因为他做得非常成功，从不需要求助于悲惨的残损肢体的手段——比如说挖掉一只眼睛或砍断一条胳膊，有时候这些手段是为了激起怜悯而故意采取的。从甘博（Sidney D. Gamble）的《北京社会调查》（Peking, A Social Survey）一书中，可领略对北京城市生活中的阴暗面的有价值的观察。

[②] 此处据原文直译，或指成语"为五斗米折腰"。——译者注

组织,有帮主,还有几千名成员。即便有钱的店主也不愿意冒犯我们,生怕我们帮里的某个人为了报复他在他店门口自杀,这样会给他带来很大的麻烦和嫌疑。好了,失陪了,"他恭敬有礼地鞠了一躬,表示他受过很好的教育,"我得去天福号的酒馆了,那儿正摆着几大桌的宴席。客人酒足饭饱之后,是最容易被打动来享受难得的慷慨大方的乐趣的。"

因为外省的游客喜欢吃家乡菜,这里有专门的场所供应全国各地的食物。福建人会在北京点他当地的海鲜菜,而山西人则沉湎于他对醋的嗜好。广东人经常光顾雇广东大厨的地方,河南人做东时则喜欢在备有他们钟爱的鲤鱼来满足需要的饭庄里招待客人。为四川人做的美味川菜同样能找到,还有为孔夫子的老乡准备的鲁菜——传说孔子就是一位食物鉴赏家。

虽然这座城市有名饭店的完整名单太长,没法在这里列出,但提及其中一些受到中国美食家称赞的饭馆还是很有趣味的。

东兴楼很可能是这座城市里客人光顾最多的饭馆,尤其是参加生日或葬礼宴席的时候。位于紫禁城西门附近的砂锅居"专门做猪肉及同类菜肴,但不提供鸡鸭和鱼"。它以前是上了早朝的官员喜欢的早饭铺,尽管时过境迁,现在仍旧很受欢迎。"百庆楼"① 建于两百年前,也留住了它的顾客。同样古老,甚至更有名的是前门外的正阳楼,那里冬天供应放在铁盆上炙烤的羊肉,秋天供应螃蟹,会给每位客人一个小木槌,用来砸他自己的蟹。

顺治门外的便宜坊是吃北京鸭的几个有名的地方之一,这种家禽养在暗室里,每天被强迫喂食,直到需要送上餐桌的那天。

中国的绅士去所有这些饭馆,还有许多其他的饭馆,不只是

---

① 此处据原文音译,老北京并无叫这个名字的饭馆,疑为鸿庆楼之误。——译者注

为了赴宴——因为"排忧解难、说和，或者达成生意上的交易，在中国没有什么像一顿宴席那么有用的了"，还打牌或打麻将、喝酒、抽烟、讨论政治，或者靠在阳台上观看人群。中国人说得很对："民众的脉搏可以在包厢里的闲聊中感受到。"但是就像访问巴黎的苏格兰人一样，他们"不带老婆"。传统风俗禁止中国妇女和男人一起出现在这种地方，即便是和她们自己的丈夫也不行。举行宴会时，唯一在场的女性是歌女，她们是职业的艺伎，没有名誉受损的问题。

不过，千万不要以为中国的宴席是纵酒狂欢的场合，对良好的品味是一种冒犯。并非如此，中国人整体上是一个持重节制的民族，一个拥有高雅文化和古老文明的民族。当我们还在狼吞虎咽半生的牛肉，在七天的蜂蜜酒席上喝得烂醉的时候，他们已经获得了真正文明的标志之一——享用"一点"而不是"很多"。他们的酒杯也许能盛两茶匙的酒，他们的茶杯是三茶匙的容量，他们的烟斗抽几下很快就没了。醉酒极为罕见，尽管确实存在。但对想要喝醉的人来说，本地的酒要达到醉酒的效果实际需要的量要比我们的酒小得多，因为他们喝的都是浓烈而要小口抿的酒。

不过酒仍旧是宴席上重要的配角，就像老派的请柬上熟悉的客套语写的那样："洁樽敬候光临。"而且，一位细心的主人对他的酒须是好酒这一点最为讲究了，在五十种不同的绍兴酒里面，他会大方地用他能拿出来的最好的酒来款待客人。

中国人招待客人时的那种慷慨确实非同寻常。时间和金钱都在所不惜，一场宴席会有三十或四十道菜，包括十道炒菜（诸如鸭舌和猪后腰肉）、"十大碗"①、四道冷碟、若干种水果以及各种汤羹，此外还有米饭、馒头和酱料。每样东西都是提前预订，不

---

① 所谓"十大碗"有各种名目的说法，可参见肖复兴《闲话老北京饭庄》，《随笔》1995年第4期。——译者注

过要等到所有宾客到齐，经过对我们西方人来说似乎是无止境的延迟之后，它们才会完全准备好。①

一桌非常精美的菜，每道菜会花费 10 到 15 块墨西哥银圆②，但一顿相当好的饭可能两块银圆就够了。当然，价格上的巨昂也代表了珍馐美馔：购自南洋的燕窝、过了季的鱼翅、熊掌、来自广东的早黄瓜，或是其他中国人特别喜爱的进口蔬菜。事实上，有家素菜馆是这座城市里一个稀罕的去处。那里不仅备有每一样能弄到的蔬菜，而且这些蔬菜几乎都是仿照每道大家知道的肉菜来做的。在这家馆子最近的一次宴席上，二十七道不同的不带荤腥的菜肴上了桌。烤鸭是用豆腐做的配料做的，炸鳝鱼是某种用植物油烹制的甜瓜的外皮，猪肉和牛肉菜是用竹笋和蘑菇做的，如此等等。这顿饭的新奇之处在于，这些素菜不仅吃起来像不同的荤菜，而且做的外形也很像它们。

一流的饭馆通过把剩菜卖给二流的饭馆来增加他们的利润，二流的饭馆再将剩菜卖给三流的饭馆，如此不断地进行下去。在中国没有浪费的食物，富人饭桌上剩下来的残羹冷炙最终会辗转进入街角露天的食摊，贫穷的苦力在那里花上几分钱买一碗"甜酸"混合的汤菜，里面有被倒进一口巨大的烹煮剩菜的锅里的鸭子和点心。做这件事的是一个小男孩，他用沙哑的声音喊着意思相当于小贝利先生（Mr. Bailey Junior）说的那句"羹饭备齐了"（"The wittles is up"）③，以此来吸引他那些衣衫褴褛的顾客。而流

---

① 见林志宏的《中国人的社会生活》（*Social Life of the Chinese in Peking*）。
② 1821 年墨西哥独立后，于 1823 年开始铸造墨西哥银圆，因币面上镌有飞鹰，又称鹰洋。墨西哥银圆在世界各地流通，1854 年流入中国，广泛流通于华东、华南一带，成为标准通货。1905 年墨西哥采用金本位制，停铸鹰洋，来源断绝，逐渐为中国自铸银圆取代。——译者注
③ 典出狄更斯的小说《马丁·瞿述伟》（*Martin Chuzzlewit*），中译文见《马丁·瞿述伟》上册，叶维之译，上海译文出版社 1983 年版，第 208 页。——译者注

浪狗则在长椅下面走来走去，叼走从柜台上可能掉落的任何东西。

一场时尚的宴会过后，宾客便放下架子打起嗝来——这被认为是表示感谢的良好作风，然后松开或脱下外衣，舒服地坐下来欣赏娱乐节目，不管会演什么。饭馆的猫则溜进来咬碎那些吐在地上的骨头。然后歌女会被叫进来，她们那刺耳的声音让我们想起在月夜的城墙或屋顶上听到的演唱。或许叫来的是盲人乐队，他们长得很丑，那让他们失明的天花的残酷损害常常又增加了他们天生的丑陋。但是当他们坐好，开始演奏他们那古雅的长笛和胡琴的时候，有一种魔力突然降临在这群人身上。于是从那独唱歌手的丑陋而变形的嘴唇中，迸发出令人陶醉的、深沉的天籁，在它那穿透人心的甜蜜中有着难以言状的动人。从未听过哪位歌女有这样的声音，唱过这样的歌。"他会是谁呢？"一个旁观者问道，"只是一个农民，但却是非常非常伟大的艺术家。"确实，他"只是像一个农民能唱的那样唱歌，声音的节奏也许是从蝉和夜莺那里学来的，里面的分音、半分音和四分音从未被西方的音乐语言记录过"。

听众变得严肃起来了，被盲人那忧伤的旋律和充满了悲哀、甜蜜与坚忍的嗓音所打动——他在哀怨地寻求某种永远得不到的东西。但是当歌唱完的时候，歌手出于盲人的敏感，猜想他的听众心情沉重，于是突然再次拨响他的胡琴，琴弦像是自愿似的，跳跃振动着奏出最欢快最热情的快步舞曲，奏出外国军号的变奏曲（演奏者是从使馆卫队的号手那里学来的），混杂着中国的军乐和对街头噪声、吱吱呀呀的手推车的声音、母鸡的喔喔叫声、孩子的哭闹声和妇女的争吵声的模仿，直到宾客彼此对视，脸上现出惊奇的微笑来。

如果是年轻人新潮的宴会，所有人过后都会移步现代的舞厅，广告称那里有"漂亮的舞伴"。这样的娱乐场所是中国的社会生活中最让人震惊的革新之一。几年前,"碰一位女士的手甚至她的衣摆还是一种粗鲁的、不合礼仪的行为,很少有人了解舞蹈的性质"。事实上,"登台演奏钢琴"(或参加管弦乐队)仅仅被归于美学之外的动机。①

有时候主人会选择在一家剧院来款待他的朋友,有可能是彰仪门大街上的"第一舞台"。这是一座半洋式的漂亮建筑,干净而舒适,较之那些经常透风、难看而肮脏的戏院而言是一个很大的改进。几尺长的红纸海报贴在外墙上,通告正在上演的剧目。但在中国,没必要急匆匆地吃完饭去赶戏的开幕,迟到的人没有被关在门外直到下一幕才让进场的危险。演出会持续半天和大半个晚上的时间——若上演的是流行的连台历史戏或神话戏,有时候甚至会演上三四天,观众则不断地进进出出。没有人会想到要保持安静。事实上,气氛欢乐的友朋聚会上人们一直都在谈天,他们围桌而坐,或在舞台前的乐队席间,或在宽敞的顶层楼座里②,一边吃着甜食喝着茶。看上去没有人在听演员尖声嘶哑地演唱,但一段出色的杂技表演或一个优雅的姿势总是会引来阵阵"好,好!"的呼喊声和表示赞许的竖起大拇指的动作,让人们想起古罗马的圆形剧场。

布景几乎没有,要不就仅仅是示意而已,舞台看上去光秃秃的,朴素无华,很像我们在莎士比亚时代的舞台。作为补偿,戏服令人惊艳,头饰非常华丽,上面饰有雉羽、镜子和夹丝的绒

---

① 此处引文出自 E. T. C. Werner, *Autumn Leaves: An Autobiography with a Sheaf of Papers, Sociological & Sinological, Philosophical & Metaphysical* (Shanghai: Kelly & Walsh, Limited, 1928), p. 175.——译者注
② 在第一舞台、开明戏院等现代风格的剧院(梅兰芳就在这里演戏),里面任何地方男女都可以坐在一起,座位也可以预订。在老派的戏院里,女人只能坐在包厢里,座席不能预订,而是由服务员卖票。除了座位的价钱外,他们还要因为额外的工作而收取小费。

球。女性角色总是由男人或年轻的少年来扮演①，悲剧演员运用的某些技巧在我们看来很古怪。想象一下彩绘的武士，眼睛周围画着深紫色或白色的、像是护目镜一般的圆圈，带着一种造作的、令孔雀自愧不如的高视阔步的神情走上来，用尖厉的嗓音彼此对喊，然后挥舞着手臂，在戏台上大步地走来走去，遇到紧要关头则翻起跟头，事后每一位身后都有一个道具师来重新整理好他的行头，而此时乐队的鼓和铙钹还在猛烈地敲击着！不过，喜剧演员常常真的很有趣，说出聪明的双关语和机敏的应答，虽然就我们的口味而言太过用力。

第三种戏剧表现的形式将悲剧和喜剧中最好的元素与配得上俄罗斯芭蕾的舞台效果和服装结合起来，那位杰出的女性角色演绎者梅兰芳正在发展这种戏剧形式。他广受欢迎的戏剧（也许我们可以称之为哑剧，因为模仿的技巧和优雅的姿势比情节或对白更重要）激起了中国人和外国人同样的热烈赞赏。

过了第一舞台，娱乐区一直向先农坛的方向延伸。新饭馆雨后春笋般涌现出来。靠近内城城墙南边的游乐园叫城南游艺园，迎合时髦的游手好闲者，天气暖和的时候尤其具有吸引力。

穷人则在天坛与先农坛之间的空地上找他们的乐子。这里有用凉棚搭起来的戏院，有高跷表演者、杂技演员和说书人，后者有点像意大利的"即兴创作者"（improvisatore）。这些人思维极其敏捷，满口俚语和俏皮话，引来人群的笑声。他们自己经常说着说着就进入一种完全迷乱的状态，手舞足蹈直到满脸流汗。然后在扣人心弦的时刻，他们不肯继续讲故事了，直到他们做了差不多下面这样一番吁请之后把钱收上来："我的财神爷和寿星们，

---

① 男女演员很少在同一出戏里一起表演，因为中国人认为这样不得体。有一些戏班完全由女性组成，有她们自己的戏院，但本地的观众认为她们是第二流的。

我的表演都是糊弄人的，没什么价值，但我费的功夫是真的，我的活儿不好干。所以我请求你们行行好，多扔些铜板给我。"

这里有露天的茶棚，用的是俄式茶壶，烧水的煤球是用煤灰和潮湿的黏土做的。这里还有卖大块的嵌着梅子的黄色切糕的小贩。香气从露天大锅里烘烤的栗子那里飘来。成千上万只苍蝇围着一辆流动肉铺的手推车嗡嗡地飞来飞去，它们如此密集，以至于你都看不见苍蝇围着转的羊肉，但中国人似乎并不介意。整户家庭就在这些流动厨房的某一家边上吃晚饭。有一位衣衫褴褛的苦力肩膀上挎着一根竹竿，就挑着这样的流动厨房，包括炉子和所有东西。他提供一只很粗糙的碗，一双筷子，还有一把骨头做的汤勺。他的菜单包括汤、粗面条、在油锅里煎得嘶嘶作响的白菜条，或在盛放着滚热的糖浆的碟子里噼啪作响的白薯。他用一种音乐般的叫卖声推销这些食物："一个铜板一个大热白薯，吃之前先用它焐焐手。"

在这些简陋的游乐场地的远端，以前还有一座跑马场，马贩子和有身份的骑师经常光顾那里，他们喜欢在羡慕的人群面前炫耀他们那踱来踱去的矮种马。他们的坐骑是专门从蒙古运来的，比一匹受过训练的良种快步马值钱得多。中国人不喜欢后面这种马，它们那高高的马鞍要踩着非常短的马镫骑上去，在这样的速度下确实不那么舒服。当这些小型马全速地径直跑过来，身上披戴着钉着黄铜的马具，鲜艳的小布块编织成马鬃和尾巴的样子，它们快步跑的速度跟普通矮种马奔驰的速度一样快。此时骑手站在他的马镫上，身体转向一侧，人群欢声雷动，那是一幅动人的画面。

在附近阳光明媚的开阔地，还可以看到喜欢养鸟的人带着他会唱歌的画眉出来透透风。一直以来，这都被看作中国绅士最体面的消遣方式，况且这对这种宠物的健康和幸福也是必要的。许多鸣禽——如百灵和花眉——闷闷不乐,拒绝鸣唱,除非经常带它们出来,让鸟笼轻柔地晃来晃去。另外一些鸟则必须放出来,用扔到空中的浆果来喂它们。我们也许会笑话这种消遣被当作成年人的娱乐方式,最近的"规定"就认为这种习惯"容易导致懒惰和浪费时间"而把它禁掉了。但它毕竟表明了中国的国民性中某种精致和诗意的特质,而且这些长着羽毛的小家伙在笼子里啁啾,或优雅而大胆地飞落在手上或为它们而伸过来的小树杈上的时候,是非常可爱而有趣的。

跟法国人一样,中国人是天生的游手好闲者。他们喜欢人群,以逛公园为乐,可以在那里以悠闲的体面姿态袖手站着,懒散地晒着太阳。过去几乎每个晴朗的午后,都有川流不息的、坐满有钱的寻欢作乐之徒的四轮马车和人力车,奔西直门外的植物园和动物园①而去。在北海和南海开放之前,这处胜地是一个广受欢迎的公共散步场所,它是农业部的一名官员建的一个试验场。最具吸引力的是为慈禧太后兴建的动物园,里面有进贡给她的野生动物,但它们中的大多数都已经死了,如今做成标本放在博物馆里。②这片场地很开阔,被照料得井井有条,有优美的湖泊、可租用的游船和悬在荷塘之上的雅致的茶舍。有时候水面掩映在很大的植物下面,它们如同闪着银光的绿色草坪,一直伸展到阳台上,而在这些看上去像在休息的慵懒的厚厚的叶子中间,

---

① 即万牲园。——译者注
② 1906 年,清政府的商部(后改为农工商部)奏请在西直门外筹建农事试验场,派诚璋为总办,应即文中所说的"官员"。1908 年,农事试验场全部竣工,开放接待游人,附设有动物园和植物园,其中动物园又称"万牲园",其建立确与慈禧有关。1907 年,两江总督兼南洋大臣端方受民政部尚书徐世昌委托,电告农工商部,将原在德国由驻德三等参赞官冯祥光于汉堡向德兽商宝尔德购买的一批野兽和禽鸟转运北京,作为筹办动物园的基础。慈禧得知非常高兴,便议办万牲园。——译者注

花儿如硕大的杯子般耸立在它们的茎上,每一朵都将一块金子怀抱在它那华美的花心里。

过去没有公园,当时人们唯一的户外休闲活动就是庙会。举办这种集市的习俗可追溯到遥远的古代,而且一直都受到最高统治者的恩顾。就举一个例子吧,乾隆皇帝曾下令在新年这一天,沿着通往清漪园的大路搭起临时的货摊,以供朝廷游乐。这里有卖古玩和刺绣等物的货摊,有由太监负责的图画展览会。出售的物品由北京的商人通过京师的税务监督来提供,他们选定应该送什么样的商品。每件东西都是完全按照真实的市场价格来卖的。甚至摊贩和沿街叫卖的小贩也可以来做他们的生意,还从城里最好的饭馆叫来伙计和仆从照管户外的膳食。当陛下经过市场的时候,伙计会大声报出当日的菜单,沿街叫卖的小贩会吆喝他们的货物,店员则喊出他们登记到账簿里的数字。喧闹和活力让皇帝和他的客人、高级官员以及他们受邀来买东西的夫人都非常高兴。集市每天都有,一直持续到正月末,然后货摊就撤下了。①

最生动如画(picturesque)的公共集市是以前在靠近英国公使馆的达子馆举办的集市。在这里,蒙古商人出售军号、佛像、转经筒、茶壶以及镶有绿松石的粗糙的银器。人群里混杂着各色人种,显得颇为奇特,总是引起人们的兴趣。外地人会忍不住盯着大草原上的女人看,看她们硬硬的鼓起来的肩饰,还有长长的编织着成串的珊瑚和半宝石的发辫。精明的汉族商人则忍不住要骗取她们和善却蠢笨的丈夫们的钱财,他们矮而壮实,穿着羊皮衬里的衣服和毛毡马靴,几乎是四四方方的体形。北京人眼中的

---

① 慈禧太后归政后隐退期间(1898年政变前),在新的颐和园又恢复了这一生动如画(picturesque)的习俗。

蒙古人，一直就像巴黎孩童眼中的奥弗涅人①，或伦敦东区的出租车司机眼中的来伦敦看家畜展览会的乡巴佬一样——他们都是流行笑话取笑的对象，不管走到哪里总是受骗上当。

在那些至今仍在延续的古朴有趣的集市中，最有名也是人们最经常去的是隆福寺、护国寺和琉璃厂的集市。隆福寺集市一个月举行三次，从每月初九到十二，十九到廿二，然后是廿九到次月初二，地点在东四牌楼附近的一座破旧的寺庙的院子里。该集市以隆福寺这座寺庙得名。它于1452年以巨资建成，五座精美的殿宇都由喇嘛教徒照管。雍正年间，为了庆祝寺庙的节日而开办了集市，此后一直延续至今，甚至在1901年那场烧毁了宏伟的庙宇的严重火灾后也没有中断。

各种各样的便宜货都在这里出售。在外面的大门口，游客会被卖北京哈巴狗的人们团团围住。它们中的一些看上去像是人造的狗。它们应该装上绿色轮子和红色法兰绒舌头才对。

在里面，现代的黄铜制品和盘子——或者说零零碎碎的小件古玩——铺在地面或货摊上。宽大的院子的一角是留给卖装在竹笼里的蟋蟀和金鱼的人们的。金鱼是一种美丽的小动物，长着三重或四重尾巴。我们想把它们全买下来，放在盛着清水的大碗里。但是摊主解释说，如果我们这样做，它们会死掉的——它们宁可生活在它们习惯的浑水里。

一整排卖假花的货摊都挤满了搜寻发饰的妇女。看着她们细长的手指如微风中弯折的柳条一般灵活优雅地翻动是一件趣味无穷的事情。

我们跟随人群来到里面的院子。这里有更多的摊位，有的摊

---

① 奥弗涅（Auvergne）是法国中南部的一个大区，人口稀少，多山。——译者注

位出售编成长长的发绺的假发,有的卖成对装在盒子里的婚礼上用的那种礼仪性的红烛,有的卖梳子,有的卖成打的用来刮脸、鼻子、眉毛和下巴的很小却非常锋利的刀子,有的卖形状如婴孩的手的竹子做的背挠,有的只卖绕在脚踝上来固定裤子的丝带。这里有无数的摊位,可满足中国人的每一项需求。

这中间还有卖热气腾腾的食物的货摊,累了的顾客可以在这里停下来休息一下,在露天的环境下娴熟地用筷子来取食。旁边坐着的是货币兑换商,带有沟槽的木盘子里放着成排的现金。不远处是刻印师的固定摊位。卖草药的选了一个他的货物不会被踩到的角落。附近一位"包治好的牙医"备了一批诱人的牙齿,它们是干净利落地拔下来的,供顾客选用,且有适合安装在完好臼齿上的金色牙冠,只是为了看上去金贵。算命和挑选黄道吉日的先生也等待着客人的咨询。他有一个平常的竹筒,里面放着不同长度的签。他应人们的请求摇动这个竹筒,直到一根签从里面掉出来。是长的吗?对顾客而言这就意味着好运。哎呀,不是!是短的。过了吧,改天再试一次。他用来给他自己做广告的那面小小的锣发出的声音,让人们想起一首儿歌:

> 以利亚(Elijah)是一位先知,
> 他去乡村参加集市,
> 用一班跳舞的熊,
> 把自己的生意广而告之。

你看,即便是一位先知,如果不好好宣传的话,也绝不会因为他的预言能力而赢得赞誉。

修眼镜的、磨剃须刀的和卖便宜珠宝的都在集市上,他们忙碌地做着生意,仿佛在他们自己的店里似的。对本地上了年纪的主妇来说，布料拍卖商必定有着无法抗拒的吸引力。他一边拉拽他的厚棉布来证明它的结实，一边唱着押韵的歌谣来赞美它：

> 十分钱，就十分钱，
> 或者再多一点点，
> 你就有了一件前所未见的东西，
> 只要十分钱一尺，它结实又美丽，
> 就是你想要的。这件东西就卖给你。

他的唱词也许可以用这种意译部分地传达出来，但那手势、声调和节奏是无法模仿的。

我们恋恋不舍地离开了他那好玩的搞笑表演。对于他极力兜售的难看的高级印花棉布，我们能拿来做什么呢？也许拒绝一下都太不值得了。

但是当我们一直走到玩具货摊的时候，我们可耻地缴械投降了。每一个外国人都被中国玩具制造商那种令人震惊的灵巧打动了，他们用这种灵巧劲，以小得可忽略不计的成本，几乎达到了我们用高昂费用所达到的效果。很久以前，贫困就教会了他们把找乐子变成最普通而非最昂贵体验的秘诀——从一无所有中创造美的非凡艺术。一组站在马鬃上的小小的纸人①放在一个黄铜托盘上，轻轻地敲一下边缘，它们就会跳起舞来，买下这整套可爱的把戏只需要花几分钱。一群鹅通过松开或压紧系在一条线上的竹扳手，就会顺着这条线飞起或降落，整个只要一个铜板。纸蝴蝶在轻巧的柳枝上拍打着翅膀。装在真树枝上的假花能骗过眼

---

① 俗称鬃人，以泥、纸、布制成的小人底座下粘有一圈猪鬃，以便在铜盘上利用颤力实现不同动作。——译者注

睛。用的总是最便宜的材料——纸、竹子、稻草、黏土、木屑或羽毛。但不管是用烟盒碎片做的玩偶的家具——它们如此精巧地仿造了"中国的奇彭代尔",用干土做的昆虫,用糖做的面颊粉红的娘娘,用彩布做的古怪的神话中的动物,还是如塔纳格拉的陶俑①那般以其特有的方式讨人喜欢的小雕像,每一件东西都做得如此精巧,如此富于表现力,常常还很诙谐有趣,让人忍不住想买下它。

护国寺的集市在重要性上仅次于隆福寺的集市,也是在一座喇嘛庙里,一个月举行三次(中国农历每月初七和初八、十七和十八以及廿七和廿八)。该庙由忽必烈指定用于举办庙会。②明代西藏活佛曾居住于此,但如今它已破败不堪。集市在院子里开办,用于供应老百姓的日常家用必需品:扫帚、羽毛掸子、剪子、勺子、堆成小摞的花生、易损的玩具以及最便宜的玻璃珠宝。通向寺庙的街道遍布着花店。有一座至少可追溯到明朝③,店主骄傲地向我们展示两棵那个朝代种的有历史意义的棕榈树,中国人称这个品种为"铁树"。它们一百年甚至更长的时间里只开一次花。按照他的家族保存的记录,自清朝入关以来,它们只开过两次花。外国游客会饶有兴味地参观用抹灰的篱笆搭建的供植物过冬的暖房,三面环以泥墙,屋顶也是泥土做的,厚白纸贴在南面敞开的框架结构的杆子上。它们构成了温暖干燥的植物庇护所,使其环境保持在一个安全恒定的温度,以度过明亮却又严

---

① 塔纳格拉(Tanagra)是古希腊比奥提亚(Boeotia)地区的一座城市,公元前4世纪出产一种陶土烧制的小雕像,以此闻名于世。——译者注
② 此说不确。元至正二十三年(1286年),忽必烈赐地于定演大师建寺,取名崇国寺,即今护国寺前身。护国寺庙会始于清康熙后期。——译者注
③ 北京有几家商号同样夸耀它们创办年代之古老,例如前门外大栅栏的同仁堂药房。这家店现在还用珍贵的明代罐子来存放药品和药草,这些罐子是它开业的时候买下的。

寒的冬季。这些温室中有一些有地下烟道，促使那些适合于新年的植物按时开放。如果节庆的鲜花到了宽限期的最后一周还迟迟不开，就有大锅的热水散发出温和云雾般的蒸汽，让最顽固的牡丹也绽放，给矮小的橙子树和古怪的佛手的果实抹上金色——后者是属于柠檬家族的、具有象征意味的手状水果。然后，所有这些深受喜爱的给朋友准备的礼物都装在垫着纸的篮子里，用暖手的火盆保温，这样就很踏实地防止了严寒的侵害（否则这种天气立刻就会让它们枯萎）。它们被运到购买者的家里，在这个喜庆时节，给房舍或店铺增添了装饰的效果。

在北京，新年（农历的）是普天同庆的时刻，是唯一持续数周的假日，也是唯一尽情欢庆热闹的场合，仿佛所有人大喝一声就送走了旧年，换上衣服装扮一新。人们在北京所有集市中最著名的在琉璃厂举办的集市上庆祝这一新年。

让我们想尽办法去看看，如果我们有机会的话。伙计说就为了看看人群，我们得穿过灯市大街，虽然这样走绕路了。很好。我们的车夫几乎还没有行人走路快，因为交通太拥堵了。但是我们没有抱怨，因为街道起到了带给人们无尽乐趣的戏剧表演的效果，而且慢悠悠的步伐让我们有更好的机会去观看那些挤满了顾客的店铺。人人都买灯笼过节，选择令人眼花缭乱。有一些是用牛角或薄纱做的，上面绘有表示吉祥祝福的汉字或买主的名字。有一些是用纸做的。有一些是用丝做的，嵌在木雕里面。有一些则有奇特的形状，鸟形或蟹形，或关节活动的甲虫和黄蜂的形状。这些都很贵，实际上只是玩具，因为它们不发光。但在电力便宜的今天，灯笼与其说是一种必需品，不如说是中国人生活中一种附加的装饰品。①

---

① 在过去，所有阶层的人都提着灯笼。甚至哨兵值班的时候都用它，他们也用伞和扇子。

再走远一点,我们发现自己置身于书店街①的深处。这里是文人学士极好的去处,他们花上几个小时在这里搜罗宝贝:旧书、著名碑刻的拓片和卷轴画,很像他们的欧洲同行在巴黎塞纳河边的小货摊上做的事情。这里有绫绢装裱的诗作,也是书法之奇观;有迷人的风景画——从中可一瞥白雪覆盖的山岭、有鸟儿掠过粮食的稻田、巨大的峡谷旁深红的树林、云朵遮盖的成列的山峰。所有这些都没有因为它们实际上是现代作品且只须花费一到二十美元而减损其魅力。

户外的集市有各色各样的寻常货摊,还有江湖郎中、杂耍艺人和木偶表演,它开在一块很大的开阔场地上,周边是新辟的漂亮而宽阔的马路。但在从这里伸出去的一条狭窄的巷子里坐落着古老的火神庙,那里出售珍珠、玉器和瓷器。诱惑在这里得到了集中的体现。多么拥挤的人群啊!一开始似乎没人能在人群里移动。然而所有人都在动,或者不如说,在一个摊位一个摊位地转。"人们都在做滑和溜的动作,就像鱼在鱼群里那样。但若有耐心和好脾气,就可以毫不困难地从表面上挤得很严实的人头和肩膀中间穿过去。"

我们发现直到集市的最后一天,物价都高得离谱,事实上根本买不起。不过商人几乎没指望把东西卖出去,货物摆放在这里实际上是在展览,以吸引买家的注意。他们后面会到店里去,私下里为他们看上的东西讨价还价。尽管如此,即便看看这些展出的物件也是一种教育。

街道外面,贫困阶层把他们的铜板花在水果摊上。这里有成堆的北京白梨、大个的紫葡萄(中国人知道怎样使用一种古老的冷藏系统——通过将它们放在陶罐里然后埋在地下,将其保存

---

① 即琉璃厂。——译者注

一年之久），白里透红的苹果及橙色的柿子，它们都显出些许明亮的色彩来。小孩子特别喜爱的是肩膀上扛着毛扎扎的草把子的卖山楂的人，每根竹签上都插满了裹在蜜里的小山楂果。① 他的秘方最初来自蒙古人，他们把用同样的方式保存的这些水果穿成一串，戴在脖子上，骑马或做买卖的时候，经常就在他们的项链上咬上一口。事实上，正是蒙古人养成了亚洲对甜食的嗜好，在征服的过程中也随身携带着他们对糖食美味的喜爱，并将其传给突厥人、波斯人和东方的所有民族。这样一来，由这些民族的甜食，人们仍可以追溯出煊赫一时的可汗们的行进路线。琉璃厂的糖果店通过对原始配方加以改进，建立起了他们的声誉。他们把一百种而不是一种可口的蜜饯存放到绿釉陶罐里，供急切的顾客选用。

正如有些人恰如其分地评论的那样，北京人特别喜欢的两种消费品是甜食和鞭炮。我们回来的时候，爆竹在我们周围到处燃放，庆祝这个欢乐假日的最后一天。它就像一个美梦完全过去了。如今那些小小的李子树——每家每户庆贺新年的礼物——开始凋谢。还得再过辛苦的一年，它们才会重新开放。但节日的喜庆精神似乎还萦绕在客房。也许那只是年禧的芳香，人们如此沉醉于其中，因为对忙碌辛劳的大众来说它太珍贵了。也许那是祖先的记忆，是某位"过年娘娘"，她在年关上徘徊，仿佛不忍离去②，"为了那'友谊地久天长'（Auld Lang Syne）"③。

---

① 此处显然指冰糖葫芦。——译者注
② 老北京人过年，过了"破五"（正月初五），新年基本上就过去了。初六清晨，大部分店铺都会给供的各路佛神上香叩首，然后将印有神像的神码儿等请到当街，放在芝麻秸、松木枝架子上一焚，谓之"送神"。作者所描述的或即此种习俗。参见常人春《老北京的风俗》，北京出版社2019年版，第155页。——译者注
③《友谊地久天长》是古苏格兰民歌，按照传统，在新年前的午夜唱起。——译者注

第二十一章　西方地标

在北京的城里或郊区,到处都有西方地标:一座教堂或礼拜堂,一所学校或医院(墙上刻着法文或英文),或一座带有十字架的墓。它们与其所在的远东环境形成了鲜明的对比。这些地产属于不同的基督教差会,让我们想起中外关系史上的浪漫一章,以及传教士早年扮演的非同一般的角色。①

姑且不论关于那位多疑的使徒圣多马(Saint Thomas)本人曾将福音传给中国人的模糊不清的传说,可以肯定的是基督教的牧师在非常遥远的古代就见过中国人。②最早的很可能是摩尼教徒。我们确切地知道有两位聂斯脱利派③的僧侣于公元6世纪将蚕卵带给了查士丁尼。而自伟大的唐太宗以来,在第一个教皇使团来华之前,他们的修会在中国已经传教了好几百年。④最迟在14世纪,北京的聂斯脱利派教徒已经是一个重要的团体。按照利玛窦的记述,1540年左右,一场迫害彻底摧毁了他们在华北

---

① 参见赖德烈(K. S. Latourette)的《基督教在华传教史》(*A History of Christian Mission in China*)。
② 在中国历史文献的记载中,基督是于汉平帝年间"冬至节"的第四天诞生于"如德亚"(Têh-ya),即犹地亚(Judea)。〔此处"汉平帝年间",应指元始元年(公元1年)。"如德亚"是明清文献中对Judea的通用译名,见《明史》卷三二六《外国传七》:"天主耶稣生于如德亚。"——译者注〕
③ 中国称景教。该教会为在神学争论中被革职的聂斯脱利的信徒所创。唐朝传入中国,建中二年(781年)立"大秦景教流行中国碑"。——译者注
④ 相关史实可参考王治心《中国基督教史纲》(上海古籍出版社2011年版)第四章《基督教始入中国的传疑》,第22—26页。——译者注

地区最后的活动。① 但他们的影响还在持续，其影响力大到足以防止任何其他基督教教派确立起永久地位的程度。

13 世纪，蒙高维诺的约翰（John of Montecorvino）受教皇尼古拉四世（Nicolas IV）的派遣来到忽必烈的宫廷，他是第一位激发我们的想象力的罗马天主教神父。我们读到了他怎样在汗八里（古代北京）受到殷勤的招待。他非常动人地写道，他在那里"待了十二年之久，其间没有收到任何来自欧洲的音讯"；他怎样建了一座教堂，"它有尖塔和钟楼，上面有三面钟，每个时辰都会鸣响，召集皈依者来祷告"；他怎样给近 3000 人施洗礼，"买下了 150 名儿童，用希腊语和拉丁语教他们，为他们编写了几本祈祷用的书"；以及在经历了"善良、艰难和坎坷的一生"后，他怎样于 1328 年以大主教的身份去世，此时他已经离开家在外漂泊了四十多年。整座城市都在悼念他，基督徒和异教徒一样撕破他们的衣服，到他的坟墓前朝圣。②

毫无疑问，他的成功大部分要归功于大汗们对所有宗教都彻底包容的姿态。③ 忽必烈的前任大汗蒙哥界定他们的态度时是这么说的："我们鞑靼人只承认一个神，我们的生死任由他摆布，我们的心永远归附他。但就像神给人们的手好些手指一样，他也赐予他们通向天福的许多条道路。"这位君主为没能像自己那么包容的其他人安排了一次展现各自本事的机会，当时聂斯脱利派信徒、天主教徒、伊斯兰教徒、道教徒和佛教徒都应邀出场来解决他们的纷争。受法国国王圣路易（St. Louis）④派遣的荷

---

① 参见玉尔编《华夏及前往华夏之路》(Cathay and the Way Thither)。
② 此处引文出自 The Chinese Repository Vol. III (Tokyo: Maruzen Co., Ltd, 1835), p. 112。——译者注
③ "在异教徒中间，"教友孛来仁（Peregrine）在一封后来写于1317年的信中说，"我们能自由地布道。我们在撒拉逊人的清真寺里为了让他们皈依布道了好几次。"
④ 即路易九世（1214—1270）。——译者注

兰教士鲁不鲁乞（Rubruquis）是前两个回合的获胜者。但在后来于 1256 年举行的回合中，这位勇猛强悍的基督教辩手没有出席，于是蒙哥决定让佛教成为"大拇指"。相比之下，他只称基督教、伊斯兰教和道教为"指头"，尽管他自己的母亲是一位基督徒（为寻找祭司王约翰［Prester John］①而来到哈拉和林的鄂多立克修士证实了这个事实）。②

后来，福音在中国的传授中断了好多年。不过，到了 16 世纪末，耶稣会士开始产生某种几乎压倒他们所有的对手的影响。圣方济各·沙勿略（St. Francis Xavier）把中国标记为他专门劳作的领地。然而，他本人从未能抵达京城，"因为他的目的地一为人所知，葡萄牙人就启动了强大的阻挠机制……他们的商人从一开始就敌视所有的传教工作，预计这会危及他们的生意，如果这种传教工作会导致与帝国当局的任何冲突的话"。③沙勿略 1552 年在澳门附近因热病去世，没有实现他个人的梦想。不过他的职责落到了值得尊敬的后继者利玛窦神父身上。当利玛窦历尽千辛万苦来到北京的时候，明朝的万历皇帝对他表示了特别的好感。

清朝初年，教团继续享有其崇高的地位，这要归功于另一位杰出领袖汤若望神父的卓越才能，他在顺治年间甚至比在明末更受重视。他被任命为太子的导师④，皇帝还赏赐他顺治门附近的一座房子（利玛窦曾在那里住过），用作修建教堂之址。1650

---

① 12 至 17 世纪盛行于欧洲传说中的中世纪亚洲基督教国王。——译者注
② 关于蒙哥大汗的宗教竞赛的完整描述，参见鲁不鲁乞修士本人不经意间妙趣横生的记述：《鲁不鲁乞东游记》（*The Journey of William of Rubruck to the Eastern Parts of the World, 1253-1255*），由罗克希尔（W. W. Rockhill）译出。
③ 见郝林（Hollis W. Hering），《中国罗马天主教差会研究》（"A Study of Roman Catholic Missions in China"），载《新中国评论》（*The New China Review*），1921 年。
④ 汤若望并未担任过康熙的师傅，此处应指顺治帝 1653 年赐其"通玄教师"称号之事。——译者注

年,南堂就建在这片土地上。^①这些荣耀激起了中国官员的嫉妒心,汤若望曾就此向顺治提出过警告。顺治去世后,这位著名的传教士被投入监狱,一道入狱的还有他的伙伴南怀仁。他们在可怕的中国监狱里受苦长达六年之久! 最后,顺治去世后掌揽大权的四位辅政大臣由于虐待这些罗马天主教士而招致年轻的继承者(康熙)的不快,他父亲本人对待这些教士则态度友好,性情温和。事实上,很大程度上正是因为辅政大臣迫害了年轻的皇帝的老师傅,他才于1667年十三岁的时候解除了他们的职务,开始亲政。^②

康熙对耶稣会士尊崇备至,赐予他们官衔,为他们在宫中考虑得很周到,给他们修建居所,还有一座教堂,即最初的北堂。这座教堂实际上位于宫苑区域,是1693年作为张诚(Father Gerbillon)和刘应(Father Visdelou)两位神父用奎宁或"耶稣会树皮"(Jesuit's bark)——当时在欧洲也是新药——治好了陛下的疟疾的回报而建的。^③

---

① 南堂与利玛窦、汤若望和南怀仁的名字光荣地联系在一起,装饰有从欧洲运来的漂亮雕像和由郎世宁的精湛画笔绘就的图画。作为一座礼拜堂,它熬过了耶稣会士的召回和遣使会士的驱逐,结果在1900年狂热的义和团动乱中被义和团团民付之一炬。〔南堂的前身是利玛窦于1605年修建的宣武门礼拜堂。1650年,在汤若望主持下,在宣武门礼拜堂原址上开始了天主堂的翻建工程,两年后竣工,是为南堂。——译者注〕
② 此处史实有误。康熙三年(1664年),汤若望和南怀仁因"历狱"而被关押入狱。1665年,南怀仁先被释放,不久汤若望获孝庄太皇太后特旨开释,与康熙亲政无关。——译者注
③ "欧洲传教士被允许参加每一个庄严的仪式,在那里他们有自己的位置。皇帝经常对他们表示敬意,在整个帝国面前对他们说好话,可以说表现了对他们的尊重。"(原文为法语:"Les Missionaries Européens sont admis à chaque grande cérémone, où ils ont leur rang. L'Empereur leur a fait souvent l'honneur de leur adresser la parole et de leur dire des choses pleines de bonté, à la face, pour ainsi dire, de tout l'Empire")见《北京传教士关于中国人的回忆录》(*Mémoires Concernant les Chinois,par les Missionaires de Pékin*),巴黎,1776—1791年。〔另一种说法是,给康熙治病的是耶稣会士洪若翰(Jean de Fontaney)、张诚和白晋(Joachim Bouvet)【接下页】

这些博学之士为了报答皇帝，把他们掌握的科学知识教给他，任由他来支配，这些知识对他也很有用。南怀仁纠正了本地天文学家计算中的不准确之处。他的继任者张诚由康熙派往俄罗斯，帮助缔结《尼布楚条约》。作为回报，皇帝于1692年3月22日颁布了他的伟大的"宽容敕令"（Edict of Tolerance），允许基督教在整个帝国范围内自由传播。[①] 汤若望改进了历法，铸造了大炮，"他像做弥撒似的，穿着长袍，郑重其事地在宫廷上为这些大炮祝圣，在它们上面洒上圣水，给每一门炮起了一位女圣徒的名字，亲自将名字写在炮的后膛上"[②]。其他的神父对帝国做了测量，绘制了帝国的地图，亲自将其铭刻在奉献盘上。

这无疑是耶稣会士在北京的黄金时代。他们在这座城市里拥有三座教堂，此外还有一座供妇女用的教堂——京城里的女士特别热衷于用她们的珠宝来装饰它。不过，很难说这座教堂产生了很大的影响，因为马国贤（Ripa）告诉我们它每六个月才开放一次。但它毕竟在京城有一席之地，这一点非常重要。

"利玛窦、汤若望、南怀仁和他们的同伴的故事，"密福特（Freeman-Mitford）写道[③]，"教给人们一个后来经常被忽略的真理。传教士要想在中国取得成功，必须通过卓越的才华和知识的

【接上页】三人，参见范行准《明季西洋传入之医学》，上海人民出版社2012年版，第146页。奎宁最初是西班牙的耶稣会教士传入欧洲的。1620—1630年间，他们从南美洲的盖丘亚人那里学会了如何用金鸡纳树的树皮治疗疟疾，故当时称这种新药为"耶稣会树皮"，后来将从这种树皮中提取的活性化合物命名为奎宁。——译者注〕

① 见郝林《中国罗马天主教差会研究》。〔所谓"宽容敕令"是借用欧洲历史上的说法。1692年，康熙颁布上谕："将各处天主教堂俱照旧存留。凡进香供奉之人，仍许照常行走，不必禁止。"——译者注〕

② 此处引文见 A. B. Freeman-Mitford, *The Attaché at Peking* (London: MacMillan and Co., Limited, 1900), p. xxviii。——译者注

③ 参见《北京的使馆专员》（*The Attaché at Peking*）。

力量。不管在哪一个层面上,他们都只能做有文化修养的阶层的工作。为了影响这些阶层,他们必须能证明他们取得了超群的成就,就像过去的耶稣会士一样……我们(盎格鲁-撒克逊和新教)的传教士大部分生来就赋有勇气、虔诚和自我牺牲的精神。他们已经证明自己具有这些禀赋,甚至献出了他们的生命,但这些品质在有教养的儒家看来算不上什么。像汤若望的朋友徐光启这样的皈依者,或者他的女儿圣洁的甘第大(Candida)①,为中国的基督教化所做的事情会超过上千名贫苦的农民。然而,要让这样的人皈依,需要具有非常罕见的资质。首先,必须掌握关于这门语言的精确而博学的知识。我们的传教士中出色的学者一直都不少,但比他们多得多的人的无知却是致命的,这些人给他们自己和他们传布的宗教抹上了荒唐可笑的色彩。想象一下一个中国佛教徒在查令十字街(Charing Cross)②爬上一辆双轮马车的车顶,用洋泾浜的英语向人群宣讲佛教!我在北京看到的一个传教士对一群中国人某种程度上产生的就是这样的效果。他坐在内城大门外的一辆大车上,用着带强烈阿伯丁(Aberdeen)③口音的蹩脚中文,对着人群长篇大论。耶稣会士可比这强多了。"事实上,当耶稣会士发现中国人对他们的传教工作怀着敌意的时候,他们转而依靠西方的科学知识来克服这种对抗的心理。郝林(Hering)说:"正是以其高深的学问,这些伟大的领袖——利玛窦、汤若望、南怀仁——才真的一步一步地走到了京城,在那里站稳了脚跟。"

他们借助对上帝的不可思议之造化的知识来提升和净化人们

---

① 作者所述微误,徐甘第大(Candida Xu,1608—1680)应为徐光启的孙女。甘第大为其受洗名,本名不传。徐甘第大毕生从事天主教会建设与慈善事业,为明末清初中国天主教史中的重要人物。——译者注
② 位于伦敦威斯敏斯特的一个路口,是伦敦的传统中心点。——译者注
③ 英国苏格兰的一个郡。——译者注

的心灵，使得人们的心思转向上帝。这种方法取得了多么大的成功，所有人都很明白。康熙的母亲、妻子和宫里一半的人都受洗成为基督徒，皇帝本人只是因为崇敬其祖先才犹豫不决。① 困难就在这里。如果在康熙开明的统治期间，让这些宽容、明智和富于远见的耶稣会士自行其是，或者有一位聪明的教皇支持他们，事实将证明这个困难绝不是不可克服的。② 但当他们敦促教皇承认皇帝的祖先，从而消除皇帝改信基督教的唯一障碍的时候，嫉妒的多明我会和方济各会修士报告罗马，称耶稣会士认可异教的习俗③，过着浮华和奢靡的生活。于是教皇派使节来调查。果然，耶稣会的麻烦来了。康熙对教皇的干涉愤愤不平，对新教士的争吵感到厌烦，在克莱孟十一世（Clement XI）发布训谕表示支持多明我会的观点、指责祖先崇拜是一种异教的实践之后，他不愿再跟他们的宗教或教士有什么瓜葛了。④ 中国皇帝"无意为了基

---

① 此处作者夸大其词，历史上并无此事。——译者注
② 有趣的是，在最近的五年里，当今的教皇正式地确认了他的前任对待中国祖先崇拜的态度。〔作者撰写此书时，罗马教皇为庇护十一世（Pius XI），其前任为本笃十五世（Benedict XV），他于1919年发布《夫至大》（Maximum Illud）通谕，鼓励天主教中国化，使天主教教义与儒学相适应，以适应在中国传教的要求。——译者注〕
③ 这些基督教纯粹主义的拥趸对于下面这个已经被学者证实的事实又会说些什么呢？圣若瑟（St. Joseph），或曰圣王若撒法（Holy Prince Josaphat）——根据大马士革的圣若望（St. John Damascene）的证言，早期基督教会将其封为圣徒——的名字本身就是"菩萨"（bodhisattva）一词的变体，他在罗马天主教历中的纪念日是11月27日，其生平与释迦牟尼若合符节（见玉尔、考狄《马可·波罗游记》第三版）。
④ 小泉八云说："东方对所有不侵犯其社会基础的教义一直都很宽容。如果西方的传教士足够明智，不去触动这些基础，像佛教那样对待祖先崇拜，在其他方面表现出同样的宽容精神，那么在相当大的规模上引入基督教应该会是一件容易的事情。结果显然是会出现一种与西方基督教非常不同的基督教……但是基督教义的本质就会得到广泛的传播，而不会激起敌对的情绪……要求（中国人）扔掉或毁掉他的祖先的牌位，就跟要求英国人或法国人毁掉他母亲的墓碑来证明他对基督教的信奉一样荒谬而不人道。"

督教而牺牲他的王国的和平"①。

机会稍纵即逝，再也不会有了。耶稣会在中国影响力的黄金时代，随着他们中间那些最伟大的人物及其侍奉的卓越君主的去世而结束了。

康熙的继任者雍正是一位热诚的佛教徒，尽管他年轻时曾有一位神父德理格（Father Pedrini）做他的教师，而且雍正非常喜欢他。② 雍正想非常直白地表明他的态度，即他是他自己的帝国的主人，讨厌某些耶稣会士介入到他的家庭争端之中，于是他直接给教皇写了几道"谕令"，废除了罗马天主教传教士在宫里的官衔，只容许他们担任工程和艺术行业的主管。他甚至收回了北堂，将它改成了一座治疗瘟疫病人的医院。下一任皇帝乾隆更宽厚些。他坐下来让王致诚给他画像，通过王若瑟神父（Father Amiot）与伏尔泰通信③，还对那些装饰了他在圆明园的宫殿的画家充满了兴趣。

但是宽容随着他统治的结束一起完全停止了。在受到冷遇、忽视乃至最后的公开迫害之后，1783 年，在法国国王的要求之下，耶稣会士——他们的修会同时也遭到了教皇的压制——被遣使会士取而代之。耶稣会士在 1860 年战争之后才回到北京。当时孟振生主教（Bishop Mouly）——可以认为他是该修会的第二位创建者④——承担起照管他的信众的公共职责。艾嘉略神父（Abbé Delamarre）则（在法国公使不知情的情况下）在《北京

---

① 语出法国天主教新闻记者克莱蒂诺-乔利（Jacques Crétineau-Joly），见 Hollis W. Hering, "A Study of Roman Catholic Missions in China", *The New China Review*, Vol. III (1921), p. 111.——译者注
② 德理格神父似乎是一位值得尊敬的人物，虔诚而又慷慨大方。1723 年，他自己出钱建了西堂。但他既没有机会也没有能力去发挥他前辈的影响力。
③ 此说不确，伏尔泰写过歌颂乾隆的诗歌，并给乾隆写过信，但乾隆对此一无所知。——译者注
④ 此说有误，孟振生是遣使会会员。——译者注

条约》的中文版里偷偷地加进去了那条确保基督教差会享有完全的权利和豁免权的著名条款。

罗马天主教会再次恢复了对他们珍爱的北堂的控制权。按照道光皇帝 1826 年的谕令，原来的建筑卖给了一位王公，他任由这座一百多年来都在传教士手里的教堂沦为废墟。当它被归还给教士的时候，他们发现路易十五馈赠的那块铁格栅仍然挂在大门口它的铰链上。他们马上就建了一座临时的礼拜堂。1860 年 10 月 29 日，在教堂重新开放三十年后，为了庆祝拿破仑三世的胜利，感恩赞歌在这里唱响。

不过，这里不久就回响起基督教的感恩之声。光绪成年后，慈禧太后定居西苑，她发现牧师离她的居所如此之近，教堂的塔楼会破坏她花园的风水，于是就说服教士们接受距离更远的一处新址。但这座建筑还屹立在皇家区域内，而且外国人经常对东方君主的领地内有一座基督教教堂这种奇怪的反常现象评头论足。长期以来它充当着一个博物馆，在里面发霉的丝绸和地毯中间，谭卫道神父（Father Armand David）收藏的漂亮的鸟类和兽类标本被扔在那里，任由昆虫一点一点地侵蚀。1900 年，当法国人进入这座老北堂（1909 年拆毁）的时候，他们在诸多物件当中，发现了一头狮子标本的残骸。传说当谭卫道神父在 1870 年围城期间困居巴黎的时候，人们都在吃动物园里的动物，他弄到了一头狮子，剥了它的皮，成为他在北京的收藏品。这就是那头成了巴黎围城牺牲品的狮子，它的毛皮又被前来解北京围城之困的军队找到了。

现在的北堂与樊国梁（Bishop Favier）主教的名字紧密地联系在一起。他是早期耶稣会神父的值得尊敬的后继者，1905 年去世，安葬于附属的一座小教堂里。在他鼓舞人心的领导下，庞大的教区——除这座教堂外，还包括一座孤儿院、一家印刷厂、几座学校和一处公墓等——经受住了 1900 年的义和团动乱。事实上,只有三十一名法国海军陆战队员和十一个意大利人前来支援本地的信徒。在这种情况下,教区抵挡住了从 6 月 15 日一直持续到 8 月 13 日的围攻,这甚至比使馆区遭受的围攻还要厉害。三千名避难的基督徒中有四百名遇难,还有一位法国军官被杀害,英勇的防御小分队中接近一半人战死或受伤。①

在《我的北京花园》(Round About My Peking Garden)一书中,立德夫人(Mrs. Archibald Little)描述了解围之后不久她游访一半已成废墟的北堂的经历。"我们看到它那布满枪孔的立面,横梁支撑的过道,地上那些树皮被啃掉的树,断垣残壁背后摇摇欲坠的大堆砖块和灰泥,还有吞噬了数百名儿童的地雷爆炸造成的好多大坑,此时我们回想起了英雄主义,回想起了人们如此勇敢地承受的苦难,我们的心隐隐作痛起来……'那里,'一位年轻的葡萄牙修女说——她那棕色的大眼睛闪烁着回忆往事的光芒,'那里就是那位意大利中尉因为炮弹轰炸而被埋起来的地方,我们用了三个小时都没法把他挖出来。不……他还活着,只受了皮外伤。唉,那位年轻的法国中尉,太让人难过了!他是这么好的一个人。我们只能哀悼他的离去。'②然后我们在女修

---

① 毕盛(Pichon)先生(著名的法国政治家,当时是法国驻北京的公使)说:"在北京围城期间组织的所有防御中,北堂的防御可能是最令人惊讶和最引人注目的。"(原文为法语:"De toutes les défenses organisées pendant le siège de Pékin, celle du Peitang est pent-être la plus étonnante et la plus remarquable.")
② 在《布列松的灵魂》(L'Âme Bresonne)一书中,勒戈菲克(Charles Le Goffic)〔勒戈菲克(1863—1932),法国小说家、评论家,法兰西学院院士。——译者注〕以《三个水手》("Trois Marins")为题,为这位年轻的英雄谱写了一曲动人而美丽的赞歌。他预感北堂会获救,但他自己会死在那里。他的朴素的日记在他悲壮牺牲之后出版,出色地描绘了这场惊心动魄的围城之役。〔这位法国中尉名为保罗·亨利(Paul Henry),他的日记后来以《1900 年北京北堂围困记:舰长保罗·亨利和他的三十名水手》(Le siège du Pé-t'ang dans Pékin en 1900: le commandant Paul Henry et ses trente marins)为题出版。——译者注〕

道院院长的墓前停了下来,当围困就要解除时,她已经奄奄一息了。'对我来说太晚了。'她写道。过去几天她的唯一念头是:'明天我能给他们弄点什么吃的?我能给他们吃什么?什么也没有了……'这个念头萦绕在她的脑际,直到她生命的最后一刻。'可怜的士兵,'另一位修女说,'他们挨了这么多的饿,不过他们每天都在勒紧腰带!我把我所有的信都撕成了碎片,做成纸烟。点燃纸也聊胜于无,他们没东西可抽,这对士兵来说太难了。'接下来我们驻足于那个大坑,那么多的孩子被地雷炸死,就埋在这儿……修女们现在是地雷和炸弹的大行家了。她们也知道哪些树叶是有毒的,明白那些想通过吃它们来维持生命的中国基督徒是怎么发胀和受罪的。她们给我们看了学校里剩下的小孩子。'炮轰还在继续的时候,我们的修女让小孩子跟在我们后面,在教堂的地界上跑来跑去,寻找任何炮火看上去不那么危险的栖身之处。'那位年轻的葡萄牙修女说道。

"我们拜访了主教。'你的基督徒里面,有任何人放弃信仰吗?'我们问道。'有几个,非常少。我想有一万两千名皈依者献出了生命(而不是否定他们的信仰),'樊国梁主教说,'此外还有三名欧洲教士、四名中国教士,还有我们的很多中国修女。有一位教士去世前被钉在十字架上吊了三天。他们杀害了韩默理主教(Monseigneur Hamer)[①],砍他的胳膊和腿,一直砍到骨头,在伤口里灌满汽油,点上火,就这么害死了他。是什么拯救了我们?哎!就是一连串奇迹,没有别的。'

"我们又一次站在教堂外面。这次是在一个明媚星期日的清晨,士兵们唱完庆祝他们脱险的感恩赞歌,正从里面鱼贯而

---

① 韩默理(Ferdinand Hamer,1840—1900),比利时圣母圣心会会士,生于荷兰,1865 年来华。——译者注

出——各个国家的士兵。我们回望破损的外立面上的弹痕,意识到正是这些枪弹将这一大批国家召集到北京的皇城中来,正入其心脏,直入其禁地。当中国人开枪的时候,他们怎么会想到会是这样的结局!"

围攻者没能像他们希望的那样彻底摧毁北堂,而是眼睁睁地看着它被修缮,装饰得比以前还要漂亮,还添加了一座特别的礼拜堂来纪念他们的失败,门口还放了两门从义和团团民那里夺来的炮,上面刻着"1606 鹿特丹"的字样。

罗马天主教徒如今在北京还有其他几处教堂①和礼拜堂。此外还有男女共读的学校和仁爱修会(Sisters of Charity)经营的孤儿院,她们也充任圣弥额尔医院(Hospital of St. Michel)的护士。这座医院是樊国梁主教在旧礼部的原址上建的,紧挨着原先太医院的衙门。而他们的教会地产中最古老也是最引人兴味的则是平则门外的滕公栅栏②,以其著名的公墓而广为人知,早期的学者和传道者就安息在这片神圣的土地上,它最初是 1610 年明朝万历皇帝赐作受他保护的利玛窦的墓地之用的。③这位君主同样下令建一条两旁立有石像的大道(就像我们在皇陵看到的那样)来装饰他的坟墓,他是赫德爵士之外唯一一位本人连同父母和祖父母都享有尊荣的西方人。

当汤若望和南怀仁去世的时候,康熙自己承担费用,将他们安葬在这里的高规格中式坟墓中,并在赑屃驮负的墓碑上以拉丁

---

① 如曾重建多次的东堂。在葡萄牙耶稣会士的时代,它是北京最精美的教堂。
② 英文原文为"Sha La"。参见陈欣雨《"滕公栅栏墓地"前史考》,《北京行政学院学报》2018 年第 1 期。——译者注
③ 这块地曾经属于一个富有的太监,他本想用作他自己的墓地,但因为犯下了某种罪行,他被判处死刑,财产也被没收。〔据史家考证,"滕公栅栏"中的"滕公"可能是指明朝太监滕祥,"滕公栅栏"为其私人产业,但史籍并未记载他因犯罪而被处决。参见陈欣雨《"滕公栅栏墓地"前史考》,《北京行政学院学报》2018 年第 1 期。——译者注〕

文和中文说明他们的德行。艾约瑟博士（Dr. Edkins）在他关于北京的记述中[①]保存了一份对南怀仁神父葬礼的描述。中国和基督教的仪式在这场葬礼中奇妙地结合在一起。他说在墓地旁立着一个巨大的石头十字架，它下方的祭坛桌用佛教图案、传统的宝瓶、烛台和香炉加以装饰，这类物件在中国非基督徒的坟墓上都出现过。他还指出对于早期的布道者的宽容精神，以及他们为了让中国人改信基督教而仅仅在信仰的仪式和外部方面做出的妥协而言，这些图案是多么重要。

1900年，义和团烧毁了滕公栅栏，亵渎了坟墓，它们原先有八十多座。这些坟墓庄严的特征大部分已被损毁，无法修复。但只要有可能，就会重新立起旧的纪念碑。人们仍旧可以在破裂的石碑上辨认出破旧不堪的碑文，它们标示了这群杰出的人物最后的长眠之地。

天主教文化和为中国人民无私工作的传统——唉！基督教传统却经常遭受暴行和殉道的恶报——也在刚刚在北京落成的"天主教大学"[②]中延续着。这座大学是已故的中国学者和教育家英敛之向教皇提议的结果。它由本笃会创建，就"它调和新旧，让中国的传统形式适应现代学校建筑的需要"[③]而言，体现了本笃会的独特精神。

漂亮的新建筑呈现的是一座有围墙、四角有塔楼的小城市的形式。它们矗立在位于西城之前载涛贝勒的府邸旧址上，对吉卜林的那句"东是东，西是西，两者永不相遇"的断言提供了一个

---

① 作为附录刊于韦廉臣（Williamson）的《华北游记》（Journeys in North China）。
② 即辅仁大学。——译者注
③ 辅仁大学的建筑由比利时本笃会士葛斯尼修士（Dom Adelbert Gresnigt）设计，这段话描述的是他设计的理念，原文见 Sylvester Healy, "The Plans of the New University Building", *Bulletin of the Catholic University of Peking* 6 (1929): 3。——译者注

精彩的回答。它们确实相遇了,而且以一种完全令人满意的方式融为一体,这要归功于葛斯尼修士胸怀宽阔的设计。他是一位荷兰[①]的本笃会神父,在欧洲、南美和中国为很多有名的教堂设计过建筑。

与为上千名来这所大学及其附属中学就读的学生而建的最现代的教室、实验室和宿舍等建筑比肩而立的,是僧侣住的纯粹中国式的建筑,还有一座独特的单层礼拜堂,也以中式风格加以彩绘和装饰。只要有可能,原来园林的那些优美如画的(picturesque)的地方——如开敞的亭阁、廊道和人工池塘——都会得到悉心的保存。这样学生在踢了一场于出色的现代校园举行的足球比赛之后,就可以回到古老传统的宁静氛围之中。这两种影响的结合肯定会大大促进新的一代(或至少其中的一部分)的成长,同时也会在很大程度上让他们变得沉稳。他们有幸从这样一种均衡而和谐的环境中受益。

* * *

与早期天主教神父的故事几乎同样浪漫的是俄罗斯东正教驻北京使团的历史。它的开端可追溯到那一小群阿尔巴津人俘虏[②],1685年,他们把他们自己的牧师利昂采夫神父(Father Leontieff)和圣尼古拉(St. Nicholas)的圣像带到了北京,在内城东北角一座专门用来给他们举行宗教仪式的中国小庙做礼拜。该地离14世纪俄罗斯扈卫亲军被赐予的土地很近。[③]

[①] 此处有误,葛斯尼是比利时人。——译者注
[②] 参见本书第三章。
[③] 元文宗(1328—1332)时,曾征调一万俄罗斯人入大都充任扈卫亲军,并赐予土地令其耕种,这是历史上俄罗斯人进入中国的最早记载。——译者注

这些阿尔巴津人来华十年后，托博尔斯克的都主教（Metropolitan of Tobolsk）派来一名教会牧师，承认了这一小群会众，下令开始在一般的中国人中间传教，并向他们的皇帝进献祷文。他以典雅的文笔写道："这样来祈祷：'我们祷告我们的主，希望他饶恕他的仆从（这里写他的姓名）、圣汗陛下（His Bogdokhanic Majesty）①（这是他的头衔），延长他的寿命，赐予他高贵的子孙来继承他的皇位；让他和他的贵族（boyars）摆脱所有的悲伤、愤怒和欲望，摆脱所有灵魂和身体的病患，为他开启福音之光，赦免他所有自觉或不自觉的罪，让他和神圣的普世使徒教会（Holy Universal Apostolic Church）合为一体，这样他就能被天国接纳。'"

那位老牧师于 1712 年去世，他陪伴着阿尔巴津旗人②，和他们同甘共苦，甚至跟着他们参加了中国人攻打卡尔梅克人的远征行动。最早前来取代他——在修道院院长伊拉里昂（Archimandrite Hilarion）的率领下——的使团受到了很高的礼遇。但在使团永久地建立起来之前，伊拉里昂就去世了，理藩院请求再派一名继任者来北京。彼得大帝原打算任命一位主教，但后来放弃了这个想法，有人说这是耶稣会士的阴谋所致。他们当时正处于不能按他们自己的判断行事的困境之中，无法与可能危及他们的竞争者相抗衡。因此，俄罗斯这边的教士就不必担心可能出现的对抗局面（他们一度都快取代耶稣会士在钦天监中的职位了），于是两种信仰的代表就形成了非常友好的关系。在他们相处的过程中，彼此都很客气。我们之前提过，耶稣会士张诚在 1689 年中俄之间那款著名的条约③的缔结过程中居功甚伟④，就像

---

① 此处据原文直译，bogdok 是蒙古语"圣者"的意思。——译者注
② 阿尔巴津人被编入保卫京师的镶黄旗。——译者注
③ 即《尼布楚条约》。——译者注
④ 这款条约的三种文本中，有一种甚至是用拉丁文写的。

1860年第二次鸦片战争期间在北京,事实证明希腊东正教神父古尔里(Father Gourii)是一位重要的调停者[①]一样。

回顾早些时候,我们发现1676年罗马天主教徒从俄罗斯使节尼果赖(Nicholas Spather)那里要来了一幅圣像挂在南堂,从而为那些早在阿尔巴津人来华之前就随着俄罗斯商队来到北京的希腊基督徒提供了方便,要不他们就得有一座他们自己的教堂。嘉庆年间天主教遭到残酷迫害后,当俄罗斯的一位修道院长照管这座南堂(从1826年到1860年)的时候,这种善意得到了慷慨的回报。

1727年,当俄罗斯东正教使团得到《恰克图条约》的正式承认的时候,中国政府对这些教士的善意表现在许多方面,包括授予正式的官职、土地等。按照过去文献记载的叙述,根据向伊拉里昂做出的承诺,中国人甚至推荐这些教士从事俄罗斯风格的建筑装修工作,并一度答应每年以银子和稻米的形式付给他们津贴。这种难以置信的约定得到了忠实的遵守,直到1858年签订《天津条约》。

雍正和他的后继者对这些俄罗斯僧侣施以援手,并不是出于对其信仰的同情(因为他们痛恨一切形式的基督教),而是因为在其生活于北京的一百七十五年间,从未爆发过一次反正统的传教事件。只有一丝轻微的涟漪扰动过他们与中国人的关系的平稳的表面。那是在1760年左右,由于中俄的政治关系出现了短暂的疏远,有几年这些教士被限制在使团内部活动。

这些教士之所以逃脱了表现在对待罗马天主教徒的态度中的恶意,毫无疑问要归因于这样的事实,即他们没有介入到国事之中,而且足够谦逊而不会招致嫉妒,足够明智而在他们劝说别

[①] 此事不详,待考。——译者注

人改宗的努力中显得通情达理，足够老练而绝不会去尝试通过宗教教义将中国人置于教会的政治之翼的笼罩之下。与此同时他们又经常履行彼此互利的外交职责。事实上，使团的工作中福音传道的色彩比较少，而文学和科学的性质更多。一系列杰出的学者和修道院院长写了若干本书，它们仍旧堪称关于中国人的社会生活，关于中亚的部落，关于中国内地、蒙古、西藏的历史和地理，以及对各种宗教——包括道教、聂斯脱利派、佛教、伊斯兰教——的许多研究的最具权威的著作，还包括最近这几年的一部叙述俄罗斯东正教使团在中国的历史的论著。①

举这些学者中最杰出的为例，比丘林神父有着卓越的才能，其中又混合着如此暴躁的性情，以至于无法适应修道院的规训与日常生活。在他作为使团领袖居住于北京的漫长岁月（1808—1821年）中，他的诸多弱点（中国最高当局以慈父般的关爱来看待它们）远比他的研究要为人所知。在不光彩地回到俄罗斯后，他所收集的大量知识最终令他的上级对他刮目相看。他们承认他在二十五年的时间里，在翻译和原始评注方面完成了一项令人惊叹的任务，终于赢得了后世的敬仰。②

在俄国公使馆接管了使团的旧址后，使团搬到了北馆，其建筑在1900年义和团动乱中被炸毁。大部分本地的基督徒——阿尔巴津人的后裔——都被扔到一口井里（这口井现在还可以在花园里看到），徒劳地哭喊着求饶。"杀死他们！烧死他们！别让任何一个基督徒活下来，也别让任何一个让人们想到他们的人

---

① 其中许多书也被用作18世纪中国政府创建的官方俄文学校〔即1708年建立的俄罗斯文馆。——译者注〕的教材。遗憾的是，对那些不精通俄文的人来说，那些有价值和学术性的著作几乎完全读不懂。
② 在彼得格勒的亚历山大·涅夫斯基（Alexander Nevsky）修道院，他坟墓上的中文碑文让那些游客想起他如此热爱的那片土地，那片他生活过、失败过、奋斗过也成功过的土地，那片他的天赋曾从中汲取灵感的土地。

活下来!"这些狂热分子尖叫着,一边传递着火把,要把那座价值连城的图书馆付之一炬。这座图书馆里面的图书是在两个世纪的时间里,由像比丘林、波利卡普(Polycarpus)和帕拉狄乌斯(Palladius)这样的人收集起来的。里面有一批书籍,是应英美传教士的请求而采购的,与建立一个各教会的联盟的计划有关。这代表了朝向一个美好的理想前进的最初一步。谁知道如果这个理想实现了,它对基督教会意味着什么!①

幸运的是,那幅著名的圣尼古拉圣像被保存了下来,现在还可以在新教堂里看到,它因年深月久而变黑了。他们将它连同修道院的一些宝贝随身带到了雍和宫,临时就住在那里。后来他们又回到自己的馆里。因为购买了四王爷府②,现在北馆的面积扩大了。他们勇敢无畏,百折不挠,又逐渐把他们的组织建立了起来,把它建成了一座典型的俄罗斯修道院。只有主教的府邸改建自王府的一座大殿,从而赋予整幅图景某种明显的远东情调。在以前圣母升天教堂或称圣尼古拉教堂(最初于1696年祝圣)的旧址上重建了大教堂,教士们在旁边建了一座纪念性教堂,下面埋着殉道者的遗骸,还修建了其他的各种建筑——学校和教士与修女的宿舍。按照俄罗斯修道院的习俗,他们还添加了让教团自给自足所需要的所有设施。在公园的一角还能听到面粉厂的呼呼声。树下面散布着蜂房。牛的叫声意味着不远处有一座牛奶

---

① 基督教不同教派之间的猜忌极大地增加了改变中国人信仰的难度。一位受过很好教育的中国绅士曾就这一话题向密福特呼吁过。他问道:"如果我去找一位老师,跟他谈论我从另一位老师那里学到的东西,他回答我说:'不对,那不对。那是某某鼓吹的教义。如果你听他的,你就会下地狱。'那会怎么样呢?"提问的人感到可疑和迷惑有什么奇怪的吗?〔此处所举的例子和引文见A. B. Freeman-Mitford, *The Attaché at Peking* (London: MacMillan and Co., Limited, 1900), pp. xliii-xliv. ——译者注〕
② 乾隆皇帝第四子永珹的宅邸,即履亲王府,位于东直内羊管胡同。——译者注

场。忙碌的印刷厂则提供了教民所需要的知识营养。

整体的印象是某种修道院的宁静与从容不迫的勤劳的结合，让人们非常强烈地回想起旧俄本身，如此贴近大地但又如此接近天堂，在处理喂养人们的灵魂与肉体的事物时是如此耐心又如此能干。

与使团联系在一起的是那座风景如画（picturesque）的俄罗斯公墓。它位于安定门和黄寺之间，离1860年英法联军想要攻破北城墙的地方很近。使团最早的成员中很多就安息在那座带有独特的镀金穹顶的小礼拜堂的阴影之下。奇怪的是，一些在1860年被中国人杀害的英国新教徒也被好心地容许葬在这里。还有末代沙皇及其家族成员——他们在西伯利亚被残忍杀害——的骨灰瓮，在被送往其在欧洲的亲属手里之前，也曾在这里安放数月。

* * *

在罗马天主教徒和东正教教士在北京立足很久之后，新教传教士才开始在这里工作。他们也因为法国条约①中那则秘密条款而受益，在1860年后中国政府被迫在朝廷接见外国使节之后不久就来到了京城。自万历皇帝欢迎利玛窦以来，时代已经变了。中国的大臣对比丘林神父的道德品行表现出一种慈父般的兴趣，通过在他的大门上贴出如下的告示来帮助他克服诱惑："不良人员不得入内。"

新教徒没有被授予官职，即便他们可能会表示拒绝。没有给他们提供豪华的宅邸。他们也没有获得什么感谢，除了穷人和病人的感谢之外，而且也并不总是如此，因为这些人是如此无知，

---

① 指1860年签订的中法《北京条约》，见前文。——译者注

以至于不相信无私的动机。简而言之，他们只有两种特权——他们的信仰和他们的牺牲。

最早在北京传教的新教徒是伦敦传道会的成员。他们一开始就将其总部建在英国公使馆内，因为在初期，布道团要获得地产非常困难。如果人们知道有一块土地要被卖给基督徒，这就预示会发生小规模的骚乱，土地的主人会在骚乱中遭受个人的暴力，他的房子会当着他的面被拆毁。在某些情况下，当一块地最终被买下来的时候，外国人必须一直保持个人占有的状态，以免它遭到他们那些不情不愿的邻居的破坏。

英格兰国教会在北京的事业是由中华圣公会的成员在1862年启动的。在它现在位于西城靠近象房桥的地产上，有一所很大的男校和一座漂亮的大教堂。它们是由广受爱戴的史嘉乐主教① 规划建立的，他几年前去世了。

1863年，著名的汉学家丁韪良来到北京，在这座北方城市启动了美国长老会的工作。1864年，白汉理牧师（Rev. Henry Blodget）创建了美国公理会（公理宗）。

随后，最早的美以美会于1869年创立。义和团动乱期间，它四周的场地曾经是许多外国人和中国人进入英国公使馆之前的避难所。

后面来的还有其他教派。截至目前，我们发现教堂和礼拜堂遍布这座城市，照顾到基督教信仰的几乎每一个层级。而且，那些将社会服务的特定形式与宗教结合起来的工作者——如救世军和基督教青年会——已经开始为汉人的子女服务了。②

---

① 史嘉乐（Charles Perry Scott, 1847—1927），英国圣公会传教士，圣公会华北教区主教。——译者注
② 基督教青年会在哈达门大街上有一座很大的建筑，是费城的百万富翁商人约翰·沃纳梅克（John Wanamaker）和救世军的礼物。这是一座漂亮的礼堂，以中式风格建成，位于王府井大街。

这些差会和社团中的大多数都有一块很大的中心场地，上面有处于他们控制之下的附属的礼拜堂和分支教堂。它们建在以生意和娱乐吸引中国人聚集的地方，门每天都是开着的，过路的行人会被邀请来听福音布道。

从宗教的观点来看，没有哪个普通教徒敢说它们取得了多大的成就。罗马天主教徒宣称每年让十万人改信天主教，当然大部分是从贫困中解救出来、在他们的学校和孤儿院长大的孩子。我们没法说各种新教教派在它们的传教事业中取得了怎样的成功，因为找不到据以做出判断的数字——如果这样的结果确实可以完全通过数字来判断的话。

但是对大部分漫不经心的观察者来说，有一件事是很明显的，那就是传教士掌管的学校和医院对中国人民的好处。

作为基督教的见证，比学校甚至还要有力的是医院，信仰各种宗教和属于各个阶级的人们在这里都得到细致体贴的照料。在这样的机构里，最早的医师疗治病人的努力受到了无知和偏见的阻碍，如今情况正在慢慢地向着好的方向发展。一位截去某个妇女的一条腿来挽救其生命的外科医生，不会再因为舆论认为他干涉了命运的安排就被期望要去供养她。病房不会因为某个恶人散布谣言说小孩的眼睛正被用来制药而遭到破坏，尽管一些家庭因为亲属在接受外国医生的治疗时死亡就要对医生实施报复的情况直到现在还在发生。植根于对即便是那些真心诚意地要帮助中国的外国人的厌恶的怀疑和不公正的指控，仍旧让客观无私的科学工作困难重重。但在另一方面，早年医师要应对的那种简陋的条件和缺乏合适的器械的状况，已经被现代的仪器和便利设施所取代。

例如，成立于"义和团动乱导致的传教事业的解体之后"的1906年，如今被洛克菲勒的中华医学基金会接管的老的北京协和医学堂，就跟其他地方所能看到的最新潮的医院一样出色。从外观来看，它的十九座带有绿色琉璃瓦屋顶①的楼房，乃是对中国宫殿建筑的一种富于艺术性的改建。它们里面有最新的设备，用来缓解病痛，促进研究②，最重要的是训练中国的男女青年，让他们成为为自己人民服务的医师和护士。

这座壮丽的医院的地址具有历史意义。之前坐落于此的是豫王府。豫亲王是清朝皇室的一位高级成员。③但根据流行的传闻，这块地最初属于吴三桂——那位著名的背弃明朝投奔清朝的汉族将军。

有一则古怪的传说，称豫王府——中国人仍然这么称呼洛克菲勒医院（Rockefeller Hospital）④——门前的石狮子曾经跑到三海那里，引起了一阵骚乱。这些野兽好不容易被带回它们待的地方，然后就被绑了起来，防止它们再跑掉。

在挖掘新建筑的地基的时候，发现了一顶铁头盔或者说头饰的残骸，外壳上镶满了金子和珠宝，虽然尚未证明它是否为吴三桂的盔甲的一部分——这非常有可能。工人拾得的碎片被移交给了豫亲王家，依照的是与他们达成的协议，该协议规定这块地产上发现的任何宝贝都要归还给它原来的主人。

中国人没花多少时间就看到了当下接受外国教育在生意上的好处，去汇文大学读书的几百名学生证明了这一点。这所大学位于哈达门附近，隶属于公理会⑤，它是由1885年建立的、面向水平较高的学生的怀理书院（Wiley Institute）这个小小的开端发

---

① 它们的琉璃瓦是过去皇家的琉璃局制造的，该局位于浑河边，三家店村的对面。
② 关于洛克菲勒医院的目标和工作的完整细节，参见北平协和医学院的《年报》（Annual Announcement）。
③ 指豫亲王多铎。——译者注
④ 即协和医学院。——译者注
⑤ 此处有误，汇文大学由美国美以美会创立。——译者注

展而来的，1890年纽约州特许其成为一所完全成熟的大学。长远来看，西式教育体制是否会证明自己像古老的儒家体制一样很好地适应中国人的特性，只有时间能说明。毫无疑问，中国需要更新更高级的教育形式，但许多人认为这些必须从古代的标准——从内部而非外部——演化而来。然而，可以确定的是，基督教学校和大学提供的教育旨在让学生在道德上对他们的同胞更富于同情心，更有益处；身体上更强壮，采取的方法是促进健康的运动，推动公平竞赛方面的运动课程，鼓励无私地服从比赛规则以及协作的行为。这对女孩子和年轻的妇女特别有好处。长期以来，她们心智和身体两方面的活动都被缠足和闺阁生活束缚住了。

近年来中国建立的大多数高等学校都意在培养去欧美大学深造的学生。清华大学就是一例，它位于北京西北部，离圆明园遗址很近，建校的土地是以前属于惇亲王——道光皇帝的第五子——的地产的一部分。当发现付给美国的庚子赔款的数额超过了赔偿1900年蒙受损失所需要的款项时，美国人就决定将剩余的赔款退给中国，条件是这笔钱要用来创建一个培养出国进修的学生的教育机构。今天，这所学校看上去就像一座小型现代城镇。它的建筑代表了20世纪实用主义的建筑风格：它们也完全可以坐落在芝加哥或克利夫兰。最现代的西方学院想要的所有东西都可以在这里找到：一个校园，一座设备齐全的医院，一座很好的图书馆，一座壮丽的体育馆，还有一个小游泳池。教授们——其中一些是美国人——用现代的研究课程来指导三百名学生，激发他们闲暇时间的活力，支持合唱团和学校杂志的活动，这些都是他们自己在本国所熟悉的事情。但校长一直都是中国人，他勾勒了学校的总体方针——它显示出某种坚定的、将课程的标准提升到大学学业等级的倾向。许多深思熟虑的中国人自己则认为，对正在成长的这一代人来说，最好不要在还年轻的时候就出国，因而他们想在国内发展高等教育。西方在价值观和诸多标准上与中国有着巨大的差异，很容易证明它会扰乱那些必须回到中国来生活的男男女女的心思，除非他们岁数够大，具备良好的心智平衡能力和清醒的判断力。

燕京大学离清华不远，去颐和园的路上会经过它的大门。看上去特别合适的是，燕大风景如画（picturesque）的半中式建筑所坐落其上的那座园林，乃是明朝末年一位汉族学者从太仆寺卿的官宦生涯中隐退以后设计建造的，他是当时最伟大的四位书法家之一。①

他的隐居之所仿效的是在他生活年代极受推崇的中国南方的园林，几百年来这里一直是学者、艺术家和诗人聚会的地方。他们以优雅的诗句称扬它，比如下面这首：

> 才辞帝里入风烟，
> 处处亭台镜里天。
> 梦到江南深树底，
> 吴儿歌板放秋船。②

甚至这座历史名园中那些特点鲜明的地貌的名字也反映了原主人的学识，肯定也会启发现代的学者。旧的文献提及一方湖水"名为'文水陂'，旁边还有一座船形的书斋叫作'定舫'"。有一座小岛被诗意地称为"松风水月"。还有一个"槎枒渡"、

---

① 这里的学者指米万钟（1570—1628），他设计建造的园林即勺园。——译者注
② 第一句中的"风烟"指勺园的别名风烟里。该诗为王思任《题勺园诗》，原文见许地山《燕京大学校址小史》，《燕京学报》第 6 期，1929 年 12 月，第 1150 页。——译者注

一道"林于淀",以及一座小桥,该桥有一个轻快的名字,叫"缨云"。①

当明朝覆灭的时候,风烟里落到了新政权的满族贵族手里,此后一直被他们占有。1860年,它跟圆明园一样,遭受了炮击。燕京大学买下这块地的时候,原先园子里的装饰物只有很少几件——奇石和大理石雕刻——保留了下来。不过逊帝宣统将那对漂亮的神兽和两根有翼的大理石柱②送给了燕大。其他古老的石质纪念物或是买来的,或是捐赠的,寄寓的理念是"不仅要为中国保存那些否则可能会在最近的动荡年代湮灭的文物",还要恢复几百年前如此精心设计和建造的园林的美丽。

风烟里原先的历史建筑如今已荡然无存,除了一道古老的园门——据说它在明代正对着一座庙——和一艘大理石舫,它是颐和园里那艘石舫的小一号的版本。③

新建筑中,学校行政部门用的那栋楼据说是最大的双层建筑,它有一个中式的屋顶,楼上的大礼堂可容纳一千二百人。校务长的宅邸和女子学院的办公楼仿照的是紫禁城里午门的双塔结构。④这里有趣的是看建筑师如何解决这个问题:"在从来没有设计过

---

① 这座小岛上最初种的松树中有一棵现在还在。关于这座风景如画(picturesque)的园子的更多细节,见《燕京大学指南》(A Guide to Yenching University)。〔"淀"意为堤岸。以上对勺园内景色的描绘,参考了《燕都游览志》对勺园的记载,见许地山《燕京大学校址小史》,《燕京学报》第6期,1929年12月,第1150页。——译者注〕
② 此处应指校门口的一对石狮子和贝公楼前的两座华表。——译者注
③ 想要参观燕京大学校园及建筑的有兴趣的游客,应致函办公楼里的校长办公室,那里会有一位"自助学生"带他们游览。他们也可以乘坐燕京大学的班车,这些班车每天往返北京城数次。
④ 当时燕大的校务长为司徒雷登,他住在临湖轩。女子学院的办公楼为今天北大校园里的南阁和北阁,所谓"双塔"当指午门门楼两翼燕翅楼上的重檐攒尖顶阙亭,与南阁和北阁形制相似。——译者注

烟囱的屋顶上,烟从哪里排出去呢?"湖边的博雅塔是近郊通州城内的古塔的新版本。[1]为了适应现代的要求做了很巧妙的改造,尽管没有人能猜到它是一座水塔。

许多建筑和其他物品都是外国友人个人捐赠的。在纠缠于西方机构和西方人对这个国家造成的伤害(或所谓的伤害)成为一种潮流的时刻,这是一件想起来很有意味的事实。当然,东西方之间的交往中有过错误,双方都有的错误——缺少同情心,口是心非、咄咄逼人、无法理解对方。但是对各民族来说,既然不管愿不愿意,我们都得生活在——打一个比方——同一个万国大家庭里,既然快速的通讯让我们成了近邻,那么总是抓着那些由于遗传特征和习俗而形成的差异不放又有什么用呢?

还有一种流行的消遣,就是去谴责教育家,尤其是传教士,他们跟其他人一样有自己的毛病,而且——让我们赶紧承认——经常把外交部的政策弄得很复杂。

但是对中外所有的批评家来说,还是要好好记得那些最早的教会学校,在那里关于清洁的新理念是跟《圣经》的文本一起教授的;记得那些最早的幼儿园,在那里婴儿学会了保持鼻子干净,也学会了哼唱基督教的赞美诗;记得那些最早的医院,在那里消毒剂上除了贴着技术性的标签外,还写着"彼此相爱"的文字。

在今天观念的激烈碰撞中,我们为什么要忘记外国人而且主要是传教士这么多年来所做的耐心工作呢?这些工作理所应当地让他们在中国人民的情感中享有很高的地位。毫无疑问,不管有过什么过失,那些诚心诚意的男男女女很大程度上都应该被原谅,他们为照顾病人而奉献了他们的一生,就像照顾他们的孩子一样。我们也绝不能忘记天主教和东正教的传教士在过去的

---

[1] 博雅塔是仿造通州燃灯塔而建的。——译者注

两百五十年里，新教徒在过去的一百年里，都一直在致力于普及教育和克服迷信，所冒的风险与现代中国政治家所提及的并无二致。"批评是容易的，但掌握技艺却很难。"（"La critique est aisée, mais l'art est difficile"）因此，让我们把中国人是否会变成好的基督徒乃至是否想过这一点这个悬而未决的问题搁在一边，承认外国人——传教士和普通教徒都在内——在中国毫无疑问地确立了更高的生活卫生的标准，大大缓解了人们的病痛，对慈善事业捐助甚多，教育了许多没有知识的人，与此同时他们还通过富于同情心的学术研究，为纠正世界关于中国①的诸多错误判断做出了巨大的贡献。

---

① 原文是"Land of Sinim"（"秦国"），为中国的代称。参见本书第十九章作者原注。——译者注

附录一　中国的朝代[①]

传说时代
约公元前 3000 至前 2205 年。
伏羲。
神农，第一位教人们耕种田地的农民。
黄帝，统治了一百年，发明了轮式车辆、盔甲和船只等。
尧，被称为圣明的皇帝，生活在中国的大洪水时代。
舜，也被称为一位圣明的皇帝，二十四位孝子典范之一。
禹，也称大禹。

夏朝，17 位君主。
都城洛阳，公元前 2205 至前 1766 年。

商朝，31 位君主。
都城亳，终迁至殷，公元前 1766 至前 1122 年。

周朝，34 位君主。
都城西安，后迁至洛阳，公元前 1122 至前 256 年。
封建时代。周朝的后半段因被称为哲学家——包括老子、

[①] 原书记载的年代和史实多不准确，对其中的明显错误，译者径行改正，正文相应年代信息亦有更正，不再一一标注。——译者注

孔子和孟子——的时代而闻名。

秦朝，3 位君主。
都城西安，公元前 221 至前 206 年。
秦朝的建立者是秦始皇，有时也被称为中国的拿破仑。他修建了长城，统一了帝国，采用了最高统治者的头衔。去世后，他的朝代很快就垮台了，被著名的汉朝取而代之。

西汉，14 位君主。
都城西安，公元前 206 年至公元 25 年。

东汉，12 位君主。
都城洛阳，公元 25 至 220 年。

三国时代，公元 220 至 280 年。

各个小朝代，对一般读者而言，没有多少趣味和重要性。

唐朝，22 位君主。
都城西安，公元 618 至 907 年。
唐朝也被称为中国学术的黄金时代。

五代，13 位君主，公元 907 至 960 年。
这些短命的王朝中，没有一个控制过整个中原，而无法形成统一战线来抵抗外敌的中原也更容易被鞑靼人征服。

辽朝（契丹），9 位君主。

都城一度在北京，公元 907 至 1125 年。

金朝（女真），9 位君主。

都城辽阳，后迁至北京，公元 1115 至 1234 年。

这些北方王朝与南方的宋朝处于同一个时代。金朝先与宋朝结盟，后来又征服了宋朝。最后蒙古人横扫而下，推翻了金朝，最终也推翻了宋朝。

宋朝，18 位君主。

都城开封，后迁至杭州，公元 960 至 1279 年。

元朝，12 位君主。

都城北京，公元 1260 至 1368 年。

元世祖忽必烈汗 1260 至 1294 年间在位，他是伟大的成吉思汗的后代中，第一位在整个中国建立霸业并定都北京的人。就其蒙古皇帝的称号而言，他的统治在从婆罗洲到喀尔巴阡山脉的广大地区都得到了承认。

明朝，16 位君主。

都城南京，后迁至北京，公元 1368 至 1644 年。

洪武，太祖（1368—1398）

建文，惠帝（1398—1402，被废黜）

永乐，成祖（1402—1424）

洪熙，仁宗（1424—1425）

宣德，宣宗（1425—1435）

正统，英宗（1435—1449，1457—1464 年间复位）

景泰，代宗（1449—1457）

成化，宪宗（1464—1487）

弘治，孝宗（1487—1505）

正德，武宗（1505—1521）

嘉靖，世宗（1521—1566）

隆庆，穆宗（1566—1572）

万历，神宗（1572—1620）

泰昌，光宗（1620，只在位一个月）

天启，熹宗（1620—1627）

崇祯，怀宗（庄烈帝，1627—1644）

清朝，10 位君主。

都城北京，公元 1644 至 1911 年。

顺治，世祖章皇帝（1644—1661）

康熙，圣祖仁皇帝（1661—1722）

雍正，世宗宪皇帝（1722—1735）

乾隆，高宗纯皇帝（1735 年即位，1796 年退位，1799 年去世）

嘉庆，仁宗睿皇帝（1796—1820）

道光，宣宗成皇帝（1820—1850）

咸丰，文宗显皇帝（1850—1861）

同治，穆宗毅皇帝（1861—1875）

光绪，德宗景皇帝（1875—1908）

宣统，在对民国有利的形势下于 1912 年退位

上述第一个名称是年号，第二个名称是皇帝本人的庙号。

附录二　北京主要的节日与庙会

（所有这些节日和庙会都是按照中国旧历——农历——来举行的，下面给出的日期即为农历日期。）

正月初一至初五

新年节庆，包括悬挂彩灯和在门上墙上张贴新的表示"好运"的年画和春联等活动。这段时期还给福神和财神上供。也是弥勒佛的节日。

正月初一至十五

大钟寺庙会。

正月初三至十六

琉璃厂庙会。

正月十三

黄寺"打鬼"。关帝的节日。①

正月十四至十六

元宵节（灯节），为新年节庆的延续，举办各种灯市。

---

① 民间传说正月十三是关帝"飞升"之日。——译者注

正月十八

元宵节于这一天结束。① 据说老鼠在这一天娶亲,每个人都必须早早上床休息,以免打扰到它们而整年都受到报复,被它们骚扰。祭星的节日。

正月十九

"神仙会"。白云观庙会。

正月三十

雍和宫"打鬼"。

二月初二

这一天是"龙抬头"的日子,也是土地神的节日②。

二月初三

二郎神的生日。③ 二郎神号"天道真君"。④

二月十九

观音菩萨的三个诞辰日之一。所有的观音庙都会举行仪式。以前孔庙会在这一天前后举行春祭,但现在这一礼俗已经被放弃了。

---

① 即所谓"收灯"。——译者注
② 传说二月初二是土地神的生日。——译者注
③ 民间一般认为二郎神的生日是农历六月廿四日,二月初三是文昌帝君的生日。——译者注
④ 此处据原文直译,二郎神被宋真宗封为"清源妙道真君"。——译者注

三月初一至初三

西王母的节日。蟠桃宫庙会。

三月十五至廿八

东岳大帝的节日,在东岳庙举行。

清明——春天的节日(日期会变)。这一天要修整父母的坟墓,给他们供奉祭品。

城隍庙庙会(位于外城)。①

四月初一至十八

妙峰山进香,朝拜三位娘娘菩萨(天仙娘娘、子孙娘娘和眼光娘娘)。

四月初八

佛陀生日。寺庙清洗佛像。

高梁桥附近有庙会,与碧霞元君庙有关。②

四月十三③

药王的节日。

四月十四

道教神仙吕祖和火神的节日。

---

① 此处应指宣武门外的江南城隍庙。都城隍庙位于今西城区复兴门内成方街。——译者注
② 据《日下旧闻考》卷一四七"风俗","四月八日,燕京高梁桥碧霞元君庙,俗传是日神降。倾城妇女往乞灵祈生子",见于敏中等编纂《日下旧闻考》第四册,北京古籍出版社1983年版,第2355页。——译者注
③ 多为四月二十八日。

（三月和四月是牡丹盛开的季节，大多数以种植牡丹为特色的寺庙都会举行庙会。）

五月初五

端午节（五月节），与夏至同时，新年后最受欢迎的中国节日。这一天举行的古老的娱乐活动，由于诸多奇特的体育运动而变得多样化了。例如，宫里会举行一场特别的马球比赛，西华门做球门。还有人跑到南海子去捕猎青蛙，诸如此类。

六月

正好赶上三伏天的头伏。六月廿二日，向泉和井里的龙王献祭，二月和八月也会供奉祭品。

七月初七

牛郎织女相会，织女是女红的保护神。这一天也祭拜魁星或文昌帝君。

七月十五

中元节，专门为夏天祭扫祖先坟墓而设的节日。

八月十五

中秋节，与秋分同时，一年中第三个重要而广受欢迎的中国节日。这一天要向月亮、月老和善良的玉兔敬献供品，供品必须做成圆形，且主要是素食。能看到无数的玉兔塑像和图画出售，作为给小孩子的礼物。这一天蔬菜市场也格外热闹。

祭祀孔子。

十月初一

给死者敬献冬天的祭品,主要是冥衣。

十二月三十

所有的佛都降临人间。①

每月初九、初十、十一、十二;十九、二十、廿一、廿二;廿九、三十、初一和初二

隆福寺庙会。

每月初七、初八;十七、十八;廿七、廿八

护国寺庙会。

每月初三、初六、十三、十六、十九、廿三、廿八和廿九

前门外夜市。

每月初二、初五、初八、十二、十五、十八、廿二、廿五和廿八

哈达门外夜市。

每月初二和十六

去彰仪门外财神庙进香。

土地庙庙会,一处位于琉璃厂与彰仪门之间,另一处位于哈

---

① 老北京绝大多数人家常年供有佛龛或神像,除夕当天一定要上供,准备各种供品。正午十二点前佛堂大供要上齐,十二点开始燃烛,点海灯,烧子午香。从此烧线香不使中断,直至初五为止。见常人春《老北京的风俗》,北京出版社2019年版,第143—145页。——译者注

达门外,又称"花儿市"。这些庙会每月举行若干次,日期也不固定。①

需要许多篇幅才能对给中国过去农历节日打上标记的无数习俗和迷信活动做出一个只是大概的描述,不过有兴趣的读者可以参考禄是遒(Henri Doré)的巨著《中国迷信研究》(*Recherches sur les Superstitions en Chine*)、裴丽珠和米托法诺的《农历年》(*The Moon Year*)等书。

一些旧的节日正在消失,许多传说中的圣人正被快速地遗忘。然而农历新年、端午节和中秋节等仍旧是中国人生活中的重要节日,尽管新政府想要摒弃它们。

---

① 土地庙每月逢三(初三、十三、二十三)开庙会。花儿市是崇文门外西花市大街火神庙庙会,与土地庙无关,每月逢四(初四、十四、二十四)举办。见常人春《老北京的风俗》,北京出版社2019年版,第10—11页。——译者注